돈이 돈을 벌게 만드는
# 부자들의 상가투자

돈이 돈을 벌게 만드는
# 부자들의 상가투자

A COMMERCIAL STORE INVESTMENT BY THE RICH

권강수 지음

한스미디어

**— 머리말 —**

A commercial store investment by the rich

# 평생을 함께할 수 있는
# **상가투자**의 비밀

지난 2017년 3월, 적지 않은 고민 끝에 책의 집필을 시작했습니다. 지인들과 칼럼 독자들의 권유 때문이기도 했지만, 개인적으로도 그동안의 경험과 노하우를 한 권의 책으로 정리할 때가 되지 않았나 생각했기 때문입니다. 그간의 내 글을 읽고 관심을 보여준 이들에게 자그마한 보답이 되기를 바라는 마음도 함께였습니다.

글을 쓸 때면 독자들에게 실질적인 도움이 될 수 있도록 실전과 같은 현장감을 최대한 많이 반영하고 전달하고자 노력합니다. 그래도 신문이나 온라인에 활자화된 내 글을 보고 나면 언제나 뭔가 부족하고 아쉬운 마음이 남기도 합니다.

저는 직접 투자만 전문으로 하는 소위 '투자가'는 아닙니다. 큰 틀 안에서 전반적인 부동산시장과 창업 관련 시장에 대해 실무 위주로 글을 써오고 있지요. 글을 유창하게 잘 쓰는 작가는 아니지만 언론을 통해 15년 이상 부동산 투자를 할 때 주의할 점과 창업시장 전반의 아이템 발굴과 관련해 꾸준히 소통해왔습니다.

그동안 일을 해오면서 많은 부자들을 만났습니다. 아파트 여러 채는 기본이고 빌딩이나 다수의 오피스텔, 상가와 고액 자산을 보유한 부동산 자산가들입니다. 그들이 어떻게 부자가 됐었는지 제 나름대로 눈여겨본 결과 다음과 같이 공통된 특징 몇 가지를 발견할 수 있었습니다.

첫째, 용기 있는 사람들입니다. 그들도 처음에는 투자의 실패 경험이 있었지만 포기하지 않고 끈질기게 도전해 오늘날의 자산가가 되었습니다. '용기'는 부자로 가는 문을 여는 첫 번째 열쇠라는 점을 그들을 보며 새삼 깨달았습니다.

둘째, 결코 자기를 과시하는 법이 없습니다. 진짜 부자들 중에는 자수성가형이 많았는데, 어렵게 돈을 벌어서인지 옷차림만 봐서는 부자인 줄 모를 만큼 대부분 검소하고 소박합니다. 그러나 결심이 서면 좌고우면하지 않고 빠르게 결단을 내리는 모습을 보여줍니다.

셋째, 자신만의 안목을 갖추고 있습니다. 그들은 오랜 기간의 실전 투자 경험을 바탕으로 웬만한 전문가들은 혀를 내두를 만큼 경제 흐름과 부동산시장 전반을 꿰뚫고 있습니다.

넷째, 부지런합니다. 제가 만난 부자들은 하나같이 현장 위주로 부지런히 발품을 팔았습니다. 때문에 지역 개발호재 관련 정보를 비롯해 현장 주변의 향후 변화를 내다보는 직관력이 높고, 이를 토대로 투자 지역의 상품이 결정되기까지 철저한 분석을 멈추지 않습니다.

다섯째, 긍정적인 마인드를 갖추고 있습니다. 제가 만난 부자들은 언제나 긍정적인 마인드를 갖고 밝은 인상을 보여주었습니다. 그러다가 투자할 대상이 나타나면 완전히 다르게 냉철한 모습으로 매가 먹잇감을 사냥하듯 투자를 성사시켰습니다.

물론 개중에는 부모의 재산이나 가업을 물려받는 금수저 집안도 있었고, 소위 '갑질'로 사람을 대하는 이들도 있었습니다. 이 책의 독자들께서는 훗날 부자가 된다면 부디 초심을 유지하며 겸손한 마음으로 끝까지 가시기를 바랍니다. 돈은 곧 삶입니다. 결국은 돌고 돌아온다는 것이 제가 믿는 지론입니다.

이 책에서는 수익형 부동산과 상권 분석 등 크게 2가지 주제를 함께 다루고 있습니다. 책을 읽어보시면 알겠지만 여러분의 이해를 돕기 위해 잠시 그 이유를 설명하고자 합니다.

저금리 시대가 이어지고 있지만 여전히 많은 사람들이 마땅히 투자할 곳을 찾지 못하고 있습니다(최근 금리가 조금씩 오르고 있지만 아직까지는 저금리 시대라는 것이 사실이지요). 하지만 정확하게 표현하자면 '투자할 곳을 못 찾는 것'이 아니라, '투자할 곳은 많은데 어디에 어떻게 해야 하는지 잘 모르는 것'입니다.

투자나 창업과 관련해서 기자들이나 일반인들이 "상가나 오피스텔 같은 수익형 부동산에 투자할 때 어디에 하면 좋을까요?" 또는 "요즘 투자를 어떻게 하면 잘될까요?" 하는 식으로 물어올 때가 많습니다. 이런 질문이 잘못된 것은 결코 아닙니다. 사실 보편적으로 가장 많이 받는 질문이지만 한마디로 답변하기는 참 어렵습니다. 더 정확하게 말한다면 기본적으로 중요한 지역, 상품, 가격 등 일일이 한 번에 열거하기가 쉽지 않기 때문입니다.

특히나 지금처럼 경기 사이클이 빠르게 돌아가고 경기마저 좋지 않은 것이 어제오늘의 일만이 아닙니다. 불황이란 말을 수년 전부터 들어왔지만, 이럴 때일수록 전통적인 재테크 방법인 부동산 투자에 관심을 갖는 이들은 더 많아집니다. 그중에서도 매달 꼬박꼬박 임대료를 받을 수 있는 수익형 부동산에는 더욱 많은 관심이 모아지는 것이 당연합니다.

먼저 수익형 부동산을 예로 들어보려고 합니다. 상가나 오피스텔과 같은 수익형 월세 상품에 투자할 때는 지역 상권의 현재 가치와 향후 개발호재를 면밀히 파악하고 투자해야 합니다. 또한 그동안의 공급 추이 및 입지 등을 꼼꼼하게 살펴보는 것이 필요합니다. 핵심인 투자를 논할 때 그 지역의 상권을 빼고는 말할 수 없기 때문입니다. 이 책에서 투자에 앞서 상권의 중요성을 무엇보다 많이 강조하고 있는 이유도 바로 거기에 있습니다.

실제 투자를 할 때는 투자 지역의 입지에 대한 이해도가 꼭 필요합니다. 한마디로 상권과 입지에 대한 설명 없이 단순히 상품만을 가지고 향후 상품의 미래 가치를 답변하기는 다소 무리가 있다는 것을 말해두고 싶습니다.

점포 창업을 이야기하면서 아이템 못지않게 상권과 입지의 중요성을 강조하는 것도 같은 맥락입니다. 점포 입지에 따라 다르게 들어가는 보증금, 월세, 권리금은 창업자에게 가장 중요한 부분입니다. 특히 권리금의 경우, 전 세입자에게 권리금을 지불했다면 추후 다음 세입자에게는 다시 받고 나가야 하는 부분인 만큼, 상권과 입지를 보는 안목이 절대적으로 중요할 수밖에 없습니다. 사안에 따라 권리금을 더 받을 수도 있고 더 못 받을 수도 있으니까요. 기본적으로 권리금은 점포 입지에 영업 수완이 합해져서 만들어내는 결과입니다.

투자자는 세입자(임차인)와 한 배를 탄 공생관계입니다. 만약 갑(투자자)과 을(세입자)의 불편한 관계가 오래 지속된다면 장기적으로 봤을 때 머물러 있는 건물주(임대인)가 결국 더 큰 손해를 볼 수 있습니다. 세입자가 높은 임대료를 감당하지 못하고 나가는 일이 반복된다면 결국은 점포 가치 또는 건물 가치까지 같이 떨어지게 되니까요.

상가 건물주(임대인)가 높은 수익을 얻는 데는 점포 세입자가 가장 중요한 역할을 합니다. 세입자(임차인)가 돈을 벌어야 주변 상권도 덩달아 살아나고 결국에는 건물 가치도 올라가기 때문에 공생관계라고 말하는 겁니다. 장사가 잘돼야 서로에게 고마운 일이 됩니다.

사실 이 책을 쓰면서 가장 어렵고 예민한 부분이 상권 탐방이었습니다. 서울의 40개 상권을 주말마다 찾아다녔고 한 지역의 상권을 두세 번 다시 가서 확인한 경우도 있었습니다. 40개 지역을 일일이 다니면서 상권별로 최소 5~6시간을 걸어 다녔고 부동산 중개사무소도 4~5군데 방문했으며, 기본적으로 3~4곳은 인터뷰도 진행했습니다. 생생한 현장감을 위해 점원과 가게 주인도 가능한 한 많이 만났습니다. 중개사무소 대표들은 대부분 고생한다며 주변 상권에 대해 열정적으로 설명해주기도 했지만, 일부 중개사무소에서는 문전박대를 당하기도 했지요. 이 책에는 그분들 중 적극적인 관심과 도움을 주신 분들의 동의하에 지역 중개사무소 실명을 그대로 공개해두었습니다.

책을 펴내면서 자연스럽게 한 가지 욕심이 생겼습니다. 누군가 수익형 부동산 투자나 상권, 점포 창업을 할 때 이 책을 한 번 읽고 머리맡에 둘 정도로 인정받는 상가투자 책이 되었으면 좋겠다는 바람입니다. 이 책은 단편적인 정부 정책보다는 기술적인 부분에 중점을 뒀기 때문에 오랜 시간이 지나도 계속 두고 볼 수 있다고 생각합니다. 상가투자를 꿈꾸는 분이라면 꼭 한 번쯤은 읽어보고 후회하지 않을 책이라고 감히 자부합니다.

저는 한 분야에 '올인'하여 오래도록 인내하고 연마한다면 언젠가는 무엇인가 이룰 수 있지 않을까 생각해왔습니다. 부끄럽지만 이 책이 그러한 과정에서 하나의 결과물이 되기를 바랍니다.

이 책이 나오기까지 그동안 격려와 조언을 아낌없이 주신 많은 분들께

가슴 깊이 감사 인사를 드리고 싶습니다. 1년 만에 원고를 마감하니 기대 반 설렘 반의 마음으로 그간의 시간이 주마등처럼 스쳐 지나갑니다. 먼저 이 책이 나오기까지 도와주신 한스미디어 출판사 대표님과 팀장님, 그리고 회사 관계자 분들께도 고마움의 인사를 드리고 싶습니다.

회사에서는 김창한 원장님, 김다혜 차장님, (전)홍정석 과장님, 심재인 대리님, 이분들의 도움이 있었기에 가능했다고 생각합니다. 그동안 각자 위치에서 맡은 일을 하면서 묵묵히 도와준 것에 다시 한 번 고마운 마음을 전하고 싶습니다. 특히 교수이자 우리 회사 원장이신 김창한 원장님께서는 20여 년 가까이 옆에서 큰 산처럼 든든한 버팀목이 돼주셨습니다. 언제나 제가 하는 모든 일을 지지해주셨습니다. 이제 얼마 후면 은퇴하시고 쉬실 연세인데 제가 더 잘 해드려야겠다는 생각이 듭니다. 그리고 예전 한국창업부동산정보원에서 한솥밥을 먹으며 근무한 (전)직원 분들께도 일일이 호명은 못하지만 감사 인사를 전하고 싶습니다.

덧붙여 그동안 이 책을 내기까지 수년간 옆에서 많은 조언과 격려를 해주시고 도움을 주신 제가 아는 언론인, 방송인, 기업 대표님, 업계 선후배님, 부동산중개사님, 그리고 어려울 때 항상 힘이 돼준 친구들, 가족들, 모든 분들께도 머리 숙여 감사를 드립니다. 개인적인 실명을 한 분 한 분 말씀 못 드린 부분은 송구하지만 앞으로도 많은 조언과 격려를 부탁드리고 싶습니다. 그리고 한 발 앞으로 더욱 더 정진하겠습니다.

2018년 4월
권강수

 **차례**

**머리말** 평생을 함께할 수 있는 상가투자의 비밀 •4
**프롤로그** 수익형 부동산, 그리고 상가투자의 미래 •14

# 1장 상가투자란 무엇인가 [이론편] •17

## 01 상가투자란 무엇인가 •20
왜 상가를 구매하는가 •20
부자들은 상업용 부동산을 가장 선호한다 •22
세입자 관점에서 바라보고 접근해야만 성공한다 •23

## 02 상가의 유형 •25
근린상가 •25
단지 내 상가 •27
주상복합 상가 •29
지식산업센터 지원상가 •31
테마상가 •33
쇼핑몰 •35
상가주택 •36
코너상가 •39
스트리트형 상가 •41
테라스형 상가 •42
선임대 상가 •44
확정수익 상가 •46
신도시·택지지구 상가 •48

## 03 상권이란 무엇인가 •51
상권의 형성 과정 •53
상가투자 시 '목'에 목숨 걸어라 •55
상권·입지 분석 시 체크 사항 •59

## 04 상권의 종류 •61
중심 번화가 상권 •61
오피스 상권 •63
대학가 상권 •64

아파트·주택가 상권　•65
　　동네 골목길 상권　•67
　　좋은 상권? 안 좋은 상권?　•68

## 2장 부자들의 상가투자법 실전편　•71

### 01 상가투자의 유형　•74
　　상권이 형성되어 있고 매매 가능한 구 상가　•75
　　새롭게 개발되어 지어지는 신규 분양 상가　•76
　　주택을 매입해 용도변경한 주택형 상가　•81
　　노후된 주택이나 땅을 매입해 짓는 상가　•83
　　공동투자 형태로 짓는 빌라 주택형 상가　•84

### 02 고수들만 알고 있는 상가투자 노하우　•87
　　상가 건물 고를 때 살펴볼 '5가지'　•88
　　상가도 잘생긴 게 좋다　•89
　　상가의 적절한 크기는?　•91
　　상가 층별 가격 팁　•92
　　상가투자 시 적정 융자비율　•93
　　업종에 따라 상권 범위도 달라진다　•94
　　상가 수익률 계산하는 방법　•97
　　노후상가 수익률 끌어 올리는 방법　•99
　　지층점포는 미운 오리 새끼?　•101
　　출근 동선보다는 퇴근 동선을 잡아라　•104
　　생각보다 더 위험한 '묻지 마' 투자　•105
　　코너 자리의 덫, 진짜 명당은 코너 옆자리?　•108
　　신도시만 좇는 투자자, 그들은 일명 '선수'다　•111
　　월세 하락을 두려워하지 마라　•113

### 03 '세입자의 관점'에서 접근하라　•118
　　좋은 상가의 선행지표 = 권리금　•119
　　세입자도 꼼꼼하게 살펴라　•120
　　직접 경영도 염두에 둬라　•122

## 3장 월급쟁이들의 투자, 소액 투자형 부동산 •125

### 01 꾸준히 각광받는 오피스텔 •128
오피스텔 입지 선정 •131
전용면적 60제곱미터 이하의 오피스텔을 노려라 •135
오피스텔 적정 수익률 •137
수익률 계산 방법 •138
북향, 저층일수록 수익률 높다 •139
10년 이상 된 오피스텔은 갈아타라 •143
오피스텔도 시세차익 누릴 수 있다 •144

### 02 안정적인 투자를 위한 지식산업센터 •148
지식산업센터가 주목할 만한 입지 •151
왜 지식산업센터인가 •152
지식산업센터 투자 시 주의점 •154

### 03 간편한 관리, 그러나 높은 리스크 수익형 호텔 •156
수익형 호텔, 장단점은? •158

### 04 높은 가성비를 자랑하는 도시형 생활주택 •160

### 05 백전불패의 투자처, 소형 아파트 •163
소형 아파트 선정 조건 •167
소형 아파트 투자 시 주의할 점 •170

Special Summary 수익형 부동산시장 전망 •172

## 4장 투자 가치가 한눈에 보이는 서울 상권 베스트 40 상세 분석 •177

01 소극장 문화와 점증하는 유동인구 **혜화역 상권** •182
02 한중 화해 분위기로 기대감이 높아지는 **명동역 상권** •191
03 다양한 개발 플랜으로 기지개를 펴는 **용산 상권** •199
04 젊은 유동인구가 풍부한 대표적인 대학 상권 **홍대입구역 상권** •208
05 화려한 홍대 상권의 두 번째 얼굴 **연남동 상권** •216
06 개성 만점 가게들의 집결지 **상수역 상권** •224
07 오랜 전통의 교통 중심지 **마포·공덕역 상권** •232

08 디지털 방송과 콘텐츠의 상징 **디지털미디어시티역 상권** •241
09 대학가 상권의 대명사 **신촌역 상권** •249
10 개성 넘치는 서울 안의 외국 **이태원 상권** •257
11 신식과 구식이 융화된 서북부 최대 상권 **연신내역 상권** •265
12 과거와 현재가 함께 어우러진 **망원역 상권** •273
13 풍부한 유동인구를 자랑하는 교통 요충지 **왕십리역·한양대 상권** •281
14 저렴한 시세의 매력적인 대학가 **회기역 상권** •290
15 먹거리와 쇼핑의 복합 공간 **건대입구역 상권** •298
16 주거 단지 중심의 소규모 알짜 상권 **사가정역 상권** •307
17 소비 인구율 높은 강북 핵심 상권지 **수유역 상권** •315
18 성북구 복합 상권으로 도약하는 **성신여대입구역 상권** •324
19 원스톱 생활 인프라가 구축된 **노원역 상권** •332
20 높아지는 주변 상권의 확장성 **공릉역 상권** •343
21 굵직한 개발호재가 기대되는 **창동역 상권** •351
22 거대한 소비 세력 속 전형적인 주택가 상권 **목동 상권** •359
23 복합 쇼핑몰 간 상권 변화가 예상되는 **영등포역 상권** •367
24 대한민국 대표 고시촌 상권 **노량진역 상권** •375
25 풍부한 개발호재의 자족 도시 **마곡지구 상권** •385
26 강서구를 대표하는 유흥 상권 **화곡동(강서구청) 상권** •393
27 손꼽히는 유동인구를 갖춘 7일 상권 **사당역 상권** •400
28 강남과 강서를 잇는 주거 요충지 **신림역 상권** •408
29 이국적인 개성과 매력이 가득한 골목 상권 **샤로수길(서울대입구역) 상권** •416
30 3040 직장인 유동인구가 풍부한 **구로디지털단지역 상권** •424
31 아웃렛·지식산업센터·오피스가 공존하는 **가산디지털단지 상권** •432
32 대한민국 최고의 상권으로 꼽히는 **강남역 상권** •441
33 대한민국 교육 열기의 중심 **대치역 상권** •449
34 최고의 입지로 다시 한 번 발전하는 **잠실새내역(구 신천역) 상권** •458
35 손꼽히는 대한민국 부촌 **압구정 상권** •467
36 두터운 소비 세력이 뒷받침하는 **방배동 상권** •476
37 대형 랜드마크를 보유한 **잠실역 상권** •484
38 다양한 유동인구와 특색 있는 입지 **천호역 상권** •492
39 강남권에 위치한 항아리 상권 **위례신도시 상권** •500
40 새롭게 떠오르는 복합 오피스 상권 **문정역 상권** •507

── 프롤로그 ──
A commercial store investment by the rich

# 수익형 부동산,
# 그리고 **상가투자**의 미래

상가와 같이 일정한 수익을 목적으로 하는 부동산을 수익형 부동산이라고 합니다. 흔히 주변에서 보이는 상가나 오피스텔, 도시형 생활주택, 최근에 자주 등장하는 수익형 호텔 등이 대표적인 수익형 부동산이라고 말할 수 있습니다.

수익형 부동산은 안정적인 수익을 바탕으로 시간의 흐름에 따른 가치 상승까지도 노릴 수 있는 매력적인 상품입니다. 하지만 수익형 부동산은 경기에 민감하고 금리에 따라 수익이 좌우되는 만큼 리스크 또한 큰 상품에 속합니다. 그중에서도 상가는 적지 않은 비용이 드는 데다가 고위험 상품으로 분류돼 막상 관심은 높아도 상가투자에 직접 나서기는 쉽지 않을 수 있습니다.

그러나 최근 투자자들의 성향은 많이 달라졌습니다. 과거에는 단기간의 시세차익을 노리는 분위기였다면 최근에는 안정적인 수익을 바탕으로, 장기적인 안목으로 투자하고 있어 투자 위험도 많이 낮아지고 있는데요. 그중 상가의 경우 월 임대수익과 함께 지가·건물 가치 상승에 따른 시세차익도 거둘 수 있어 부동산 투자자들이 가장 매력적으로 느끼는 투자 상품입니다.

최근 주목받은 수도권 상가는 평택 고덕신도시와 다산신도시 등 교통 호재와 더불어 새롭게 상권이 형성되고 있는 역세권 지역들입니다. 세종시의 경우 쾌적한 주거 환경과 함께 생활편의시설 등이 늘어나 상가투자의 인기가 더욱 달아오를 것으로 보입니다. 부산 해운대의 경우에도 외국인을 비롯해 관광수요의 급증으로 여전히 상가 공급이 부족한 상황입니다. 나주혁신도시는 한국전력, 한국농어촌공사 등 16개의 공공기관이 들어서 긍정적인 분위기가 감돌고 있습니다.

그렇다면 최근 관심이 더욱 높아지고 있는 상가투자 시 주의해야 할 점은 무엇일까요? 상가투자에 임하기 전에는 당장 보이는 조건만 가지고 판단하기보다는 개발호재와 상권 인구유입 가능성 등 미래 가치도 염두에 두고 투자해야 합니다. 또한 좋은 상품을 찾기 위해 오랜 기간 직접 발품을 팔아야 한다는 기본 원칙도 꼭 지켜야 합니다.

가장 중요한 것은 역시 상가의 입지입니다. 입지 선정으로 상가 가치의 절반이 결정됩니다. 상가가 입지한 상권 분석이 가장 핵심이며, 상권에 맞는 합리적 가격이 책정됐는지, 더 나아가 상가에 들어올 업종, 세입자(임차인) 분석까지 꼼꼼하게 알아봐야 투자의 성공 확률을 높일 수 있습니다.

업종과 세입자 분석까지 해야 한다는 말에 고개를 갸웃하는 분도 계시겠지요. 하지만 결국 상가투자자는 임대사업이 목적입니다. 임대사업을 잘하려면 임대시장의 성향과 흐름을 알아야 합니다. 개개의 업종까지 분석할 필요는 없지만 상가 세입자 대부분이 점포 창업자라는 점을 이해한다면 점포 창업자가 발 담고 있는 창업시장이라는 큰 틀에서 바라볼 필요가 있습니다. 구체적인 자세한 이유는 뒤에서 따로 설명을 이어가도록 하겠습니다.

— 1장 —

# 상가투자란 무엇인가

이론편

상가투자는 일명 수익형 부동산 투자의 꽃이라고 불립니다. 투자 금액이 큰 만큼 투자에 성공하면 그 어떤 것보다 높은 수익을 확보할 수 있는 기대감이 있습니다. 하지만 모든 일에는 빛과 어둠이 있듯이 실패 시의 대가는 더욱 큽니다. 잘못된 투자에서 비롯된 손해는 더욱 막심할 수 있는 만큼 섣불리 상가투자에 나서는 것은 금물입니다. 만약 상가투자를 하려고 한다면 제대로 자세히 알고 시작하자는 것이 이 책의 요점입니다.

상가투자는 진입장벽이 높은 편입니다. 투자금액이 부담스러워서이기도 하지만 투자 실패 시의 두려움이 크기 때문일 겁니다. 상가투자에 대해 부정적인 경험담이 주변에 너무 많습니다. 부정적인 인식은 개선이 더욱 어렵다고 하는데 이 때문에 상가투자는 보편화되어 있지 않습니다. 게다가 한번 상가투자에 실패한 사람이 두 번째 투자에 나서기도 어렵습니다. 투자 실패 시 그만큼 금전적인 출혈도 큽니다. 그래서 같은 돈이라면 상가보다는 비교적 안정적으로 느껴지는 아파트에 투자하는 사람이 많습니다.

하지만 주변을 둘러보면 돈깨나 있다는 사람들은 대다수 상가투자를 하고 있습니다. 우리나라의 큰손 부자들은 상가를 좋아합니다. 그들이 괜히 상가를 좋아하는 게 아닙니다. 상가는 단순히 월 임대수익뿐만 아니라 땅을 소유한다는 개념으로 더 크게 생각하고 투자해야 합니다. 예를 들어 1층 상가는 지가 상승에 대한 이익이 크기 때문입니다.

상가투자 시 현장 발품에 앞서 먼저 숙지해야 할 이론적인 내용들이 있습니다. 왜 상가에 투자해야 하는지, 어떠한 관점을 가지고 투자에 접근해야 하는지, 상가 유형은 어떤 것이 있으며, 상권을 분석하는 방법은 무엇인지 등 책을 통해 익힐 수 있는 내용입니다. 현장에 나가 발품을 팔기 전에 이와 같은 기초적인 내용을 미리 숙지하셨으면 합니다.

―― 01 ――

A commercial store investment by the rich

# 상가투자란 무엇인가

## 왜 상가를 구매하는가

　상가는 부동산 투자로 성공하고 싶은 사람들에게 선망의 대상이자 두려움의 대상입니다. 투자자금이 있다면 다른 부동산보다 상가에 투자해야 매달 많은 돈을 벌 수 있다는 것을 아는 사람은 많습니다. 하지만 상가에 잘못 투자하거나, 임차인을 유치하지 못해 공실로 남으면 오히려 애물단지로 전락할 수 있고, 또 비싼 투자금액과 비례해서 다른 수익형 부동산보다 금전적 손해도 큽니다. 그래서 좋은 기회가 오더라도 혹시나 모를 손해가 두려워 선뜻 상가투자에 나서지 못하는 이들도 많습니다.

　많은 사람들이 두려움을 느끼는 것처럼 상가는 분명 위험한 투자 상품입니다. 금액 부담이 크기 때문인데요. 수도권 기준 상가 가격은 3.3제곱미터당 평균 3,500만~3,800만 원대(1층 기준), 서울의 가장 중심부라고 할 수 있는 강남은 3.3제곱미터당 최소 5,000만 원 이상(1층 기준)은 줘야 살 수 있습니다.

그렇다면 수도권에 있는 상가 구입을 예로 들어보겠습니다. 가격이 3.3제곱미터당 3,600만 원인 66제곱미터의 상가라면 총 가격은 7억 2,000만 원입니다. 상가 전용률을 60%라고 가정한다면 실제 사용면적은 약 40제곱미터로 규모가 크지 않은 소규모 상가입니다. 여기에 대출금을 50%로 약간 높게 잡는다면 약 3억 6,000만 원의 큰 현금이 있어야 투자가 가능합니다. 실투자금 1억 원 내외 오피스텔이나 도시형 생활주택과 비교하면 필요한 투자금액이 만만치 않습니다.

거금을 주고 구입한 상가, 구입만 하면 끝일까요? 그것도 아닙니다.

구입을 결정하기까지의 상권 분석과 입지 조사 과정도 어렵지만 상가투자가 어려운 이유는 월 임대료를 꾸준히 받기 위해 우량한 장기 임차인을 유치하기가 상가를 고를 때만큼이나 쉽지 않다는 것입니다. 임차인을 찾지 못해 공실인 상태의 상가는 오히려 안 산 것만도 못합니다. 세금과 관리비, 거기에 대출까지 받았다면 그 이자까지 지출이 너무 큽니다.

그럼에도 불구하고 많은 투자자들이 상가를 구매하는 이유는 투자 수익성 때문입니다. 지난 2017년 기준 상가투자 수익률은 소규모 상가가 6.32%, 중대형 상가가 6.71%, 집합 상가가 6.48%로 나타났습니다(한국감정원). 투자금액이 비싸지만 그만큼 월세가 나오는 부동산 상품 중에서 가장 수익이 큰 상품인 겁니다.

좋은 상권의 괜찮은 자리에 위치하면서도 가격까지 합리적인 상가를 선별할 수 있는 안목을 키운다면 무엇보다 든든한 제2의 월급통장을 가진 셈입니다. 쉽진 않겠지만 이 책을 통해 기술적인 내용을 습득하고 현장을 둘러보며 감을 쌓는다면 분명 익힐 수 있습니다. 확실한 것은 단순히 책을 읽는 것에서 그치지 말고 현장에서 발품을 팔아 실전 감각을 꼭 익혀야 한다는 점입니다.

## 부자들은 상업용 부동산을 가장 선호한다

부동산 투자로 성취하고자 하는 목표는 결국 부자가 되는 것입니다. "부자가 되고 싶으면 부자를 따라 하면 된다"라는 말이 있듯이, 현재 부자인 사람들이 무엇에 투자하고 어떻게 돈을 벌고 있는지 알아야 합니다.

2018년 1월 하나금융경영연구소에서 발표한 「2018 한국 부자보고서2018 Korean Wealth Report」의 상업용 부동산 투자 현황을 살펴보면 전체 응답자의 82.9%가 상업용 부동산을 보유하고 있으며, 대부분 상가와 건물이 차지하고 있습니다. 2018년 부동산 투자 계획에서도 건물과 상가에 투자할 의향이 있다는 응답자가 47.6%로 가장 높았습니다. 반면 투자용 주택, 아파트에 대한 투자 의향은 16.7%로 조사됐습니다.

이처럼 부자들은 부동산 중에서도 상가나 건물 등 상업용 부동산 투자를 통한 안정적인 월 임대수익 형태를 선호하고 있습니다. 물론 부자들이 무조건 정답이라고 할 수는 없습니다. 하지만 통계 조사에서도 나와 있듯이 확실한 것은 부자들은 현재 상업용 부동산 투자를 통해 부를 축적하려 한다는 것입니다.

그렇다면 부자들의 성향은 어떨까요? 제가 현장에서 직접 만나본 부자들은 철저하고 매우 똑똑합니다. 드라마에 나오는 것처럼 "당신만 믿고 투자하겠다" 이런 대책 없는 말을 내뱉지도 않습니다. 자신이 투자하려는 상품에 대해 꼼꼼하게 공부하며 어느 것 하나 대충 보지 않습니다. 어느 누구보다 투자 대상에 푹 빠져 있는 것을 느낄 수 있습니다. 또한 투자를 결정하기까지 시간을 들여 깊이 고민하고 확실하다고 판단이 될 때 비로소 투자에 나섭니다. 물론 투자 실패의 쓴맛을 보기도 하지만 그럴수록 투자 의지를 확고히 하고 더욱 신중하게 경험을 쌓아나가는 것을 주변에서 많이 봐왔습니다.

부자들도 늘 "어떻게 하면 돈을 더 불릴 수 있을까?"를 고민합니다. 현재 가지고 있는 자산을 어떻게 더 늘릴 수 있을지, 그러려면 무엇에 투자해야 좋을지 등을 끊임없이 고민합니다. 고민에 따른 부자들의 행동이 상업용 부동산 투자라면, 부자가 되고 싶은 이들 또한 상가에 관심을 가져볼 만하지 않을까요?

## 세입자 관점에서 바라보고 접근해야만 성공한다

상가투자는 세입자, 다른 말로 임차인과 창업자 관점에서 물건을 고르고 실행해야 성공할 수 있습니다. 말은 쉽지만 막상 투자자가 창업하려는 예비 세입자의 입장에서 철저하게 생각하기는 쉽지 않습니다.

먼저 상가투자에서 '성공'이라는 의미를 짚어볼 필요가 있습니다. 상가투자의 성공이란 안정적인 임대수익을 꾸준히, 그러면서도 시간이 지나면서 더 높게 받을 수 있는 것, 그리고 상가 가치 또한 매매 당시보다 많이 오르는 것을 말합니다.

그렇다면 임대수익을 가져다주는 이를 생각하지 않을 수 없습니다. 결국 '세입자'가 투자자에게 수익을 가져다주고 더 나아가서는 상가 가치를 올려주는 역할을 하게 된다고 볼 수 있는데요. 이것이 바로 상가투자를 세입자 관점에서 해야 하는 이유입니다.

그러려면 투자자는 먼저 투자 물건이 임차인이 잘 들어올 상권에 있는지 분석할 줄 알아야 합니다. 그다음은 어떤 업종이 들어와도 장사가 잘될 만큼 좋은 입지인지, 그게 아니면 어떤 업종이 들어와야 장사가 잘될 곳인지를 판단할 수 있어야 합니다.

가장 좋은 상가 입지는 '어떤 업종이 들어와도 장사가 잘될 곳'입니다. 무엇을 해도 잘될 수 있기 때문에 임차인과 장기임대 계약이 가능하고, 설사 임대 계약이 중단된다 하더라도 공실 기간 없이 다음 세입자를 구하기 용이합니다. 또한 어떤 업종이 들어오면 매출이 더 좋을지 염두에 두고 임차인을 선별하는 것도 수익성을 높이는 데 유리할 수 있습니다. 물론 상가투자에서 가격 부분도 중요하기 때문에 본인의 감당할 수 있는 금액 내의 상가여야 합니다.

만약 세입자가 운영을 잘해서 대박 가게로 떠오르고, 주변 상권까지 활성화시킨다면 상가 가치 또한 올라갑니다. 결국 세입자와의 관계를 갑과 을이 아닌, 함께 살아가는 공생관계로 보고 상가투자에 임해야 한다는 것, 그것이 이 책에서 가장 많이 강조하고 싶은 부분입니다.

A commercial store investment by the rich

# 상가의 **유형**

## 근린상가

　근린상가는 도로변에 위치해 있으며 가장 일반적인 상가입니다. 상권 입지를 가장 중요시하고 교통과 환경을 기반으로 하는 역세권 상가, 업무시설을 기반으로 하는 오피스군 상가, 지식산업센터 내 상가들처럼 지원시설 성격의 상가 등도 큰 범위로는 근린상가에 포함됩니다.

　근린상가의 규모는 천차만별인데, 투자 시 규모가 가장 중요한 고려 대상은 아닙니다. 작고 낮더라도 철저하게 입지에 따라 투자 대상을 고려해야 합니다. 지역별 용적률에 따라 작게는 지상 2~3층으로 지어지며 지상 4~5층 규모가 가장 흔합니다. 높은 근린상가는 지상 10층 정도로 들어서는 프라자상가의 형태가 많습니다.

서울 도봉구 창동(노해로) 소재 근린상가

대부분 주거지역 인근에 입지하며 주민의 생활편익을 제공하는 업종이 입점합니다. 편의점과 슈퍼, 식당, 부동산 중개사무소, 학원, 은행, 병원 등 서비스 업종들이 필수로 입점하지요.

주의해야 할 점은 근린상가의 경우 고정 배후수요와 바로 맞붙어 있는 것이 아니므로 입지를 더욱 중요하게 따져야 합니다. 지역 주민들의 퇴근길 동선상에 위치해 있는 점포를 선택하는 것이 좋고 내리막길이 아닌 평지에 위치한 곳이 좋습니다. 풍수지리적으로 내리막길은 물이 흘러 내려가버리는 지형이라고 하는데, 사람도 물과 마찬가지로 단순히 흘러 내려갈 수 있으니 주의해야 합니다. 즉, 물이 고이는 지형이 좋은 상권 지형이라 할 수 있는데, 물이 고인다는 것은 곧 사람이 모인다는 것을 의미합니다. 뒤에 나오는 「상가투자 시 '목'에 목숨 걸어라」(55쪽)에서 따로 설명을 이어가겠습니다.

## 단지 내 상가

단지 내 상가는 주택건설 기준 등에 관한 규정에 의해 공동주택 건립 시 주민 생활편의를 위해 설치한 상가를 말합니다. 가구당 점포 면적은 1제곱미터 이하로 구성됩니다. 공동주택과 함께 건설되기 때문에 주택법의 적용을 받는다는 것이 다른 상가와는 다른 점이라고 할 수 있습니다.

단지 내 상가는 초보 투자자들이 접근할 수 있는 안정적인 투자처로 꼽힙니다. 별도의 상권이 없더라도 배후의 입주가구가 소비층으로 버티고 있고 단지에 대해서도 독점적인 시장을 형성할 수 있기 때문입니다. 단, 단지 내 상가도 단지 규모와 주변 상권과의 경쟁관계를 고려해야 합니다. 단지 규모가 1,000가구 이상이면 안정적이고, 최소 800가구 이상일 때 투자를

서울 은평구 불광동(통일로) 소재 북한산 힐스테이트 7차 아파트 단지 내 상가

고려하는 것이 좋습니다. 또한 전용면적 59~85제곱미터대의 중소형 단지일수록 단지 내 상가를 많이 이용하기 때문에 유리합니다. 중대형 단지는 단지 외부 소비심리가 강하다는 것을 유념해야 합니다. 일반적으로 주말에 대형 마트에서 구매를 많이 하는 소비 형태를 보이기 때문입니다.

입주민들의 생활과 밀착돼 있는 상가인 만큼 주로 구매시설 및 생활시설로 편의품, 생활서비스 제공이 목적인 점포들이 입점하게 됩니다. 배후수요층이 아파트 입주민으로 비교적 좁은 편이나, 단골 고객과 가족 단위 고객을 잘 유치하면 매출 변동이 거의 없이 안정적이라는 것이 가장 큰 장점입니다. 입주민들과의 신뢰를 바탕으로 점포를 운영해야만 성공할 수 있다는 것을 꼭 염두해야 합니다.

특히, 고객들이 더욱 예민하게 보는 음식점은 소신과 원칙을 가지고 신선하고 좋은 식재료를 기본으로 정성과 노력을 쏟아야만 좋은 결과를 낼 수 있습니다. 단지 내 특성상 입소문도 빨라 인심을 잃어버리면 주민들은 금방 외면합니다. 층별로는 지하층에 식료품과 슈퍼마켓, 1층에는 제과점, 부동산, 식당, 2층 이상은 학원, 사무실, 세탁소, 미용실 등 생활밀착형 업종이 좋습니다.

안정적인 고정수요 기반이 확보된 단지 내 상가의 인기도 높아지고 있습니다. 실제 2017년 LH가 공급한 단지 내 상가에 930억 원가량의 입찰가가 모였고 낙찰가율은 평균 166%에 달했습니다.

## 주상복합 상가

주+상住+商복합이란 말 그대로 하나의 건물에 주거공간과 상업공간이 함께 공존하는 건축 형태를 말합니다. 주상복합은 주로 도심 내 자투리 공간에 건축돼 입지 여건이 좋다는 것도 특징입니다.

주상복합의 공급이 복합상업시설 개발의 기폭제 역할을 했다고 봅니다. 상업용 부동산 상가 구성MD 컨설팅 전문가인 다원플레이스의 정수철 대표에 따르면 주상복합이 공급되면서 업무복합시설도 도입되기 시작했고, 테마쇼핑몰이라고 불리는 복합상업시설과 브랜드 아웃렛 등의 상업시설 형태도 동시에 개발되기 시작했다고 합니다.

서울은 일반 상업지역 내 사대문 안에 위치한 주상복합의 경우 주거 공간과 상업 공간을 9 대 1의 비율로, 사대문 밖은 7 대 3의 비율로 시공합니다(출처: 서울시 도시계획과). 대부분 도심이나 중심지에 위치해 교통이 편리하고 접근성이 뛰어납니다.

아파트 단지 내 상가와 비교하면 교통이 편리하고, 유동인구가 많은 곳에 위치해 있기 때문에

서울 중랑구 상봉동(망우로) 소재
주상복합(상봉 프레미어스 엠코) 상가(이노시티)

업종의 제한도 적습니다. 때문에 향후 상권의 규모가 아파트 단지 내 상가가 위치한 상권보다 확대될 가능성도 큽니다. 또, 지하철역과 바로 연결돼 편리하게 이용할 수 있어 고객 유입이 많아지는 경우도 종종 볼 수 있습니다. 아파트 단지 내 상가만큼은 아니지만 상층부의 상주인구를 배후로 하고 있다는 점도 매력적인 부분입니다.

다만, 주상복합 상가는 대부분 입지가 뛰어난 편으로 분양가 또한 높게 책정된 곳이 많습니다. 분양가가 높은 데 반해 임차인이 나타나지 않아 오랜 기간 공실이 발생되면 수익률이 낮아질 수 있습니다. 전용률이 낮지만 분양가가 비싼 편이므로 주변 시세에 비해 적정 가격인지 꼭 확인하고 투자에 나서야 리스크를 줄일 수 있습니다.

또, 단지 입주율에 따라 상가의 매출이 달라지므로 이 또한 중요하게 여기고 확인해야 합니다. 건물 후면부나 지하상가 등은 투자 사각지대가 되는 경우가 많아 장기 공실로 인해 방치되는 사례가 적지 않은 만큼 더욱 주의를 요합니다. 앞서 말씀드린 것처럼 대부분이 역세권 상가다 보니 상가 중 가격이 높은 데다 투자하기가 가장 까다롭고 어려운 상품입니다. 고액대 상가인 만큼 철저한 가격가치를 따져 고객 유효수요와 만약에 생길 수 있는 공실과 높은 관리비까지 생각하고 투자에 임해야 됩니다. 그동안의 경험으로 봐서는 소위 잘되면 대박, 못되면 쪽박이 나올 수 있는 곳이기도 합니다만, 사전에 주변 전문가나 이미 투자 경험이 있는 사람들의 의견을 충분히 경청한 후 결정해도 늦지 않습니다.

## 지식산업센터 지원상가

지식산업센터 지원상가는 지식산업센터의 상주인구를 지원하는 보조시설을 말합니다. 더욱 쉽게 말하면 지식산업센터 건물에 있는 상업시설입니다.

지식산업센터는 업무 공간 외에 연면적의 10%대 정도가 휴게실 및 구내식당, 상가 등의 지원시설을 갖추도록 정해져 있습니다. 보통 상가가 차지하는 비율은 전체의 10% 미만으로 편의점, 구내식당, 문구점, 은행, 전문식당, 카페, 클리닉센터, 부동산, 당구장 등이 주를 이룹니다.

서울 금천구 가산동(벚꽃로) 소재 대륭포스트타워 6차 지원상가(좌)와 구로동(디지털로) 소재 코오롱싸이언스밸리 2차 지원상가(우)

이런 지원상가는 지식산업센터 입주민을 고정적인 수요로 확보하고 외부 유입인구는 업종과 영업 능력에 따라 좌우됩니다. 입지적으로는 인력 공급이 수월하고, 물류비용을 절감할 수 있는 교통의 요충지나 인구 밀집 지역에 위치한 경우가 많아 주변 상권의 유동인구도 흡수할 수 있습니다.

같은 건물 내에서도 건물 주 출입구나 엘리베이터, 계단 인근 등 수요층의 주 동선 인근에 위치한 점포가 수익률이 좋습니다. 상업시설 내 업종들과 잘 매칭되는 점포가 구성된다면 안정적인 매출도 나올 수 있습니다. 또한 관리비 부담이 적고 주로 장기임대가 되기 때문에 고정적인 임대수익이 안정적으로 유지될 수 있습니다.

최근 지식산업센터 내 상가 분양은 특종 업종에 대한 독점권을 부여하는 추세입니다. 편의점, 구내식당, 카페 등 인기 업종은 독점권에 따른 이익을 상당히 누리는 편이고 동종 업종 입점에 대한 부담감이 덜합니다.

단, 같은 독점권이라도 약국, 병원 같은 업종은 신중하게 접근해야 합니다. 대부분 젊은 층이 많고 외부 유동인구 흡수력이 뛰어나지 않은 지식산업센터의 특성상 소비층 자체가 빈약할 수 있기 때문입니다.

외식업이라면 한정된 고정수요에 저렴한 구내식당과 경쟁해야 하고 저녁은 퇴근 후 외부에서 해결하는 사람들이 많아 매출이 부진할 수 있습니다. 여기에 주5일 근무 환경과 휴일을 제외하고 연 200일 정도에 불과한 영업일수가 매출을 내기에 불리할 수 있습니다.

가장 중요한 것은 지식산업센터의 분양 실적과 입주율을 파악하는 것입니다. 지식산업센터 내 상주인구가 주 고객층인 만큼 지식산업센터가 텅 비면 상가 역시 고전을 면치 못합니다. 대부분 지식산업센터 분양이 먼저 이루어지고 나서 상가 분양에 들어가므로 체크가 어렵지는 않습니다.

입지로는 지식산업센터 단일 밀집지역보다는 아파트나 오피스텔 등 주거와 혼합된 상권 도심의 지식산업센터 상가가 오히려 더 높은 매출을 올릴 수 있어 좋습니다. 예컨대 영등포 지역처럼 주거와 혼재된 곳이 유리하고 문정동, 구로동, 가산동처럼 지식산업센터 단일 밀집지역은 주5일 근무환경의 영향을 직접적으로 받을 수 있을 뿐만 아니라 유입인구 감소가 한정돼 있기 때문에 주말에는 매출이 낮아집니다.

1층이라도 외부에서 바로 출입이 가능한지도 확인해야 합니다. 건물 안으로 들어와서 상가에 들어가는 구조로 되어 있다면 외부 고객 유입이 낮아집니다.

상가 조성비율도 따져봐야 합니다. 규모 대비 상업시설 비율이 지나치게 높으면 점포 수가 많아 경쟁력이 떨어질 수 있습니다. 역세권 밀집지역이 아닌 경우는 전체 연면적 기준 건물 내 판매시설 비율이 5~6%를 넘지 않아야 안정적으로 유지할 수 있습니다. 특히 '나 홀로 지식산업센터'는 상주인구가 극히 한정돼 있기 때문에 고정 고객이 적어 영업이 부진하면 고립될 수 있어 주의가 필요합니다.

## 테마상가

테마상가는 하나의 주제를 잡고 그와 관련된 업종을 중심으로 집단화시킨 형태의 상가를 말합니다. 의류상가, 메디컬상가, 공구상가, 전자상가 등이 대표적인 곳입니다. 서울 동대문의 의류상가, 용산의 전자상가 등이 좋은 예입니다.

서울 용산구 소재 전자상가 외관과 내부

　대부분 전문 상품만을 취급하므로 가격이나 품목이 다양하고 한 공간에서 비교를 통해 최적의 상품을 선택할 수 있습니다. 최근에는 복합테마상가라는 개념을 적용하여 좀 더 다양한 품목을 갖춘 전문 테마상가도 늘고 있습니다.

　테마상가의 단점은 일부 지역에 편중돼 있는 편이라 많은 고객을 끌어들이기에는 접근성이 다소 떨어진다는 것입니다. 1990년대까지만 해도 고객이 넘쳐나고 매장마다 매출도 높아 잘나가는 상가였습니다. 그러나 최근 몇 년간 공급 과잉과 인터넷 확산, 온라인 사업 발달로 오프라인 매장은 많이 위축된 모습을 보이고 있습니다. 지금은 예전과 비교하면 테마상가가 인기가 많이 떨어져 시들해진 하향 곡선을 그리고 있습니다. 투자자나 고객들의 발길도 줄어 외면을 받다 보니 사업성이 낮아 신규 공급은 사실상 보기 드문 추세입니다.

## 쇼핑몰

쇼핑몰은 다양한 상품을 종합적으로 파는 형태의 상업시설입니다. 쇼핑몰은 전용면적 비율과 공용 편의시설이 적절하게 조화돼 있는지가 중요합니다. 전용면적이 넓어도 공용 복도나 고객 쉼터가 부족하면 상가가 활성화되기 힘들고, 분양면적에 비해 전용면적이 지나치게 낮으면 투자비용 대비 효율성이 떨어질 수 있습니다.

흔히 쇼핑센터라고 하는데 백화점과는 다른 개념입니다. 백화점은 점포의 80% 이상을 운영 주체가 직접 운영하는 방식인 데 반해, 쇼핑몰은 점포의 대부분을 개인 점포주에게 분양해 개인 또는 상가위원회에서 운영하는

서울 성동구 행당동(왕십리광장로) 소재 엔터식스 왕십리점

방식입니다.

쇼핑몰의 장점은 점포 각각의 점주가 따로 있어 친절하며 가격 조정이 어느 정도 가능하다는 것입니다. 하지만 전체 매장의 일관성, 통일성이 부족하다는 단점 등이 있습니다. 과거 1990년대 동대문, 이대, 홍대 등 대학가에 쇼핑몰 바람이 불었지만 최근에는 인터넷 쇼핑몰의 강세 등으로 오프라인 쇼핑몰이 다소 위축된 상태입니다. 최근 일부 지역은 운영이 안 돼 영업을 중단하거나 숙박업종으로 리모델링을 꾀하고 있습니다.

## 상가주택

근린상가지역에 위치하고 있는 주택형 상가로 상가와 주택이 결합된 부동산을 말합니다. 일반적으로 1, 2층은 상가로 3층 이상은 주택으로 활용하는 경우가 많으며 상가 임대수익이 발생되기 때문에 저금리 시대에 부동산 투자자들의 관심이 집중되고 있는 상품입니다.

상가주택은 1기 신도시가 조성되던 1990년대 중반 점포 겸용 단독주택 용지가 공급되면서 인기를 끌기 시작했습니다. 이후 2008년 글로벌 금융위기로 중대형 아파트의 투자 가치가 시들해지자 아파트를 팔고 여유자금으로 안정적인 생활을 원하는 베이비부머들이 수도권 상가주택에 투자하면서 인기가 더욱 치솟고 있습니다.

상가주택의 인기는 점포 겸용 단독주택 용지 분양 경쟁률에서 잘 드러납니다. 2017년 9월 원주기업도시 점포 겸용 용지 48개 필지에 대한 분양 신청 기간 동안 '원주기업도시'가 포털사이트 실시간 검색어 상위권에 오르

서울 은평구 불광동(통일로) 소재 상가주택

내릴 만큼 매우 뜨거운 관심을 받았습니다. 원주기업도시를 검색창에 치면 점포 겸용이 자동완성어로 뜰 정도였으니 얼마나 많은 이들이 검색을 했는지 짐작이 됩니다. 최근 포털 자동완성어 작업은 돈 주고도 할 수 없는 홍보 영역인데 말입니다.

이틀간 진행된 원주기업도시 점포 겸용 단독주택 용지 분양신청의 경쟁률은 평균 2,205 대 1, 인기 필지는 1만 4,357 대 1의 경쟁률을 보였습니다. 로또 청약이라고 불리는 강남 재건축 아파트를 훌쩍 뛰어넘는 관심입니다.

이처럼 인기의 중심을 달리고 있는 상가주택은 소유주가 직접 거주할 수 있어 주거 문제도 해결하고 1층과 2층에 상가나 사무실을 임대하여 월세 수입을 올릴 수 있는 것이 이점입니다. 특히 투자자 입장에서는 전매 제한이 없고 거주지에 관계없이 청약할 수 있으면서 명의 이전도 한 달 내 가능하다는 점이 가장 큰 매력 포인트로 꼽혔었는데요. 현재 택지개발지구 내 상가주택이 들어설 수 있는 단독주택 용지는 정부의 규제 강화로 잔금

포털사이트 네이버 실시간 급상승 검색어에 등장한 원주기업도시. 원주기업도시라고 검색하면 점포 겸용이 자동완성어로 가장 상단에 뜰 정도로 인기가 높았습니다.

납부 전(또는 공급계약일로부터 2년을 초과하는 경우에는 2년간)까지 전매가 금지되었습니다. 또한 공급 방식도 추첨이 아닌 경쟁입찰 방식으로 바뀌었습니다.

반면 상가주택은 아파트보다 환금성이 떨어지는 것이 단점입니다. 고정 수요를 갖춘 지역을 선별해 투자해야 하며, 같은 지역에서도 도로와 접했는지 등 상권과 입지 조건에 대한 분석이 정확히 이뤄져야 투자에 성공할 수 있습니다. 상가주택의 수익률이 높은 곳은 연 15%에 이를 정도로 고수익 상품으로 분류되지만, 손해를 보고 있는 상가주택도 있기 때문에 유념해서 투자에 나서야 합니다. 상권 형성 전망이 불투명한 지역은 택지 분양 단계에서 미달되는 사례도 있습니다.

상가주택 투자는 주로 신도시 등 공공택지의 점포 겸용 단독주택 용지를 매입한 뒤 전문업체에 의뢰해 신축하는 방식입니다. 투자금은 수도권의 경우 7억~15억 원 선인데요. 경기 판교시 백현동 카페거리와 서울 서초구 방배동 서래마을 카페거리 등이 상가주택의 대표적인 사례입니다. 앞으로도 저금리 기조가 이어진다면 임대수익과 주거를 동시에 해결하려는 중·

장년층을 중심으로 수익형 부동산 상품으로서 상가주택에 대한 관심이 이어질 것으로 전망됩니다.

### 코너상가

건물의 모서리 부분, 이면 이상이 노출된 상가를 코너상가라고 합니다. 코너 입지에 있는 상가는 대부분 삼거리나 사거리 대로변에 접해 있어 점

서울 도봉구 창동(마들로) 소재 근린상가의 코너 점포

포 가시성이 우수합니다. 또한 차량 통행량과 유동 인구량이 모두 활발하고 점포 앞에 횡단보도가 위치한 경우가 많습니다. 코너 입지 상가는 임차 대기수요가 많아 상대적으로 임차인 확보에 용이합니다. 불경기에도 영향을 덜 받고 시세도 비교적 안정적이어서 장점이 많습니다.

분양가가 다소 높더라도 사거리 코너는 입지가 좋아 임대료를 많이 받을 수 있어 투자자들이 가장 선호하는 상가 자리입니다. 그렇지만 긴장을 놓아서는 안 됩니다. 마음을 놓고 쉽게 생각한 코너 자리라도 단점이 있을 수 있으니까요. 코너 옆과 점포 앞으로 지나다니는 사람들이 출·퇴근과 이동 시 하루 동안 얼마나 많이 왕래하는가를 따져야 합니다. 그들이 곧 상가의 '핵심' 유효수요라고 할 수 있는데, 이들이 오갈 수 있는 길목이 분산되어 있다면 이동경로도 분산되는 만큼 코너 자리의 강점이 크게 줄어들 가능성이 있습니다.

예를 들어 지하철역을 향할 때 가장 빠른 길이 점포 앞을 꼭 지나가야 하는 동선이라면 좋은 입지에 위치했다고 볼 수 있습니다. 또 사람들이 많이 모이는 버스 정류장 앞이나 사람들이 많이 모이는 공원으로 가는 길목에 위치한 코너 자리도 좋습니다. 또한 현재 사람들의 왕래가 많은 코너 자리라도 앞으로 새로운 길이 생겨 동선이 바뀌면 점포 앞이 구 길이 될 수 있는 가능성까지도 고려해야 할 사항입니다. 지금 놓친 한 번의 작은 실수가 훗날 상권 지형 변화로 인해 엄청난 결과를 가져올 수 있다는 것을 꼭 가슴 깊이 새겨야 합니다.

## 스트리트형 상가

일명 거리형 상가라고도 부르는 스트리트형 상가는 고객 통행로 한쪽 또는 양쪽에 상가가 배치된 형태를 말합니다. 점포 대부분 접근성이 좋고 사각지대가 없기 때문에 상가 설계 시 선호도가 높아 최근 대부분의 상가는 스트리트형으로 공급되고 있습니다.

과거 상가는 동선을 수직으로 배열해 집합체를 구성하는 박스형 고층 상가 형태가 주류를 이뤘지만 스트리트형 상가는 동선을 따라 1~2층짜리 저층 위주로 상가를 배치합니다. 그러면 소비자 체류 시간을 늘려 유동인구를 안정적으로 확보할 수 있습니다.

또 주변 유동인구를 잠재 고객으로 흡수하기 쉽고 고급스러운 이미지를 연출하는 데 유리합니다. 여름에는 테라스나 야외 공간을 활용하기 용이

서울 은평구 불광동(통일로) 소재 스트리트형 상가

하다는 것도 장점입니다. 더불어 상가 주변 상권 활성화에도 기여도가 높아서 지역을 대표하는 랜드마크로 주목받기도 합니다. 일산의 라페스타, 웨스턴돔 등을 대표적인 스트리트형 상가로 꼽을 수 있습니다.

스트리트형 상가는 길을 따라 점포가 늘어서 있기 때문에 상가 전체 상권이 살아야만 점포 운영에 문제가 없다는 단점도 공존합니다. 또 겨울철에는 박스형 상가보다 찬바람을 막기 어려운 부분이 있어 상가의 문제점도 노출되고 있는데, 동선을 파악해 점포를 선별해야 합니다.

최근 지어지고 있는 신도시 스트리트형 상가에 투자할 때는 개발호재와 분양가 적정성, 투자 시점, 임차인 유치 등이 중요합니다. 새로운 상권일수록 3~4년 정도 길게 바라보고 중장기적인 투자 계획을 세워 투자에 임해야 합니다.

## 테라스형 상가

테라스형 상가는 야외에 의자와 테이블을 놓을 수 있는 노천식 상가를 말합니다. 보행도로를 따라 점포가 늘어선 '스트리트형' 상가와 접목해 설계되기도 합니다.

테라스형 상가는 실내 공간이 외부로 이어져 동선이 편리하고, 넉넉한 서비스 면적 확보로 점포 공간 활용도가 높습니다. 야외 풍경을 감상하기 좋고 탁 트인 느낌이 장점으로 외부 수요를 끌어들이기에도 유리합니다. 외부에서 봤을 때 가시성 또한 높기 때문에 테라스가 있으면 추가 매출로 이어지는 데 큰 역할을 하게 됩니다. 고객 입장에서도 실내보다 주위를 의식

서울 마포구 망원동(월드컵로) 소재 테라스형 상가

하지 않고 맘껏 떠들 수 있어 편안하게 느낍니다. 스트리트형 상가와 마찬가지로 겨울에는 테라스 활용도가 낮아 매출이 감소할 수 있다는 단점이 있습니다. 단, 난방 텐트 등을 활용해 테라스의 보온성을 높인다면 겨울철에도 활용이 가능합니다.

대표적인 테라스형 상가로는 경기 성남시 분당구 정자동의 카페거리 등이 있습니다. 테라스가 없는 상가보다 임대료가 30~50% 이상 비싸 투자수익도 높게 기대할 수 있습니다.

지금까지 설계된 방식이나 점포 구성에 따른 상가 유형에 대한 대략적인 설명을 마쳤습니다. 뒤이어 소개하는 상가 유형은 투자자들의 입맛에 맞게 안정적인 요건을 높인 상가 상품들입니다. 과거에는 없었으나 상가의 불안정성 측면이 부각되면서 투자 인기가 떨어지자 건설사에서 마련한 돌파구라고 볼 수 있습니다. 미리 임차인을 확보해 놓은 선임대 상가나 일정 퍼센트 이상의 수익을 보장해주는 확정수익 상가들이 그 예입니다. 상가투자자들이 가장 두려워하는 것은 공실인데, 이런 선임대 상가나 확정수익 상가는 공실의 위험을 차단해주거나 공실로 인한 손해를 막아, 상가투자시장에서 가장 안정적인 상품으로 꼽히고 있습니다.

투자자들의 선호도도 점차 높아지고 있지만 부동산 투자에서 100% 안정적인 것은 없다고 말씀드리고 싶습니다. 상가의 임차인이 있어도, 수익을 보장해주더라도 분명 투자자가 유의할 점이 있으므로 짚고 넘어갈 필요가 있습니다. 또한 임차인을 확보해주거나 투자수익을 보장해주는 만큼 분양가가 비싸질 가능성이 높다는 것 또한 유의해야 합니다.

## 선임대 상가

선임대 상가는 점포임대 계약이 미리 맺어진 상태에서 분양하기 때문에 공실에 따른 위험 부담을 줄일 수 있다는 점이 가장 매력적입니다. 불확실한 투자시장에서도 투자 후 바로 수익을 확보할 수 있고, 비교적 정확한 수익률 파악이 가능합니다. 안정적인 자금계획을 세울 수 있기 때문에 투자자들의 선호도가 높습니다.

장점이 확실한 선임대 상가도 물론 유의할 점이 있습니다. 선임대 상가는 분양 시점에는 공실 발생에 대한 우려가 없지만 경기침체로 인해 임차인 폐업이 빈번할 수 있으므로 장점이 희석되는 경우가 적지 않습니다.

분양업체에서도 최초의 임대만 맞춰줄 때가 많기 때문에 도중에 임차인이 계약을 파기하면 공실로 인한 피해가 클 수 있습니다. 따라서 선임대 상가일지라도 무리한 대출을 통해 투자에 나서는 것은 위험합니다.

선임대가 이뤄졌다는 분양업체의 설명도 무조건 신뢰해서는 안 됩니다. 임대차 계약이 확정되지 않은 상황에서 '입점 유력' 등의 문구로 투자자를 현혹시키는 경우도 많기 때문인데요. 사전에 반드시 임대차계약서 등을 확인해보고 상가의 시행 주체와 체결된 계약서인지 꼼꼼히 확인해봐야 합니다.

다만 선임대된 상가의 임대차계약서는 상가 시행 주체와 임차인과의 계약으로, 투자자 혹은 분양자와의 직접적인 계약 발생을 의미하는 것은 아닙니다. 이에 최근 상가 분양시장에 등장한 것이 임대보장증서와 임대보장확약서 등입니다. 투자자가 분양받은 상가에 대해 구체적인 기간 동안 임대를 맞춰 공실의 위험성을 낮춰주거나, 수익률 등을 보장하는 서류로 투자수익의 안정성을 높이고 있습니다.

임대보장증서나 임대보장확약서보다 더 확실한 것은 임대차계약서를 분양자 명의로 승계시켜주는 것입니다. 그러면 분양자가 임차인에게 직접적인 권리를 행사할 수 있으므로, 가능하다면 임대차승계계약서를 요구하는 것이 좋습니다.

그렇지만 무엇보다 가장 중요한 것은 장기간 운영이 가능하고 경험이 풍부한 우량 임차인을 만나는 것입니다. 임차인과 5년 이상 장기임대 계약이 되어 있는 상가가 좋으며, 대형 프랜차이즈 업체나 은행 같은 금융기관 등 우량 업종이 들어서는 상가가 유리합니다. 또 점포 오픈 공사 시 인테리어비용이 높은 병원이나 기업형 슈퍼마켓 등의 업종도 장기임대가 유리해 추천할 만하고 제과점, 패스트푸드점, 커피 전문점, 편의점 등도 유망합니다.

## 확정수익 상가

불투명한 투자수익을 보장해주는 '확정수익 상가'도 빼놓을 수 없습니다. 앞서 설명한 선임대 상가는 '임대가 이미 맞춰져 있다는 것'만을 강조하지만 확정수익 상가는 '일정 기간 동안 구체적인 수익을 보장'하기 때문에 투자자의 구미가 더욱 당기는 상가 유형이라고 할 수 있습니다.

예를 들어 '2년간 8% 수익 보장'과 같은 문구를 본 적이 있을 겁니다. 단연 투자자들이 가장 매력적으로 느낄 만한 상품입니다. 공실 여부와 상관없이 확정수익 상가는 분양자에게 일정 기간 동안 수익을 보장해주기 때문에 해당 기간 동안 공실 우려나 임차인 유치에 공을 들이지 않아도 되는 장점이 있습니다.

확정수익 상가나 선임대 상가가 투자자들에게 분양되기까지 나름의 사연도 있을 수 있습니다. 대부분이 아직 상권이 완전히 형성되지 않은 곳에 위치하는 만큼 준공 시점에서 '렌트프리Rent Free(무상 임대)'를 통해 임차인을 모집하고, 렌트프리 기간 동안 월 임대료는 시행사가 분양자에게 지급하는 형태이지요. 상가 규모와 입점 업종에 따라 다소 차이가 있을 수 있지만 보통 중·대형 호프집이나 병의원, 학원처럼 상권 활성화에 도움이 되는 우량 임차인에게 3개월에서 1년가량 렌트프리 조건으로 임대해주는 사례를 많이 접할 수 있습니다. 또 렌트프리를 통해 실제 상권이 활성화되는 경우도 많이 목격해왔습니다.

하지만 상권의 입지적 분석 없이 단순히 렌트프리 조건에 혹해서 임대 계약을 맺은 임차인들도 많기 때문에 투자자 입장에서는 임차인의 가게 운영 노하우 등을 잘 살펴보고 분양 계약에 나서야 합니다.

특히 근본적으로 확정수익 상가일지라도 보장 수익률이 어떻게 산정되며, 어떤 방식으로 보장받을 수 있는지가 투자자 입장에서 가장 꼼꼼히 챙겨야 할 부분입니다. 또 계약을 맺은 시행사가 부도가 나면 수익 보장이 불투명해질 수도 있습니다. 확정수익 상가의 가장 큰 장점이 날아갈 수 있기 때문에 사업자가 수익을 보장할 수 있는 곳인지 꼼꼼히 따져봐야 합니다.

더욱 중요한 것은 보장된 기간 내의 수익뿐만 아니라 보장 기간 이후의 수익률입니다. 보장 기간 이후에도 현재 수준의 임대수익을 올릴 수 있을지 예측해보고, 가능하다는 판단이 설 때 투자에 나서야 합니다.

확정수익 상가는 대부분 구도심이 아닌 신규 개발지에 위치하는 만큼 처음 분양 당시에는 상권이 형성되지 않았을 가능성이 큽니다. 그렇기 때문에 시간이 지나면 어련히 상권이 활성화되지 않겠냐는 기대감만을 가지고 투자에 나서서는 안 된다는 뜻입니다. 일정 기간 해당 상권을 방문해 주변 상가의 월 임대료와 보증금 시세, 유동인구 흐름 등 시장 상황을 살펴보고 투자 여부를 결정해야 합니다.

경기 성남시 수정구 창곡동 소재 위례신도시 상가

## 신도시·택지지구 상가

　상가투자 시 가장 깐깐하게 굴어야 되는 상가가 바로 신도시와 택지지구에 위치한 상가입니다. 신도시와 택지지구에 위치한 상가는 반드시 상권 형성 기간을 길게 보고 장기적으로 접근해야 합니다. 투자자는 장기적인 관점에서 여유자금을 보유하고 투자에 나서는 것이 좋습니다. 신도시와 택지지구는 아파트 입주 후에도 상권이 활성화되기까지 구도심에 위치한 상가보다도 속도가 늦습니다. 아파트 입주 후 적어도 1년 이상, 대부분 3년은 넘어서야 안정화 단계에 이를 수 있습니다. 그렇기 때문에 입지와 업종 선점이 매우 중요합니다.

　또한 전체 신도시, 택지지구의 면적에서 상업용지 비율이 5% 이하인지 반드시 확인해야 됩니다. 입주 초기에는 임대수익이 불안정할 수 있으므로 무리한 대출로 인한 투자는 위험합니다. 세입자가 여유자금을 가지고 오랜 기간 점포를 유지할 수 있는지도 염두에 두는 것이 좋습니다. 마찬가지로 신도시에서도 KTX 등 역세권 상가가 좋습니다. 역세권에서 멀어지면 임차인이 운영에 어려움이 따를 수 있습니다.

신도시 상가의 장점도 있습니다. 초기 선점 투자가 가능하다는 것인데요. 또한 신도시와 택지지구에 위치한 만큼 상가의 주 배후수요로 대단지 아파트를 보유한 점도 장점입니다. 입주가 대부분 마무리되고 상권이 활성화되면 시세차익도 바라볼 수 있습니다.

더욱이 신도시나 택지지구 대형 상가는 핵심 상권에 공급되기 때문에 배후수요가 많고 그 지역에 랜드마크가 되는 경우가 많아 은행, 프랜차이즈, 유명 점포들의 입점 가능성도 높습니다.

택지지구 상가의 잘된 예로 마곡지구를 들 수 있습니다. 필자의 지인인 (주)아람디엔씨 김정섭 본부장이 상가 분양을 진행했던 마곡지구에 대해 이야기해보겠습니다.

김 본부장이 지난 2014년 마곡에스비타운 분양을 맡았을 때 마곡지구는 허허벌판과 같았습니다. 하지만 아무리 허허벌판이라고 해도 서울의 마지막 택지지구인 만큼 토지 공급가격이 싸지 않았습니다. 결국 3.3제곱미터당 3,000만 원대 초반으로 상가를 공급하게 됐고 예상대로 가격이 너무 비싸다는 의견이 대부분이었습니다. 현재 아무것도 없는 택지지구에 생각보다 비싼 돈을 주고 상가투자라는 모험을 하기가 투자자 입장에서는 쉽지 않았을 겁니다.

하지만 반전이 일어났습니다. 마곡지구에 아파트들이 입주하고 LG, 이랜드, 에스오일, 코오롱, 넥센타이어 등 대기업들이 이전하거나 이전을 예정하면서 부동산시장의 상황이 좋아졌습니다. 상가 가격도 같이 폭등해서 당시 분양을 진행했던 '마곡에스비타운'은 현재는 3.3제곱미터당 5,000만 원대까지 올랐다고 합니다. 총액으로 따져봤을 때 전용률이 50%인 전용면적 33제곱미터(분양면적 66제곱미터) 상가를 3.3제곱미터당 3,000만 원(1층 기준)을 주고 샀다면 총 분양가가 6억 원 정도 됩니다. 그랬던 것이 현재는 3.3제곱미터당 5,000만 원으로 올랐으니 시세가 10억 정도입니다. 분양자들은 3년 만에 시세차익으로 4억 원가량을 벌었다고 볼 수 있습니다.

앞에서 언급된 근린상가, 단지 내 상가, 주상복합과 지식산업센터 지원상가, 테마상가, 쇼핑몰 등 상가의 종류와 유형은 매우 다양합니다. 투자자의 니즈에 맞춰 앞으로 더욱 다양한 유형의 상가가 분양시장에 공급될 것 같습니다. 하지만 종류에 따라서 단순히 어떤 상가가 좋고, 어떤 상가는 별로라고 딱 잘라 말하기도 어렵습니다. 상가 종류별로 나름의 장·단점을 가지고 있기 때문에 투자 시 본인의 선호도나 금융 상황 등을 고려하여 적절한 상품을 고르는 것이 좋습니다.

## 03

A commercial store investment by the rich

# **상권**이란 무엇인가

　상가투자 이론편에서 핵심이라고 할 수 있는 부분입니다. 상가투자 시 가장 중요하게 봐야 할 부분, 바로 '입지'에 관한 내용인데요. 대부분의 부동산 전문가는 상가투자 시 가장 꼼꼼하게 따져봐야 할 것으로 '입지'를 꼽습니다. 입지의 좋고 나쁨을 알기 위해서는 먼저 상권을 알고, 상가가 위치한 상권 분석을 할 줄 알아야 합니다.

　상권이란 사고파는 상업 행위가 이뤄지는 공간적 범위를 말합니다. 상권의 범위도 중심권과의 거리에 따라 1차, 2차, 3차 상권으로 나뉩니다. 상권의 범위는 절대적인 것은 아니고 기준에 따라 다소 상이합니다.

　과거에는 지하철역이 많지 않았기 때문에 역세권을 기준으로 500미터 이내를 1차 상권, 500~1,000미터 이내를 2차 상권, 1,000미터 초과 거리를 3차 상권으로 보았지만 지금의 환경과는 맞지 않는 기준이 되었습니다.

대부분 지하철역이 1,000여 미터 간격으로 들어서 있기 때문에 상권 범위를 나누는 기준 거리를 더 좁혀야 한다고 생각합니다.

최근의 지하철 환경을 반영했을 때 1차 상권은 지하철역에서 200미터 이내(도보 2~3분), 2차 상권은 200~400미터(도보 5분), 3차 상권은 400미터(도보 5분 이상) 초과 거리라고 할 수 있습니다. 상가 가격도 당연히 1차 상권이 가장 높고, 3차 상권이 가장 낮게 책정돼 있습니다.

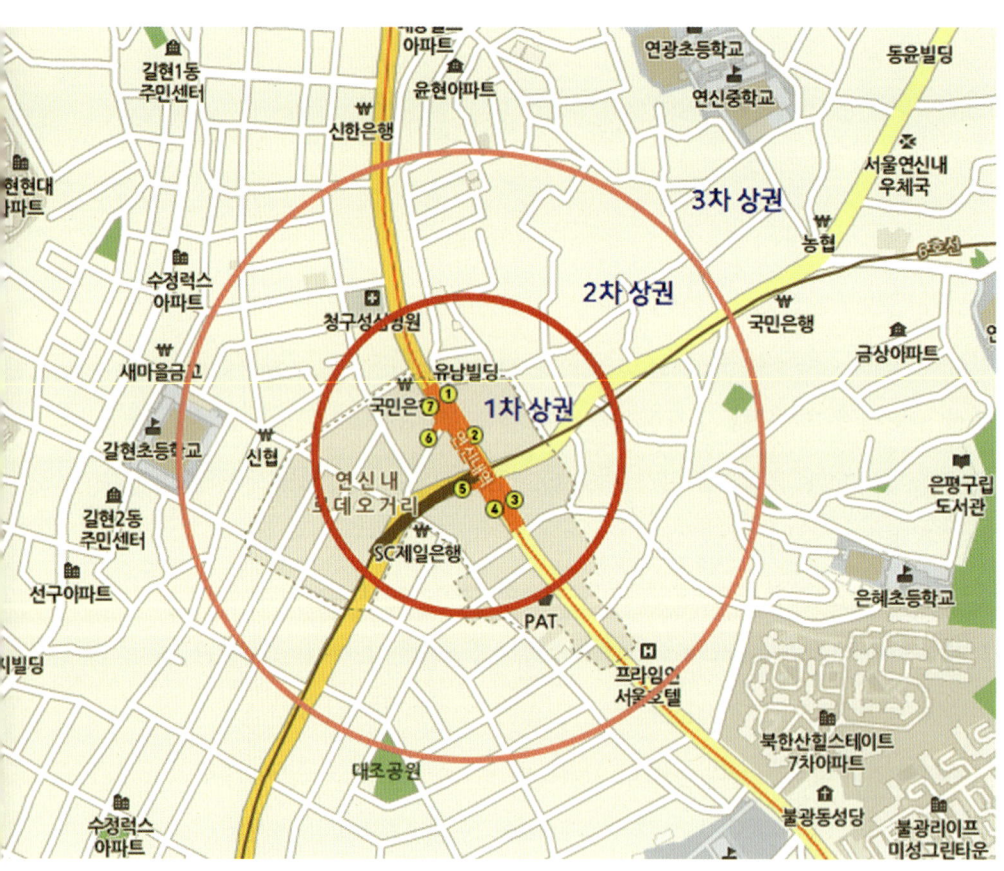

지하철역을 기준으로 한 1차, 2차, 3차 상권의 범위

명동이나 강남처럼 음식점이나 판매점으로 북적북적한 곳만을 상권이라고 할 수 있는 것은 아닙니다. 집 앞의 작은 슈퍼마켓이나 세탁소, 미용실 등도 동네 상권에 위치하고 있으며 상업 행위가 이뤄지고 있다고 할 수 있습니다.

상권 분석은 상권 전체의 성쇠 여부를 평가하는 것이고, 입지 분석은 개개점포의 성패 여부를 파악하기 위해 필요합니다. 그렇기 때문에 먼저 상권 분석을 하고, 이후 반드시 더 세밀하게 입지 분석을 해야 좋은 투자처를 선별할 수 있습니다

### 상권의 형성 과정

그렇다면 상권의 형성은 어떻게 이뤄지는 걸까요? 상권이 형성되는 데도 비슷한 공식들이 있습니다. 명동이나 강남 등의 유명 상권들이 어느 날

2016년 개장한 서울 노원구 공릉동(공릉로) 소재 경춘선 숲길공원을 따라 카페와 주점 등 점포가 들어서며 상권이 형성되고 있습니다.

### 상권의 형성 과정

갑자기 지금의 모습이 된 것은 아닙니다. 현재 상권 초기 형성이 진행되고 있는 사례를 살펴보면 지역 명소로 거듭나기까지 몇 가지 환경적인 요소와 특징들이 공통적으로 나타나는 것을 알 수 있습니다.

첫 번째로 초기 상권은 도로를 따라 형성되기 시작합니다. 길이 있는 곳, 또는 길이 정비되는 곳, 새롭게 길이 만들어지는 곳을 말합니다.

둘째, 길을 따라 집객력이 생기고 길게 늘어진 공원을 따라 사람들이 하나둘씩 모여들어 유동인구가 증가합니다.

셋째, 사람이 모이니 길 주변을 따라 건물이 새롭게 들어서기도 하고 또는 상가주택으로 탈바꿈하여 영업할 수 있는 점포가 만들어집니다.

넷째, 새로운 창업 점포들이 하나둘 속속 생겨나 어느덧 커피숍, 편의점, 요식업, 치킨 전문점, 제과점, 등이 자리를 잡아갑니다.

다섯째, 몇 년에 걸쳐 지역 상권으로 자리 잡아가는 과정을 밟는 동안 '의식주衣食住' 업종 대부분이 들어와 명소로 거듭나는 모습을 보입니다.

정리하자면 길이 생기니 유동인구가 늘고, 그 유동인구를 대상으로 점포가 생기고, 점포들이 많아져 상권이 형성된다는 겁니다. 현재 새롭게 뜨는 상권으로 주목을 모으는 연남동과 공릉동의 숲길공원 등도 이러한 상권 형성 과정을 거치는 중입니다.

### 상가투자 시 '목'에 목숨 걸어라

좋은 상가란 좋은 상권에 위치한 상가라고도 볼 수 있습니다. 그렇다면 좋은 상권은 어떤 곳을 말할까요?

좋은 상권이란 흔히 말하는 "목 좋은 곳"입니다. "목이 좋아야 장사가 잘된다"는 말은 누구나 한 번쯤은 들어보았을 겁니다. 실제 상가는 자리가 70%를 좌우한다고 할 만큼 좋은 목을 잡는 게 포인트입니다. '목'이라는 것

배후층이 탄탄한 강남역(좌)과 대학로(우) 상권. 강남역은 직장인 유동인구, 대학로는 대학생을 기본 배후층으로 잡고 있습니다.

지하철역 인근 입지(좌), 노점상이 들어서 있는 거리(우)

이 곧 입지를 말하며 어떤 입지를 잡느냐에 따라 상가의 흥망성쇠가 좌우된다고 볼 수 있습니다.

상가 입지에서 가장 중요한 요소는 첫째, 얼마나 두꺼운 배후수요층을 갖고 있느냐는 것입니다. 배후가 두꺼우면 소비 가능한 구매력이 많아지고 당연히 상가가 점유할 수 있는 소비지출액도 높아집니다. 아파트 단지 안에서는 아파트 가구 수, 오피스 입지에는 주변 오피스 상주자가 얼마나 많은지가 중요합니다. 교외형 입지에서는 통행하는 차량이 많을수록 좋은 입지가 됩니다.

둘째로 입지 선정 때 고려할 사안은 접근성입니다. 아무리 배후가 좋아도 접근이 용이하지 않으면 좋은 입지로 보기 어렵겠죠. 지하철역, 버스 정류장 등 대중교통 시설과 인접한 곳일수록 접근성이 좋습니다. 지하철역, 버스 정류장 100미터 이내의 상가는 사람들이 몰려들 근본적 요건을 갖추고 있습니다. 단, 지하철이 환승역이고 상권이 활성화된 지역이라야 좋습니다. 버스 정류장은 종점이나 아파트 단지 앞이 독점력을 가질 수 있어 더욱 좋습니다. 노점상이 서 있는 지역의 상가도 꽤 안전하다고 볼 수 있습니다. 생계와 바로 연결된 노점상은 유동인구가 많은 곳에만 들어서는 특성이 있기 때문이죠.

셋째로 상가 입지 선정 때 저지대의 평탄한 곳이 유리하다는 점도 기억해야 합니다. 우리나라 소비자들은 일반적으로 하향 지향적 상권 이용 행태를 나타냅니다. 만약 언덕과 언덕 아래쪽에 상권이 동시에 형성돼 있다면 언덕 중간에 사는 사람은 언덕 아래쪽 상권을 이용할 확률이 훨씬 높습니다. 이에 언덕에 입지한 점포는 동일한 조건이라면 평탄한 곳에 입지한 점포에 비해 값어치가 크게 떨어지는 편입니다. 즉 완벽한 평지에 있는 상가가 집객력이 좋다고 할 수 있습니다.

평탄한 지형의 잠실새내역 상권(좌)과 노원역 상권(우)

점포의 연속성과 대응성이 좋은 한양대학교 인근 상권(좌)과 건국대학교 인근 상권(우)

    넷째, 비슷한 입지라도 큰 상권에 속한 곳을 선정해야 합니다. 2개의 크고 작은 상권이 근거리에 위치할 때 소비자들은 단연 큰 상권을 선호하는 경향이 있습니다. 예를 들어 분당에 있는 서현역세권과 수내역세권을 예로 들 수 있습니다. 서현역과 수내역은 분당선으로 한 정거장 차이에 불과합니다. 그러나 상권 규모나 밀집도는 서현역세권이 수내역세권보다 훨씬 강합니다. 마찬가지로 같은 여의도라도 동쪽보다는 여의도공원이 있는 서쪽 상권이 더욱 활성화돼 있고 상가 가격도 비싸게 나타납니다. 이처럼 비슷한 입지라도 더 큰 상권 쪽에 투자하기를 권장합니다.

    마지막으로 연속성과 대응성을 잘 갖춘 상권에서 상가 입지를 선정해야 합니다. 쉽게 말하면 점포들이 연이어져 있고(연속성), 마주보고 있는(대응성) 형태가 좋습니다. 예를 들면 대로변이 뒷골목에 비해 상권이 상대적으로 떨어지는 것을 볼 수 있는데 이는 대응성이 낮기 때문입니다.

중요한 것은 입지를 분석할 때는 거시적인 관점에서 꼼꼼하게 해야 한다는 것입니다. 좋은 상가가 나왔다면 반경 1킬로미터 이내까지 충분히 분석하는 작업이 필요합니다. 입지 분석을 통해 일대의 고정인구와 가구 수, 이들의 구매력, 업종 분포, 교통망 및 요일별·시간대별 유동인구 연령대, 성비까지 줄줄 외울 수 있어야 합니다.

## 상권·입지 분석 시 체크 사항

상권과 입지 분석 시 필요한 체크 사항을 정리했습니다. 다음의 내용을 세부적으로 기록하면 조사하려는 상권과 입지에 대한 구체적인 분석이 가능합니다. 각 항목별로 최대한 수치화하여 기록하는 것이 좋고, 관심 있는 2~3개 지역의 분석 값을 비교해 투자처를 정하는 것이 좋습니다.

### 상권·입지 분석 시 체크 사항

**1. 고객 조사**
① 인구 밀도 : 고정인구(세대수, 빌딩 수 등), 유동인구
② 연령 구성 : 10대, 20대, 30대, 40대, 50대 이후, 가족형, 연인형
③ 성별 구성 : 남, 여
④ 소득 수준 : 상, 중, 하
⑤ 주거 형태 : 아파트 면적, 주거 형태, 빌딩 규모
⑥ 구매 습관 : 일, 주, 월, 연간 구매 횟수(외식 횟수) 등
⑦ 소비 집단 : 학교, 지역민, 대학, 관공서, 기업, 사무실(오피스) 등

## 2. 집객 요소
① 고정 상권 : 주거 밀집지역, 오피스가
② 유동 상권 : 쇼핑, 교통, 관광 등

## 3. 시간대별 조사 (소비층 비율, 소비 규모, 선호 업종)
① 오전 : 출근길 포함한 오전 상주인구 소비 형태
② 오후 : 점심시간 포함한 상주인구 소비 형태
③ 야간 : 퇴근 이후 머물러 있는 상주인구 소비 형태

## 4. 점포 환경
① 인근 업종의 구성
② 경쟁 점포 수와 경쟁력 등
③ 입지 여건 : 고객 접근성 편리

## 5. 상권 전망
① 상권 쇠퇴 또는 팽창
② 교통시설 변경
③ 도로 개설 여부 등

### 04

A commercial store investment by the rich

# 상권의 **종류**

## 중심 번화가 상권

상권의 종류 중 가장 먼저 설명할 중심 번화가 상권은 지금 여러분 머릿속에 떠오르는 굵직한 상권들을 그려보면 됩니다. 중심 번화가 상권으로는 명동, 강남역, 광화문, 홍대, 신촌 등을 예로 들 수 있습니다. 이들 지역은 상권 중에 가장 으뜸이라 칭할 만한 A+상권입니다. 대부분 역세권에 위치해 있다는 것이 공통점입니다. 유명 프랜차이즈나 대형 기업에서 운영하는 브랜드가 많이 들어와 있고 임대료 수준도 매우 높다는 특징이 있습니다.

중심 번화가 상권에서도 점포의 입지를 고를 때 눈여겨봐야 할 것은 동선입니다. 특히, 역세권은 지하철의 주 출입구가 어느 곳인지 파악하는 것이 중요하며, 그곳이 메인 상권일 가능성이 높습니다. 신설 역세권은 주변

대표적인 중심 번화가 상권인 명동(좌)과 강남역(우)

상권이 새롭게 형성되려면 최소 2~3년 이상의 시간은 소요된다는 점도 투자 시 염두에 두어야 합니다.

같은 역세권이라도 대표적인 출구에 위치한 점포가 좋습니다. 출구에 따라 유동인구가 다르고, 상권의 규모가 분류되므로 출구별 상권 분석이 요구되는 이유입니다. 노점상의 활성화 여부를 살피는 것도 좋은 방법입니다. 노점상이 역을 중심으로 어느 출구에 가장 많이 분포되어 있는지를 살펴보면 유동인구가 많고 가장 활성화되어 있는 출구를 쉽게 알 수 있습니다. 앞서 언급했던 것과 같이 노점상은 사람이 잘 모이고 잘 다니는 곳에서 영업을 하는 특성이 있기 때문입니다.

또한 역세권은 주 고객층도 다양합니다. 지하철역 주변이 만남의 장소이기 때문에 남녀노소를 가리지 않고 유입이 되며, 기본 유동인구가 많기 때문에 손님들의 발길이 끊이지 않는 상권이기도 합니다.

## 오피스 상권

여러 회사들이 맞물려 있으며 대부분 오피스텔이나 빌딩 등이 밀집된 곳을 오피스 상권이라 말합니다. 오피스 빌딩이 많은 지하철과 버스 정류장 인근에 오피스 상권이 형성되는데 주 고객층은 해당 지역 빌딩에서 근무하는 직장인입니다. 대부분 출·퇴근길, 점심시간에 이용할 수 있는 먹거리, 주점 등의 업종들이 들어섭니다.

오피스 상권은 점심시간과 퇴근길의 매출이 가장 많은 비율을 차지합니다. 특히 점심시간은 시간이 넉넉하지 않으므로 조리와 서빙 속도가 빨라야 회전율을 높여 매출을 증대시킬 수 있습니다. 조리 속도가 빠른 찌개류, 탕류, 국수류와 분식점 등이 유리하며 비즈니스 접대, 미팅을 위한 전문 음식점도 성공 가능성이 높습니다. 또 식사 후 커피 한잔을 즐기거나 테이크아웃을 하는 게 당연한 후식 코스로 자리 잡았기 때문에 커피 전문점도

오피스 상권으로 분류되는 상암DMC 인근 상권

역시 안정적인 매출을 낼 수 있는 업종으로 볼 수 있습니다.

다만, 오피스 빌딩만 모여 있는 형태의 상권이라면 주말 매출은 부진할 수 있으므로 주말에는 다른 고객층을 끌어모을 수 있는 차별화된 이벤트가 필요합니다. 오피스 상권으로 분류되는 상암DMC의 음식점들은 주말에만 적용되는 이벤트를 진행해 주말 매출을 늘리고자 노력하고 있습니다.

## 대학가 상권

홍익대와 건국대, 연세대, 한양대, 성신여대, 고려대, 경희대 인근이 대표적인 대학가 상권이라고 할 수 있습니다. 이들 지역은 상권 형성이 매우 잘 된 곳으로 꼽히며 A급 상권으로 분류할 수 있습니다. 대학가 상권은 대부분 유흥과 패션이 결합된 복합 상권의 형태가 많으며 상권 특유의 콘텐츠가 풍부할수록 상권의 규모도 큽니다.

대학가 상권 중에서는 홍익대와 건국대, 연세대(신촌) 순으로 상권 규모가 크고 유동인구도 많아 가장 번화한 곳으로 꼽힙니다. 대학가 상권인 만큼 주 고객층은 인근 대학에 재학 중인 20대 초반의 대학생입니다. 소비력이 좋은 젊은 학생층이 많기 때문에 안정성이 높은 상권으로 볼 수 있습니다. 오피스 상권과 마찬가지로 점심시간대와 야간 시간대에 매출이 가장 많으며 학기 중과 비교해 방학 때는 다소 매출이 떨어질 수 있다는 것이 단점이 될 수 있습니다.

대학가 상권의 활성화를 위해 정부 주도의 개발도 진행되고 있습니다. 서울시는 공모를 통해 숙명여대, 성공회대, 성균관대, 동국대, 경희대 등

홍익대(좌)와 성신여대(우) 상권

13개 대학가에 캠퍼스 타운을 조성하고 있습니다. 대학교와 자치구가 공동으로 계획하는 최초의 프로젝트입니다. 캠퍼스 타운 조성 사업을 통해 청년 창업을 지원하고 상권 활성화까지 도모한다는 계획으로, 해당 프로젝트가 진행되는 대학가 상권의 발전이 예상되기 때문에 예비 투자자들은 관심을 기울여볼 만하다고 생각합니다.

## 아파트·주택가 상권

주변에 사무실 등이 별로 없고 아파트나 주택 등 주거시설이 몰려 있는 곳을 아파트 혹은 주택가 상권이라고 합니다. 대다수의 전문가들은 이러한 상권을 B급 상권이라고 부릅니다.

아파트, 주택가 상권의 주 고객층은 인근에 거주하는 지역민들입니다.

특히 지역민 중에서도 주부들을 핵심 소비층으로 분류할 수 있는데요. 그렇기 때문에 입점 가능한 업종도 다양하고, 특화할 수 있는 부분도 많은 편입니다. 자녀들을 위한 학원, 실내놀이터 등 교육·놀이시설이나 마트, 식품 판매 매장, 모임 장소로 활용할 수 있는 카페나 깔끔한 분위기의 음식점 등 비교적 다양한 업종을 구성할 수 있습니다.

다른 상권과 비교해 상대적으로 아파트, 주택가 상권은 점포가 밀집되어서 형성되지 않고 드문드문 들어선다는 특징이 있습니다. 또 해당 상권만의 독창적인 특징이 나타나지 않고 대개 비슷한 분위기가 조성되는 편입니다. 주 고객층이 한정적인 상권의 특성상 활성화에도 한계가 있을 수 있지만, 그래도 입지를 보는 안목이 생겼다면 반은 이미 성공한 것입니다.

지역민들을 기반으로 한 수요층이 대부분이기 때문에 취약한 단점을 장점으로 승화시켜야 하는데, 특히 여성 고객들은 혐오시설이 없고 상가 주변이 깨끗하고 소음이 없는 곳을 선호합니다. 임차인은(세입자) 단골 고객

주택가 상권의 특징을 보이는 노원구 공릉동 상권

확보를 바탕으로 운영되는 특징을 보이기 때문에 상가의 주변 환경이 점포의 절대적인 경쟁력도 될 수 있다는 것을 꼭 기억해야 합니다.

## 동네 골목길 상권

한적한 분위기에 작은 주택들 위주로 들어서 있는 형태를 동네 골목길 상권이라 합니다. 가성비 높은 거래가격 때문에 요즘의 젊은 창업자들이 가장 주목하고 있는 상권이기도 합니다. 그만큼 투자자들도 최근의 창업 시장 분위기에 맞춰 트렌드를 읽고 같이 움직여줄 필요가 있습니다.

과거 골목길 상권은 C급 상권으로 분류되었으나 최근에는 동네 골목길 상권이 '핫플레이스'로 뜨고 있습니다. 실제 출·퇴근길에 집 주변을 오가다 보면 어느새 골목길에 점포들이 속속 생겨나고 있는 걸 볼 수 있습니다.

최근에는 젊은 소비층을 중심으로 소셜 네트워크 서비스SNS를 통해 동네의 숨겨진 맛집, 이색적인 공방 등이 공유되면서 그간 잘 알려지지 않은 골목길 상권이 각광받고 있습니다. 이면도로, 좁은 골목, 반지하 등은 사람들의 감성을 자극하는 요소입니다. 이런 골목 상권에서 새로운 트렌드와 이슈가 만들어지다 보니 최근에는 대형 상권 못지않게 창업자들에게 인기를 얻고 있습니다.

감성을 자극하는 유명 골목 상권으로는 종로구 북촌, 이태원동 경리단길, 영등포구 문래동, 익선동 한옥마을 등이 주목받고 있습니다. 유명하지 않은 주택가 골목 상권도 독특한 가게 하나만 들어서면 인근 지역 주민들의 입소문에 오르내리기도 하는데요. 대표적으로 종로구 익선동 상권은

동네 골목길 상권에서 점차 확장된 형태를 보이는 경리단길

도심 속 화려한 네온사인과 시끄러운 음향을 지양하고 개인 이익보다는 골목이 간직한 감성이 사라지지 않도록 유지하려는 상인들의 노력으로 상권이 활성화되고 있습니다.

## 좋은 상권? 안 좋은 상권?

그렇다면 좋은 상권과 안 좋은 상권의 특성은 무엇일까요?

상권을 판단할 때는 상권 전체의 큰 그림을 이해하는 데서 출발해 하나씩 세부적으로 좁혀나가는 것이 좋습니다. 먼저 큰 것을 보고 이후에 점점 시야를 좁혀나가며 세밀하게 작은 것을 따진다면 여러분이 처음 생각했던 구상이 쉽게 잘 들어올 수 있습니다. 이게 무슨 말이냐고요? 예를 들어 드넓은 산을 도화지에 그린다고 생각해보세요. 처음에는 풍경 전체를 눈에 담고 가장 눈에 띄는 산 능선을 도화지에 그리게 됩니다. 그다음에는 큼직한 봉우리를 그리고 나무와 나뭇잎 등 작은 것들을 채우고 색칠을 하며 그림을 완성합니다. 이렇게 상권도 마음에 그리듯이 큰 것부터 작은 것을 바라보면 좋은 상권 여부를 판단하기가 나을 겁니다.

만약 막연히 생각한 기대감만으로 투자를 한다면 최악의 경우 나락으로 빠질 수도 있습니다. 그래서 마치, 어린아이가 장난감을 조립하듯 하나하

■ **좋은 상권의 조건**
∨ 고객 접근성이 좋아야 합니다. 예를 들어 편리한 대중교통과 주차장이 확보된 곳.
∨ 유동인구가 많은 곳, 특히 출근 인구보다 퇴근 인구가 더 많은 곳이 좋습니다.
∨ 금융기관이나 관공서 등 사람들이 자주 찾는 기관들이 있는 길목.
∨ 주변에 노점상들이 많은 곳도 유동인구가 많다는 증거입니다.
∨ 평지 혹은 완만한 내리막길, 마치 물이 고인 듯 점포가 옹기종기 모여 있는 곳이 좋습니다.

■ **안 좋은 상권의 조건**
∨ 주인과 세입자가 자주 바뀌는 곳.
∨ 권리금, 보증금, 임대료가 유난히 싼 곳.
∨ 오르막이나 내리막에 위치한 곳.
∨ 주변에 상가가 없거나, 공터가 있는 곳(상권의 흐름도 끊어집니다).
∨ 대중교통 이용 시 접근성이 떨어지는 곳.

나의 요소들을 보고 이를 종합적으로도 구성해야 한다는 것을 강조하고 싶습니다.

즉, ① 상권, ② 교통, ③ 지형, ④ 수요, ⑤ 입지, ⑥ 동선, ⑦ 모형, ⑧ 가격을 순서대로, 또 종합적으로 분석하고 나서 내가 고려할 만한 상품인지를 판단하자는 겁니다. 분석 후에는 사업지 현장에서 편한 마음으로 잠시 눈을 감고 천천히 회상을 해보세요. 물 흐르듯이 순리대로 큰 흐름에 맡기며 냉철하게 판단하고 결정해야만 훗날 후회가 없습니다.

상권을 분석하는 것은 매우 중요합니다. 그렇기 때문에 이 책에서는 상당히 많은 부분을 할애해 각 지역의 상권을 소개하고 분석합니다.

## 2장
# 부자들의 상가투자법

**실전편**

상가투자 시 꼭 알아둬야 할 이론적인 내용을 숙지했다면 상가투자에 관해 구체적인 계획이 그려졌을 거라 생각합니다. 예를 들면 "대학가 상권에 위치한 코너 상가에 투자를 해야겠다" 혹은 "택지지구에 단독주택 용지를 분양받아 상가주택을 지어볼까?" 하는 식이지요.

그렇다면 이제는 상가투자 실전에 나설 차례입니다. 실전편에서는 이론편보다 흥미로운 내용들이 더욱 많습니다. 만약 아직까지 상가투자의 밑그림이 그려지지 않았대도 괜찮습니다. 실전 내용을 알고 구상해나가도 전혀 늦지 않습니다.

실전편에서는 상가투자의 다양한 유형을 소개하고 좀 더 세밀하고 자세한

관점에서 투자처를 고르는 노하우를 말씀드리겠습니다. 자칫 사소할 수 있지만 알면 꽤 유용한 노하우이므로 반드시 기억해서 투자처를 선별할 때 적용해보는 것이 좋습니다.

또한 투자자 입장에서 가장 궁금할 수 있는 상가투자 시 적정 융자 비율이나 이에 따른 수익률 계산 등, 금융과 관련된 내용도 이어집니다. 상가투자란 결국 금융 거래를 통해 내 것으로 취하게 되고, 세입자로부터 수익을 거둬 상가투자의 목적을 달성하는 과정인 만큼, 상가투자에서 가장 실전에 가깝다고 할 수 있으며, 투자자 또한 중요하게 알고 있어야 합니다.

A commercial store investment by the rich

# 상가투자의 유형

　가장 먼저 상가투자 하면 떠오르는 것은 아마 신규 분양을 통한 투자일 겁니다. 신규 분양은 활용할 수 있는 마케팅비용이 많기 때문에 신문이나 온라인뉴스, 방송에서도 접할 수 있습니다. 하지만 다양한 상가 유형만큼 투자 유형도 생각하고 있는 것보다 훨씬 다양합니다.

　상가투자 유형은 크게 5가지 정도로 볼 수 있습니다. 이미 오래전 지어진 구舊 매매 상가, 새롭게 개발해서 짓는 신규 분양 상가, 주택을 매입해 용도변경 하는 주택형 상가, 노후된 주택이나 땅을 매입해 건축물을 직접 짓는 상가, 사람들과 의기투합해 삼삼오오 모여 공동으로 짓는 상가 등이 대표적인 예라 할 수 있습니다.

　신규 분양 상가처럼 이미 익숙한 유형도 있고, 상가 건물을 직접 짓는 방법처럼 초보 투자자라면 엄두가 안 나는 유형도 있을 겁니다. 상가 유형별로 투자금의 규모, 상가 소유 절차, 유의 사항이 다르므로 본인의 기존 투자 경험이나 재정 상황에 맞춰 투자 유형을 정하는 것이 좋습니다. 이어서 상가투자 유형별로 더 자세히 설명하겠습니다.

## 상권이 형성되어 있고 매매 가능한 구(舊) 상가

가장 먼저 소개할 상가투자 유형은 구 상가를 매매하는 방법입니다. 쉽게 말하면 길거리에 이미 들어서 있는 상가를 매입하는 것으로, 직접 꼼꼼히 둘러보고 매매할 수 있어 기대 수익률 등을 비슷하게 맞출 수 있습니다.

이미 지어져 있는 구 상가는 상권이 형성돼 있는 도심권에 위치한 것을 매입하는 것이 좋습니다. 상권과 매출 규모에 따라 투자금이 상이하므로 투입 가능한 금액을 정하고 해당 금액에 맞춰 상가들을 추려나가면 됩니다. 가장 적절한 투자처를 선정했다면 투자금 대비 연 임대수익률을 따져본 후 최종적으로 매입을 결정합니다.

또한 구 상가에서 중요한 점은 이미 임차인이 영업 중인 상가를 골라야 된다는 것입니다. 상가 위치가 아무리 좋아 보여도 공실로 남아 있는 상가는 눈에 보이지 않는 헛점이 있을 수 있습니다. 멀쩡한 상가 겉모습과 달리 시설이 노후됐을 수도 있고, 유동인구가 단순히 흘러만 가는 길목일 가능성도 있습니다.

또한 구 상가 매입 시 주의할 점은 상가 수명과 향후 재건축, 재개발 가능 여부를 반드시 생각해 수익 타산이 맞는지부터 다시 매도할 가능성이 있는지까지 고려하여 매입을 해야 한다는 겁니다. 예를 들어 신용산 지하

연신내역 인근에 들어서 있는 구 상가들

차도 옆의 상가들은 재개발 예정지로 구매 시 신중해야 합니다. 재개발 사업에 들어가면 그 기간 동안 상가 운영이 어렵기 때문에 수익이 나오지 않습니다. 대출을 얹고 구매했다면 온전히 대출이자까지 감당해야 하는 상황에 처할 수 있습니다.

## 새롭게 개발되어 지어지는 신규 분양 상가

신규 상가는 뉴스나 방송 매체를 통해 생활 속에서 가장 많이 접할 수 있는 상가투자 유형입니다. 눈과 귀에 쏙쏙 들어오는 광고 문구를 사용하기 때문에 투자자들의 많은 관심을 끌기도 합니다. 그러나 신규 분양 상가는 바로 앞에서 언급된 구 상가보다 신중을 기해서 투자에 임해야 하며 초보 투자자라면 더욱 조심스럽게 접근해야 합니다.

새롭게 짓는 신규 상가는 구도심이나 신도시, 역세권 등 다양한 위치에 개발됩니다. 신규 상가를 취득할 때는 '분양'을 받는다는 표현을 합니다. 대부분의 신규 분양 상가는 건물이 올라오지 않은 상태에서 분양이 되기 때문에 설계도면 등을 통해 미래 가치를 따져보고 투자를 결정합니다. 상가의 실물을 볼 수 없는 상태에서 분양사가 그려주는 수익률, 지역개발 등을 믿고 덜컥 투자하기에는 투자금액이 큽니다. 경우의 수를 따지더라도 무모한 투자는 하지 않아야 합니다.

신규 분양을 통해 투자를 할 경우에는 최소 3년 이상 중장기적 접근을 해야 합니다. 우선 상가 분양 방법을 살펴보고 입지 분석을 거쳐 배후수요, 상가 유형에 따라 가장 적절한 방법으로 투자에 나서는 자세가 필요합니

김포 한강신도시에 위치한 한강블루 실사 사진

다. 건물을 짓는 시공사가 탄탄한 곳인지 안정성 여부도 중요하게 봐야 할 부분입니다. 이 부분은 뒤에서 더욱 자세히 말씀드리겠습니다.

무엇보다 중요한 분양가의 경우 신규 분양 상가는 주변 상가 시세와 비교해 다소 높게 공급되지만 그 비싼 정도가 합리적인 수준이어야 합니다. 준공 시엔 상가 활성화를 위해 임차인과 협의를 거쳐 합리적인 임대료를 책정하고, 장기적으로 함께 윈윈할 수 있는 전략이 필요합니다.

## 신규 상가 분양 방법

신규 상가의 분양 방법에는 대표적으로 공개경쟁입찰, 내정가 공개추첨, 내정가 공개경쟁입찰, 수의계약 등이 있습니다.

공개경쟁입찰과 내정가 공개추첨, 내정가 공개경쟁입찰은 보통 단지 내 상가 분양 시 적용되는 방식입니다. 먼저 공개경쟁입찰 방식은 주로 신도시나 택지지구 내 분양되는 민간 건설사의 단지 내 상가에서 많이 찾아볼 수 있습니다. 상가에 가장 높은 가격을 써내는 입찰자가 최종 낙찰되는 형식입니다. 영업 환경이 좋은 상가일수록 당연히 공개경쟁입찰을 도입하는 경우가 많습니다. 이때 입찰 현장의 과열 분위기에 휩쓸려 터무니없는 가격을 써내기도 하는데 반드시 주의해야 합니다. 초보 투자자가 가장 많이 할 수 있는 실수니까요. 두고두고 후회하는 수가 많으므로 입찰 전 주변 중개사무소에 들러 예정가에 대해 자문을 구하는 것이 바람직합니다.

내정가 공개추첨은 업체가 미리 분양가를 정해 놓은 뒤 입찰에 참가한 사람을 대상으로 추첨해 최종 당첨자를 결정하는 방식입니다. 구체적으로 설명하자면 상가 호실마다 분양가격을 사전에 정해 놓고 추첨에 의해 당첨자를 선정, 해당 당첨자가 상가를 낙찰받는 형식입니다. 보통 메이저 건설사에서 많이 하는 분양 형태로 상가 입지나 가격에 따라 경쟁 기복이 클 수도 있습니다.

또한 내정가 공개경쟁 최고입찰가 방식도 있습니다. 보통 LH(한국토지주택공사) 아파트 단지 내 상가에 적용되는 분양 방식으로 각 호실 중 가장 높은 가격을 써내는 입찰자가 최종 낙찰되는 방식입니다. 일반 단지 내 상가와 비교하면 가격이 저렴하다는 것이 장점이지만 역시나 입찰에 들어가기 전 주변 상권의 고객 소비 유효수요를 충분히 고려한 후 입찰에 임해야 됩니다.

LH 아파트 단지 내 상가의 경우 일반적으로 내정가Reserved Price 대비 약 120~130% 미만 수준으로 입찰한다면 낙찰 이후 적절한 투자 수익을 기대할 수 있습니다. 하지만 최고입찰 방식이다 보니 내정가 대비 200%를 웃도는 사례도 심심치 않게 찾아볼 수 있습니다. 실제 2017년 6월 공급된 화성봉담2지구 A4블록은 낙찰가율이 302%(101호)가 넘어 2017년 LH 상가 공급물량 중 최고 낙찰가율을 기록하기도 했습니다.

선착순 수의계약은 분양 공급업체와 투자자가 가격을 협의할 수 있는 거래 방식으로, 가격 절충도 가능합니다. 신규 근린상가 분양 시 대체적으로 선착순 수의계약 방식을 택합니다. 내정가 공개추첨과 마찬가지로 상권형성이 불리한 입지가 많으므로 상권 특성, 입지에 맞게 투자하는 것이 바람직합니다.

## 신규 분양 상가, 시공사를 꼭 체크하라

완공되지 않은 신규 상가를 분양받을 때 생기는 가장 큰 리스크 중 하나는 바로 시행사나 시공사의 부도입니다. 상가는 시공사 부도 시 주택보다 상대적으로 보호장치가 약해 피해 발생 가능성이 더욱 높습니다.

우선 시공사의 부도로 인해 공사가 중단되면 새로운 시공사가 선정될 때까지 분양 시기가 연기될 수 있습니다. 만약 중도금 등 이미 대출이 발생됐다면 준공이 지체됐을 때 이자비용 또한 늘어 손해입니다.

또한 앞서 단지 내 상가를 제외하고는 대부분의 상가가 건축법을 적용받는다고 언급했는데, 따라서 상가는 법적 보증의무가 주택법의 적용을 받는 아파트보다 미약한 편이고 피해에 따른 손해배상 청구 등 법적 대응도 쉽지 않습니다.

물론 지난 2005년 상가 후분양 제도의 본격적인 시행으로 상가를 선분양하려면 시행사나 시공사가 부도날 만일의 사태에 대비해 신탁계약이나 분양보증, 연대보증 가운데 하나를 반드시 들도록 해서 과거에 비해 안정성이 높아졌습니다. 하지만 연면적 3,000제곱미터 이하의 소형 상가는 이 법의 저촉을 받지 않기 때문에 여전히 피해에 따른 보상을 받기 어려운 상가도 많습니다. 그러므로 상가투자에 임하기 전 시행사와 시공사의 신용도와 함께 건축허가, 대지 소유권 확보 등을 검증하는 작업이 꼭 필요합니다.

시공사를 검증할 때는 도급순위 등 건설 능력이 뛰어나고 과거에 실적이 많은지, 인지도가 높은지 등을 따져봐야 합니다. 시공능력평가에 따른 건설사 도급순위는 대한건설협회에서 매년 7월마다 홈페이지를 통해 발표하고 있어 누구나 쉽게 확인이 가능합니다.

또 건설 도중에 시공사가 변경되었던 상가는 투자를 하지 않는 것이 바람직합니다. 시공사가 변경되는 경우는 건축비 인상이나 건축허가 지연 등 많은 문제를 야기할 수 있기 때문입니다. 실제 시공사가 자주 바뀌는 분양현장은 분양대금 관리를 둘러싼 마찰, 건축비 인상, 건축허가 지연, 과장

광고 등으로 자칫 계약자의 발목을 잡을 수 있는 함정이 곳곳에 도사리고 있는 경우가 많습니다.

## 주택을 매입해 용도변경한 주택형 상가

요즘 인기가 많은 주택형 상가(상가 주택)도 빼놓을 수 없는 상가투자 유형으로 자리 잡고 있습니다. 주택형 상가는 4~5년 전부터 50~60대를 중심으로 주거와 임대수익을 동시에 해결할 수 있는 수익형 상품으로 각광받고 있는데요. 대부분 교통이 발달한 지역, 유동인구가 많은 골목 동선, 공

서울 마포구 동교동(연희로) 소재 주택형 상가

원 조성 지역과 같이 상권이 갖추어질 입지의 단독주택을 매입해 1층 주택을 리모델링하고 상가로 용도변경을 하고 있습니다.

주택형 상가투자가 인기가 높아지면서 단독주택 평균 매매가 추이도 상승하고 있습니다. 실제 한국감정원에 따르면 서울의 단독주택 평균 매매가가 지난 2014년 평균 6억 5,496만 원에서 지난 2017년 8억 899만 원으로 약 23.5% 상승률을 기록했습니다.

주변 상권에서 가장 많이 볼 수 있는 주택형 상가는 건물 전체를 허물고 다시 짓는 형태가 아니라 일부 층을 리모델링하는 방식입니다. 리모델링만 할 경우 비교적 투자비용 부담이 크지 않아 더욱 인기를 끌고 있습니다. 또 주택형 상가는 면적이 여유롭다면 단일 점포보다는 2~3개의 소형 점포로 나누어야 수익률을 높이는 데 유리합니다.

만약 초보 투자자라면 대지면적 기준 최소 99~165제곱미터 내외 정도의 소형 주택형 상가가 좋습니다. 일반주거지역은 건폐율 60% 이하, 일반상업지역은 건폐율 80% 이하로 건축해야 하며 건폐율 및 용적율은 용도별 및 각 지자체마다 조금씩 차등이 있으니 각 지자체 도시계획조례를 꼭 확인해야 됩니다.

용도를 변경한 1층 상가는 임대를 주거나 혹은 직접 창업을 해 수익을 올릴 수 있습니다. 최근에는 1층뿐만 아니라 2층과 3층, 반지하층까지 상가로 사용하기도 합니다. 보통 1층에는 카페, 2층은 요식업, 3층은 사무실 용도로 임대하는 경우가 종종 있습니다.

실제 연남동이나 망리단길(망원동+경리단길) 등에는 주택가 골목 반지하를 개조한 카페나 식당, 공방들이 고객들로부터 좋은 호응을 얻고 있습니다. 반지하층의 가장 큰 장점은 지상층에 비해 임대료가 저렴해 가게 인테리어에 조금 더 투자할 수 있다는 점입니다. 대부분 젊은 창업자들이 반지하층을 선호하며 개성 있는 인테리어로 독특한 분위기도 형성하고 있습니다.

연남동과 망리단길 외에도 주택형 상가의 대표적 지역은 신사동 가로수길 상권, 홍대 골목 상권, 상수동 골목 상권, 이태원 경리단길 상권, 서울대입구 샤로수길 골목 상권, 공릉동 경춘선 숲길공원 상권 등이 있습니다. 상권별로 활성화 정도가 다르고 그에 따른 투자비용이 상이하므로 투자 여건에 맞춰 상권을 선택하고 매입 주택을 선별하는 것이 좋습니다.

## 노후된 주택이나 땅을 매입해 짓는 상가

그동안 부동산 투자를 하거나 건축물을 짓는 데 관련 경험이 있다면 직접 상가 건물을 올리는 방법도 생각해볼 수 있습니다. 동네 상권이 형성돼 있는 동네 골목이나 대로변의 노후된 주택을 매입하여 재건축하거나 땅을 사서 신축 상가를 짓는 방법입니다. 앞에서 설명한 구 상가 매매나 신규 분양, 용도변경과 비교해 상당한 위험 부담이 따르는 투자 유형이라고 할 수 있습니다. 위험한 만큼 결과가 좋았을 때는 수익도 높게 나올 수 있습니다.

직접 주택이나 땅을 매입해 상가를 짓는 경우는 규모만 작다뿐이지 사실상 시행사업과 다를 바가 없습니다. 시행과 함께 건축설계회사, 시공사 선정 등의 과정을 거쳐야 하므로 사업 절차도 다소 복잡합니다. 주택이나 땅을 직접 알아보고 건물을 올린 다음에 분양을 하거나 혹은 임차인을 유치하고 관리하는 모든 과정에서 주도권을 가지고 진행해야 하기 때문에 지구력도 필요합니다. 또 위치가 좋더라도 어떻게 시행하고 시공하느냐에 따라 상가 가치도 달라지기 때문에 사업자의 경험이 더욱 중요하다고 할 수 있습니다.

특히 투자금 부족으로 땅을 담보로 대출을 받아 건축을 한다면 건축회사를 절대적으로 잘 만나야 합니다. 대부분의 공사는 공사기한에 맞춰 끝내기가 사실상 어렵습니다. 불행히도 계획 과정에서는 예상하지 못한 돌발 상황이 발생하기 때문인데요. 시공업체와의 트러블이나 지역 공공기관의 행정 관련 문제 등 이루 헤아릴 수 없습니다. 그동안 건축 경험이 많고 신뢰할 수 있는 사람이 내 집을 짓는 마음으로 지어줘야 공사기한에 맞춰 준공할 수 있고, 이를 통해 세입자를 신속히 유치해 대출이자의 부담도 줄일 수 있습니다.

주의할 것은 시행사업이 포함된 투자는 우쭐해서 섣불리 나서는 것은 금물이라는 겁니다. 만약 공사 중단으로 오랜 기간 흉물로 남으면 상가의 가치도 떨어지며 최악의 경우 일대 상권의 가치까지도 떨어뜨릴 수 있습니다. 사업에 나서기 전 잘 아는 전문가에게 충분한 조언을 얻고 객관적인 검토를 거쳐 투자에 나서는 자세가 필요합니다.

## 공동투자 형태로 짓는 빌라 주택형 상가

마음 맞는 몇 사람이 의기투합하여 삼삼오오 공동투자를 통해 지상 5층 규모 정도로 건물을 짓는 방법도 있습니다. 공동투자다 보니 결산은 그동안 진행된 용역비와 건축공사비를 제외한 이익금을 공동으로 각자 지분에 따라 실주거 또는 임대의 형태로 줄 수도 있고 분양을 하기도 합니다. 통상 1층부터 상가로, 가장 상층부는 실주거 용도로 사용할 수 있습니다.

공동투자 형태에서 주의할 점은 여러 사람이 동업하는 형태다 보니 공사 기간이나 공사 이후 의견 차이로 분쟁이 생길 수 있다는 겁니다. 사전에 명확한 교통정리를 하고 공동명의로 할 경우 발생할 수 있는 세밀한 법률적인 문제까지 충분히 검토하고서 진행해야 합니다.

복잡하고 머리 아플 일만 잔뜩 있을 것 같은 공동투자의 장점도 있습니다. 여러 사람이 함께 머리를 맞댄 만큼 투자금 부담이 낮고, 임대소득세를 절감할 수 있습니다. 현재 소득세는 누진세율이 적용되기 때문에 재산을 분산할수록 절세 효과가 큽니다.

하지만 절세금액과 함께 반드시 고려해야 할 부분도 있습니다. 세대원과 함께 공동명의를 하면 건강보험료 증가로 인한 소득세 절감 혜택이 크지 않을 수도 있다는 것인데요. 예를 들어 수익형 부동산을 가정주부인 배우자와 공동명의로 취득하면 배우자에게 일정한 임대소득이 발생하기 때문에 건강보험 자격 기준이 남편의 직장피부양자에서 지역가입자로 전환됩니다. 지역가입자로 전환되면 건강보험료 부담액이 늘어나고 소득세 산정에 영향을 미치게 됩니다. 수익형 부동산을 세대원과 공동명의로 취득하기 전에는 절세 효과뿐만 아니라 건강보험료도 함께 고려하는 것이 좋습니다.

이처럼 상가투자 유형은 무척 다양합니다. 본인의 기호나 자금사정 등에 따라 투자 유형을 선택할 수 있겠지만 가장 추천하는 투자 순서는 다음과 같습니다.

첫 투자라면 임차인이 확보된 기존의 구 상가를 매매하거나, 아파트 단지 내의 신규 상가를 분양받는 것이 비교적 쉽고 안전한 방법입니다. 이렇게 최소 5년 이상의 투자 경험을 쌓고 상권과 임대시장의 흐름을 온몸으로 터득하다 보면 투자와 임대시장에 대한 이해도가 높아지고 임차인 유치 등에도 내공이 쌓일 겁니다. 이후에 직접 위치를 선정해 토지나 주택을 매입하고 상가를 짓는 시행사업을 한다면 투자 성공 가능성을 더욱 높일 수 있습니다.

A commercial store investment by the rich

# 고수들만 알고 있는 **상가투자** 노하우

상가투자 시 실전에서 알면 유용한 기술적인 내용들이 많이 있습니다. 상가를 고를 때 필요한, 상가 수익률을 높일 수 있는 알짜 팁이라 할 수 있지요. 실전에서 필요한 기술적인 내용들은 투자 고수들을 쫓아다니면서 물어보지 않는 이상 듣기 어려운 게 사실입니다. 상가투자를 하고 있는 지인이 없다면 마땅히 물어볼 곳도, 또 성실히 대답해주는 사람을 만나기도 쉽지 않을 겁니다.

이에 제가 알고 있는 상가투자에 필요한 유용한 팁을 정리하고 주변 고수들에게 직접 인터뷰를 통해 얻은 다양한 팁을 담았습니다. 자칫하면 별 거 아닌, 사소한 내용이라고 생각할 수 있겠지만 간과하지 말고 실전에서 꼭 적용해보기를 바랍니다.

## 상가 건물 고를 때 살펴볼 '5가지'

최상의 상권과 입지 조건이라도 건물을 잘못 선택해서 큰 손실을 보는 경우도 많습니다. 좋은 건물을 선택하는 것은 생각보다 쉽지 않습니다. 매도인이 빠른 시일 내에 처분하기 위해 물건의 정보를 상세히 알려주지 않는 일이 허다하므로 매수자가 스스로 물건의 하자 여부를 꼼꼼히 알아보는 노력이 필요합니다.

특히, 다음의 5가지 사항은 놓치지 않고 상가 건물을 고를 때 꼭 따져야 합니다.

첫 번째, 공부상의 하자 여부를 꼼꼼히 따져봐야 합니다. 계약 전 등기부등본을 발급받아 건물에 근저당권이나 가압류가 설정되어 있는지 확인하는 작업이 필수입니다. 근저당권이나 가압류가 설정돼 있더라도 상가 입지가 좋다면 계약을 고려하되, 경매 등 만일의 사태를 대비해서 임대차계약서를 지참 후 관할 세무소에서 확정일자를 꼭 받아둬야 합니다.

두 번째, 테마상가 등 신축 건물은 시공사 선정과 부지 매입을 제대로 하지 않고 분양하지는 않는지 확인해봐야 합니다. 마찬가지로 토지 등기부등본을 떼어 사업 부지에 대한 소유권을 시행사가 가지고 있는지, 근저당이나 가압류 등 권리관계도 깨끗한지도 확인해볼 사항입니다.

세 번째, 최근 건물 관련 법령 중 소방 관련 법률과 환경 설비에 대한 규제가 강화되고 있어 이를 충족할 수 있는 상태인지 알아볼 필요가 있습니다. 예를 들면 2017년부터 6층 이상 건축물의 모든 층에는 스프링쿨러 설비를 의무 설치하도록 법이 개정되어 시행 중입니다. 이에 스프링쿨러 등 건물 설비가 최근 강화된 법령의 기준에 충족되는지 유심히 살펴보아야 합니다.

네 번째, 건물의 용도를 정확히 파악한 후 물건 선정을 해야 합니다. 관련 업종에 따라 용도가 정해져 있어 자칫 이 부분을 소홀히 하면 임차인 유치, 혹은 창업하려는 업종을 포기하거나 많은 비용을 들여 용도변경을 해야 하는 위험을 떠안을 수 있습니다. 반드시 사전에 건축물관리대장을 확인해보고 매입에 나서야 합니다.

다섯 번째, 해당 시·군·구청 환경위생과에 정화조 용량을 문의하여 구두 또는 서면으로 확인받아야 합니다. 또 전기, 주차장 설비 등에 관해서도 관할 부서에 미리 확인이 필요합니다. 정화조나 전기 용량, 주차장 설비에 따라 들어올 수 있는 업종이 제한적일 수 있습니다.

이처럼 상가는 주택에 비해 까다로운 부분이 많습니다. 또한 소유관계가 복잡하여 일반인들이 정확한 정보를 수집하기에는 무리가 따를 수 있습니다. 이런 부분은 상가를 전문적으로 하는 부동산 전문가들의 조언을 받는 것이 중요합니다.

## 상가도 잘생긴 게 좋다

보기 좋은 떡이 먹기도 좋다는 말 아실 겁니다. 사람뿐만 아니라 음식까지도 보기 좋을수록 인기가 많은 세상입니다.

그렇다면 상가는 어떻게 생긴 게 보기 좋게 잘생긴 걸까요? 또 잘생긴 상가는 투자 면에서 어떤 점이 좋은 걸까요?

우선, 상가의 생김새는 평면을 말합니다. 가장 좋은 생김새는 네모 반듯

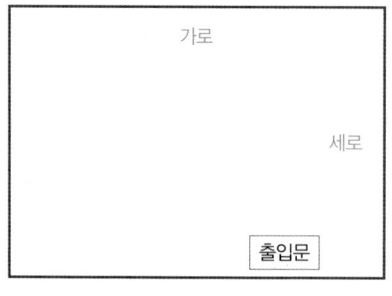

한 사각형 평면을 가진 상가입니다. 네모형의 평면에서도 직사각형이나 정사각형의 중간 형태가 더욱 좋습니다. 간혹 라운드형이나 삼각형처럼 독특한 평면의 상가도 종종 볼 수 있는데, 이러한 형태의 상가는 가구나 시설물 배치가 쉽지 않아 공간 활용도가 떨어지는 측면이 있습니다. 공간 활용도가 떨어지면 그 공간을 직접 사용하는 세입자의 선호도에도 영향을 미칩니다.

또한 출입구를 기준으로 세로(측면)보다는 가로(전면)가 긴 형태가 좋습니다. 비율상 가로와 세로의 비율은 3 대 2 정도면 적당합니다. 가로보다 세로가 지나치게 긴 평면은 간판을 크게 걸지 못해 고객을 끌어들이는 데 불리합니다. 반면 가로 면적이 더 넓다면 간판을 길게 걸 수 있어 상가의 가시성이 높아집니다. 상가 점포만의 전용 출입구도 필수적으로 가지고 있어야 하며 고객들의 진출입 동선이 자유로워야 합니다.

또한 상업용 부동산 상가 구성MD 컨설팅 전문가인 다원플레이스의 정수철 대표에 따르면 출입구는 왼쪽보다 오른쪽에 있는 것이 더 좋다고 합니다. 사람들의 움직임이 원래 좌측에 중심을 두고 시계 반대 방향으로 도는 형태가 많다고 하는데요. 오른쪽에 있는 입구를 통해 진입하여 시계 반대 방향으로 매장을 순회할 수 있는 점포가 좋은 점포라고 할 수 있습니다.

1층 상가라면 도로에서 점포로 바로 들어올 수 있는 출입구가 있어야 유리합니다. 점포만의 전용 출입구 없이 빌딩 안으로 들어와야 출입할 수 있는 점포는 경쟁력이 떨어집니다.

## 상가의 적절한 크기는?

상가는 적정 규모와 높은 전용률을 가진 점포를 선택해야 합니다. 적당한 상가 크기를 가지고 있는 것이 임대와 향후 매도 시에도 유리합니다.

상가의 적정 크기는 층별로 보면 1층은 전용면적으로 39~66제곱미터(12~20평) 사이, 2층은 83~99제곱미터(25~30평) 정도이고 3층은 132~165제곱미터(40~50평)가 적당합니다. 층이 높을수록 상가의 크기가 커져야 좋은데 이것은 상가의 가격, 수익률과도 관계가 있습니다.

누구나 알고 있듯이 상가의 꽃은 1층입니다. 그만큼 1층은 가격이 가장 비싸고 점포의 규모도 전용면적 33~66제곱미터(10~20평) 내외로 비교적 작은 규모로 조성되는 경우가 많습니다. 규모는 작지만 1층이 접근성과 가시성이 가장 좋고, 테이크아웃 포장 서비스 등을 활용하면 면적의 한계를 극복하고 매출을 올리기에 용이합니다. 또 업종의 제한도 적기 때문에 1층은 크기가 작더라도 수익률이 잘 나올 수 있습니다.

반면 2층 이상의 경우 점포의 전용 출입구가 없고 계단이나 엘리베이터를 이용해야만 접근할 수 있어 고객의 발길이 닿기 쉽지 않은데요. 층수가 높을수록 공간이 넓고 쾌적하지 않으면 고객을 끌어 모으기가 어려울 수 있습니다. 더불어 2층 이상에 주로 들어오는 식당이나 병원, 사무실도 공간적 여유가 있어야 입점이 가능합니다.

상가의 가격 또한 상층부로 올라갈수록 저렴합니다. 하지만 세입자 확보나 매출, 수익률을 극대화하기 위해서는 상층부로 올라갈수록 상가의 크기가 큰 것이 좋기 때문에 투자금은 생각보다 크게 차이 나지 않습니다. 적은 금액으로 상가투자를 하기 위해 상층부에 작은 규모의 점포를 매입하면 입점 업종에 제한이 있을 수 있어 세입자 확보가 쉽지 않습니다. 세입자가 들어온다고 해도 매출을 일으키기가 쉽지 않아 점포주의 투자 수익도 보장되지 않을 수 있습니다.

## 상가 층별 가격 팁tip

상가의 층별 분양가 구성도 알아둔다면 분명 투자에 도움이 될 겁니다. 공식이 정해져 있는 건 아니지만 통상적으로 공급자들이 분양가를 책정하는 비율입니다. 상가 1층이 100이라고 봤을 때 2층은 1층의 30~40% 사이, 3층은 2층의 80%대, 4층은 3층의 80% 정도의 수준에서 가격이 책정됩니다. 실제 김포에 분양한 한강블루상가는 3.3제곱미터당 1층은 2,500만~3,000만 원, 2층은 900만~1,100만 원, 3층은 700만~800만 원 수준으로 층수가 올라갈수록 저렴하게 공급되었습니다.

5층 이상부터는 또 달라집니다. 5층 이상부터 최상층 바로 아래층까지는 접근성이 비슷하다고 판단되어 가격대도 유사한 수준으로 책정됩니다. 테라스나 옥상 활용이 가능한 최상층이라면 바로 아래층보다 3.3제곱미터당 40만~50만 원가량 더 비싼 가격으로 공급되고 있는 추세입니다.

상가 종류별 적정 전용률도 알아두어야 할 부분입니다. 보통 단지 내 상가는 전용률이 높은 편으로 약 80% 정도면 적당하다고 봅니다. 일반 근린상가는 60%, 주상복합 상가는 50%, 테마상가는 45% 이상은 돼야 합니다. 이외에도 광장이나 테라스 등 서비스 면적이 제공된다면 공간 활용성이 높아지기 때문에 세입자 유치에서 더욱 유리할 수 있습니다.

## 상가투자 시 적정 융자비율

가격대가 높은 상가는 대부분 대출을 활용해 투자를 합니다. 실제 투자금이 모자란 경우도 있지만, 저금리인 만큼 목돈을 쥐고 있을지라도 은행 대출을 활용하면 투자 수익률을 높일 수 있기 때문입니다. 따라서 상가 대출의 절차는 어떻게 되고, 융자 비율은 어느 선이 적정한지 알아두는 것이 좋습니다.

금융기관에 상가 담보대출을 의뢰하면 가장 먼저 '감정' 절차가 진행됩니다. 금융기관마다 감정이 다르게 나올 수 있고 이에 따라 대출 한도도 상이합니다. 때문에 여러 곳에 대출을 의뢰해 한도나 금리 등을 파악해서 가장 좋은 조건을 선택하는 것이 좋습니다.

그렇다면 은행에서 융자는 어느 정도를 받아야 좋을까요? 대출을 받을 수 있을 만큼 최대한으로, 혹은 안정적으로 조금만… 이처럼 원하는 대출금액은 투자자 성향에 따라 다르겠지만 상황에 따른 융자비율은 다음과 같이 말할 수 있습니다.

예를 들어 가격이 비싼 상가가 있다고 가정을 해보겠습니다. 이때 대출금액을 크게 가져간다면 세금이나 이자비용, 관리비 등도 부담이 클 수밖에 없는데요. 그런 상황에서 임차인이 계약을 해지해 공실이라도 발생한다면 이 모두를 임대인이 부담할 수밖에 없습니다. 그 순간 투자수익도 마이너스가 되는 겁니다. 만일의 상황을 대비해 안정적인 것을 선호한다면 이런 상황을 염두에 두고 융자비율은 최대 30%를 넘기지 않는 것이 좋습니다.

단, 예외도 있습니다. 요즘과 같은 저금리에 가격만큼 상가 입지가 뛰어나고 임차인도 이미 확보돼 있으며 여기에 장기간 임대할 가능성도 매우 높은 업종이라면 이야기가 달라집니다. 이럴 때는 은행 대출을 50% 이상 수준으로 다소 높게 활용하는 것도 좋습니다. 모든 것이 완벽한 상황이라면 대출을 활용해서라도 그 기회를 잡아야 합니다.

대출을 높게 받아도 되는 필수 조건인 '합리적인 가격', '좋은 입지', '저금리', '임차 확정', '장기임대 업종', 이 5가지를 반드시 기억하세요.

## 업종에 따라 상권 범위도 달라진다

보통 상가가 입지한 곳의 유형(역세권, 주택가 등)에 따라 상권 범위가 절대적인 것처럼 보일 수 있습니다. 하지만 상가 점포에 어떤 업종이 들어갔는지에 따라 상가 영향력의 범위도 달라집니다. 상업용 부동산 상가 구성 컨설팅 전문가인 다원플레이스의 정수철 대표가 전해준 내용입니다.

업종이라 하면 판매점, 음식점 등과 같이 영업을 영위하는 종류를 말합니다. 일반적으로 1층 가로변에는 주로 판매시설이 많이 들어 가고 2~3층에는 주로 음식점, 그 위에는 학원이나 클리닉 같은 시설이 들어가는 것이 보편적입니다.

이렇게 들어가는 이유는 효율성과 관련이 있는데요. 효율성이라고 하면 단위 면적당 일정 시간 동안 매출액이나 수익을 나타내는 바, 수익은 편차가 심하므로 주로 매출액을 기준으로 합니다. 따라서 평당 효율성이라고 하면 단위 면적(3.3제곱미터당)의 1년간 매출액을 나타냅니다. 일반적으로 판매시설이 높고 식음시설이나 서비스시설 등은 상대적으로 낮은 편에 속합니다. 따라서 1층에 주로 판매시설이 들어 가는 이유도 효율성이 높아 높은 임대료를 감당할 수 있기 때문입니다.

그럼 1층에 들어가는 상가는 대부분이 2층보다 층별 효율성이 높은 상가일까요? 대체적으로 그렇지만 100% 맞다고는 할 수 없습니다. 어떤 지역의 2층 상가가 다른 지역의 1층 상가보다 층별 효율성이 높은 상가도 많기 때문입니다. 또 같은 상권이라도 요충지의 2층 상가 효율성이 구석진 곳에 있는 1층 상가보다 높을 수도 있습니다. 마찬가지로 같은 건물 내에 있는 상가라도 어떤 업종이 들어가느냐에 따라 효율성이 달라지며 개별 점포의 가치도 달라질 수 있습니다.

개별 점포의 상권 범위는 판매시설의 예를 들어 설명해보겠습니다. 판매시설은 보통 전문품傳問品, 선매품選買品, 편의품便宜品 등의 구별이 있습니다. 전문품이라고 하면 전자, 자동차, 가구 등과 같이 구매를 하는 데 고려를 많이 하고 시간을 들여서라도 방문하여 결정하는 상품을 말합니다. 선매품은 전문품 정도는 아니지만 상품을 비교하여 선택하는 상품으로 의류 등이 대표적이며, 편의품은 상품을 구매하는 데 그리 노력을 할 필요가 없는 상품군으로 편의점이나 슈퍼마켓 상품 등이 이에 속합니다.

이러한 상품의 구분이 의미가 있는 것은 개별 상가 입장에서 어떤 상품군의 매장이 들어가느냐에 따라 개별 점포 상권의 범위가 다르기 때문입니다. 예를 들어 동일 상권 내의 같은 건물 1층에 3개의 점포가 있다고 가정해보겠습니다. 한 점포에는 편의점이 들어가고 다른 한 점포에는 스포츠 매장이, 또 다른 매장에는 자동차 전시판매장이 들어가 있다고 한다면, 건물 측면에서는 일정한 상권 범위를 가지고 있지만 개별 점포 입장에서는 상권의 범위가 서로 달라집니다.

편의점의 상권 반경은 보통 200미터 이내, 활성화된 상권에는 반경이 채

50미터도 되지 않는 점포도 많습니다. 반면 스포츠 매장은 선매품으로 비교 구매하는 상품이기 때문에 주변 상권의 형성 정도에 따라 상권 반경이 수 킬로미터에 달할 수도 있습니다. 또 다른 예로 자동차 전시판매장은 스포츠 매장보다도 더 넓은 상권을 가지게 됩니다.

또한 상권의 범위는 매장 규모와도 관련이 있습니다. 매장 규모가 크면 상권 범위는 그만큼 넓어지고 매장 규모가 작으면 상권 범위도 작아지기 마련입니다.

덧붙여 음식점의 예를 들면 동일한 점포일지라도 김밥이나 분식집이 들어가는 것과 오리 전문점이나 한우 고기점 또는 시푸드 레스토랑 등 전문 음식점이 들어가는 것은 상권의 범위 측면에서 달라지게 됩니다. 김밥 전문점의 상권 반경은 해당 상권의 유동객이나 주변 지역으로 한정되지만 오리 전문점이나 한우 고기점 등의 상권 반경은 더 넓어지기 마련입니다.

또한 다른 업종이 아니라 같은 업종이라도 성격에 따라 상권 범위에 차이가 있습니다. 같은 건물에 갈비탕 음식점 두 매장이 들어가더라도 평범한 갈비탕을 파는 가게와 전통 있고 인지도가 있는 가게가 있다면 상권의 반경이 달라집니다.

따라서 일반적이고 개괄적인 상권 평가도 중요하지만 개별 점포의 입장에서는 어떤 업종이 되느냐, 점포 규모가 어느 정도냐에 따라 상권의 범위가 달라지므로 이에 대한 고려가 필요합니다. 좋은 상권에 속한 점포라도 개별 점포의 입장에서는 이른바 "풍요 속의 빈곤"이 될 수도 있기 때문입니다. 그러므로 상가투자에서는 개별 점포의 구체적 입지와 상권, 업종 등을 살펴볼 필요가 있습니다.

## 상가 수익률 계산하는 방법

궁극적으로 상가투자를 하는 이유는 결국 수익을 내기 위해서입니다. 더 자세히는 높은 수익을 내기 위해서일 겁니다. 따라서 상가 수익률을 구하는 것은 가장 기본 중의 기본이라고 할 수 있습니다.

수익률 계산은 상가투자를 고려하는 단계에서 가장 먼저 이뤄져야 하는데요. 먼저 수익률을 구해보고 기대 수익률 수준이거나 그보다 높을 때 상가투자를 결정하는 것이 올바른 순서입니다.

지역별 상가의 적정 수익률은 일반적으로 서울은 6% 내외, 수도권은 7%, 그 외 지역은 8% 정도로 적어도 이 수준은 넘어섰을 때 투자가치가 있다고 판단됩니다.

수익률은 융자비율에 따라 달라지는 것이 포인트입니다. 앞서 적정 융자비율을 설명하며 언급한 대로 30% 대출을 받은 A와 이보다 좀 더 과감하게 50% 대출을 받은 B, 이 2가지 상황을 예로 들어 수익률을 구해 비교해보겠습니다. 상가 가격은 3.3제곱미터당 3,700만 원, 66제곱미터(전용면적 33제곱미터, 10평) 규모를 7억 4,000만 원으로 매입했을 때입니다. 대출금리는 현재 평균 수준인 3.75%로 가정하겠습니다.

$$\text{연 수익률(\%)} = \frac{\text{월 임대료} \times 12\text{개월} - 1\text{년 대출이자}}{\text{매매금액} - \text{대출금} - \text{임대보증금}} \times 100$$

계산식에 적용하면 30%를 대출받은 A는 연 수익률이 7.14%, 50%를 대출받은 B는 8.87%로 각각의 연 수익률이 계산됩니다.

요즘 같은 저금리에는 대출비율을 높일수록 당연히 수익률이 높게 나올 수밖에 없습니다. 극단적인 성향의 일부 상가투자 전문가는 최대한 대출을 끌어당길 수 있을 만큼 당겨 투자에 나서라고 조언하기도 합니다. 하지만 개인적으로는 상가투자에 너무 호기롭게 접근하라고는 권하고 싶지 않습니다.

앞에서도 언급한 것처럼 상가 총 금액의 50% 이상의 대출은 모든 조건이 확실한 상황일 때만 해야 합니다. 자칫 잘못된 판단으로 상가투자 한 번에 지금껏 모은 자산을 다 날릴 수도 있습니다. 상가투자 시에는 일반적인 시각보다 조금 더 보수적으로 바라보는 것이 투자 실패율을 줄여줄 수 있습니다.

또 수익률 계산에는 포함되지 않은 부분이 있는데요. 실제 상가를 투자할 때는 상가 매매가, 은행 이자 외에도 추가적인 지출이 발생합니다. 바로 부동산 중개수수료(최대 0.9%)와 취·등록세(4.6%), 관리비(공실 시) 등입니

대출비율에 따른 상가투자 비교(예시)

| 구분 | A(30% 대출) | B(50% 대출) |
| --- | --- | --- |
| 매매금액 | 7억 4,000만 원 | 7억 4,000만 원 |
| 임대보증금 | 8,000만 원 | 8,000만 원 |
| 월 임대료 | 330만 원 | 330만 원 |
| 실 투자금액 | 4억 3,800만 원 | 2억 9,000만 원 |
| 대출금액 | 2억 2,200만 원 | 3억 7,000만 원 |
| 연 대출이자(연 3.75%) | 832만 5,000원 | 1,387만 5,000원 |
| 연 수익률 | 7.14% | 8.87% |

※ 대출이자는 개인 신용에 따라, 혹은 대출 기간에 따라 상이할 수 있음

다. 상가 매매가가 크다면 부동산 중개수수료와 취득세 부담도 클 테니 실수익률은 더 떨어질 수 있습니다.

수익률의 복병은 더 있습니다. 바로 금리입니다. 앞서 해본 수익률 계산은 지금처럼 저금리인 상황을 적용한 것으로 만약 기준금리가 2% 이상으로 오르면 대출 금리도 올라갈 수밖에 없습니다. 금리가 올라가서 이자 부담이 늘어난다면 수익률은 조금 더 떨어질 수밖에 없습니다.

## 노후상가 수익률 끌어 올리는 방법

모든 상가투자자의 바람은 저렴한 투자비용에 높은 수익률을 거두는 겁니다. 괜찮은 위치에 건물 상태가 좋은 상가를 싸게 매입할 수 있다면 좋겠지만 이것은 거의 불가능하죠. 하지만 괜찮은 입지에도 저렴하게 살 수 있는 것이 있는데, 바로 노후상가입니다.

구 상가 중에서도 최초로 공사된 건물 모습과 상태 그대로 오랜 기간 버텨온 노후상가들이 있습니다. 상가 주인이 세입자의 요구나 상가 관리가 귀찮다는 이유로, 또 상가가 차츰 노후되니 돈 들어가는 애물단지로 여기고 차라리 현금을 들고 있는 게 낫겠다는 생각에 매물로 내놓는 경우가 있습니다. 이런 건물은 오래된 만큼 괜찮은 입지에도 시세보다 저렴한 가격에 나오기 때문에 좋은 가격에 상가를 소유할 수 있는 기회입니다.

실제 기존 도심권 상업지역에는 이미 대부분 상가가 들어서 있고 노후도도 증가하는 추세에 있습니다. 노후상가는 매입가가 저렴하지만 시설이 낡아 임차 업종에 제한이 되는 경우가 많은데요. 수익률이 낮아질 수밖에 없기 때문에 매입 후 상가 건물과 시설을 그대로 유지하면 운영에 한계가 생깁니다. 이럴 때는 완전히 허물고 다시 짓는 재건축보다 리모델링을 하는 편이 수월합니다.

기존의 낡고 불편한 상가 건물은 내외부 증축과 개축, 시설물 교체 등 대수선하는 리모델링을 통해 기능 향상이 가능합니다. 괜찮은 입지에 시설 좋은 상가를 구매하는 것보다 노후상가를 저렴하게 구입한 후 리모델링하는 편이 투자금을 절약할 수 있습니다.

자금이 여유롭다면 건물의 핵심 뼈대만 남겨두고 싹 다 뜯어고칠 수도 있겠지만 그렇게 되면 애써 저렴한 노후상가를 골라 투자금을 아낀 이유가 무색해지겠죠. 적절한 리모델링은 건물 수명까지 연장시켜 상가 가치

서울 용산구 한강로2가(새창로) 소재 노후상가

향상에도 긍정적인 영향을 줄 수 있습니다. 재건축보다 적은 비용으로 상가 수익률을 향상시킬 수 있다는 것이 리모델링의 가장 큰 장점입니다.

하지만 저렴한 노후상가라고 해서 무조건 리모델링을 통해 수익률을 높일 수 있는 것은 아닙니다. 사람도 나이 들수록 하나씩 고장이 나듯 건물도 마찬가지입니다. 준공된 지 40~50년 이상으로 연식이 오래된 노후상가는 미리 전문 업체를 통해 리모델링 견적을 받아보는 것이 좋은데요. 상가 매입가와 리모델링 등의 추가 공사비용, 향후의 수익률 등을 따져보고 신중하게 투자를 결정하는 것이 좋습니다. 시설물이나 배관 등 설비가 과도하게 노후됐다면 리모델링 비용이 너무 과하게 들 수 있기 때문에 이럴 때는 아예 허물고 다시 짓는 편이 나을 수도 있습니다.

또한 매입 후 리모델링을 결정했다면 상가가 위치한 상권을 고려하고 임차 대상 업종을 염두하여 이에 맞게 리모델링을 진행해야 합니다.

## 지층점포는 미운 오리 새끼?

과거에도 그랬고 현재도 그렇지만, 미래에도 상가투자의 정석은 누가 뭐래도 '1층'일 겁니다. 그러나 최근에는 '상가투자=1층'이라는 공식을 깨는 경우도 있습니다. 바로 미운 오리 새끼 취급을 받던 상가 지층점포에 관한 얘기입니다.

일반적으로 상가의 지층점포를 선호하는 경우는 많지 않습니다. 이는 세를 받으려는 투자자나 장사하려는 자영업자 모두 마찬가지일 겁니다. 지층점포를 선호하지 않는 가장 큰 이유는 수익성이 떨어지기 때문입니다.

고객 접근이 어려운 지하는 일반적으로 자영업자들이 매출을 내기가 쉽지 않고 이 연장선상에서 투자자들이 세를 받기도 어려울 수 있습니다. 상가의 꽃이라 불리는 1층, 또는 차선책인 상층부 점포에 비해서도 수익성이 높지 않아 보입니다.

대신 지층점포의 장점은 매매가와 임대 조건이 저렴하다는 점입니다. 또한 최근 짓고 있는 상가들은 지층점포임에도 실내 환기 시스템을 적용하고 엘리베이터 연결로 접근성을 높이는 등 임차인들이 고객을 유치하는 데 편리한 환경을 조성하는 곳도 많습니다. 이와 맞물려 창업 트렌드 및 소비자들의 라이프스타일이 변화하면서 지층점포의 활용도도 높아지고 있는데요. 이제는 '지층점포=미운 오리 새끼'라는 오명을 거의 벗은 것 같습니다.

물론 1층 점포 선호도를 생각하면 납득이 가기는 합니다. 1층 점포는 가격이 높을지언정 임차인 구하기도 쉽고 권리금도 대부분 그대로 돌려받을 수 있습니다. 자영업자를 비롯해 보증금 순환이 시급한 상가투자자들에게도 1층은 가장 선호할 수밖에 없는 물건입니다.

반면 지층점포는 내부 설비 시공 시 업종과 바닥 면적에 따라 소방법 기준을 충족시켜야 하는 까다로운 면이 있습니다. 또 고객 접근성이 아무래도 떨어지고 영업 여건이 좋지 않다는 인식이 강해 투자자와 임차인들에게 매력이 없었던 것이 사실입니다.

그러나 최근 자영업자들의 소자본화 경향이 뚜렷한 데다 PC방이나 피트니스 센터, 스크린골프방 등 넓은 면적을 필요로 하는 업종이 늘어나고 있습니다. 이런 업종을 감당하기에는 면적이 넓으면서도 지상층에 비해 보증금과 월세가 저렴한 중·대형 지층점포가 제격입니다. 풍부한 배후소비 세력만 있다면 지층이 분양가가 저렴하고 차후 임대를 놓기도 크게 어렵지

지층에 위치한 대규모 피트니스 센터(북한산 힐스테이트 7차 단지 내 상가)

않아 투자자들의 선호도가 늘고 있습니다.

또한 지층에 주로 조성되는 대형 할인마트나 피트니스 센터 등의 업종은 입점 후 시설비 투자 등의 이유로 점포를 쉽게 옮기지 않아 최소 3~4년간 안정적인 임대수익을 올릴 수 있습니다. 대부분 마트나 운동시설 등은 필수 생활편의시설로 인식돼 소비자들이 꾸준히 찾고, 임차인이 바뀌더라도 다음 세입자가 그대로 시설을 이용할 수 있는 동일 업종으로 운영하는 경우가 많습니다.

중요한 것은 지층점포에 대형 할인마트나 피트니스 센터 등 대형 매장이 들어서면 상가 집객효과가 극대화된다는 겁니다. 더 나아가 상권 전체의 활성화도 기대되어 상가 가치도 높아질 수 있습니다.

## 출근 동선보다는 퇴근 동선을 잡아라

상가투자 시 유동인구가 많은 곳을 노려야 하지만 단순히 유동인구 '만' 많다는 것에만 집착하면 투자는 낭패를 볼 수 있습니다.

유동인구를 한자로 쓰면 '流動人口'입니다. 흐를 유, 움직일 동에 인구는 말 그대로 한 지역에 사는 사람의 총수를 의미합니다. 다시 말해 유동인구란 '이리저리 돌아다니는 한 지역의 사람 수' 정도로 풀이할 수 있습니다.

뜻을 살펴보니 유동인구가 많다는 것과 상가 매출이 좋다는 것이 별개일 수도 있겠다는 생각이 드는데요, 맞습니다. 유동인구가 많다고 해서 그 사람들이 소비를 많이 한다고는 볼 수 없으며 바로 이것이 '유동인구의 함정'입니다.

유동인구가 유효 소비인구로 이어지느냐는 소비가 많이 발생하는 시점, 퇴근 시간을 집중해서 보면 초보 투자자도 수월하게 알 수 있습니다. 유동인구가 많이 지나는 길목이라도 출근 동선보다는 퇴근 동선상에 위치한 상가를 잡는 것이 수익성이 더 좋을 가능성이 있습니다.

잘 생각해보면 출근길은 사람들이 하루 중 가장 빠르게 걷는 시간대라고 할 수 있습니다. 시간 여력도 없거니와 소비를 하려는 욕구가 많지 않은 타이밍이기도 합니다. 출근길의 상가들은 그저 지나치는 사람들이 많을 수밖에 없습니다. 이때의 유동인구는 단순히 흘러가는 인구라고 표현할 수 있습니다.

반면 퇴근길은 주변 상가를 둘러볼 시간적 여유가 생기기 때문에 점포 매출이 일어날 수 있는 최적의 시간대입니다. 그 지역의 퇴근 동선을 파악하려면 저녁에 반짝 여는 노점상이 몰린 곳을 눈여겨보는 것도 하나의 방법입니다.

출근길과 퇴근길이 동일하지 않을 수도 있습니다. 예를 들면, 저녁에 유독 차량 통행이 많아 도보에 방해가 되는 길목은 사람들이 웬만하면 피해서 걸으려고 합니다. 또 해가 떠 있는 아침 출근길에는 상관없겠지만 저녁에는 좁고 어둡고 깔끔하지 않은 길목 부근도 도보 이용을 선호하지 않는 편입니다.

이처럼 출근길과 퇴근길이 다른 것은 특수한 경우로, 대부분은 출근길과 퇴근길이 확연히 다르지 않습니다. 또 출근길과 퇴근길이 다른지는 투자 전 입지 분석 과정에서 미리 알 수 있는 사실이므로 여러 물색처를 추릴 때 판단 기준으로 활용하면 좋은 팁입니다.

## 생각보다 더 위험한 '묻지 마' 투자

"상가투자 시 묻지 마 투자는 금물입니다." 상가 전문가들의 인터뷰에 단골로 등장하는 멘트입니다. 저도 인터뷰 요청 시 너무나도 식상해서 다시 언급하기 민망할 정도입니다.

'묻지 마' 투자는 말 그대로 묻지도 따지지도 않고 맹목적으로 하는 투자를 말합니다. '비싼 상가를 어떻게 묻지도 따지지도 않고 투자하지?'라고 생각할 수도 있지만 예상보다 상가 시장에서 묻지 마 투자는 만연되어 있으며 그 부작용도 상당합니다.

묻지 마 투자와 관련해서 지인이 겪은 슬픈 사연도 있습니다. 앞서 등장했던 (주)아람디엔씨의 김정섭 본부장이 판교에서 상가 분양을 했을 때의 이야기입니다. 상가 이름은 판교자유퍼스트프라자입니다.

판교자유퍼스트프라자는 배후에 LH의 대규모 아파트 단지를 두고 있었습니다. 직접적인 배후 단지는 바로 뒤편의 백현마을 휴먼시아 3, 4단지로 총 4,900여 가구의 임대아파트입니다. 가장 중요한 입지 조건을 잘 갖추고 있다고 할 수 있습니다. 사기만 하면 오르는 '판교'라는 입지에 풍부한 배후 수요까지 확보했으니 말입니다. 당시 대부분의 투자자들이 더 이상 묻거나 따지지도 않고 투자에 나섰고 현장 분위기도 좋았습니다.

그러나 문제가 발생했습니다. 배후의 임대아파트 입주에 차질이 생기면서 3년 넘게 빈집으로 남아 있었던 겁니다. 그 임대아파트는 LH가 성남시 재개발 사업인 신흥2구역과 중1구역, 금광1구역의 주민 이주용 국민임대 아파트로 준공했던 아파트입니다. 그러나 재개발 사업이 난항을 겪으면서 입주가 기약 없이 미뤄졌습니다. 장기 미입주 사태의 불똥은 상가에 직접적으로 떨어졌습니다. 유동인구가 없으니 상권이 형성되지 않아 상가에 임차인도 들어오지 않았습니다. 관리비에 대출이자에 상가투자자들은 고스란히 손해를 입을 수밖에 없었습니다.

성남시와 LH는 상대 탓만 하다가 법정 싸움으로까지 번졌습니다. 결국 법원은 LH의 손을 들어줬고 4단지 아파트는 일반임대 공급분으로 공급되었습니다. 현재는 다행히도 아파트 입주가 돼서 임대도 잘 들어오고 현재는 프리미엄도 조금 붙은 상황입니다. 그래도 3년 넘게 월세도 못 받고 지출을 겪은 투자자들에게는 가슴 한 켠에 뼈저린 아픔으로 남아 있을 겁니다.

투자자는 대부분 상가의 실물 없이 도면만 보고 계약을 하게 됩니다. 특히 판교처럼 호재가 있고 혹할 만한 동네는 그냥 묻지도 따지지도 않고 투자하는 경향이 있습니다. 대부분의 상가는 그렇게 계약을 해도 수익률이 잘 나오는 편이기 때문입니다.

하지만 묻지 마 투자는 앞서 판교자유프라자퍼스트 사례를 보았듯이 이렇게 위험한 겁니다. 개발 예정이 되어 있다고 하더라도 만일에 대비해 주변 개발 상황을 꼼꼼하게 고려해야 하며 여유자금을 쥐고 투자에 나서야 합니다.

이미 상권 형성이 잘된 A급 상권에 공급되는 신규 상가도 주의해서 분양받아야 합니다. 좋은 상권에 위치했다고 해서 묻지 마 투자 식으로 계약하는 것은 위험합니다. 이와 관련해 이어지는 내용들은 ㈜인홍개발의 노상동 본부장이 알려준 팁입니다.

유동인구가 많은 A급 상권에서도 투자를 피해야 할 요소가 있습니다. 바로 상가 앞 '인도의 폭'인데요. 상가의 명당이라고 불리는 코너 자리라고 할지라도 인도가 지나치게 넓으면 흘러가는 유동인구가 대다수일 수도 있습니다.

좀 더 자세히 풀어서 말하자면 인도가 넓으면 타인과의 부딪침이 없고 보폭의 제한도 없어 오가기가 편합니다. 걷는 사람 입장에서는 인도가 넓고 쾌적해야 도보 편의성이 좋습니다. 반면 길이 너무도 잘 트여 있기 때문에 인도를 걷는 이들이 주변 상가 등을 둘러보지 않고 곧바로 지나쳐버릴 가능성이 높습니다. 많은 유동인구가 상가 앞을 지나지만 단순히 지나쳐만 간다면 임차인의 매출에는 도움이 되지 않습니다. 점포와 인도 폭 사이의 넓이는 6미터 이내가 시각적으로 고객을 끌어들이기에 가장 좋습니다.

다음은 A급 상권 내 기존 점포들의 장악력이 너무 센 경우입니다. 기존 상권을 장악하고 있던 점포와의 경쟁에서 우위를 점하려면 저렴한 가격에 질 좋은 서비스를 제공해야 합니다.

하지만 A급 상권의 신규 상가들은 분양가가 비싸다는 단점이 있습니다. 이 단점은 임대료까지 높이는데 결국 임대료를 감당하기 위해서 임차인은 매출을 늘려야 하고 마진을 높이기 위해 판매가를 높일 수밖에 없습니다. 그렇게 되면 영업 경쟁력이 떨어지고, 매출이 하락세를 보이겠죠. 공실이 싫은 점포주라면 임대료를 낮춰줄 수밖에 없을 겁니다. 그럼 투자 수익률도 당연히 떨어집니다.

이처럼 상가는 변수가 많은 투자 상품입니다. 단순히 뜨는 지역이라서, 유동인구가 많은 상권이라서, 상가 내 가장 좋은 위치의 점포라서 등의 이유로 투자를 덜컥 실행하기에는 위험 부담이 너무 큽니다. 어떠한 상황에서든 장밋빛 미래만을 꿈꾼 채 나서는 묻지 마 투자는 금물입니다.

## 코너 자리의 덫, 진짜 명당은 코너 옆자리?

많은 상가투자 전문가들은 상가의 명당이 코너 자리라고 입을 모읍니다. 저 또한 상가의 명당 자리가 코너 자리라는 것에 전적으로 동의합니다. 하지만 코너 자리 상가에도 투자를 결정하는 데 고려해야 할 필수 전제조건이 있습니다. 준공 후 임대를 맞출 수 있는 현실적인 분양가 수준이어야 한다는 점입니다.

대부분의 투자자들이 코너 자리 상가를 선호하고, 공급자들도 이를 알고 있습니다. 하지만 코너 자리는 건물 설계구조 및 입지의 특성상 공급량이 적어 수요 대비 희소성이 있습니다. 또 A급 자리인 만큼 분양가에 프리미엄이 들어가 있어 더 비싼 분양가에 공급됩니다.

문제는 코너 자리라고 물불 안 가리고 무조건 계약하는 투자자들이 많다는 겁니다. 분양 시점에도 가장 먼저 팔리는 곳이 코너 자리입니다. 코너 자리면 무조건 투자 성공이라는 식으로 영업하는 판매업자들의 행태도 잘 못됐습니다.

높은 가격에 산 코너 자리는 일정 수익률을 거두기 위해서 비싼 임대료를 받을 수밖에 없습니다. 계약 시점에는 비싸게 투자한 만큼 자리도 좋고 임대료를 잘 받을 수 있어 수익률이 나쁘지 않겠다고 생각하지만 막상 준공이 되고 임차인을 유치할 때는 생각대로 되지 않을 수도 있습니다. 아무리 자리가 좋아도 공간이 한정적이기 때문에 임차인이 올릴 수 있는 매출에 한계가 있고, 임대료를 높이는 데도 한계가 있습니다.

코너와 코너 옆자리를 모두 사용하고 있는 서울 서초구 서초동(강남대로) 소재 더바디샵 강남점

이에 (주)부맥의 장동국 본부장은 코너 자리보다는 코너 바로 옆자리 상가를 노리라고 조언합니다. 자세한 설명을 대신 전하면 이렇습니다.

통상 코너 자리는 입지가 좋고 그만큼 임대료 부담이 더 있는 편이기 때문에 이를 감당할 수 있는 프랜차이즈 매장이 들어오는 경우가 많습니다. 다만 코너 자리 면적은 대부분 전용면적 33제곱미터(10평)에서 40제곱미터(약 12평) 사이 설계되기 때문에 영업장으로서 공간이 협소한데요. 해결 방법은 코너 자리 바로 옆 매장을 터서 같이 임대하는 겁니다.

상가는 도면상으로는 101호, 102호와 같은 식으로 점포가 쪼개어져 있지만 실은 대부분 나무로 만든 가벽이기 때문에 쉽게 허물 수 있습니다. 상가 현장에 사업개요 문의를 할 때도 점포 수를 문의하면 총 몇 개 점포인지 확정지어서 말하지 않는 경우가 많습니다. 점포주나 임차인이 사용하기 나름이기 때문이죠.

코너 자리 바로 옆 점포는 가격적으로도 메리트가 충분합니다. 김포한강신도시 한강블루상가는 지상 1층 코너 자리는 분양가가 3.3제곱미터당 2,700만 원대, 코너 자리 바로 옆 점포는 2,500만 원대로 공급됐습니다. 코너 자리보다 코너 바로 옆 점포가 7% 이상 저렴한데요. 만약 코너 자리와 바로 옆 점포를 터서 같이 쓴다면 무조건 코너 바로 옆자리가 더 이득입니다. 코너 옆 점포가 코너 자리보다 분양가가 저렴하지만 면적에 따라 코너 자리와 동일한 임대료를 받을 수 있으니 투자 수익률이 더 높게 나올 수 있기 때문입니다.

이번 팁에서도 알 수 있듯이 굳이 비싼 코너 자리 상가만 고집할 필요가 없습니다. 상가투자 시에는 좀 더 넓은 시야에서 상품을 둘러보는 여유를 가지는 것이 좋습니다.

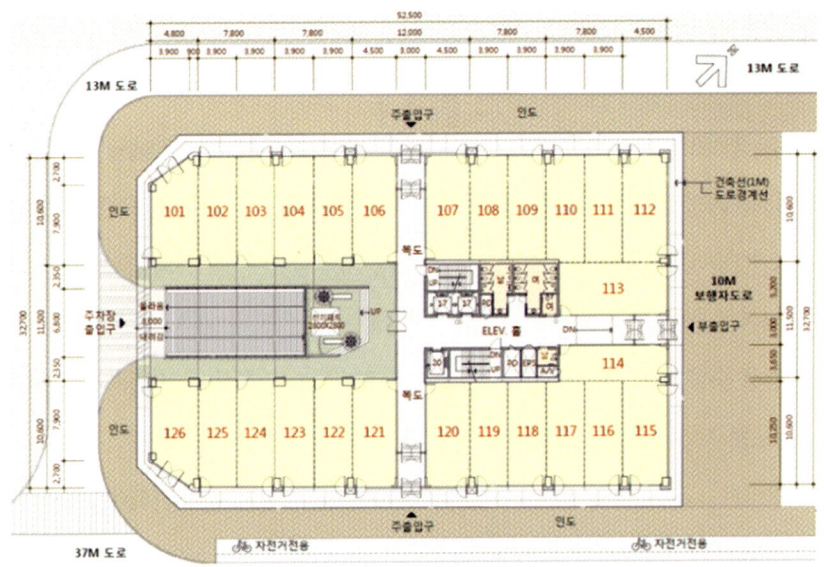

김포한강신도시 한강블루상가 지상 1층 도면. 점포를 구분하는 벽이 점선 처리돼 있습니다(이미지 제공: 신우R&D).

## 신도시만 좇는 투자자, 그들은 일명 '선수'다

앞서 상가 유형 소개에서 신도시나 택지지구 상가투자가 위험성이 있다는 걸 말씀드렸습니다. 상권이 활성화되기까지 일정 시간이 걸리기 때문인데요. 시간이 걸리지만 점차 인프라가 들어서면 높은 시세차익도 건질 수 있는 상가가 바로 신도시나 택지지구의 상가입니다.

이러한 장·단점을 파악해 신도시와 택지지구 상가만 투자하는 전문 투자자들도 있습니다. 업계에서는 그들을 일명 '선수'라고 부릅니다.

제가 아는 한 선수는 최근 위례신도시 상가 하나를 구입했습니다. 이 위례신도시를 예로 들어 선수들이 신도시와 택지지구 상가를 좇는 이유와 과정을 말씀드리겠습니다.

서울 강남권의 마지막 택지지구라고 불리는 위례신도시는 비교적 비싼 분양가에도 불구하고 신도시의 네임밸류가 워낙 높았기 때문에 대부분 분양이 잘됐습니다. 서울 송파구의 시세보다 저렴하니 당첨만 되면 무조건 돈을 번다는 기대심리가 높았기 때문입니다. 아파트는 물론이고 상가도 예외 없이 분양 광풍을 일으켰습니다.

하지만 지금은 분위기가 사뭇 다릅니다. 모든 신도시가 그러하듯 입주 초기인 현재의 위례신도시는 기반이 잘 잡혀 있지 않은 상황입니다. 아파트 입주가 마무리되지 않았고 신도시 상권을 이용하는 입주민이 적어 상권 활성화율도 미약합니다.

비싼 분양가를 감당하기 위해 대출을 이용해 위례신도시의 상가투자에 나섰던 투자자들은 대출이자가 부담입니다. 손해를 볼 수 없는 투자자들은 당연히 세입자에게도 높은 임대료를 요구합니다. 높은 임대료에 세를 들어오는 사람이 적고, 세가 들어와도 장사가 잘되지 않아 오래 버티지 못하고 가게를 정리하게 됩니다. 이렇게 되면 투자자는 대출비용 부담이 너무 커집니다. 상가 공실로 수익은 없는데 관리비에 대출이자에 지출만 쌓이게 되니 밤에 잠도 못 잘 지경에 이르게 됩니다.

이 경우 극심한 스트레스를 받은 투자자는 분양가보다도 낮은 가격에 매물을 내놓을 수 있습니다. 손해를 줄이기 위해 한시라도 빨리 정리하고 싶기 때문이겠죠. 마지막 자존심을 부려 원가에 내놓는다 하더라도 현재 공실인 상황에서 덥석 매입할 투자자도 없을 겁니다.

이때 분양가 아래로 나온 신도시 상가 매물만 노리는 것이 바로 선수들입니다. 선수들은 신도시의 특성을 누구보다 잘 알고 있기 때문에 최소 3년가량을 버틸 수 있는 여유자금을 보유해 매입에 나섭니다. 시간이 흐르고 신도시 상권이 안정화 단계에 이르러 시세가 오르면 그때 차익을 얻을 수 있습니다.

우리 모두가 선수가 될 수 있다면 좋겠지만 재력과 인맥, 타이밍, 운 모두가 따라줘야 하는 만큼 결코 쉽지 않습니다. 그렇지만, 적어도 선수에게 분양가 아래로 내어주는 실패한 투자자는 되지 않아야 합니다. 그러기 위해서는 많은 대출을 끼고 하는 무리한 투자는 절대 해서는 안 됩니다. 공실을 염두해 여유자금을 두고 장기적인 관점에서 유지할 수 있어야 합니다.

### 월세 하락을 두려워하지 마라

어렵게 구매한 상가, 내 소유가 되었다고 끝이 아닙니다. 상가의 수익률은 구매한 그 시점이 아닌, 구매 이후 세입자로부터 거둔 임대료가 있을 때 발생합니다. 결국에는 공실 없이 나에게 수익을 안겨주는 임차인으로부터 월세를 끊이지 않고 잘 거두는 것이 성공 투자에 진입하는 길이라고 할 수 있습니다.

우리 모두가 생각하는 상가 주인이란 아마도 이런 것일 겁니다. 우아하게 매달 세입자에게 임대료를 꼬박꼬박 받다가 재계약 시에는 현재 상가 임대차보호법에서 정한 임대료 상승률 최고 상한선인 현행 연 5%씩 올려 수익률을 점점 높이는 것입니다.

하지만 유감스럽게도 장기화된 경기침체와 소비위축, 최저임금 상승 등으로 인해 상가 매입 후 예기치 못한 상황이 많이 발생하고 있습니다. 오히려 월세가 밀리거나 아예 월세 인하를 요구하는 임차인들이 늘고 있고 임대료 조정이 잘 이뤄지지 않아 공실로 남는 상가도 많습니다.

대표적으로 압구정이나 종로는 빈 점포가 늘어나며 유령 상권의 우려가 높아지고 있는 곳입니다. 이들 상권은 과거 임대인(상가 주인)들의 콧대가 높기로 유명한 곳이었는데요. 장사가 어려워진 임차인들의 하소연에 귀를 기울이지 않고 임대인 대부분이 높은 임대료를 고수한 결과 지금은 텅 빈 가게를 쉽게 찾을 수 있습니다.

점포주는 보증금과 월세가 상가의 가치를 보여주는 지표라는 생각이 강한데요. 그러나 대부분의 점포주들은 월세를 낮추면 당장의 생활고를 겪는다는 불안감보다 자기 상가의 가치가 낮게 평가되는 것을 염려하여 임차인과의 임대료 협상에서 대립각을 보이게 됩니다.

매출 대비 높은 임대료로 운영이 힘든 임차인은 왜 임대료 인하가 필요한지 매출 관련 자료 등을 제시하며 협상을 시도하는 경우도 많습니다. 이때 점포주는 임대료를 인하해야 할지, 아니면 기존 임차인을 내보내고 새 임차인을 들여야 할지 고민이 될 겁니다.

만약 점포주가 월 임대료를 인하해 재계약을 한다면 상가 가치도 떨어지게 되는 걸까요? 대답은 "꼭 그렇지만은 않다"입니다. '작은 것을 내주고 큰 뜻을 취하라'는 뜻의 이대도강李代桃僵이라는 고사성어가 있듯이 멀리 내다보고 임대료 조율을 검토하는 것이 결과적으로 손해가 덜할 수 있습니다.

이에 보증금 5,000만 원, 월세 300만 원을 받는 상가를 예로 들어 임대료 인하 상황과 새 임차인을 구하는 상황을 가정하여 각각의 금액을 비교, 설명해보겠습니다.

압구정(좌)과 종로(우)의 공실 상가

## 가정 1: 임대료를 인하하는 경우

보증금 5,000만 원, 월세 300만 원의 임대료로 상가 점포를 임대하고 있던 임차인이 경영상의 사유로 월세의 13%, 즉 40만 원이 낮아진 260만 원에 계약을 요청했다고 가정해봅니다. 만약 임대료를 깎아줬을 때 2년 계약으로 계산해보면 총 960만 원이라는 금액을 덜 받게 되는데요.

당장의 손해가 싫은 점포주 입장에서는 새로운 임차인을 통해 기존의 임대료를 받을 수 있을 거라는 기대감이 있습니다. 그럼 기존과 동일한 임대료로 새 임차인을 유치할 상황도 가정해서 살펴보겠습니다.

## 가정 2: 새 임차인을 유치하는 경우

먼저 새 임차인과 계약을 맺을 경우 지불해야 할 부동산 중개수수료를 계산해봐야 합니다. 상가 부동산 중개수수료의 계산식에 보증금과 월세를 적용하면 다음과 같습니다.

**상가 부동산 중개수수료 계산식**
{보증금 5,000만 원 + (월세 300만 원 × 100)} × 중개수수료 0.9% = 315만 원

새 임차인을 유치하면 부동산 중개수수료는 315만 원으로 계산됩니다. 공실 기간과 상관없이 변하지 않는 손실 금액입니다.

더불어 새 임차인을 들일 때 가장 중요한 변수는 공실 기간입니다. 새 임차인이 한 달 만에 입주하면, 한 달 공실이 발생했으므로 중개수수료(315만 원)와 월 임대료(300만 원)를 합해 615만 원의 손실이 발생합니다. 만약 두 달 기간을 두고 입주하면 두 달의 공실이 생기므로 중개수수료(315만 원)와 두 달의 임대료(600만 원)를 합해 총 915만 원의 손해를 보게 되는 겁니다.

더불어 만약 상가 점포를 대출을 끼고 구입했다면 은행 이자비용이 추가로 발생되고, 공실 시 기본 관리비 지불을 점포주가 해야 하므로 추가적인 금액 손실이 발생할 수 있습니다. 결과적으로 두 달 이내 새 임차인을 구하지 못할 경우에는 기존 임차인의 임대료를 인하해주는 게 더 나을 수 있다는 겁니다.

상가투자에서 임대료 인하보다 더 큰 문제는 공실로 인한 상가 이미지 하락입니다. 주거용과 달리 상가는 사람들의 눈에 띄기 쉬운 곳에 위치하기 때문에 두세 달 공실이 발생하게 되면 상가 전체가 위축될 수 있습니다. 그렇게 되면 임대 계약 시 상가 점포주보다 임차인 우위의 상황이 발생해 전임차인이 요구한 260만 원보다 더 적은 금액으로 계약할 가능성이 있다는 점을 유의해야 합니다.

상가는 권리금이 없고 비어 있는 상가일수록 새 임차인을 유치하기가 더욱 어렵습니다. 반면 운 좋게 기존 임차인을 내보내고 다른 임차인이 바로

문을 두드려 온다면 상권이 살아 있다는 뜻이니 이런 경우에는 새 임차인을 유치해도 무방합니다.

   강조하고 싶은 것은 공실이 발생하지 않게 예방하는 것이 가장 중요하다는 겁니다. 이에 임대 계약 만료 6개월 전부터 상가에 대한 세심한 관찰이 필요합니다. 부동산을 자주 방문하여 본인이 소유한 상가의 가치를 정확하게 인지해야 하며 월 임대료가 과하거나 부족하다면 가능한 한 빨리 임차인과 대화를 시도하는 것이 좋습니다. 건물주 대부분은 임대료를 올릴 때만 미리 연락하는 습관을 가지고 있습니다. 과하게 받고 있다면 그에 대한 대비도 미리 해야 손실을 줄일 수 있으며 그래야만 상가 전체에 긍정적인 영향을 가져올 수 있습니다.

A commercial store investment by the rich

# '세입자의 관점'에서 접근하라

상가투자 시 세입자의 관점에서 접근하라는 것은 이 책에서 제가 가장 강조하고 싶은 중요한 포인트입니다. 누누이 강조했지만 더 많이 강조해도 지나치지 않습니다.

단순히 "좋은 상권에 있는 괜찮은 상가를 샀으니 난 투자에 성공한 거야"라고 생각할 수도 있지만 그 이후가 더 중요하다는 것을 항상 유념해야 합니다. 상가 점포주와 임차인은 상생관계라고 생각합니다. 임대인이 갑이고 임차인이 을이라는 기존의 고정관념에서 벗어나 서로 돕는 이웃처럼 함께 멀리 갈 수 있는 방법을 찾는 것이 가장 이상적인 관계입니다.

임차인이 잘 버텨줘야 점포주는 수익을 얻을 수 있고, 장사가 잘되면 상가 가치도 올려줄 수 있습니다. 더 나아가서는 지역 상권 전체의 활성화까지 가져다줄 수 있습니다. 내 점포에서 어떤 임차인이 어떻게 사업 운영을 잘하는지에 따라 나에게 미칠 파급력 또한 매우 큽니다. 결국 임차인이 잘 돼야 상가의 점포주도 잘되는 길임을 기억해야 합니다.

## 좋은 상가의 선행지표 = 권리금

신문이나 방송에서 임차인들의 권리금 갈등에 대해서 자주 접했을 겁니다. 권리금은 임차인에게는 애증의 대상과도 같습니다. 들어올 때 생각보다 비싼 값을 지불해야 하고, 내가 나갈 때도 다음 사람에게 꼭 받아내야만 하는, 빚과 같은 개념이라고도 할 수 있습니다.

이러한 권리금을 상가투자 부분에서 다루겠다고 하니 갸우뚱할 수 있습니다. 알고 있듯이 권리금은 어디까지나 세입자끼리 서로 주고받는 것이기 때문에 엄연히 상가 소유주와는 무관하다고 할 수 있습니다. 하지만 권리금을 통해 좋은 상가인지(장사가 잘돼서 임대료를 잘 낼 수 있는 곳인지) 파악할 수 있기 때문에 꼭 살펴야 하는 부분이기도 합니다.

대부분의 점포에는 소위 권리금이라는 게 존재합니다. 이 권리금이란 기존 점포 경영자가 점포를 운영하면서 그동안 닦아 놓은 바닥권리금, 영업권리금, 시설권리금 등 점포 가치 등에 대한 대가로, 새로이 해당 점포에 입주하려는 다음 매수자에게 요구하는 금액을 말합니다. 점포마다 권리금을 책정하는 요소는 매우 다양한데 정해진 산출 기준이 없고 부르는 것이 값이 되기도 합니다. 그렇기 때문에 문제점이 많아 신문이나 방송에 자주 등장하는 단골 이슈거리이기도 하지요.

권리금은 자영업자(점포 창업자)뿐만 아니라 투자자에게도 상가를 사기

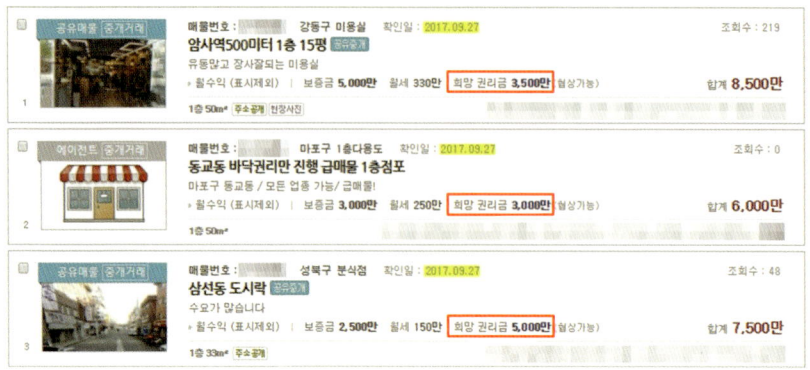

점포거래소 '점포라인'에 등록된 매물들. 빨간 박스로 표시된 금액이 현재 임차인이 희망하는 권리금입니다.

전에 미리 살펴봐야 할, 생각보다 중요한 요건입니다. 상가권리금은 점포의 가치를 높이는 여러 요소에 의해 형성되는 일종의 프리미엄으로, 점포를 나타내는 선행지표 역할을 하기 때문에 중요하게 봅니다.

권리금이 높은 점포는 입지가 좋은 상가로 그만큼 고객 유입이 뚜렷하며, 영업 수익률이 높아 불황기에도 안정적인 수익을 창출할 수 있다는 것을 의미합니다. 또한 통상적으로 권리금이 상승하면 임대료도 동반 상승하는 현상이 뒤따르게 되고 수익률도 높일 수 있기 때문에 권리금 변동을 주의 깊게 살피는 점포주들도 많습니다.

## 세입자도 꼼꼼하게 살펴라

상가의 경우 투자자(임대인)에게 수익을 가져다주는 사람은 세입자(임차인) 입니다. 이 책에서 세입자와 더욱 가까운 관점에서 투자처를 살피라고 강조하고 있는 이유이기도 합니다. 투자자와 세입자가 함께 협동한다면 상가와 건물을 넘어서 지가 가치, 즉 상가가 위치한 땅값까지 올릴 수 있습니다.

세입자를 꼼꼼히 살피라는 말은 다양한 의미를 담고 있습니다. 세입자의 경영 능력, 성향, 과거 이력, 자격, 여유자금 등 세입자에 대한 모든 것이라고도 할 수 있습니다. 하지만 이를 다 알아보기는 쉽지 않습니다.

세입자(임차인)의 경영 능력을 파악하기는 사실상 쉽지 않지만, 점포 성공 여부에 지대한 영향을 끼치기 때문에 무시할 수 없는 부분입니다. 세입자가 지닌 열정, 성실함 등 성향 파악부터 과거의 창업 경험까지 체크할 수 있는 부분은 체크해보는 것이 좋습니다.

또 매장 안정화 단계까지 최소 3개월에서 6개월 이상 버틸 수 있는 여유자금이 있는지도 요령껏 물어보는 것이 좋습니다. 실제 창업을 시작하고 사업이 자리를 잡는 데까지는 짧게 3개월에서 보통 6개월 정도 시간이 소요됩니다. 이 기간 동안 매출이 많지 않더라도 임대료와 원자재 값 등 고정비용을 감당할 수 있는 여유자금이 있어야 사업 유지가 가능합니다.

허가증이나 자격증 소지 여부도 중요합니다. 가령 음식점은 요식업 자격증이 없어도 점포를 낼 수 있지만 일반음식점 사업자등록증은 반드시 있어야 합니다. 기본적일 수도 있지만 약국이나 미용실, 부동산 중개사무소라면 약사 면허, 미용사 자격증, 공인중개사 자격증 등이 있는지 확인해야 합니다. 조심해서 나쁠 것은 없으니까요.

## 직접 경영도 염두에 둬라

상가를 구입할 때는 다양한 상황에 대응할 수 있도록 유비무환有備無患의 자세를 가지는 것이 좋습니다. 상가투자뿐 아니라 모든 일에는 준비가 필요한데요. 상가투자 시에는 실전에서 생각도 못한 돌발 상황이 발생할 여지가 많습니다. 이에 세입자 관점의 상가투자, 그 마지막 내용은 '직접 경영'에 관한 겁니다. 이 부분은 상가투자와 함께 창업의 꿈도 가지고 있는 분들에게 해당될 수 있겠습니다.

직접 경영을 염두할 수 있는 상황은 먼저, 기존 경영을 잘 해오던 세입자가 어느 날 갑작스럽게 개인 사정으로 급하게 장사를 중단해야 하는 상황입니다. 상가를 구입하는 데 거액이 들어간 만큼 돌발 상황이라도 상가를 그냥 놀릴 수는 없기 때문에 발 빠른 대응을 해야 합니다. 평소 창업에도 뜻이 있던 점포주라면 충분히 뛰어들어볼 만합니다.

장사가 잘되던 점포를 그대로 넘겨받으면 장점이 많고 창업에 대한 부담도 덜 수 있습니다. 점포에 대한 단골 등 고정 고객이 이미 확보되어 있고 영업을 시작하면 바로 수익도 낼 수 있습니다. 인테리어를 새롭게 하거나 시설, 집기물, 홍보 등에 비용을 쓰지 않아도 되기 때문에 지출 부담도 거의 없습니다.

점포 창업이라면 영업이 잘되는 가게는 월세 2배가량의 금액을 순수 마진으로 가져갈 수 있도록 상품 단가와 인력 구성을 짭니다. 상가 주인이 직접 본인 소유의 상가에서 점포 경영을 하면 월세 부담이 없어 수익률은 더욱 극대화될 수 있습니다.

또, 기존의 가게를 넘겨받지 않고 직접 아이템 선정 등의 과정을 거쳐 순수하게 창업의 꿈을 이뤄보는 방법도 있습니다. 경영을 잘하면 매도 시에 권리금은 물론이고 시세차익도 가져갈 수 있어 이익이 큽니다. 물론 경영을 잘할 경우로, 상가의 주인이 아닌 온전히 창업자의 마인드에서 전력을 다해 창업시장에 뛰어들어야 합니다.

그렇기 때문에 상가투자 시에는 상가 앞 유동인구의 특성이 어떠한지, 어떤 업종을 해야 매출이 좋을지 등 창업자와 같은 생각을 항상 갖고 있는 것이 좋습니다. 직접 경영을 하지 않더라도 다음 세입자를 빠르게 유치하는 데 분명 도움이 됩니다. 또한 주변 다양한 중개사무소를 자주 방문하여 돈독한 관계를 쌓아두고 지역 상권 트렌드 변화에 항상 귀기울여야 합니다.

── 3장 ──

# 월급쟁이들의 투자,
# 소액 투자형 부동산

수익형 부동산 중에서도 오피스텔이나 지식산업센터, 수익형 호텔, 도시형 생활주택 등은 비교적 작은 금액으로 투자할 수 있기에 소액 투자형 부동산으로 분류됩니다.

이들 소액 투자형 부동산이 비교적 작은 금액이라는 건 수익형 부동산에서 굴지가 큰 상가와 비교했을 때의 표현입니다. 앞서 다룬 상가들은 수도권 1층 기준 3.3제곱미터당 평균 3,000만 원대 중후반대로 공급돼 가격 부담이 있습니다. 초보 투자자가 선뜻 접근하기에도 어려울 수밖에 없는 금액대입니다. 하지만 오피스텔과 도시형 생활주택은 서울에서도 총 분양가가 최저 1억 원대로도 공급돼 비교적 부담이 덜하고 초보 투자자도 어렵지 않게 투자할 수 있는 상품으로 분류할 수 있습니다.

큰 테두리 안에서 보자면 오피스텔, 도시형 생활주택 등도 상가와 같은 수익형 부동산에 속합니다. 하지만 투자 규모와 투자 유형, 임차인들의 특성 등이 상가와 그 외 수익형 부동산에서 다르게 나타납니다. 이에 이 책에서는 상가와 그 외의 소액 투자형 수익형 부동산을 구분해서 설명하고 있습니다.

소액 투자형 부동산은 대표 주자라고 할 수 있는 오피스텔부터 신흥 강자로 떠오른 소형 아파트까지 종류가 매우 다양합니다. 투자자들의 선호도가 높은 만큼 앞으로도 더욱 다양한 상품이 시장에 등장할 거라고 예상됩니다. 투자자들의 수요에 따라 공급자가 상품을 만들어내기 때문에 그야말로 소액 투자형 시장은 현재에 만족하지 않는 진화형 부동산과 같습니다. 투자자 입장에서는 이보다 좋을 수가 없습니다. 상품별로 임대수익 확보 방법, 세금 등이 다르므로 자신의 기호에 따라 골라서 투자할 수 있기 때문입니다. 이 책을 통해 상품별 특징이나 투자 노하우를 알아보고 실전 투자에 임한다면 더욱 좋은 결과가 나올 거라 생각합니다.

A commercial store investment by the rich

# 꾸준히 각광받는 오피스텔

소액 투자형 부동산 하면 오피스텔을 가장 많이 떠올릴 겁니다. 그만큼 오피스텔은 부동산 투자시장에서 언제나 많은 관심을 받는 상품입니다.

오피스텔은 오피스office와 호텔hotel의 합성어로 업무 공간에 숙식도 겸할 수 있는 건축물을 뜻합니다. 오피스텔의 주 용도는 업무시설로 분류되는데요. 20년 전만 해도 오피스텔은 크지 않은 규모의 기업들이 오피스로 주로 사용하는 공간이었습니다. 비교적 최근에 오피스텔 뉴스를 접했던 분이라면 "오피스텔은 1~2인 가구가 거주하는 주거공간 아니야?"라고 생각하실 수도 있겠지만, 오피스텔을 주거공간으로 사용한 지는 그리 오래되지 않았습니다. 오피스텔은 주택법이 아닌, 오피스 빌딩과 동일하게 건축법의 적용을 받고 있습니다.

하지만 지금은 '오피스텔=오피스'로 보는 개념이 조금 달라졌습니다.

정부가 오피스텔의 바닥난방을 허용하면서 주거용 오피스텔의 시대를 열어줬기 때문입니다. 정부가 법 규제를 풀어줌과 동시에 끝도 없이 치솟는 전세난, 1인 가구의 증가, 저금리 시대의 도래 등 급속한 사회적 변화로 인해 오피스텔은 실거주자와 투자자 등 수요자들로부터 꾸준히 각광받을 것으로 보입니다.

오피스텔 거주자는 대부분 1인 가구입니다. 국내 1인 가구의 증가가 오피스텔 수요층을 더욱 두텁게 만들고 있습니다. 통계청

잠실 대명벨리온 A-2타입(전용면적 17제곱미터) 아이소

에 따르면 2016년 10월 기준 1인 가구 수는 527만 9,000가구로 1년 사이에 16만 9,000가구가 증가했다고 합니다. 그중 서울에 사는 1인 가구 수도 101만 2,000가구로 조사돼 1년 전(98만 9,000가구)보다 2.4% 증가한 수치를 보였습니다. 서울뿐 아니라 전국의 1인 가구 수가 증가한 것은 결혼하지 않고 혼자 사는 '싱글족'들이 늘어난 것이 주 원인입니다. 최근 결혼을 기피하는 '결혼파업' 현상이 두드러지고 있어 1인 가구는 더욱 늘어날 것으로 예상됩니다.

1인 가구 증가로 오피스텔 거주 수요가 늘어난 만큼 오피스텔의 주거 편의성도 개선되고 있습니다. 최근에는 아파트처럼 욕실 바닥에도 난방이 되는 주거형 오피스텔도 속속 등장하고 있습니다. 이외에도 빌트인 수납장, 풀옵션으로 가전제품을 마련해 작지만 알찬 공간 구성을 선보여 집으로서의 역할을 톡톡히 하고 있습니다.

마곡 오드카운티 A3타입(전용면적 20제곱미터) 인테리어 컷

특히 오피스텔은 20~30대 젊은 투자자들까지 투자시장으로 이끌고 있는데요. 지금과 같은 오피스텔의 대중적인 인기는 청약통장이 필요 없어 투자가 간편하고 진입장벽도 높지 않기 때문입니다. 소형 오피스텔은 수도권 내에서도 총 분양가가 1억 원대 수준으로 타 부동산 상품에 비해 가격 부담이 높지 않습니다. 여기에 초기 투자금은 계약금(통상 총 분양가의 10%) 정도만 들기 때문에 가격 부담은 더 낮아집니다.

하지만 투자금이 많이 들지 않는다고 아무 곳에나 투자할 수는 없습니다. 상가와 마찬가지로 수요가 많은 입지를 노려야 공실 없이 안정적인 임대수요를 거둘 수 있다는 것을 항상 염두에 둬야 합니다.

## 오피스텔 입지 선정

오피스텔 입지를 선정할 때는 중점적으로 다음의 3가지 키워드를 기억하면 됩니다. 바로 '역세권', '임대수요', '공급과잉'이 핵심인데요. 오피스텔 입지 조건 중 가장 먼저 살펴야 하는 것은 역세권 여부로, 입지 조건 중 가장 중요한 부분입니다. 일반적으로 역세권의 기준은 도보로 최대 10분 거리 내의 입지를 말합니다. 더 실제적인 역세권의 이점을 누리려면 도보 5분 이내에 지하철역에 닿을 수 있어야 하고 지하철역과 가까우면 가까울수록 더욱 좋습니다. 지하철역 반경 500미터 이내에 위치한 초역세권 오피스텔을 고르는 것이 투자 시 유리합니다.

다음으로 임대수요가 많은 곳은 업무시설이 밀집돼 있는 곳, 대학가 인근 등을 예로 들 수 있습니다. 그중에서도 직장인 수요가 많은 업무시설 인근이 오피스텔 임대수요를 확보하기에 가장 용이합니다. 서울 내 업무시설 밀집지역으로는 강남과 여의도, 광화문 등을 예로 들 수 있습니다.

오피스텔은 원룸 빌라나 다세대주택에 비해 보안이 잘 되어 있고 프라이버시를 확보하기 용이하다는 것이 장점인데요. 이 때문에 월세나 관리비 부담이 높아도 소득이 안정적인 직장인들이 오피스텔을 선호하는 경향이 높습니다.

강남역 역세권의 오피스텔들의 경우 전용면적 23제곱미터와 53제곱미터 사이가 보증금 1,000만 원에 월세 85만~105만 원 수준에 거래되고 있습니다(출처: 서울부동산정보광장). 크지 않은 원룸 오피스텔이지만 임대료가 무척이나 비싼 편입니다. 매달 적지 않은 고정비가 소요되는 만큼 소득이 낮지 않은 이들이 많이 거주할 만한 업무시설 인근이 오피스텔 임대 사

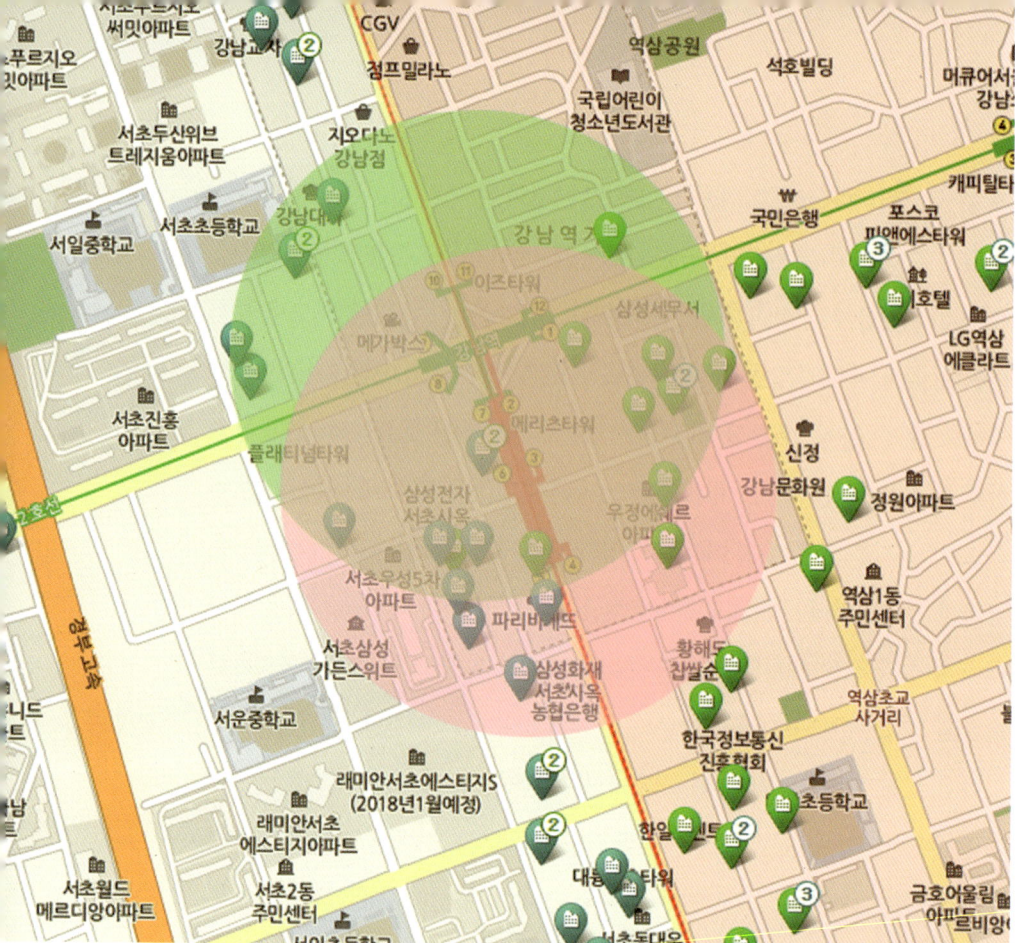

강남역을 예시로 한 초역세권(지하철역 반경 500미터 이내) 범위. 2호선 초역세권은 녹색, 신분당선 초역세권은 분홍색으로 표시했습니다[이미지 출처: 네이버 부동산 지도(네이버 부동산에 등록된 오피스텔 매물 위치)].

업에 유리합니다.

　대학가 또한 오피스텔 투자자들의 관심이 높은 곳인데요. 대학생 수요를 비롯해 대학교의 임직원 수요도 확보하기에 용이합니다. 대학가는 신촌이나 홍대, 이대 등의 지역을 예로 들 수 있습니다.

　주의할 점은 업무시설이나 대학교가 오래전부터 자리 잡고 있던 지역은 이미 오피스텔 등 임대형 주거시설이 많이 들어서 있다는 점입니다. 그렇다고 신규 공급되는 오피스텔을 외면하라는 것은 아닙니다. 이들 지역은 새로 건물을 지을 부지 확보도 쉽지 않아 신규 공급도 희소한 편입니다. 또 기존 임대형 주거시설의 노후화도 많이 진행되었기 때문에 신규 오피스텔의 장점이 오히려 돋보일 수 있습니다.

신규 오피스텔의 깨끗한 주거공간, 편리한 내부 설계, 최신식의 보안이나 에너지 시스템을 선호하는 수요가 분명 존재합니다. 오피스텔의 입지까지 뒤지지 않는다면 월 임대료도 높게 받을 수 있습니다. 단, 합리적인 분양가가 책정됐는지, 일대 신규 공급이 많지는 않았는지를 꼼꼼하게 따져야 투자 성공에 한걸음 가까워질 수 있습니다.

그렇다면 임대수요가 있지만 신규 오피스텔 공급이 과잉인 지역은 어떨까요? 결과적으로 공실이 나거나, 공실을 피하기 위해 울며 겨자 먹기로 보증금이나 월 임대료를 낮춰야 할 수도 있습니다.

하지만 전국적으로 오피스텔 공급이 꾸준히 이뤄진 만큼 공실의 위험성이 전무한 곳 또한 없습니다. 당장에 공급이 다소 몰렸더라도 향후 업무시설 개발로 들어올 상주인구를 분석하고, 공급량 대비 폭넓은 임대수요층을 보유했다고 판단된다면 장기적인 안목으로 접근해볼 필요가 있습니다.

예를 들면 세종시가 있습니다. 세종시에 처음 공급된 오피스텔인 P 오피스텔은 당시 로또텔로 불리며 최고 183 대 1의 청약 경쟁률을 기록했습니다. 그러나 입주 시점(2014년)에는 세종시로 이전해 정상 업무를 하고 있는 기관이 많지 않았고, 근무자들도 여전히 서울에서 출퇴근하는 사람들이 대부분이었습니다. 오피스텔 임대수요가 아직 형성되지 않았던 시점입니다. 이에 투자자들은 임대수익을 확보하기 위해 월세를 낮추거나 오피스텔을 공실로 두었습니다. 공실로 두는 이유는 이렇습니다. 통상 임대 계약이 2년간이기 때문에 공실을 피하기 위해 낮은 금액으로 임대를 주면 2년 동

세종시 P 오피스텔 견본주택 내부 전경. 오픈 당일에 방문한 관심 수요자들이 분양 상담을 받고 있습니다.

안 낮은 월세를 받을 수밖에 없습니다. 그럴 바에는 오피스텔을 공실로 두고 임대시장이 어느 정도 정상화될 때까지 기다리겠다는 심산입니다.

올해로 착공 11주년을 맞은 세종시는 현재 단계적 개발이 진행되고 있어 넓은 시야를 가지고 접근하는 것이 좋습니다. 세종시는 2017년부터 2단계 도시개발계획이 진행 중입니다. 세종특별자치시 인구 통계자료에 따르면 지난 2015년 20만 명을 넘어선 이후, 2017년 7월 기준 28만 4,353명으로 나타났습니다. 2013년(12만 4,615명)과 비교하면 2배가 훌쩍 넘는 수치입니다. 즉, 세종시가 완전한 도시로 자리를 잡기까지 다소 시간이 소요될 수는 있지만 행정수도로 정부 주도의 개발이 진행 중인 만큼 들어서게 될 인프라나 유입인구의 규모도 매우 큽니다. 더욱이 세종시 개발 초창기에 투자했다면 비교적 저렴한 투자금을 투입한 만큼 수익률도 극대화될 수 있습니다. 세종시처럼 대형 호재를 지녔고 임대수요에 대한 확실성이 있다면 장기적인 관점에서 미래 가치를 보고 투자를 진행하는 것이 좋습니다.

## 전용면적 60제곱미터 이하의 오피스텔을 노려라

오피스텔 시장에서는 통상 전용면적 60제곱미터 이하를 소형 오피스텔이라고 합니다. 60제곱미터 이상의 중형 오피스텔은 동일 면적 아파트에 비해 내부 설계나 입주민 편의시설 등에 대한 선호도가 크게 떨어지기 때문에 수요자 확보가 쉽지 않습니다. 월세 수익률도 소형에 비해 떨어지는 편입니다.

전용면적 60제곱미터 이하 중에서도 비슷한 면적이라면 조금 작은 면적을 선택하는 것이 더 높은 투자 수익률을 거둘 수 있습니다. 예를 들어 전용면적 23제곱미터와 27제곱미터가 있다면 투자 수익률 측면만 고려했을 때 더 작은 면적인 23제곱미터를 택하는 것이 좋습니다. 분양 시점에는 크기에 따라 분양가가 상이하지만 준공 후 실제 임대 계약 시에는 임대료 차이가 나지 않을 가능성이 높습니다.

서울시가 운영하는 서울부동산정보광장의 오피스텔 월세 가격 정보를 살펴봤습니다. 지난 2014년 입주한 '강남역 효성해링턴타워 더퍼스트'의 2017년 2월부터 4월까지의 월세 거래가를 확인해보니 전용면적은 21제곱미터부터 53제곱미터까지 다양하지만 임대료 차이가 크지 않습니다. 보증금은 모두 1,000만 원으로 동일하고 월세가 85만 원에서 95만 원 수준인데

| 단지 | 지번 | 건물전용면적(㎡) | 계약년도 | 계약일 | 보증금 임대료 (만원) | 층 |
|---|---|---|---|---|---|---|
| 강남역 효성해링턴 타워 더퍼스트 | 825-24 | 21.850 | 2017 | 02.23 | 1,000 / 85 | |
| | | 22.850 | 2017 | 02.18 | 1,000 / 90 | |
| | | 24.710 | 2017 | 02.13 | 1,000 / 92 | |
| | | 24.770 | 2017 | 03.08 | 1,000 / 90 | |
| | | 25.730 | 2017 | 05.29 | 1,000 / 85 | |
| | | 47.520 | 2017 | 04.21 | 1,000 / 90 | |
| | | 47.580 | 2017 | 04.17 | 1,000 / 90 | |
| | | 53.580 | 2017 | 04.14 | 1,000 / 90 | |
| | | 53.730 | 2017 | 04.10 | 1,000 / 95 | |

강남역에 위치한 강남역 효성해링턴 타워 더프스트의 실거래가 현황(출처: 서울부동산정보광장)

전용면적 22제곱미터도 월세 90만 원에 거래되고 있고 전용 53제곱미터도 똑같이 월세 90만 원에 거래가 체결된 것을 확인할 수 있습니다. 면적과 임대료가 정비례하지 않는다는 것을 보여주는 대표적인 예로 강남역 효성해링턴타워 더퍼스트를 선택했지만 강남역의 다른 오피스텔도 모두 비슷한 상황입니다. 보증금은 1,000만 원, 월세는 크기와 상관없이 비슷한 수준입니다. 임대자는 세를 더 많이 받을 생각으로 큰 면적의 오피스텔을 비싸게 주고 선택했을 겁니다. 하지만 임대료 차이가 없으니 큰 면적의 오피스텔은 수익률이 더 낮은 셈입니다.

전용면적 60제곱미터 이하는 세제 혜택도 있습니다. 현재 전용면적 60제곱미터 이하 주거용 오피스텔을 최초로 분양받으면 취득세 면제 혜택을 받을 수 있는데요. 단 취득일로부터 60일 이내 임대사업자로 등록해야

되고, 취득세가 200만 원 이상인 경우 85%에 대한 취득세만 감면받을 수 있습니다. 이 혜택은 오는 2018년 12월 31일까지 적용됩니다.

## 오피스텔 적정 수익률

오피스텔의 적정 수익률은 어떻게 될까요? 수익률이 높을수록 좋겠지만 오피스텔 공급이 꾸준히 진행돼온 만큼 최근의 수익률은 과거처럼 높지 않습니다.

적정 수익률에 앞서 오피스텔의 접근 방법에 대해서 조언하고 싶습니다. 오피스텔에 투자할 때는 주택처럼 매매가격으로 접근하는 것은 올바르지 않습니다. 단순히 가격으로만 접근했을 때는 오히려 투자 수익률을 저하시킬 수 있습니다. 매매차익으로 높은 수익률을 내는 주택과 달리 오피스텔은 매달 꾸준하게 들어오는 수익을 목적으로 투자처에 접근해야 합니다. 오피스텔은 매매 거래가 활발하지 않고 대지지분이 비교적 낮기 때문에 시세차익 기대감을 갖는 것은 위험합니다.

전문가들에 따르면 오피스텔의 적정 수익률은 수도권은 5% 이상, 지방은 7% 이상이면 안정적입니다. 수도권과 지방의 적정 수익률이 다른 것은 공급 물량에 원인이 있습니다. 지방 대비 수도권 지역에 오피스텔 공급이 더 많았기 때문에 수익률도 더 낮게 나타납니다.

특히 서울의 경우 공급이 몰리면서 오피스텔 수익률이 점차 떨어지고 있습니다. KB주택가격동향조사 자료에 따르면 서울의 오피스텔 임대 수익률이 지속적으로 떨어지다 2017년 7월에는 결국 5%의 벽이 무너지며

4.98%(평균)의 임대수익률을 기록했는데요. 이후로 꾸준한 하락 추세를 보이고 있습니다. KB가 주택가격동향조사를 시작한 2010년 7월 이후 서울 오피스텔의 임대수익률이 5% 밑으로 떨어진 것은 이번이 처음이라고 하니 그 심각성이 더욱 와닿습니다. 같은 시기 경기권의 오피스텔 임대수익률은 5.44%로 나타났습니다.

최근 발표된 2017년 12월 오피스텔 평균 임대수익률 자료를 보면 서울(4.87%)이 불리하다는 것을 알 수 있습니다. 다만 임대수익률은 서울 전체 지역의 평균값이므로 서울에서도 투자 여건이 좋은 곳을 선별해 투자에 나선다면 괜찮은 적정 수익률 이상의 수익을 거둘 수 있습니다.

## 수익률 계산 방법

오피스텔 수익률을 계산하는 수식은 상가 때와 다르지 않습니다. 비교적 투자금액이 소액이지만 대출을 이용했을 때와 대출을 전혀 이용하지 않고 투자했을 때, 이 2가지 상황에 따른 각각의 수익률을 계산해보겠습니다.

가상의 분양가와 보증금, 월 임대료, 대출금액을 아래에 계산식에 적용해 연 수익률을 계산해볼 수 있습니다.

$$\text{대출 없는 경우: 연 수익률(\%)} = \frac{\text{월 임대료} \times 12\text{개월}}{\text{분양가} - \text{보증금}} \times 100$$

$$\text{대출 있는 경우: 연 수익률(\%)} = \frac{\text{월 임대료} \times 12\text{개월} - 1\text{년 대출이자}}{\text{분양가} - \text{대출금} - \text{보증금}} \times 100$$

**대출 여부에 따른 수익률 계산(예시)**

| 구분 | 대출 없는 경우 | 50% 대출 |
|---|---|---|
| 분양가 | 2억 | 2억 |
| 예상 보증금 | 2,000만 원 | 2,000만 원 |
| 월 임대료(예상) | 80만 원 | 80만 원 |
| 실투자금액 | 2억 | 1억 |
| 대출금액 | - | 1억 |
| 대출이자(연 3.75%) | - | 350만 원 |
| 연 수익률 | 5.33% | 7.62% |

수익률을 계산한 결과 대출이 없다면 5.33%, 분양가의 50%를 대출받았다면 7.62%로 계산되었습니다. 요즘과 같은 저금리에는 대출을 이용했을 때 수익률이 더 높게 나올 수 있다는 것을 보여줍니다.

## 북향, 저층일수록 수익률 높다

오피스텔의 향과 층을 따질 때는 주택과는 다른 관점에서 접근할 필요가 있습니다. 투자 수익률을 좌우하는 빼놓을 수 없는 대목입니다.

아파트는 향, 층에 따라 가치가 달라지기 때문에 구매 시 향과 층을 중요하게 살핍니다. 대부분의 초보 투자자들, 혹은 아파트에만 투자해오던 이들은 향과 층에 집착하는 경향이 있습니다. "층이 높아야 하고 조망이 잘 나와야 하고 오피스텔 건물에 편의시설이 풍부해야 하고" 등 오피스텔을 고르는 조건이 까다로운 편입니다. 하지만 오피스텔 등 수익형 부동산시장

### 신진주역세권 꿈에그린 오피스텔 입주자 모집공고(안)

- 건축물의 분양에 관한 법률 시행령 제 7조 규정에 의거 경상남도 진주시 건축과 – 제21751호(2017.4.20)로 분양신고
- 본 건축물은 주택법 제16조에 따라 사업계획승인을 받은 건축물임(진주시청 2017-건축과-주택건설사업계획승인-2)
- 분양사업자(시행수탁자): 코리아신탁(주), 시행위탁사: 미급개발(주), 시공사: (주)한화건설
- 분양위치: 경남 진주시 신진주역세권 도시개발 사업지구내 E-3블럭
- 대지면적: 전체 11,901.000m² 중 오피스텔 지분 1,197.3808m²
- 연면적: 전체 78,302.4421m² 중 오피스텔 7,374.9677m²
- 공급규모: 오피스텔 지하 1층~지상 27층 1개동, 총 50실
- 건축물의 층별 용도: 지하1(지하주차장, 기계실, 전기실), 지상1~2층(근생시설), 3층~27층(오피스텔 50실)
- 주차대수: 60대
- 공급 면적 및 공급 규모

(단위: m)

| 타입 | 공급실수 | 계약면적 | | | | | 대지지분 |
|---|---|---|---|---|---|---|---|
| | | 전용면적 | 공용면적 | 기타공용면적 | 주차장면적 | 계약면적 | |
| 82.1118D | 50 | 82.1118 | 24.6029 | 5.8370 | 34.9474 | 147.4991 | 23.9476 |

- 공급 금액 및 납부일정

(단위: m², 원)

| 타입 | 동별 | 층구분 | 공급세대수 | 분양가격 | | | | 계약금(10%) | | 중도금(50%) | | | | | 잔금(40%) |
|---|---|---|---|---|---|---|---|---|---|---|---|---|---|---|---|
| | | | | 대지비 | 건축비 | 부가세 | 계 | 1회 | 2회 | 1회(10%) | 2회(10%) | 3회(10%) | 4회(10%) | 5회(10%) | |
| | | | | | | | | 계약시 | 2017.5.29 | 2017.10.20 | 2018.4.20 | 2018.9.21 | 2019.3.22 | 2019.8.23 | 입주 지정일 |
| 82.1118D | 108동 | 3층 | 2 | 33,063,925 | 165,669,159 | 16,566,916 | 215,300,000 | 10,000,000 | 11,530,000 | 21,530,000 | 21,530,000 | 21,530,000 | 21,530,000 | 21,530,000 | 86,120,000 |
| | | 4~10층 | 14 | 33,754,996 | 169,131,822 | 16,913,182 | 219,800,000 | 10,000,000 | 11,980,000 | 21,980,000 | 21,980,000 | 21,980,000 | 21,980,000 | 21,980,000 | 87,920,000 |
| | | 11~27층 | 34 | 34,446,068 | 172,594,484 | 17,259,448 | 224,300,000 | 10,000,000 | 12,430,000 | 22,430,000 | 22,430,000 | 22,430,000 | 22,430,000 | 22,430,000 | 89,720,000 |

신진주역세권 꿈에그린 오피스텔 입주자 모집공고(안). 빨간 테두리 안이 총 분양가입니다(출처: 진주시 건축과).

에서는 이를 크게 고집할 필요가 없습니다.

오피스텔에서 가장 중요한 것은 처음에 언급했듯이 역세권 여부입니다. 지하철역과의 거리가 얼마나 가까운지가 가장 중요하고 나머지는 우선순위로 두지 않는 것이 투자 수익률을 높이는 데 유리할 수 있습니다.

소형 오피스텔은 층수나 건물 방향에 따라 월세 차이가 크지 않습니다. 오피스텔 주 수요층의 생활 패턴을 살펴보면 그 이유를 알 수 있습니다. 소형 오피스텔을 임대하는 주요 수요층은 싱글의 직장인, 혹은 신혼부부 등입니다. 이들 대부분이 아침에 출근해서 해가 진 후 퇴근을 하기 때문에 낮

동안 오피스텔에서 생활하는 경우가 많지 않습니다. 이들에게 가장 중요한 것은 지하철역이 얼마나 가까운지 이로 인해 출퇴근 시간을 얼마나 줄일 수 있는지 등 입지 편의성에 관한 조건입니다. 오피스텔을 거의 잠자는 공간으로 활용하기 때문에 향과 층도 비교적 까다롭게 보지 않는 편입니다.

예를 들어 지하철역 도보 1분 거리에 해가 잘 들어오지 않는 저층 오피스텔과 지하철역 도보 10분 거리에 해가 잘 들어오는 고층 오피스텔이 있다고 가정해봅시다. 수요자들은 어떤 오피스텔을 선호할까요? 다소 극단적일 수 있지만 열에 일곱은 도보 1분 거리의 오피스텔이라고 답할 겁니다.

중요한 것은 분양받을 시점에는 향이나 층에 따라 분양가가 상이하게 책정된다는 점입니다. 보통 층이 낮을수록, 해가 잘 들지 않는 향일수록 분양가가 더욱 저렴한데요. 실제로 경남 진주시에서 분양한 '신진주역세권 꿈에그린' 오피스텔의 경우, 전용면적은 82제곱미터로 동일하지만 분양가는 3층 기준 2억 1,530만 원, 4~10층이 2억 1,980만 원, 11~27층이 2억 2,430만 원으로 공급됐습니다. 층수가 높을수록 분양가가 비싸져서 가격 차이가 최대 900만 원가량 납니다.

하지만 오피스텔 특성상 실제 임대 거래 시에는 향과 층에 관계없이 월세가 비슷하게 형성됩니다. 이 때문에 분양가가 더 저렴한 오피스텔의 투자 수익률이 더 높게 나올 수 있습니다.

모든 부동산 투자는 수요층의 특성을 적용해서 바라봐야 합니다. 실제 거주할 목적이 아니라면 오피스텔이 지하철역과 가까울수록, 또 가격이 저렴할수록 수익률이 높아질 수 있다는 것을 염두에 둬야 합니다.

분양가가 저렴한 저층 오피스텔의 장점은 더 있습니다. 다음은 수익형 부동산 분양 고수인 (주)부맥의 장동국 본부장이 알려준 투자 팁입니다.

서울 은평구 대조동(통일로) 소재 오피스텔

도심의 역세권에 위치한 오피스텔은 주거 용도와 사무실 용도가 혼재돼 있는 경우가 많습니다. 특히 '도로변'에 위치한 저층 오피스텔은 소규모 사무실로 활용될 수 있는 조건들이 잘 갖춰져 있고 주거나 사무실 활용 목적 등 임차수요층이 다양하기 때문에 충분히 노려볼 만합니다. 즉, 임대 경쟁력이 높다고 할 수 있습니다.

사업자들이 사무실 활용 목적으로 저층 오피스텔을 선호하는 이유는 비교적 '저렴한 임대료' 때문입니다. 주변의 오피스 빌딩이나 상가시설과 대비해서 저렴하다는 얘기겠지요. 수익이 크지 않은 규모의 사업체에게는 사무실 임대료를 줄이는 것이 매우 중요한 문제입니다.

거기다 저층부의 오피스텔은 창문을 활용해 건물 내부에서 간판을 걸기도 용이합니다(현재 상업시설 층 외에 건물 외부에서 간판을 거는 것은 불법입니다). 층이 낮기 때문에 외부에서 바라봤을 때 은근 눈에도 잘 띌 수 있습니다. 주거 혹은 사무실 용도 모두 사용하기 적절한 층은 상가 바로 위층에 위치한 오피스텔입니다. 통상 오피스텔에는 상가가 지상 1~2층에 들어서는데, 이때 지상 3층의 오피스텔이 숨겨진 알짜 중의 알짜입니다.

물론 사무실로 사용한다고 해서 월 임대료를 많이 받을 수 있는 건 아닙니다. 도로변에 위치한 저층 오피스텔은 임대수요가 다양하다고 말씀드렸는데요. 이것은 곧 임대 경쟁력이 높다는 것입니다. 수익형 부동산의 가장 큰 위험 요소인 '공실'을 피할 수 있다는 것, 여기에 저렴한 분양가로 수익률이 비교적 높다는 것이 핵심입니다.

## 10년 이상 된 오피스텔은 갈아타라

노후 대비를 위해 장만한 오피스텔도 나이를 먹습니다. 안타깝게도 오피스텔의 시간은 더욱 빨리 흐릅니다. 투자 시에는 오피스텔의 노후화를 반드시 염두에 두고 있어야 합니다.

대부분의 오피스텔은 아파트에 비해 노후 시기가 빨리 오는 편입니다. 아파트와 달리 오피스텔에는 집주인이 직접 거주하는 경우가 드물고 임차인의 손바뀜 현상이 많습니다. 깨끗한 관리가 어려울뿐더러 세대 내부 집기들의 고장이나 시설의 노후화도 빨리 나타나게 됩니다.

오피스텔별로 얼마나 잘 관리하느냐에 따라 다르겠지만 준공된 지 평균 15년이 지나면 노후화되었다고 볼 수 있습니다. 오피스텔의 노후화가 시작되면 시설이 낡아 임대수요도 떨어질 수 있습니다. 떨어진 임대수요를 끌어올리기 위해 임대료를 낮추면 수익성도 하락할 수밖에 없습니다.

반면 최근에 공급되는 오피스텔은 설계의 진화로 인해 공간 활용이 뛰어나고 편의성 부분도 세심하게 신경 쓰는 추세입니다. 임차인의 선호도 또한 노후 오피스텔보다는 새로 들어서는 신규 오피스텔로 향하게 됩니다.

준공된 지 10년이 지난 오피스텔은 무조건 보유하는 것만이 능사가 아닙니다. 경쟁력이 크게 떨어지는 낡은 오피스텔은 처분하고 신규 오피스텔로 갈아타는 것이 좋습니다. 신규 오피스텔이 월 임대료가 높을지라도 최신시설과 풀 옵션을 갖췄기 때문에 임차인 유치에 유리한 면이 있습니다.

## 오피스텔도 시세차익 누릴 수 있다

앞서 언급했듯이 오피스텔은 시세차익보다는 꾸준한 임대수익 개념으로 접근하는 투자 상품입니다. 시간이 지나도 변하지 않을 얘기입니다.

물론 예외도 있습니다. 굵직한 개발호재가 있는 지역은 생활인프라 확충, 생활 여건 개선으로 인구유입이 늘어 부동산 가치 상승을 동반하게 됩니다. 시세차익 기대감이 낮은 오피스텔 또한 임차수요가 늘고 거래가 활발하게 이뤄져 높은 시세차익도 기대해볼 만합니다.

최근 오피스텔 시세가 상승하고 있는 지역으로는 분당선 미금역 일대를 예로 들 수 있습니다. 현재 분당선이 지나는 미금역은 2018년 4월 신분당선 환승 역세권으로 거듭났습니다. 지하철 개통이라는 큰 호재를 지니면서 미금역 일대 오피스텔은 매매가가 올라가고 있습니다.

KB부동산 시세 자료를 보면 미금역 인근인 경기 성남시 분당구 금곡동 일대 오피스텔 평균 매매가가 2017년 1분기 1제곱미터당 249만 원대(3.3제곱미터당 약 821만 원대)에서 올해 1분기 1제곱미터당 264만 원대(3.3제곱미터당 약 871만 원대)로 1년간 6% 이상 상승했습니다.

더욱이 미금역 일대 오피스텔들은 노후화가 진행되고 있는 상황이라 시세 상승이 더욱 놀랍습니다. 미금역 오피스텔의 입주 시기는 1999~2004년으로 입주한 지 10년이 훌쩍 넘었습니다. 신분당선 개통에 대한 기대감이 미금역 주변의 부동산 상승을 이끌었고, 오피스텔 시세까지 끌어올린 것으로 보입니다.

호재로 인한 오피스텔 시세 상승 사례는 더 있습니다. 필자의 지인인 금맥산업개발의 최신기 대표가 사업을 진행했던 '은평 솔하임(오피스텔·도시형생활주택 복합)'입니다.

최 대표는 시행 및 분양 사업을 진행하기 위해 오피스텔이 위치한 구파발을 2014년 중반에 조사하기 시작했습니다. 당시 구파발은 거의 허허벌판이나 마찬가지였습니다. 개발호재가 있긴 했으나 이렇다 할 진척이 없었고 가시권에 들어온 단계가 아니었기 때문에 사업 전망이 밝지 않았습니다. 부지도 역세권에 위치한 상업블록이라 토지 가격이 싸지도 않았습니다.

우여곡절 끝에 시행사에 사업계획서를 제출하고 본격적으로 사업을 시작했습니다. 토지 가격이 당시 3.3제곱미터당 약 2,200만 원 정도였고 시공

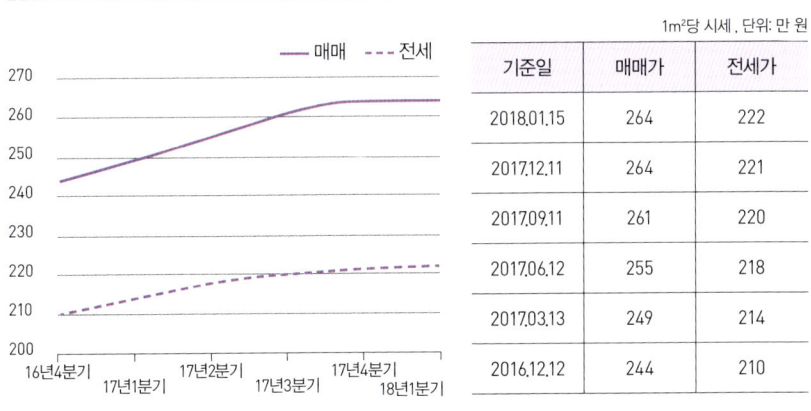

2018년 4월 신분당선이 개통된 미금역 일대(경기 성남시 분당구 금곡동) 오피스텔 시세 변동 추이

| 기준일 | 매매가 | 전세가 |
| --- | --- | --- |
| 2018.01.15 | 264 | 222 |
| 2017.12.11 | 264 | 221 |
| 2017.09.11 | 261 | 220 |
| 2017.06.12 | 255 | 218 |
| 2017.03.13 | 249 | 214 |
| 2016.12.12 | 244 | 210 |

출처: KB부동산

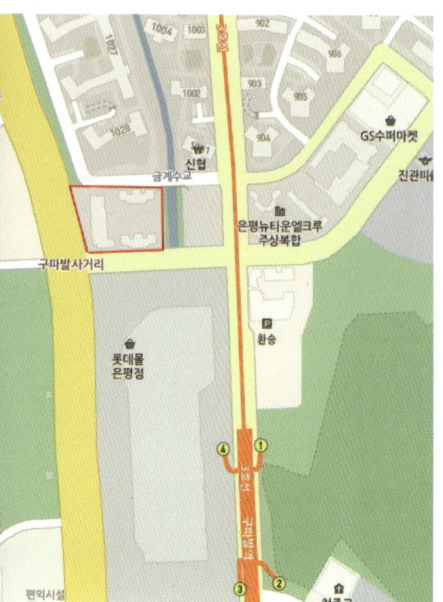

빨간색으로 표시한 은평 솔하임 위치(좌), 은평 솔하임 전경(우)(출처: 네이버 지도)

비 등을 포함해 총 사업비가 1,400억 원 규모였습니다. 부동산시장이 침체기를 겪고 있었고 주변에 2~3개 업체가 동시에 분양을 준비하면서 과잉공급이라는 우려도 얻었습니다. 부동산 중개사무소를 대상으로 한 시장조사에서도 총 50군데 중 1~2군데에서만 분양성을 긍정적으로 평가했습니다. 인근 시세와 비교하면 가격이 높았기 때문입니다.

순탄치 않을 것 같던 분양은 개발호재로 인해 반전이 일어났습니다. 장기간 무산됐던 은평뉴타운의 중심상업용지 개발이 분양 시점에 재개된 것입니다. 또 복합상업시설인 롯데몰 은평점 개발을 시작으로 은평성모병원(2019년 완공 예정), 소방행정타운(2018년 8월 1차 완공 예정) 등 구파발 역세권 개발 소식이 연이어 터졌습니다.

분양 결과는 그야말로 대박이었습니다. 분양가가 다소 비싸다는 평이 있었지만 미래 가치를 내다본 수요자들이 적극적으로 계약에 나섰습니다. 계약 시작 하루 만에 투룸 타입은 완판됐고 복층형 원룸은 40여 일 만에 마감, 상가도 4개월여 만에 판매를 마쳤습니다.

그렇다면 현재 프리미엄은 어떨까요? 현재 투룸은 저층이 최소 5,000만 원, 로열층이 7,000만~8,000만 원가량 프리미엄이 붙어 있는 상태입니다. 계약자 대부분이 2실 이상 계약을 했으니 총 1억 원 이상 시세차익을 거뒀다고 합니다.

특히 시세 상승을 유도하는 개발호재로는 서울로 통하는 굵직한 쾌속 교통망 호재를 주목할 만합니다. 대표적인 광역교통망 호재로 2023년 개통 예정인 GTX(광역급행철도)와 2016년 말 개통을 완료한 SRT(수서발 고속열차) 등이 있습니다. 이들은 수도권 주요 거점 지역을 중간 정차 없이 이동하기 때문에 기존 교통망에 비해 이동 시간이 크게 단축된다는 것이 가장 큰 장점입니다.

그중 GTX-A 노선은 파주~일산~서울역~동탄을 잇는 노선으로 이중 일산·삼성 구간은 이르면 2018년 말경 착공해 2023년 개통될 예정입니다. GTX-A 노선이 개통되면 일산 킨텍스역에서 서울역까지 13분, 강남 삼성역까지 17분이면 이동이 가능해 어떠한 교통수단보다 서울 도심으로의 접근이 빨라질 겁니다. 이에 경기도 파주나 고양, 동탄 등 굵직한 광역교통망 호재를 지닌 곳을 노려야 향후 시세차익까지 기대해볼 수 있습니다.

A commercial store investment by the rich

# 안정적인 투자를 위한
# 지식산업센터

옛 아파트형 공장에서 명칭이 변경된 지식산업센터는 지금의 모습을 갖추기까지 많은 변화를 겪었습니다. 수도권을 벗어나 지금도 외지로 나가면 볼 수 있는 단층 규모의 공장이 지식산업센터의 전신이라고 볼 수 있습니다. 과거 공장은 낙후되고 지저분한 환경, 주로 토지 가격이 싼 외곽지역에 위치해 도심과 단절된 느낌도 강했습니다. 규모가 작은 공장이 도심 내 무질서하게 들어서 있어 도시 외관을 해친다는 지적도 있었습니다.

이에 정부는 소규모 기업의 입지난을 해소하고 쾌적한 작업 환경으로 생산성 향상을 도모한다는 취지에서 아파트형 공장을 공급하기 시작했습니다. 1990년대부터 들어서기 시작한 아파트형 공장은 벤처기업의 붐과 함께 급물살을 탔습니다. 아파트형 공장은 구로·가산, 영등포, 강서, 성수동 등을 시작으로 지어졌고 어느덧 공장이라는 인식도 사라지고 있습니다.

그러다 2010년에 아파트형 공장이 좀 더 고급스러운 '지식산업센터'라는 명칭으로 바뀌면서 현재는 전성기라 불릴 정도로 공급 및 수요가 증가 추세입니다. 입주 업종도 제조업 위주에서 지식산업 및 정보통신산업 등으로 범위가 넓어졌으며 최근에는 업종 제한 없이 모든 기업이 들어올 수 있는 지식산업센터도 속속 등장하고 있습니다.

지식산업센터는 지난 2015년을 기점으로 전국에 인허가 건수가 급증했으며 대형 건설사도 지식산업센터 공급시장에 적극적으로 뛰어들고 있습니다. 교통망이 지속적으로 개선되면서 의왕, 안양, 군포 등 수도권 서남권에서 수도권 전반으로 공급이 확대되고 있습니다.

한국산업관리공단에 따르면 전국 지식산업센터 인허가 건수는 최근 2년 사이에 급증했습니다. 2013년 41건, 2014년 32건에 불과했던 인허가

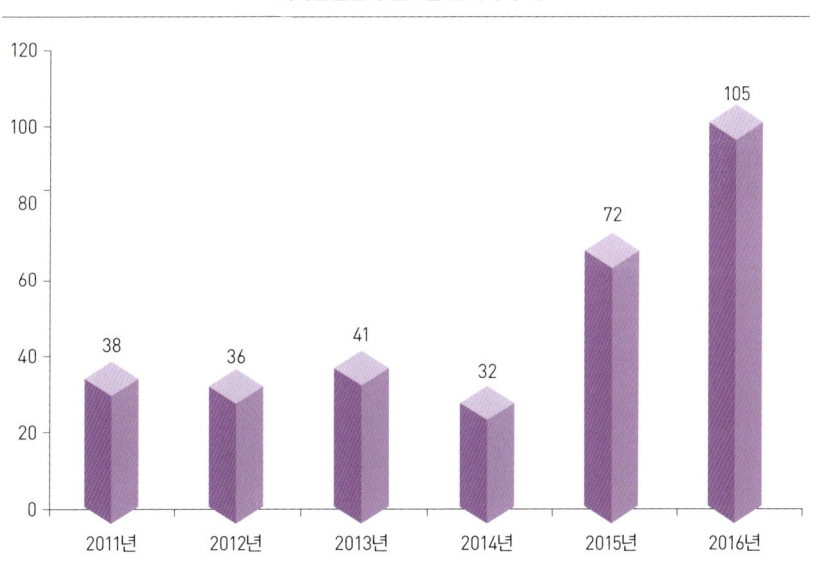

지식산업센터 연도별 인허가 추이

출처: 한국산업관리공단, 한국창업부동산정보원

건수는 2015년 72건, 2016년 105건 등 급증하는 것으로 나타났습니다.

지식산업센터의 공급 물량이 많아지고 있는 것에 대해 지인인 아파트형 공장114 박종업 대표는 다음과 같이 풀이하고 있습니다.

"지식산업센터는 아파트 등 주택 사업에 비해 공사 기간이 짧아 인건비 등 지출비용이 적게 들어갑니다. 또 최근 공급된 대부분의 지식산업센터가 분양이 잘되고 있어 건설시장 내 사업성이 좋다고 평가를 받고 있습니다. 이에 신규 택지개발지구에 건설사들이 앞다투어 사업에 참여하고 있다는 것인데요. 더욱이 수도권 지역 교통이 발달하면서 굳이 서울뿐만이 아니라 경기나 인천 등 저렴한 지역에도 많은 물량이 공급되며 지금과 같은 공급 상승 추이를 보이고 있습니다."

지식산업센터는 일반 오피스와 비교하면 장점이 많습니다. 우선 높은 층고에 드라이브 인Drive In 설계 등 편리한 상·하역 시스템 등이 적용돼 업무 편의성이 뛰어납니다. 쾌적하고 깔끔한 업무 환경을 갖췄으면서도 동시에 분양가 및 임대료가 저렴해 소규모의 제조업 및 첨단산업 기업들의 선호도가 높습니다. 회사 운영이 편리하고 가격 부담도 낮은 점이 지식산업센터의 가장 큰 매력입니다.

이처럼 기업들의 선호도가 좋은 지식산업센터인데 왜 모두가 투자에 뛰어들지 않는 걸까요? 장점이 많은 지식산업센터지만 단점도 못지않기 때문에 선뜻 투자에 나서기에 어려운 면도 있습니다.

지식산업센터에 투자하기 위해서 넘어야 하는 가장 커다란 벽이 있습니다. 개인이 임대사업용으로 지식산업센터를 분양받기 위해서는 해당 지식산업센터에 입주 가능한 업종의 사업자로 등록돼 있어야 합니다. 또한 분양을 받은 후 5년 이내 매매를 하기 어렵다는 것도 지식산업센터 투자의 애로사항으로 꼽힙니다. 매매 시에는 분양받을 때 적용받았던 세제 혜택을 다시 물어내야 합니다. 이처럼 지식산업센터는 상가나 오피스텔 등 일반 수익형 부동산과는 다른 성향을 가지고 있어 섣불리 접근하기는 쉽지 않습니다.

그럼에도 불구하고 지식산업센터는 비교적 저렴한 분양가에 법인 대상의 임차인을 보유할 수 있어 여전히 안정적인 투자처로 주목할 만합니다. 또 그 임차인은 한 번 임대하면 장기간 계약하는 경우가 많아 투자 리스크가 상대적으로 적다는 장점도 있습니다.

## 지식산업센터가 주목할 만한 입지

모든 수익형 부동산과 마찬가지로 지식산업센터 역시 가장 중요한 건 입지입니다. 수도권 지역 내 지식산업센터는 지역별로 고르게 분포돼 있으며 입지 판단은 크게 기존 공업단지 내에 위치하거나 신도시에 입지하는 2가지 경우로 나뉩니다.

최근 지식산업센터 개발 속도를 내고 있는 송파구 문정지구는 신도시 공급입지형의 특성을 갖고 있습니다. 강남권 입지에 교통 여건이 우수해 최근 관심이 높아지고 있는 지역 중 하나입니다. 구로와 가산디지털단지는 기존 공장지대를 철거하고 공급된 지식산업센터로서 가장 성공적인 사례입니다. 다만 구로와 가산디지털단지는 IT 업종만 입주 자격이 주어져 업종 제약이 있습니다.

또한 서울에서 최근 몇 년간 지식산업센터의 입주가 두드러지는 곳은 양평동과 문래동, 성수동 일대입니다. 성남, 안양, 인천, 부천 등은 제조업 위주로 충분한 공급이 이뤄져왔고, 판교신도시와 광교신도시 등은 자족 도시 역할을 수행할 수 있도록 IT 산업의 메카로 자리 잡고 있습니다. 송도국제도시는 아직까지 지식산업센터가 완전히 자리 잡지는 못하고 있지만 최근 대형 기업들의 발 빠른 입주가 진행되면서 향후 발전 가능성은 점차 증가할 것으로 기대됩니다.

대부분의 지식산업센터는 업무의 편의성을 극대화하기 위해 교통 접근성이 좋은 곳에 입지합니다. 특히 물류 배송 시 지방권과의 접근성을 높이기 위해 서울 외곽지역에 위치하는 경우가 많으며 고속도로 진입로와도 멀지 않은 위치에 들어섭니다.

이 때문에 지식산업센터를 선택할 때는 교통보다는 세부 지리적인 우위성을 따지는 것도 필요합니다. 예를 들면 자가 운전 접근이 용이한 도로변에 위치하는지 살펴야 하고, 입주 직원뿐 아니라 초행길의 방문객이 찾아오기 쉽도록 역세권이나 설명이 쉬운 길목에 위치한 곳이 좋습니다.

## 왜 지식산업센터인가

그렇다면 지식산업센터가 왜 지금과 같은 인기를 누리고 있는지 특징만을 콕콕 짚어 말씀드리겠습니다.

지식산업센터의 인기 요인은 크게 5가지로 요약할 수 있습니다. 첫째, 고급 오피스 빌딩과 큰 차이가 없는 편의시설인데요. 내부 마감재뿐 아니라 조경, 공원, 옥상 등의 휴게 공간이 잘 갖춰져 있습니다. 심지어 구내식당,

세미나실, 피트니스시설, 보육시설이 있는 곳도 많습니다. 최근에는 중소기업 지원을 위한 세무, 법무, 금융서비스 제공을 위한 관련 업체도 함께 입주해 입주 기업의 업무 편의성을 도모하고 있습니다.

둘째, 분양 가격의 경쟁력입니다. 오피스 빌딩의 기준층과 비교했을 때 같은 면적이라 해도 평균 15~30% 정도 낮은 가격대를 형성하고 있습니다. 임대료 수준도 10% 정도 낮지만 가격 경쟁력이 높기 때문에 실질 임대수익률은 오피스 빌딩 대비 연 2%가량 높게 나올 수 있습니다.

셋째, 대형 건설사 참여가 두드러지고 있습니다. 지난 2~3년간 오피스텔, 도시형 생활주택은 점차 공급 규모가 감소하는 반면 상대적으로 가용 토지공급(국토면적 중 주거용 및 산업용 등 실제로 이용 가능한 토지의 양) 면적이 늘고 있는 지식산업센터 개발에 건설사들이 관심을 보이기 시작했습니다. 지식산업센터도 브랜드 시대가 도래하고 있는 겁니다.

넷째, 세제 혜택이 많습니다. 현재 지식산업센터는 대체적으로 분양가의 최대 70%까지 장기 융자가 가능하며, 한시적(2019년까지)으로 취득세 50% 감면, 5년간 재산세 37.5% 감면을 시행 중입니다.

다섯째, 관리비도 저렴한데요. 강남 도심권 오피스의 관리비가 3.3제곱미터당 3만 원을 상회하는 것에 비해 수도권 지식산업센터는 3.3제곱미터당 5천~8천 원 수준으로 저렴합니다. 경비 절감이 절실한 중소기업 입장에서 이런 조건은 상당히 매력적일 수 있습니다.

## 지식산업센터 투자 시 주의점

임대사업의 안정성 측면을 고려하면 지식산업센터는 장기 계약이 가능하다는 장점이 있어서 안정적인 투자처에 속합니다. 반면 한번 공실이 생기면 면적이 넓기 때문에 손실이 큰데요. 따라서 공실 위험을 낮출 수 있는 전략이 필요합니다. 이를 위해 신생 업체보다는 지난 3~5년간 매출을 꾸준히 낸 업체에 임대를 주는 것도 방법입니다.

임대수요를 확보하기 위해서는 전용면적 100제곱미터 이하의 중소형 면적이 유리합니다. 지식산업센터에 입주하려는 기업은 대부분 중소기업이므로 중소형 사무실에 대한 선호도가 높은 편입니다. 더불어 관리회사의 관리 노하우 등도 수익률에 중요한 부분이므로 꼼꼼히 살펴야 합니다. 관리 회사가 기존에 어떻게 사무실을 관리해왔는지를 따져봐야 합니다. 이미 준공된 지식산업센터라면 대략적인 검증이 가능하겠지만 신규 분양을 받을 경우에는 판단하는 데 한계가 있을 수 있습니다.

또 지식산업센터의 자체 경쟁력을 정확히 판단해야 합니다. 전용률 대비 임대가격 수준, 관리비용, 주차 대수, 각종 편의시설 구비 상황을 입주자 입장에서 바라볼 필요가 있습니다. 아무래도 입주 업체는 비용적인 측면과 직원 만족도에 따라 입주 결정을 할 수밖에 없기 때문입니다.

마지막으로 분양 가격을 주변 시세와 비교해 적정한지 따져야 합니다. 분양 가격이 낮은 이유는 오피스텔에 비해 지가 수준이 낮고 공사비가 저렴하기 때문이지만 터무니없이 저렴하다면 그 원인을 살피는 것도 필요합니다.

오는 2019년까지 취득세 등 각종 세제 혜택이 연장되면서 신규 분양가격이 오름 추세에 있는 것도 투자 시 고려해야 합니다. 최근에는 공급 물량이 늘고 건설사들이 차별화 전략으로 고급 부대시설들을 속속 도입하면서 분양가 상승 여력이 더 높아졌습니다. 비슷한 입지의 다른 상품과 비교하여 고분양가 상품을 판별하고 건설사 프리미엄이 지식산업센터에 영향을 크게 미치는지도 꼼꼼하게 따져봐야 할 부분입니다.

─ 03 ─

A commercial store investment by the rich

# 간편한 관리, 그러나 높은 리스크
# 수익형 호텔

다양한 수익형 부동산 중에서 수익형 호텔에 대한 관심도 부쩍 높아졌습니다. 과거에는 없던 수익형 부동산 종류로 일반 개인 투자자를 대상으로 수익형 호텔이 공급된 지는 불과 몇 년이 되지 않았습니다.

수익형 호텔은 한국을 방문한 외국인 관광객 수가 꾸준히 늘면서 수요가 급증하고 있습니다. 한국관광공사에 따르면 지난 2007년 644만여 명에 불과했던 방한 외국인 관광객 수는 2016년 1,724만여 명으로 10년도 되지 않아 1,000만 명이 넘게 증가했습니다.

이처럼 늘어나는 객실 수요와 투자 수요에 맞춰 호텔을 개발할 때부터 분양형으로 계획해서 시행사가 일반 투자자를 모아 객실을 분양하는 곳이 늘고 있습니다. 2016년부터 공중위생관리법 개정을 통해 업무시설인 오피스텔도 일정 요건만 갖추면 숙박업이 가능해지면서 오피스텔로 허가받은

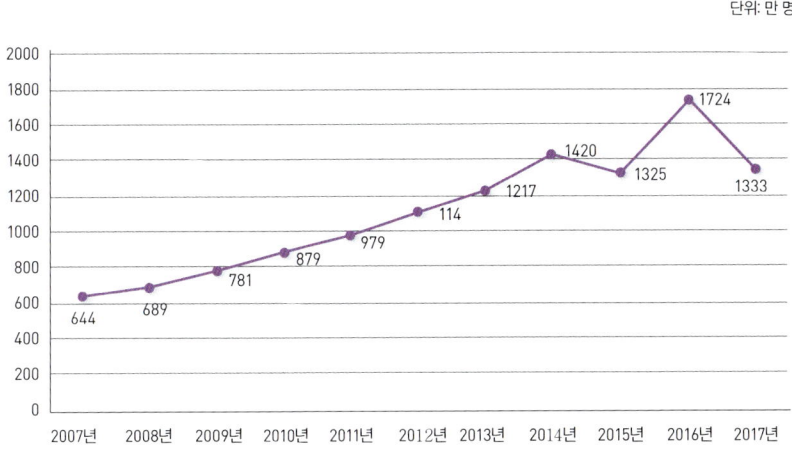

방한 외국인 관광객 수 연도별 추이

출처: 한국관광공사

뒤 호텔로 전환하는 곳도 적지 않습니다.

대부분 분양가가 1억~2억 원대로, 객실을 분양받거나 투자하면 운영 첫 해 또는 2~3년간 확정수익을 지급하고, 이후 위탁계약을 맺은 호텔 관리 운영 전문업체가 운영에 따른 수익을 배분하는 방식입니다. 전문가들은 호텔 객실 가동률이 70%를 넘기면 연 8%가량의 수익을 올릴 수 있다고 설명하고 있습니다.

전국적으로 서울, 인천, 대전, 대구, 부산 등에서도 수익형 호텔이 공급되고 있지만 가장 활발하게 분양이 이뤄지고 있는 지역은 제주도와 강원도입니다. 2017년 제주도를 찾은 외국인 관광객은 123만 명가량입니다. 중국의 사드 보복으로 중국인 관광객 비중은 감소했지만 전체 관광객 수에 비해 숙박시설은 아직 부족한 상황입니다. 또한 문재인 대통령 취임 후 중국과의 관계 개선에 대한 기대감이 높아지면서 중국인 관광객도 차츰 늘 것으로 예상됩니다. 강원도는 평창 동계올림픽으로 인한 관광객 수요를 노리고 호텔 분양이 활발했으나 현재 올림픽이 끝난 이후로는 현재 분양이 한풀 꺾인 상황입니다.

## 수익형 호텔, 장단점은?

수익형 호텔의 장점을 꼽자면 일반적인 수익형 상품과 달리 직접 운영, 관리할 필요가 없고 직접 임차인을 구하거나 계약하는 번거로움도 피할 수 있다는 점입니다. 중도금 무이자 대출 및 연 수익률 확정 보장을 내건 수익형 호텔도 적지 않아 개장 초기 공실에 따른 위험 부담도 적습니다.

높은 수익을 가져갈 수 있는 수익형 호텔은 투자성 측면에서 좋게 평가되지만 위험성 또한 높아 더욱 주의를 요합니다. 가장 중요한 것은 역시 호텔의 교통 등 입지 여건이나 인근 관광 인프라 여부입니다. 또한 위탁 계약을 맺은 업체가 객실 가동률이나 운영 수익을 높일 만한 경영 계획이 잡힌 호텔이면 더 믿을 만합니다. 단기간 대규모 공급이 이뤄지는 곳이나 기존 공급된 시설이 많은 지역에 투자하는 것은 가급적이면 피해야 합니다.

업체에서 제시한 수익 조건도 꼼꼼히 살펴봐야 합니다. 가령 연 10% 이상의 수익률을 보장해준다고 하지만 보장 기간이 1년에서 길어야 2년 이내로 한정된 경우가 적지 않기 때문에 기간 후에도 적정 수익이 가능한 입지인지 현장을 확인하는 절차를 거쳐야 합니다.

다음으로 수익형 호텔에서 가장 중요하게 봐야 할 부분, 바로 '취득 방식'입니다. 수익형 호텔은 취득 시 구분등기 방식과 지분투자 방식으로 나뉩니다. 구분등기는 투자자가 객실 소유권을 가져 오피스텔처럼 자유롭게 사고팔 수 있습니다. 반면, 지분투자는 등기부에 구체적인 객실 번호가 명시되지 않고 '300분의 1'과 같이 전체 호텔의 일부 지분으로 표시됩니다. 지분투자 시 재산권을 행사하기가 쉽지 않은 것이 바로 이 때문입니다. 수익형 호텔 투자를 염두하고 있다면 비교적 환금성이 높은 구분등기 방식을 권합니다.

이외에도 수익형 호텔은 준공 전 시행사의 부도와 준공 후 운영사의 능력에 따라 수익률 저하 등 변수가 많은 상품이므로 투자 시 각별한 주의가 필요합니다.

A commercial store investment by the rich

# 높은 가성비를 자랑하는 도시형 생활주택

도시형 생활주택은 말 그대로 도시 생활에 걸맞도록 시공된 공동주택을 말합니다. 이명박 대통령 시절 정부에 의해 2009년부터 공급이 시작된 도시형 생활주택은 1~2인 가구 증가에 대비하기 위해 도심에 소형주택 공급을 확대하겠다는 취지로 탄생했습니다. 당시 정부는 민간시장의 도시형 생활주택 공급을 유도하기 위해 주차장 설치 기준 완화 등의 각종 인센티브도 제시했습니다. 뒤이어 2012년에는 민간 건설사도 도시형 생활주택을 공급할 수 있도록 공급 규정을 완화했습니다. 전폭적으로 도시형 생활주택 공급을 밀어줬다는 뜻입니다.

투자 측면에서 바라봤을 때에 도시형 생활주택의 가장 큰 강점은 가격 경쟁력입니다. 대부분 도심권의 좋은 입지에 1억 초반의 저렴한 가격대로도 찾아볼 수 있어 투자 진입장벽이 낮은 편입니다. 하지만 정부가 전폭적으로 밀어준 결과 지난 2012년 이후 연평균 7만 가구 이상의 도시형 생활주택이 공급된 상황입니다. 이에 공급과잉에 의한 수익률 저하 등 우려의 목소리도 높은 상품입니다.

도시형 생활주택은 단지형 다세대주택과 단지형 연립주택, 마지막으로 우리가 흔히 도시형 생활주택 하면 떠올리는 원룸형 주택 등 3가지 형태로 분류할 수 있습니다. 단지형 다세대주택과 단지형 연립주택은 세대당 주거 전용면적이 국민주택 규모인 85제곱미터 이하로 구성되고 1동당 연면적이 660제곱미터 이하, 층수가 4개 층 이하로 설계되어야 합니다. 원룸형 주택은 세대별 독립된 주거가 가능하도록 욕실과 부엌이 설치돼야 하고 하나의 공간으로 구성되어야 합니다. 세대당 주거 전용면적은 12제곱미터 이상, 50제곱미터 이하이며 지하층에 세대 구성을 할 수 없습니다. 또한 3가지 형태 모두 300세대 미만으로 구성되어야 합니다.

모든 수익형 부동산이 그러하듯 도시형 생활주택 역시 입지가 가장 중요합니다. 임대수요 확보가 가장 중요하므로 마찬가지로 교통 환경이 좋은 역세권, 1~2인 가구 수요가 많은 업무 밀집지역, 대학가 등이 투자하기에 좋습니다.

수요자층에 맞는 면적 구성도 중요합니다. 대학가 주변은 전용면적 16~20제곱미터, 오피스 주변은 그보다 조금 더 넓은 전용면적 20~26제곱미터가 적당합니다. 전용면적 20제곱미터 내외 범위에서 수요층의 특성에 맞게 면적을 선택하면 임대 시 유리할 수 있습니다.

또 도시형 생활주택은 용도상으로는 공동주택이지만 소유자가 실거주하는 경우가 많지 않으므로 오피스텔처럼 월세 상품으로 바라봐야 합니다. 이동이 잦은 직장인 등을 위해 풀 옵션을 갖춰 놓는 것이 좋고 무인경

비와 출입통제 시스템 등의 안전 시스템을 잘 갖춘 곳을 선별하는 것이 좋습니다. 임대 관리는 전문업체에 맡기는 것도 좋으며 임대 관리를 통해 안정적인 수익을 유지하고 지속적인 관리를 해야 합니다.

다만 도시형 생활주택은 용도가 공동주택이고 주택법의 저촉을 받기 때문에 기존 1주택자가 전용면적 20제곱미터 초과 도시형 생활주택을 구입하면 2주택자가 됩니다. 이 말은, 즉 1주택자가 전용면적 20제곱미터 이하 도시형 생활주택을 구입한다면 다주택자가 되지 않는다는 뜻이기도 합니다.

또한 도시형 생활주택은 공동주택이지만 분양받을 때 청약통장이 필요 없어 취득이 비교적 자유롭습니다. 또한 주택 임대사업자 등록 시 취득세나 재산세 등 각종 세금 혜택도 동일하게 적용됩니다.

도시형 생활주택에 대해서 쭈욱 정리해보니 아파트와 오피스텔을 혼합해 놓은 독특한 상품인 것 같습니다. 정부 차원에서 공급과 수요 개선을 위해 전폭적인 배려(?)도 한 듯합니다. 주차 면적이나 진입로 등 부대시설 규제를 대폭 완화해 공급되고 있는 만큼 실거주자들 사이에서는 문제점도 대두되고 있지만 가성비가 높은 수익형 상품인 만큼 꾸준하게 인기를 얻을 것으로 보입니다.

― 05 ―

A commercial store investment by the rich

# 백전불패의 투자처,
## 소형 아파트

최근 '작은 고추가 맵다'는 말이 아파트 시장에서도 통용되고 있습니다. 전용면적 59제곱미터 이하의 소형 아파트 가격이 치솟으며 수익형 부동산 투자시장에서 귀한 대접을 받고 있습니다. 다른 소액 투자형 부동산과 비교해 세입자를 구하기가 용이해 거래가 활발하고 매매가 쉬워 환금성이 높다는 것이 소형 아파트의 가장 큰 강점입니다. 더불어 자잘한 수리는 관리사무소에 맡길 수 있어 다른 부동산보다 관리 측면에서 유리합니다. 시간이 지남에 따라 가치가 올라가고 물가 상승에 맞춰 가격도 오르기 때문에 월세 수익과 자산가치 상승을 기대하는 투자자들의 관심 속에 소형 아파트는 좋은 투자 대상으로 자리매김하고 있습니다.

한때 중대형 아파트는 경제적 여유의 상징으로 자리 잡아, 많은 베이비부머들은 아파트 평수를 넓히는 것이 삶의 목표이자 재테크 수단이었습니

▶ 고덕 롯데캐슬 베네루체 (서울)

● 주택형(주거전용 + 주거공용)

| 059.9810A (083.3900) | 084.9230A (111.2680) | 084.1460B (112.3460) |
|---|---|---|
| 122.0820 (152.3880) | | |

▶ 경쟁률

● 순위별 경쟁률

| 공급세대수 | 순위 | | 접수건수 | 경쟁률 (미달) | 청약결과 |
|---|---|---|---|---|---|
| 50 | 1 | 해당지역 | 3290 | 65.80 | 1순위 해당지역 마감 (청약 접수 종료) |
| | | 기타지역 | 0 | | |
| | 2 | 해당지역 | 0 | | |
| | | 기타지역 | 0 | | |

▶ 고덕 롯데캐슬 베네루체 (서울)

● 주택형(주거전용 + 주거공용)

| 059.9810A (083.3900) | 084.9230A (111.2680) | 084.1460B (112.3460) |
|---|---|---|
| 122.0820 (152.3880) | | |

▶ 경쟁률

● 순위별 경쟁률

| 공급세대수 | 순위 | | 접수건수 | 경쟁률 (미달) | 청약결과 |
|---|---|---|---|---|---|
| 312 | 1 | 해당지역 | 3493 | 11.20 | 1순위 해당지역 마감 (청약 접수 종료) |
| | | 기타지역 | 0 | | |
| | 2 | 해당지역 | 0 | | |
| | | 기타지역 | 0 | | |

▶ 고덕 롯데캐슬 베네루체 (서울)

● 주택형(주거전용 + 주거공용)

| 059.9810A (083.3900) | 084.9230A (111.2680) | 084.1460B (112.3460) |
|---|---|---|
| 122.0820 (152.3880) | | |

▶ 경쟁률

● 순위별 경쟁률

| 공급세대수 | 순위 | | 접수건수 | 경쟁률 (미달) | 청약결과 |
|---|---|---|---|---|---|
| 345 | 1 | 해당지역 | 1406 | 4.08 | 1순위 해당지역 마감 (청약 접수 종료) |
| | | 기타지역 | 0 | | |
| | 2 | 해당지역 | 0 | | |
| | | 기타지역 | 0 | | |

▶ 고덕 롯데캐슬 베네루체 (서울)

● 주택형(주거전용 + 주거공용)

| 059.9810A (083.3900) | 084.9230A (111.2680) | 084.1460B (112.3460) |
|---|---|---|
| 122.0820 (152.3880) | | |

▶ 경쟁률

● 순위별 경쟁률

| 공급세대수 | 순위 | | 접수건수 | 경쟁률 (미달) | 청약결과 |
|---|---|---|---|---|---|
| 22 | 1 | 해당지역 | 67 | 3.05 | 1순위 해당지역 마감 (청약 접수 종료) |
| | | 기타지역 | 0 | | |
| | 2 | 해당지역 | 0 | | |
| | | 기타지역 | 0 | | |

2017년 분양된 '고덕 롯데캐슬 베네루체' 주택형별 청약 경쟁률(위에서 왼쪽부터 전용면적 59제곱미터, 84제곱미터 A타입, 84제곱미터 B타입, 122제곱미터. 출처: 금융결제원 아파트투유 모바일 버전).

다. 하지만 최근 중대형 아파트에 대한 관심은 시들해지고 있습니다. 이러한 결과는 앞에서도 언급했듯 1~2인 가구 증가라는 인구구조 변화의 영향으로 소형 평수의 수요층이 두터워졌기 때문입니다.

그렇다면 왜 소형 아파트의 선호도가 높아지고 있을까요? 이유는 수요는 늘었는데 공급은 아직 이에 미치지 않아 품귀 현상이 나타나고 있기 때문입니다. 실수요자인 직장인이나 신혼부부, 자녀와 따로 거주하는 은퇴 세대 등 1~2인 가구는 물론이고 대형 평수보다 적은 비용으로 투자하려는 소형 아파트 투자 수요까지 맞물리면서 이 같은 현상은 더욱 심화되는 모습을 보이고 있습니다.

실제 2017년 6월 공급된 서울 강동구 상일동 '고덕 롯데캐슬 베네루체'는 가장 작은 59제곱미터 타입 청약에서 50세대 모집에 3,290명이 몰려 65.80 대 1이라는 독보적인 경쟁률을 기록했습니다. 그 외에 중형 면적인 전용 84제곱미터 A타입은 11.20 대 1, 전용 84제곱미터 B타입은 4.08 대 1, 대형 면적인 122제곱미터는 3.05 대 1의 경쟁률로 1순위에서 마감했습니

서울 종로구 홍파동에 위치한 경희궁자이 2단지 면적별 시세 상승률

전용면적 기준, 단위: %

| 면적 | 상승률 |
|---|---|
| 59.85m² | 15.00 |
| 84.61m² | 10.00 |
| 101.99m² | 5.00 |

출처: KB부동산시세

다. 이 아파트의 평균 청약 경쟁률은 11.3 대 1로 전용 59제곱미터가 전체 경쟁률을 높이는 데 한몫했다는 것을 확인할 수 있습니다(출처: 금융결제원 아파트투유).

소형 아파트는 거래 시장에서도 강세가 두드러집니다. 5호선 서대문역 인근 공인중개사에 따르면 종로구 '경희궁자이' 전용면적 59제곱미터는 최근 매물을 찾아보기 힘들 정도라고 합니다. 도심권 신축 아파트의 소형 면적은 워낙 귀하다 보니 매물이 많이 사라지고 있고 매물이 나오더라도 매물보다 수요가 많다 보니 계약 당일 호가가 1,000만~2,000만 원가량 오르기도 합니다.

경희궁자이 2단지는 단지 내 소형, 중형, 대형 등 면적 구성이 다양해서 면적별 시세 상승률을 비교해보기 좋은 사례입니다. 경희궁자이 2단지의 전용면적 59.85제곱미터는 지난 2017년 1월에는 8억 1,000만 원, 12월에는 9억 4,000만 원으로 1년 새 시세가 1억 3,000만 원 상승했습니다. 상승률은 16.05%입니다. 또 나름 선호도가 좋은 전용면적 84.61제곱미터 중형 타입은 10억(1월)에서 11억 원(12월)으로 1억 원 올랐지만 상승률은 10% 수준입니다. 대형 면적의 경우 전용면적 101.99제곱미터는 같은 기간 12억에서 12억 5,000만 원으로 4.17% 상승했고 전용면적 138.65제곱미터는 2017년 7월(16억 2,750만 원)부터 12월(16억 5,000만 원)까지 2,250만 원 올라 1.38% 상승하는 데 그쳤습니다. 가격 대비 높은 시세 상승률이 소형 아파트의 높은 투자성을 나타냅니다.

## 소형 아파트 선정 조건

소형 아파트는 다른 소액 투자형 부동산에 비해 호재에 대한 시세 반응이 예민한 편입니다. 쉽게 말해 호재가 있으면 가격이 잘 오르는데, 이는 크기가 작지만 아파트의 장점을 소형 아파트가 그대로 가지고 있기 때문입니다. 오피스텔이나 도시형 생활주택 등 다른 소액 투자형 부동산들과는 가장 비교되는 부분입니다. 입지 선정만 잘한다면 비교적 작은 금액으로 큰 투자 효율을 볼 수 있습니다.

그중에서도 교통호재가 예정돼 있거나 역세권에 위치한 지역의 단지들이 시세를 주도하거나 높은 가격 상승률을 보이고 있습니다. 중대형 면적과 비교해서도 가격 상승폭이 가장 크게 나타납니다.

실제 KB부동산 시세에 따르면 GTX-C 노선 광운대역의 수혜가 기대되는 서울 노원구 월계동 '성북역신도브래뉴'는 전용면적 59.82제곱미터 매매가가 2017년 1월 3억 500만 원에서 2017년 12월 3억 2,500만 원으로 6.5%가 올랐습니다. 반면 전용면적 101.88제곱미터는 매매가가 3억 8,000만 원에서 1년 사이에 3억 9,000만 원으로 2.6% 오르는 데 그쳤습니다. 이처럼 호재가 있더라도 매매가가 너무 높은 곳은 가격이 비탄력적으로 움직이기 때문에 피하는 것이 좋습니다.

또한 대단지로 구성된 아파트를 노려야 합니다. 대단지는 관리비 부담이 적고 다양한 생활 인프라가 갖춰져 있어 호황기에 가격 오름폭이 크고 침체기에도 하락폭이 작아 리스크를 줄일 수 있습니다.

교통호재가 있는 지역의 대단지 규모의 소형 아파트를 추렸다면 구체적으로 어떤 세대를 선택하는 것이 좋을까요? 아파트지만 소형 아파트는 거

**서울 강동구 암사동에 위치한 '강동 롯데캐슬퍼스트' 실거래 매매가 현황**

| 단지 | 지번 | 전용면적 | 7월 | |
|---|---|---|---|---|
| | | | 계약일 | 거래금액(층) |
| 롯데캐슬퍼스트 | | 59.99 | 1~10 | 63,000(12) |
| | | | | 63,000(25) |
| | | | | 64,000(27) |
| | | | 11~20 | 64,000(20) |
| | | | | 65,000(23) |
| | | | | 64,000(16) |
| | | | 21~31 | 61,500(2) |
| | | | | 61,800(3) |
| | | | | 63,500(10) |
| | | | | 64,500(22) |

※ 괄호 안은 거래된 세대의 층수
출처: 국토교통부 실거래가 공개 시스템

주 수요자가 직장인, 신혼부부 등 오피스텔과 같습니다. 굳이 높은 층에 해가 잘 들어오고 조망이 뛰어난 세대만을 고집할 필요성이 낮다는 뜻입니다.

가성비가 좋은 중저층을 공략하는 것도 방법입니다. 다만 1층은 피하는 것이 좋습니다. 지상 1~2층에 상가가 조성되는 오피스텔과 달리 아파트 1층(필로티가 없을 경우)은 지면과 거의 닿아 있고 프라이버시가 침해될 수 있습니다. 해도 잘 들지 않고 겨울에는 결빙의 우려도 많습니다. 이 때문에 아파트 1층은 선호도가 낮고 로열층과 가격 차가 많이 납니다.

그래서 제가 권하는 것은 3~4층 정도의 저층입니다. 3~4층은 1~2층과 가격 차이가 크지 않지만 중층이나 고층과는 가격 차가 클 수 있습니다. 부담스럽지 않은 가격으로 매입할 수 있는 동시에, 최저층이 아니기 때문에 세입자를 유치하기 어렵지 않습니다. 세입자 또한 비슷한 전세가라면 1~2층보다는 3~4층을 선호할 겁니다.

국토교통부의 실거래가 공개 시스템을 통해 저층과 중층, 고층의 매매가를 확인해봤습니다. 대상 아파트는 서울 강동구 암사동에 위치한 '강동 롯데캐슬퍼스트'의 전용 59제곱미터 소형 타입입니다. 해당 타입의 2, 3층은 각각 6억 1,500만 원과 6억 1,800만 원에 거래됐습니다. 10층 이상의 세대는 거래가가 6억 3,000만 원 이상입니다.

서울 강동구 암사동에 위치한 '강동 롯데캐슬퍼스트' 실거래 전월세가 현황

| 단지 | 지번 | 전용면적 | 6월 | |
|---|---|---|---|---|
| | | | 계약일 | 보증금 월세(층) |
| 롯데캐슬퍼스트 | | 59.99 | 1~10 | 10,000 110(27) |
| | | | | 15,000 85(9) |
| | | | | 44,000(18) |
| | | | 11~20 | 5,000 120(14) |
| | | | | 47,000(3) |
| | | | | 46,000(13) |
| | | | 21~31 | 50,000(21) |
| | | | | 50,000(21) |
| | | | | 3,000 138(16) |

※ 괄호 안은 거래된 세대의 층수
출처: 국토교통부 실거래가 공개 시스템

반면 전월세가는 층수에 크게 관계가 없어 보입니다. 7월에는 소형 저층 물건의 거래가 없어 6월 실거래가를 살펴보았습니다. 3층은 4억 7,000만 원에 거래됐고 고층이지만 이보다 더 낮은 4억 4,000만 원에 거래된 매물도 있었습니다. 아마 3층 세대의 내부 퀄리티가 나쁘지 않았던 것 같습니다.

여기에서 알 수 있는 것은 단순히 전세나 월세, 반전세를 통해 임대를 놓을 생각이면 굳이 비싼 돈을 주고 좋은 층을 고집할 필요가 없다는 겁니다. 차라리 저렴한 가격에 적당한 3~4층 물건을 매입하고 도배나 싱크대, 신발장 등을 깔끔하게 해서 상한 가격에 세입자를 들이는 것이 더 좋은 방법이 될 수 있습니다.

소형 아파트는 면적과 비례해서 수리에 큰돈이 들지 않습니다. 도배는 60만 원 내외, 신발장도 30만 원대, 싱크대는 150만 원대면 새것으로 들여놓을 수 있습니다(업자마다 상이할 수 있습니다). 일부 수리를 통해 임대가를 올린다면 그만큼 수익률을 높이기에 더 효과적입니다.

## 소형 아파트 투자 시 주의할 점

장점이 이렇게나 많은 소형 아파트지만 분명 주의해야 할 점도 있습니다. 먼저 소형 아파트는 공동주택으로 분류된다는 점을 주목해야 합니다. 기존 소유 주택이 있다면 소형 아파트 구매 시 다주택자가 되는데요. 지난 8.2 부동산 대책으로 인해 다주택자는 아파트 투자 여건이 좋지 않아졌습니다. 특히 지금의 문재인 정부는 아파트 투기 수요를 억제하기 위해 시장 상황에 따라 부동산 조치를 즉각적으로 내놓고 있습니다. 따라서 정부의 부동산 정책에 항상 귀를 기울이고 발 빠르게 인지하고 있어야 합니다.

다주택자가 된다면 우선 주택담보대출이 제한됩니다. 8.2 부동산 대책 이후로 투기지역 내에서는 1세대당 1채만이 담보대출이 가능해졌습니다. 여기에 2018년부터 신DTI가 적용되기 때문에 기존 주택에 대출이 있다면 대출 한도가 축소, 사실상 대출에 기댄 투자는 쉽지 않아 보입니다. 또한 신규 아파트 청약 시에도 순위가 낮아질 수 있으며 매도 시에도 세제 혜택을 받기 어려울 수 있습니다.

양도세의 경우 2017년 8월 2일 이전에 구입한 주택(1세대 1주택자에 한해 적용)은 2년 보유하면 양도세 비과세 혜택을 받지만 2017년 8월 2일 이후 구입한 주택은 2년 이상 거주해야 양도세 비과세 혜택(양도가액 9억 원 이하)을 받을 수 있도록 변경되었습니다. 물론 양도차익이 없다면 2년을 거주하지 않아도 양도세를 지불하지 않아도 됩니다.

양도세 비과세 혜택을 받기 위해 2년 거주 요건이 추가된 것은 소형 아파트 투자에 큰 걸림돌입니다. 면적이 작은 아파트에 실제 2년을 거주하기는

### 2017년 12월 기준 주택 규모별 매매가격 증감률

단위: %

| 월별 | | 2017 | | | | | | | | |
|---|---|---|---|---|---|---|---|---|---|---|
| 유형별 | 규모별 | 3 | 4 | 5 | 6 | 7 | 8 | 9 | 10 | 11 | 12 |
| 아파트 | 대 | 0.06 | 0.06 | 0.05 | 0.15 | 0.18 | 0.27 | 0.09 | 0.09 | 0.16 | 0.22 |
| | 중대 | 0.07 | 0.04 | 0.06 | 0.26 | 0.29 | 0.40 | 0.09 | 0.14 | 0.17 | 0.21 |
| | 중 | 0.02 | 0.03 | 0.06 | 0.22 | 0.24 | 0.27 | 0.06 | 0.11 | 0.16 | 0.13 |
| | 중소 | -0.02 | 0.03 | 0.02 | 0.23 | 0.28 | 0.24 | 0.03 | 0.07 | 0.07 | 0.07 |
| | 소 | 0.03 | 0.11 | 0.04 | 0.28 | 0.33 | 0.44 | 0.11 | 0.11 | 0.09 | 0.00 |

출처: KB부동산

어렵기 때문에 매도한다면 양도세를 납부하는 쪽을 택하는 투자자들이 많을 겁니다. 반면 오피스텔과 비교해서 소형 아파트가 좋은 점은 부가세가 없고 총 가격이 6억 원 이하일 경우 취득세가 1%에 불과하다는 점입니다.

현재 부동산 정책이 다주택자에게 불리하게 바뀌면서 소형 아파트 매매가격은 증가율이 더뎌지고 있는 상황입니다. KB부동산에서 발표한 2017년 12월 전국 주택 규모별 매매가격 증감률 추이를 살펴보면 소형 아파트가 12월 기준 0.00%로 증가률이 다소 둔화됐으며 대형과 중대형이 각각 0.22%와 0.21%로 오른 걸 확인할 수 있습니다. 작은 아파트를 여러 채 가지고 있기보다는 세금 부담을 낮추기 위해 큰 1~2채를 선호하는 경향이 늘었기 때문인 것으로 분석됩니다.

그럼에도 장기적으로 봤을 때 가구당 구성원 수가 계속 줄어들고 있기 때문에 소형 아파트 선호 현상은 그치지 않고 꾸준할 것으로 예측됩니다. 신축되고 있는 소형 아파트들은 발코니 확장, 안목치수(아파트 전용면적을 계산할 때 눈으로 보이는 벽체 안쪽 면을 기준으로 하는 것) 등을 도입해 작은 집으로 큰 집 효과를 내며 공간 활용도가 더욱 개선되고 있습니다. 이에 따라 소형 아파트는 투자자는 물론이고 실거주자들의 사랑을 꾸준히 받을 것으로 보입니다.

## 수익형 부동산시장 전망
Special Summary

　현재 수익형 부동산시장은 저금리 기조(2018년 4월 한국은행 기준금리 1.50%)가 유지되면서 대표적인 수익형 월세 상품인 상가와 오피스텔 등으로 자금이 유입되고 있습니다. 대내외적으로는 경제 불안정의 끝이 보이지 않는 가운데, 정부의 부동산 정책 및 미국 금리 인상이 올해 최대 키포인트로 손꼽히고 있습니다. 앞으로는 금리 인상에 대한 철저한 대비가 필요합니다. 미국은 지난 3월 기준금리를 1.5~1.75%로 인상했고 향후 추가적인 금리 인상도 예고하고 있습니다. 이와 같은 상승 기조는 앞으로도 지속될 것으로 예상되는데요. 이대로라면 2018년에는 미국의 기준금리가 2.0% 중반을 넘어설 것으로 금융 전문가들은 전망하고 있습니다. 당장은 아니지만 국내 금리가 미국발 금리 인상의 여파로 2% 후반이나 3% 이상으로 오른다면 수익형 부동산의 매력은 반감될 수밖에 없습니다.

　하지만 강력한 주택시장의 규제로 인해 수익형 부동산시장에 대한 선호도가 비교적 높아질 것으로 보입니다. 주택 투자는 막혔지만 시중의 유동자금은 어디론가 흘러가야 합니다. 그리고 아직까지는 부동산이 가장 확실한 재테크 수단으로 평가되기 때문에 유동자금은 주택 대신 수익형 부동산으로 이동할 가능성이 높습니다. 다만 지난 8.2 부동산 대책으로 수익형 부동산 중에서는 오피스텔에 규제가 집중됐습니다. 분양권 전매제한과 거주자 우선분양 요건 할당 등이 적용됐는데요. 그동안은 아파트보다 상대적으로 정부 규제에서 자유로워 반사이익을 누려왔습니다만 추가된 규제로 인해 투자 여건이 이전보다 열악해진 것은 사실입니다.

오피스텔 규제지역으로는 서울 전 지역과 경기도, 세종시, 부산, 대구 등 지방의 핵심 지역들이 대부분 지정되었습니다. 정부의 후속 조치도 즉각적으로 이뤄지고 있어 규제지역은 더욱 확대될 것으로 보입니다.

투기지역 및 투기과열지구, 조정대상지역에서 분양하는 오피스텔과 도시형 생활주택, 소형 아파트는 아파트와 마찬가지로 규제를 받게 되었습니다. 사실상 오피스텔과 도시형 생활주택, 소형 아파트를 입주 때까지 전매하지 못하도록 제한을 두어 투기 수요를 억제한 겁니다.

또한 300실 이상의 오피스텔은 분양 시 인터넷 청약이 의무화된 것도 주요 이슈입니다. 인기 사업지는 청약을 하기 위해 밤샘 줄 서기를 하는 번거로움이 있었는데 이제는 인터넷으로 간편하게 청약을 넣을 수 있게 됐습니다. 반면 사전 동호수 지정 계약이 불가능해졌기 때문에 기존의 관행처럼 계약을 하던 투자자들에게는 아쉬운 부분이기도 합니다.

오피스텔은 그동안 다른 수익형 부동산에 비해 소규모 자본으로 투자할 수 있어 꾸준한 인기를 얻어온 상품입니다. 하지만 오피스텔의 수익률 측면을 보면 다른 수익형 부동산인 상가나 소형 아파트보다 상대적으로 낮고, 매매 거래가 어려워 환금성이 떨어진다는 평가를 받았습니다. 오피스텔 규제책으로 이제는 오피스텔 투기 세력이 줄어들고 실수요자나 임대소득을 원하는 실투자자만이 남을 가능성이 높아졌습니다.

다양한 대출 규제로 임대사업자의 대출 문턱도 더욱 높아지고 있습니다. 임대수익이자상환비율RTI과 총체적상환능력비율DSR, 신新총부채상환비율(신DTI)이 새롭게 도입되었는데요. RTI는 임대업자가 대출을 받을 때 건물 가치 외에 임대수익으로 이자를 갚을 능력이 되는지와 대출이 적정한지를 판단하는 지표로, 주택은 연간 임대소득이 이자비용보다 1.25배, 비주택은 1.5배는 돼야 대출을 받을 수 있습니다. 여기에 새롭게 도입된 DSR로 인해 신용등급과 연봉, 타 부채의 연간 원리금 상환액까지 고려하고 있고, 신DTI로 신용대출 등 기타 대출의 이자 상환액까지 합쳐 대출 가능 여부를 판단하고 있습니다. 대출 규제가 촘촘해진 만큼 투자 여건이 과거보다 열악해졌다고 할 수 있습니다.

정부의 공공주택 공급 정책도 수익형 부동산시장에 불안 요소로 작용할 가능성이 있습니다. 2017년 11월 발표된 주거복지 로드맵에서 정부는 실수요자와 무주택 서민을 위해 5년간 매년 20만 호씩, 공공주택 총 100만 호를 공급하겠다고 발표했습니다. 공급되는 공공주택은 청년, 신혼 부부, 고령층, 저소득층, 중산층 등 생애 단계별, 소득 수준별로 맞춤형 지원이 이루어지게 됩니다. 공급 시 부동산시장의 안정화 효과가 기대되는 반면, 민간 주거 상품에 대한 임대시장 수요가 위축되는 등의 변화가 나타날 것으로 전망됩니다.

오피스텔 규제나 공공주택 공급으로 시장 난립이 차단되고 단기간은 조정 국면으로 가지만 장기적으로는 시장이 더 안정화되는 양상을 띨 것으로 보입니다. 반면 8.2 부동산 대책으로 인해 강남권 등 프리미엄이 급격하게 치솟은 서울 핵심지역의 주택 투자가 어려워지면서 수익형 부동산 중에서도 비교적 고가 상품인 상가는 꾸준한 인기를 얻을 것으로 전망됩니다.

신도시 상가라면 초기 선점 투자로 분양가가 적정선인지, 시세차익과 임대수익을 모두 잡을 수 있는지 따져봐야 합니다. 초기 임차수요 공실 문제와 적정 수익이(5~6%) 가능하고 준공 후 매도 여부 가능성까지도 꼭 살펴봐야 합니다. 수익형 투자 상품은 일반적으로 역세권에서 멀어지면 임차인의 운영에 어려움이 따를 수 있습니다.

상가는 실투자금이 기본적으로 3억~10억 이상으로 높은 만큼, 역세권을 선택하고 상업·업무시설 비율이 5% 이하인 곳을 골라야 합니다. 상가 구성이 최신 트렌드에 뒤떨어진 것은 아닌지 살피는 것도 중요합니다. 투자자라면 공실에 따른 리스크를 생각하고 매입 시 수익률 5~6%선을 적정 수준으로 보고 대출액을 결정해야 됩니다.

라이프 스타일 변화에 부응하는 골목 상권 투자도 여전히 매력적인 시장이 될 것으로 보입니다. 한편 온라인 마켓의 확장이 만만치 않아 신도시 상권 내 업종별 투자 수익률엔 편차가 확대될 것으로 보입니다. 따라서 상가투자자의 임대수익률에도 변화가 생길 것으로 예상됩니다.

1~2인 가구 증가에 따른 역세권 중소형 주택 투자가 장기적인 관점에서 가장 안정적인 수익을 창출하는 모델이 될 것으로 보입니다. 또한 수요 대비 과공급된 중대형 주택의 가격 조정 양상이 시작될 것으로 보여 임대 목적의 주택 매입 시 주의가 요망됩니다.

수익형 부동산 투자도 내외적인 불확실성 증대에 따른 보수적인 접근을 권장하며 투자 유형별로 접근 방법을 달리할 필요가 있습니다. 은행 대출 문턱도 높아지고 있고 금리 상승 가능성이 높은 만큼 무리한 대출은 피하는 것이 좋습니다. 지금처럼 불안정한 시기에는 현금 동원 가능 여부를 잘 파악해야 합니다. 예상 수익률에 기반한 실투자금과 대출금 비율을 세심하게 조율하는 것이 좋습니다.

또한 지역별 입지에 따라 투자 선호도가 극명하게 갈리는 양극화 현상은 앞으로 점점 더 심화될 것으로 보입니다. 역세권 지역에서 떨어진 곳은 투자자들에게 외면을 받으면서 관심에서 멀어질 겁니다. 투자자들은 앞으로 투자 시점에 맞춰 지역과 입지, 상품 등을 더욱 철저하게 선별해야 합니다.

―― 4장 ――

# 투자 가치가 한눈에 보이는 서울 상권 베스트 40 상세 분석

## 상권 분석에 들어가기 전에
### A commercial store investment by the rich

서울에서 가장 눈여겨봐야 할 40곳의 상권 분석에 들어가기에 앞서 말씀드릴 내용이 있습니다. 왜 이 책에서 상권 탐방을 함께 다루고 있는지, 또 상권 탐방에서 쓰이는 단어와 자료들은 어떤 뜻이며 무엇을 출처로 하고 있는지 설명하고자 합니다.

저는 그동안의 경험으로 봤을 때 부동산 투자와 창업에서 가장 중요한 것은 '현장'이라고 생각합니다. 현장을 직접 둘러보고 현장에 있는 주변 사람들의 얘기를 들어봤을 때 비로소 특정 지역을 제대로 파악했다고 할 수 있습니다.

이에 이 책에서는 현장의 목소리를 그대로 담은 '상권 탐방'을 가장 비중 있게 다루고 있습니다. 창업이나 투자를 고려하고 있다면 가장 중요한 부분이기 때문에 더욱 신중을 기했으며 독자분들이 최대한 이해하기 쉽게 작성하기 위해 노력했습니다.

'상권 탐방'을 작성하기 위해 서울 시내 총 40개 상권을 일일이 직접 방문했으며 상인과 부동산 공인중개사 등 다양한 사람들의 인터뷰도 병행했습니다. 지역을 찾아가서 인터뷰하고 조사하는 과정에서 중개사무소나 상인들의 생각이 제각각일 때도 일부 있었습니다. 그러나 최대한 예비 창업자와 투자자 입장의 관점에서 현실적으로 가능한 부분만 판단해서 객관적으로 작성했습니다. 덧붙여 특정 지역의 상권에 대하여 차별을 두거나 우호적으로 작성된 부분도 없습니다.

상권별로 정리된 시세의 경우 점포와 입지, 건물주에 따라 가격이 제각각이고 또 예민한 부분이기에 최대한 객관적으로 담기 위해 노력했습니다. 상권과 시세는 마치 살아 있는 생물과도 같아서 교통과 개발 등 주변 환경이 변함에 따라 끊임없이 변동됩니다. 따라서 상권의 시세는 수시로 변동될 수 있다는 점을 잊지 말아주세요.

우선 시세에서 보증금, 월세, 권리금은 현장에서 여러 중개사무소와 주변 상인들을 만나 조사한 것을 바탕으로 정리했습니다. 그중 입지에 따라 보증금과 월세가 월등히 높은 곳은 권리금이 없는 지역도 있었습니다. 명동이나 강남처럼 땅값이 높은 지역이 대표적인 예입니다.

또한 한 지역 내에서도 상권의 세부 입지에 따라 A+급, A급, B급, C급 등으로 등급을 매길 수 있는데요. 이에 시세를 등급으로 분류해 조사하고 기입해두었습니다. 상권 등급의 경우 A+급은 지하철역 바로 앞 초역세권 점포, A급은 지하철역 인근 도보 5분 이내의 거리 골목 또는 메인 먹자 상권 내 핵심 지역으로 분류할 수 있습니다. B급 상권은 지하철역에서 인접하지만 메인 골목 상권에서 조금 벗어난 곳, C급 상권은 동네 주택가 골목 상권을 기준으로 정리했습니다.

위의 상권 등급을 기준으로 상가 시세표에서는 일반적으로 가장 많이 거론되는 A급과 B급을 중심으로 다뤘습니다. A+급 초역세권 점포는 그 수도 적고 가격 편차가 커 전체 평균을 낸다는 것이 현실적으로 무리가 있어 제외시켰습니다. C급 점포 또한 대부분 권리금이 없거나 적었으며, 마찬가지로 평균 시세와 편차가 커 제외했습니다. 상권 시세는 전반적으로 평균 수준의 실제 거래를 기본 바탕으로 했다고 이해하시면 됩니다.

표에 들어간 공시지가는 국토교통부 홈페이지 자료를 바탕으로 조사했습니다. 통상적으로 실제 토지가격은 공시지가의 2배 수준에 거래되기 때문에 예상 토지 매매가는 일률적으로 공시지가에서 2배를 곱해 계산했습니다. 물론 지역 개발에 따라 조금은 높거나 낮을 수 있다는 것도 참고하셔야 합니다.

또한 상가 매매가는 건물 준공 시기나 관리 상태 등에 따라 천차만별이므로 표에 기입하지 않았습니다. 예상 토지 매매가에 건물 가격을 합한 가격이 상가 매매가이므로 실제 상가 매매는 예상 토지 매매가보다 더 높게 거래된다는 점을 참고해주세요.

마지막으로 지하철역 1일 승하차 이용자 수는 서울교통공사, 한국철도공사, 공항철도, 서울시메트로9호선의 승하차 수 통계자료를 참고해 작성했습니다. 전체적인 조사는 2017년 3월부터 시작해 2018년 3월까지 진행한 결과입니다.

뒤이어 나오는 '상권 탐방'은 전반적인 지역 상권에 대한 가이드라인을 제시하고자 작성했으며 현장 답사 전 미리 접해본다는 느낌으로 살펴보시는 것이 좋습니다. 투자나 창업 점포에 대한 최종적인 결정은 독자 여러분들께서 반드시 직접 현장을 답사하고 판단하시길 부탁드립니다.

## 소극장 문화와 점증하는 유동인구
## 혜화역 상권

공연 문화를 즐길 수 있는 소극장 많아, 유동인구 꾸준히 증가
거리·매장 규모 커, 유동인구 동선 편리
점포 시세 높은 편, 구획별 업종 분포 인지해야 수익 가능

지하철 4호선이 관통하는 혜화역 상권은 대학로, 마로니에공원 인근에 다양한 소극장들이 모여 있어 평일과 주말을 가리지 않고 사람들이 몰려드는 대표적인 상권입니다. 혜화역 주변과 대학로, 마로니에공원 주변으로 점포들이 들어서 상권이 형성돼 있습니다. 혜화역은 1985년 10월 개통한 지하철 4호선으로 대학로 이외에도 서울대병원, 서울대학교 연건캠퍼스, 성균관대학교 인문사회과학 캠퍼스, 한국방송통신대학 등이 있어 유동인구가 많은 지하철역 중 하나입니다.

　대학로는 종로5가 사거리(종로5가 79-1번지)에서 혜화동 로터리(혜화동 132번지)에 이르는 길이 1.55킬로미터, 너비 25~40미터 거리를 말합니다. 1975년 서울대학교 캠퍼스가 이전하면서 그 자리에 마로니에공원이 조성됐고 연극·영화·콘서트·뮤지컬 등의 문화예술 단체들이 들어서게 되었으며 1985년 이 일대의 특성을 살려 문화예술의 거리로 개방하면서 현재의 대학로라는 이름이 붙여졌습니다.

　혜화역 상권은 혜화역이 속해 있는 종로구 주민이나 인근의 대학생 유동인구보다 외부에서 유입되는 유동인구가 많은 상권입니다. 소극장 공연문화의 메카로 자리 잡은 만큼 문화생활을 즐기기 위한 유동인구가 꾸준하게 많은 상권입니다.

　혜화역 상권을 찾는 주 유동인구는 20~30대 여성입니다(20대 25.8%,

30대 21.5%, 출처: 소상공인시장진흥공단 2018년 1월 인구분석 통계자료). 또한 연인들이 많이 찾으며 유동인구의 재방문율도 높습니다. 주변에는 대학교뿐만 아니라 중·고등학교도 많아서 교복을 입은 중·고등학생 유동인구도 쉽게 볼 수 있습니다.

문화시설을 기반으로 한 쇼핑, 유흥을 함께 즐길 수 있는 복합 상권의 모습을 보이고 있으며 대체로 거리가 넓고 점포 규모가 커 유동인구의 동선이 편하다는 특징을 지녔습니다. 회색빛의 상가들이 거리를 메우고 있는 다른 상권과는 다르게 벽돌로 된 상가, 성castle 모양의 상가가 형성돼 있는 점도 혜화역만의 특징입니다.

인근 부동산 관계자는 "전반적으로 점포 시세가 높아 업종 선별을 잘해야 수익을 낼 수 있다"며 "대학로 상권은 각 구획마다 소비 성격이 조금씩 다르기 때문에 이 부분을 간과해서는 안 된다"고 말하고 있습니다.

고기를 먹을 때는 성균관대학교 쪽 골목길, 패스트푸드를 즐길 때는 마로니에공원 측 대로변, 연극을 보거나 팬시점을 이용할 때는 낙산공원 방면의 이면 상권 등과 같이 소비재 성격이 대학로 내에서도 지역별로 구분이 되어 있다는 설명입니다.

또한 "성균관대로 이어지는 메인 통로는 물론이고 메인 통로 양옆으로 뚫려 있는 골목 내 고깃집 점포에도 8,000만~9,000만 원의 권리금이 붙어 있을 만큼 구획별 업종 분포와 이에 대한 소비층 인지도가 높다"며 "점포 거래 시 해당 구획과 예정하고 있는 아이템과의 궁합을 철저히 따져야 한다"고 조언합니다.

2017년 상반기 기준으로 혜화역 상권의 매출 통계를 보면 연극으로 유명한 상권답게 연극·영화·극장업종을 포함한 관광·여가·오락업이 월평균 매출액 1억 190만 원을 기록하며 가장 높은 인기를 얻고 있는 것으로 나타났습니다. 그 뒤를 소매업(월평균 매출액 4,655만 원), 학문·교육업(월평균 매출액 4,286만 원), 음식업(월평균 매출액 4,062만 원), 스포츠업(월평균 매출액 2,574만 원)이 이었습니다(출처: 소상공인시장진흥공단 매출 통계자료).

## 대로를 끼고 대명거리, 대학로거리에 상권 형성

혜화역 상권은 크게 대명거리에서 이어지는 소나무길, 성균관대입구 사거리가 위치해 있는 혜화역 3, 4번 출구 쪽과 대학로, 마로니에공원이 위치해 있는 1, 2번 출구 쪽으로 나뉩니다.

먼저 3, 4번 출구 쪽에는 대명거리의 유동인구가 가장 많이 형성되어 있습니다. 특히 대명거리는 4번 출구 쪽 베스킨라빈스부터 김가네까지 이어진 이면도로에 형성된 상권으로 화장품 가게, 노래방, 핸드폰 매장, 귀금속 매장, 잡화 매장, 주점, 음식점, 브랜드 의류 매장 등이 입점해 있습니다. 가장 강세를 보이는 업종은 제과점으로 유명 프랜차이즈 매장들이 성행하고 있습니다. 대형 멀티플렉스 영화관이 대명거리에 위치해 있으며 서울대, 성균관대와의 접근성이 혜화역 상권 중 가장 좋아 대학생, 특히 여성 및 연인 등 10~20대 유동인구가 많습니다. 대명거리와 이어지는 성균관대입구 사거리에는 카페, 제과점 등이 영업 중입니다.

3번 출구 쪽에 위치한 소나무길에는 소극장과 음식점들이 주로 입점하고 있으며 대명거리와 이어지는 골목골목에 음식점들이 위치해 있습니다. 3, 4번 출구 쪽 대명거리와 소나무길은 입점 업종과 유동인구 등이 일반적인 대학가 상권의 모습을 잘 보여주고 있습니다.

혜화역 1, 2번 출구 쪽에는 대학로, 마로니에공원이 있습니다. 혜화역 상권의 메인 상권으로서 혜화역 상권의 특징을 가장 잘 보여줍니다. 혜화동 로터리에서 마로니에공원까지를 일컫는 대학로거리는 1번 출구로 나와 ABC마트를 낀 이면도로, 2번 출구 쪽 샘터와 KFC 사이에 있는 이면도로를 따라 형성되어 있습니다.

대학로거리에는 음식점, 주점, 카페 등이 소극장과 함께 어울려 있어 문화를 공유하는 상권이라고 할 수 있습니다. 건물과 길거리에 아기자기하고 독특한 모습의 인테리어와 설계가 유동인구의 눈을 즐겁게 합니다.

대학로거리에는 공연을 즐기려는 유동인구가 대부분이지만 친구, 연인들의 데이트 혹은 나들이 장소로도 각광받고 있습니다. 또, 주말이면 가족 단위 유동인구가 많은 것도 특징입니다. 대학로에는 20~30대를 주 타깃으로 한 점포들이 대다수로 매장 규모가 크고 고급스러운 분위기의 요식업종이 많습니다. 그만큼 테이블 회전이 느리다는 단점은 있지만 제품 단가가 높고 고객들의 재방문율이 높게 나타납니다.

또한 대로변에 상권 형성이 잘된 점도 특징입니다. 1번 출구 쪽 대로변에는 브랜드 의류 매장, 패스트푸드 매장, 액세서리·분식 노점 등이 들어서 있습니다. 4번 출구 쪽에는 브랜드 의류 매장과 음식점, 카페, 노점 등이 눈길을 끕니다. 대로변에 위치해 있는 로드숍들 역시 매장 규모가 매우 큰 모습입니다.

대로변 상권은 대명거리, 대학로거리에 비해 유동인구가 많은 편은 아니지만 버스 정류장, 지하철역이 대로변에 위치해 있어 대중교통을 이용하려는 유동인구가 많은 상권입니다.

## 공략할 타깃을 정한 후, 특색을 겸비해라

혜화역 상권은 성균관대학교 학생을 비롯한 인근 4호선 라인의 대학생 및 젊은 여성들과 연인들이 가장 많이 찾는 상권입니다. 대학로가 뮤지컬, 소극장 공연 등 다채로운 문화와 전시 공간의 메카인 만큼, 혜화역 인근 자리 잡은 점포들 또한 각각의 개성 있는 인테리어와 익스테리어로 무장하고 있습니다. 대부분의 공연들이 평일과 주말을 가리지 않고 상영되고 있어 평일은 저녁 6시 이후부터, 주말은 항상 사람이 붐빕니다.

창업 시에는 여성들과 연인들의 호기심을 자극할 수 있는 내 점포만의 특색 있는 무언가를 내세워 고객의 눈길을 사로잡아야 합니다. 환기가 되지 않는 낡은 느낌보다 깔끔한 분위기의 고깃집, 같은 주점이라도 흔히 볼 수 있는 일반 생맥주집이 아닌 세계맥주 전문점 등이 좋고, 매장 내부에도 고객들을 위한 볼거리가 필요합니다.

평일 공연 시간이 주로 6시 이후라 직장인들은 식사를 하지 못하고 공연을 보는 일이 허다하기 때문에 남는 시간을 이용해 끼니를 해결할 수 있는 샌드위치, 토스트 전문점도 유망합니다. 또 인테리어가 독특하거나 캐릭터 위주의 카페, 대학생을 고려한 스터디 카페 등도 유망한 업종입니다.

대학로를 찾는 고객들은 평범한 느낌의 흔한 아이템보다 일상생활에서 벗어나 이국적인 분위기를 느낄 수 있는 곳, 다양한 문화를 접할 수 있는 곳, 분위기에 심취할 수 있는 곳 등을 추구하고 있습니다. 20~30대 여성들이 추구하는 것과 거리가 먼 아이템, 데이트 코스로 부적합한 스크린골프장, 당구장, PC방 등과 같은 업종은 혜화역 상권과 어울리지 않는 업종으로 추천하지 않습니다.

이를 반영하듯 혜화역 상권의 퓨전 주점, 고깃집, 카페 등에는 점포 권리금이 보증금의 2배가 넘는 등 높은 수준으로 책정되어 있습니다. 66제곱미터 기준 권리금이 신촌과 비슷한 수준이고, 월평균 매출액이 신촌보다 낮지만 점포 매매가는 더 비싼 것으로 확인됩니다.

## 잘 정비되고 넓은 거리, 또 오고 싶은 상권

혜화역 상권은 단지 공연, 예술만의 공간이 아닌 쇼핑, 유흥을 즐길 수 있는 서울 내 대표적인 복합 상권으로 자리매김하고 있습니다. 혜화역 주변으로 대학들이 많이 밀집되어 있고, 교통이 편리하기 때문에 탁월한 입지 조건을 갖추고 있어 많은 유동인구가 발생하고 있습니다. 입지적인 면보다는 공연과 예술문화라는 측면에서 전문가들은 앞으로 성장이 더욱 기대되는 상권이라고 평가하고 있습니다.

주의할 점도 있습니다. 혜화역 상권은 중복되는 업종이 너무 많기 때문에 포화 상태인 상황입니다. 혜화역 상권에 창업을 하기 위해서는 빠르게 변하는 젊은 층의 트렌드 파악과 차별적인 전략이 필요합니다. 업종 분포와 소비층 인지도를 고려해 권리금과 매매가 등이 합리적인지 따져봐야 하며, 각 구역마다 소비 성격이 조금씩 다르기 때문에 창업 아이템과 입지의 궁합이 잘 맞는지 확인해야 합니다. 다른 상점들과 차별적인 전략으로 젊은 층에게 다가가야 하며, 시간이 다소 소요되더라도 입지를 굳힐 수 있다면 안정적인 매출을 올릴 수 있습니다.

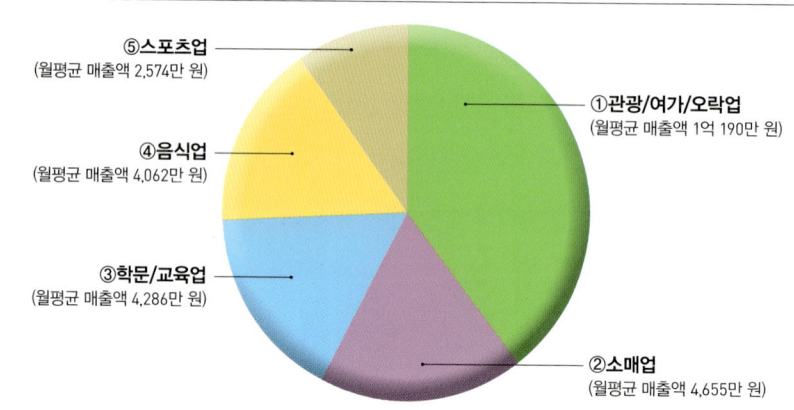

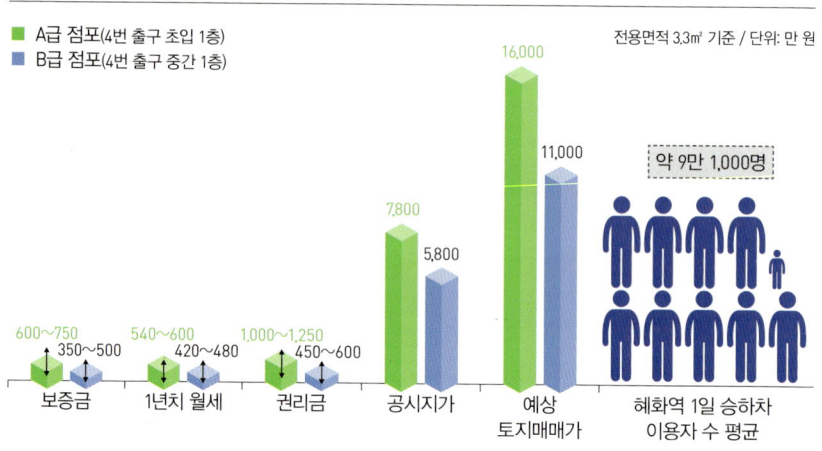

190 | 부자들의 상가투자

## 02
### 한중 화해 분위기로 기대감이 높아지는
### 명동역 상권

유동인구 대부분이 10~20대 여성과 외국인 관광객
국내 최고 수준의 점포 권리금 및 임대료 시세 주의
사드 여파로 휘청, 한중 화해 무드 타고 다시 기대
색다른 상권 '재미로'로 상권 활성화 가능성

명동은 서울특별시 중구에 있는 동 이름이자 그 주변 번화가 전체를 아우르는 이름입니다. 명동1가와 명동2가를 합친 면적은 0.91제곱킬로미터에 달하며 우리가 흔히 말하는 명동은 명동1가, 2가를 포함해 충무로1가, 2가, 을지로1가, 2가까지 포함하고 있습니다.

　명동 상권은 과거 일제강점기 때 일본인 거주지가 들어서면서 일본인이 주로 살았던 지역입니다. 당시부터 이곳은 대표 번화가가 됐습니다. 특히 2000년대에 드라마 〈겨울연가〉가 큰 히트를 치며 한류 열풍으로 명동에서 쇼핑하는 일본인들의 모습도 쉽게 찾아볼 수 있었습니다. 다만 양국의 관계가 나빠지면서 일본인 관광객들이 줄어들었고 그 자리를 중국인들이 채우고 있습니다. 명동은 많은 관광객들의 쇼핑 명소로 자리 잡았으며 대한민국 최대 번화가이자 서울의 중심 상권으로 불리게 됐습니다.

　반경 1킬로미터 이내에 서울시청, 한국은행, 중부경찰서, 명동성당 등 공공시설과 소공동 롯데백화점, 신세계백화점 본점, 남대문 시장 등 쇼핑 관련 시설이 밀집돼 있습니다. 롯데호텔 L7명동, 르와지르호텔, 호텔프린스서울, 세종호텔 등 고급 호텔 관련 시설 역시 밀집돼 있는 상권입니다. 2번 출구 방향으로는 남산초, 숭의초, 리라초, 리라아트고, 숭의여대, 정화예술대가 위치하고 있습니다.

　인근 회현고가도로가 2017년 5월 '서울로 7017'로 조성되며 명동역 인근에 부족했던 녹지 공간으로 자리 잡았습니다. 하지만 개장 후부터 고가공원~명동역 구간은 꾸준한 도로 교통 혼잡이 나타나고 있어 대처가 필요해 보입니다.

명동 상권은 지하철 4호선 명동역을 비롯해 지하철 2호선의 을지로입구역과 지하철 2, 3호선 을지로3가역이 가깝고 남산1호터널과 남산3호터널 이용이 수월해 강남으로 이동하기 편리한 입지를 갖추고 있습니다.

## 주요 패션 브랜드와 중저가 화장품 브랜드 집합소

명동역 상권은 일대가 관광특구로 지정되고 특히 일본인과 중국인 관광객 유치에 성공하면서 더욱 상권이 커졌습니다. 명동 상권은 명동역 후면부의 차 없는 거리인 1가, 2가를 중심으로 밀집돼 있습니다. 상권의 남단인 명동역과 북단인 을지로입구역이 경계를 이루고 있으며 동쪽과 서쪽 상권의 경계는 남대문로2가와 명동성당입니다.

눈스퀘어 대로변과 마주 보는 곳에는 롯데백화점과 영프라자가 있고 서쪽으로는 남대문 시장과 신세계백화점 본점이 인접해 있습니다. 거대한 지하상가가 있어 상가를 걷다 보면 시청역까지 도달할 수 있습니다. 거기에다 금융기관이 밀집돼 있으며, 명동성당과 중국대사관, 화교학교가 있어 주변 유동인구를 끌어당기는 여건이 매우 풍부하다는 점이 장점입니다.

주요 유동인구는 10~20대 여성과 외국인 관광객입니다. 눈스퀘어에서 명동성당 앞까지 이어지는 명동길은 양쪽으로 대형 매장이 위치합니다. 대부분 유동인구를 겨냥한 에잇세컨즈, 포에버21, 원더플레이스 등 SPA 브

랜드와 토미힐피거, 티니위니, MCM 등 유명 브랜드 대형 매장이 눈에 띕니다. 이면 골목에는 명동 내 터줏대감으로 자리 잡고 있는 오래된 맛집들이 있으며 메인 거리에는 높은 임대료를 감당할 수 있는 프랜차이즈 업종이 주를 이룹니다.

더불어 명동역 상권 내에는 외국인들이 선호하는 중저가 로드숍 화장품 브랜드 매장이 150여 개에 이르며 일부 화장품 브랜드는 명동에만 10여 개의 매장을 운영할 정도입니다. 화장품 매장 사이와 인도는 각종 길거리 음식을 파는 노점상이 차지하고 있습니다. 크레페, 생과일주스, 꼬치, 퐁듀, 아이스크림 등 다양하고 특이한 노점상이 명동 상권에 자리 잡고 있는데

양에 비해 가격이 비싼 편입니다. 대부분 물가를 모르는 외국인들이 주요 고객입니다.

중앙통 골목 안쪽에 위치한 공인중개사 대표는 "위치에 따라 천차만별이지만, 건물 안쪽 골목은 1층 66제곱미터 상가가 보증금 1억 8,000만~2억 5,000만 원, 월세 1,200만~1,800만 원 선으로 형성돼 있다"며 "메인 중앙통 상가와 비교했을 때 5~6배 정도 낮은 수준으로, 임대 가격이 차이 나지만 전체적으로 떨어지고 있다고 보면 된다"고 설명하고 있습니다.

소상공인시장진흥공단의 명동거리 상권 매출 통계자료를 보면 2017년 상반기 기준 매출이 높은 업종은 음식업(5,789만 원), 생활서비스업(3,827만 원), 관광·여가·오락(2,072만 원), 소매업(2,026만 원), 스포츠업(2,007만 원) 순이었습니다. 음식 업종 중 인기가 가장 높은 메뉴는 양식(월평균 매출액 9,760만 원), 닭·오리 요리(월평균 매출액 8,430만 원), 패스트푸드(월평균 매출액 7,438만 원) 등으로 대부분 젊은 층이 선호하는 메뉴로 나타났습니다. 이외에도 중식, 분식, 유흥주점, 한식 등도 매출이 높은 메뉴였습니다.

### 명동역 2, 3번 출구 명동 상권의 색다른 재미 '재미로'

흔히 우리가 아는 명동 상권의 반대편인 명동역 2, 3번 출구에서 서울애니메이션센터 방향으로 올라가는 길에는 2013년 '재미로'라는 이름이 붙었습니다. 곳곳에 다양한 포토존과 기발한 디자인의 건물이 자리 잡고 있으며 모두 만화 주인공들로 골목을 장식하고 있습니다.

추억의 만화부터 요즘 어린이들이 좋아하는 캐릭터와 웹툰까지 다양하게 꾸며 놓아 어느 세대가 오든 즐겁게 구경할 수 있는 골목입니다. 그래서 주로 어린 자녀들이 있는 가족 단위나 젊은 커플들이 이곳을 찾으며 외국인 관광객은 적은 편입니다.

재미로 곳곳에 위치한 '재미랑' 건물은 1호부터 6호까지 영업 중이며 전시 작품과 상품을 구경하고 VR 등 다양한 체험이 가능합니다. 모든 건물은 무료로 입장할 수 있습니다. 그 외에도 벽화로 추억의 만화가 전시된 명랑골목, 7080시대를 떠올리는 과거여행길과 만화언덕 등 골목골목이 다양하게 꾸며져 있습니다. 재미로 초입에 위치한 상상공원에서는 규모는 작지만 만화 축제나 바자회, 버스킹이 열리고 있습니다.

## 한·중 관계 해빙 무드로 상권 활기 기대

2017년까지 유동인구 대부분은 일본인, 중국인 관광객으로, 특히 핵심 고객군은 유커(중국인 관광객)로 그 수가 월등히 많았습니다. 2016년 한 해 동안 900만 명이 넘는 외국인 관광객이 명동을 방문했는데, 그중 유커는 절반이 넘는 473만 명이 다녀갔습니다(출처: 한국관광공사).

유커 고객이 증가하면서 명동 상권은 서서히 중국화가 진행됐습니다. 명동 거리를 걷다보면 중국어로 쓰여 있는 간판, 중국어로 호객 행위를 하는 종업원, 중국어를 쓰는 매장 직원들로 여기가 중국인지 서울인지 헷갈릴 정도입니다. 이렇다 보니 내국인 관광객을 위한 매너는 찾아볼 수 없게 됐고 명동은 예술, 패션을 주름잡던 시절의 정체성을 잃어가고 있다는 지적도 있습니다.

이렇게 유커가 점령하고 있던 명동역 상권은 2016년 말 일어난 사드 여파로 중국인 관광객이 크게 줄면서 휘청거리기도 했습니다. 당시 단체 유커 관광객이 확 줄었고 유커의 빈자리를 일본, 대만, 홍콩, 동남아 등 외국인 관광객이 채웠지만 기존 유커들과는 구매력에서 차이가 커 상권 매출이 크게 감소했습니다.

다행히 2017년 말 한중 간의 화해로 침체돼 있던 명동 상권에 다시금 활기가 돌 전망입니다. 비자 발급 업무를 수행하고 있는 중국 국가여유국에서 한국 관광 단체비자를 허가했다가 다시 제한하긴 했지만 향후에는 유커 관광객 방문 수가 사드 여파 이전 수준으로 회복될 것으로 보입니다.

하지만 사드 여파로 인해 명동 상권이 큰 어려움을 겪은 만큼 자구책의 필요성도 커졌습니다. 외국인, 그중에서도 유커들에게 집중돼 있는 상권을 해소하기 위한 대책이 필요해 보이며 내국인을 위한 구조를 만들어나가야 상권의 지속적인 활성화가 가능할 것으로 예상됩니다.

명동에서 수년간 부동산중개 거래를 해온 계림부동산 최우규 대표는 "사드 여파로 경제가 어수선할 당시 거래가 연 2~3건만 이뤄질 정도로 중개사무소도 힘들고 명동 상인들도 어려움을 겪었다"며 "하지만 중국과의 화해로 상권이 점차 활기를 찾아가면서 점포 임대 자리를 문의하는 손님의 수가 늘어 명동 상권에 대한 회복 기대감을 체감하고 있다"고 설명하고 있습니다.

### 명동 상권 월평균 매출 TOP 5 업종

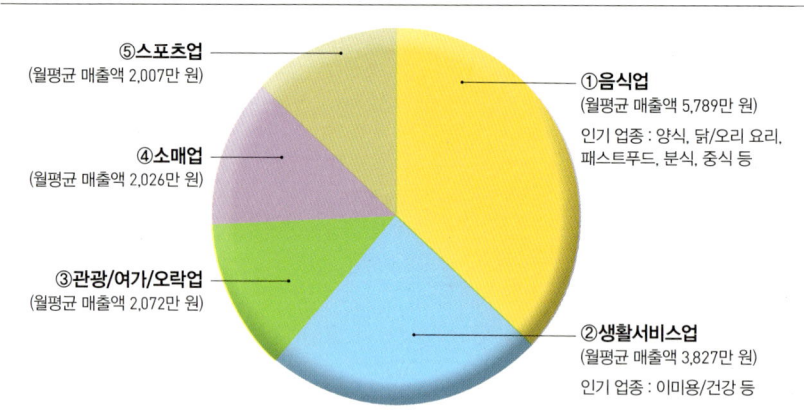

출처: 소상공인시장진흥공단, 명동거리 상권 2017년 상반기 기준 매출 통계자료(조사일: 2018.03.21)

### 명동역 상권 상가 평균 시세와 승하차 인구

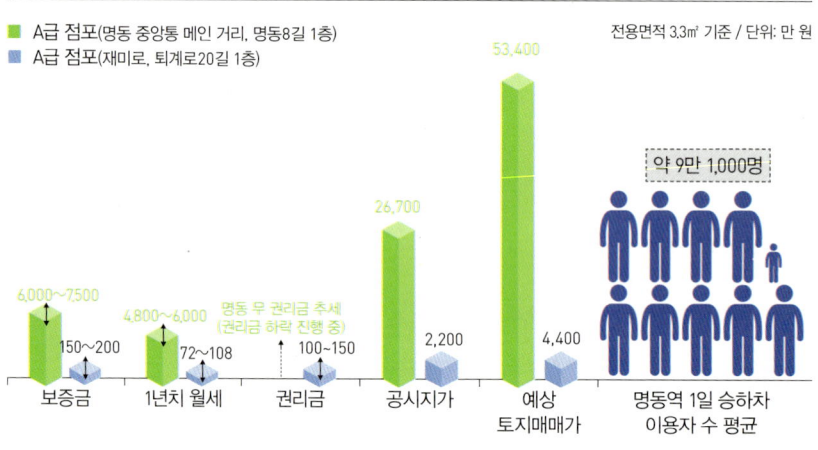

※ 현지 중개사무소를 방문 조사한 것으로 점포 입지에 따라 약간의 시세차가 있을 수 있습니다.
출처: 국토교통부, 서울교통공사

## 다양한 개발 플랜으로 기지개를 펴는
## 용산 상권

저렴한 월세, 권리금 없는 점포로 소자본 창업 가능
신용산역 인근 대형 주상복합 건물 입주 시작, 개발호재 권리금 상승세
신용산역 재개발 가속화로 상권 확장, 지역 점포 권리금 확인 필요

대한민국 전자제품의 아이콘인 용산역은 2004년 KTX 개통과 더불어 호남선을 포함한 각종 열차가 들어서고 민자역사가 세워지며 모습이 급변했습니다. 용산역 내에는 아이파크몰, 아이파크 백화점, 이마트, CGV 등 각종 상업시설이 들어섰고 글로벌 도시를 향한 굵직한 개발 계획도 잇따라 발표되면서 용산역 상권은 물론이고 일대 부동산시장이 호황을 맞는 듯했는데요.

　하지만 미래 글로벌 도시로 주목받던 용산은 각종 개발 계획이 엎어지면서 극도로 침체에 빠지게 됐습니다. 용산역 일대 전자상가가 전자상거래와 복합문화상업시설 등에 밀리고 설상가상으로 단군 이래 최대 규모의 용산국제업무지구 개발 사업이 좌초되면서 분위기가 순식간에 꺾였습니다.

　다행스럽게도 최근 용산역 근거리의 신용산역 개발 사업이 민간 주도로 진행 중이고 국제업무지구 재추진 등 개발 플랜들이 쏟아져 나오며 서서히 기지개를 펴고 있는 상황입니다. 2017년 10월에는 옛 관광버스터미널 부지에 국내 최대 규모의 호텔타운 드래곤시티(연면적 18만 5,482제곱미터)가 개장해 빠른 상권 활성화도 기대됩니다.

　용산역과 불과 150미터 떨어진 곳에 있는 신용산역은 용산역에서 이름을 따와 1983년 역명이 결정됐습니다. 용산역과 신용산역 인근은 대단지 아파트가 모여 있고 이촌한강공원, 용산가족공원, 국립박물관 등 대규모

문화시설이 자리 잡고 있습니다. 더불어 미군 기지가 떠난 자리에는 초대형 규모의 '용산민족공원'이 조성될 예정입니다. 교육시설로는 한강초, 남정초, 용산공고 등이 있습니다.

## 용산역 대표적인 상권 '용산전자상가'

용산전자상가는 1980년대 후반 수도권정비계획에 따라 용산역에 있던 청과물 시장이 가락동으로 이전한 자리에 생긴 곳으로, 연면적 1만 2,900제곱미터 규모로 들어선 국내 최대 전자·전기제품 판매 상가입니다. 1990년대 중후반에 '전자제품의 메카'로 중흥기를 맞았으나 2000년대 중후반 저가 온라인 쇼핑이 등장하고 낙후된 시설과 업자들의 과한 호객 행위가 입방아에 오르면서 소비자들의 발길이 뜸해진 상황입니다.

용산전자상가 상권의 특징은 유통업이 대부분을 차지한다는 겁니다. 일부 AS센터들이 있고 소매점 비율이 낮은 편입니다. 용산역 북동쪽으로는 컴퓨터 부품 등에 특화되어 있는 선인, 나진상가 등이 있으며 북서쪽으로는 원효전자상가, 전자랜드, 롯데시네마가 자리 잡고 있습니다. 그중 전자상가의 중심지라 할 수 있는 청파대로 나진상가 1층에는 리모델링 중인 곳이 있으며 대로변에서 빈 점포가 곳곳에 보입니다. 하지만 거리는 여전히 인적이 많고 활기가 넘치는 편입니다. 평일 근무시간까지만 그렇다는 것이 문제이긴 하나 주5일 근무가 정착된 이후 이런 성향을 보이는 곳은 상당히 많습니다.

전자타운 뒤편에는 먹자골목이 형성돼 있고 건물 구조상 대형 평수보다

는 작은 식당들이 대부분을 차지하고 있습니다. 비교적 저렴한 한식 메뉴들이 주를 이루고 있으며 인근 전자상가로 근거리 배달이 가능한 것이 특징입니다.

주변 상인과 공인중개사들은 한목소리로 "낮에 있던 손님들이 저녁이 되면 외곽으로 빠져나가면서 예전과 비교하면 손님이 많이 줄었다"며 "이를 도넛 현상이라고 하는데 중앙 도심부는 공공기관이나 상업시설만이 남은 채 마치 텅 비고, 밤이 되면 주거지 인근인 외곽지역으로 몰리는 것이 마치 도넛 같다고 해서 붙여진 이름"이라고 말하고 있습니다. 또한 "한때 거품이 많았을 때 권리금을 높게 주고 들어온 이들은 전자상가와 상권이 침체되면서 거품이 확 꺼지자 전 세입자한테 지급했던 권리금을 받고 나가려고 버티다가 오히려 원금 손실까지 보고 있다"고 합니다.

용산전자상가 연령별 유동인구를 살펴보면 30대가 23.8%로 가장 많았습니다. 그 뒤로 40대가 20.9%, 20대가 19.7%로 높았습니다(출처: 소상공인시장진흥공단 2018년 1월 인구분석 통계자료).

## 신용산역, 재개발 가속화로 인한 상권 확장 가능성

신용산역 상권은 용산역 상권과 분위기가 사뭇 다릅니다. LS타워를 중심으로 상권이 형성돼 있고 이미 입주를 마친 래미안 용산과 용산 푸르지오 써밋, 아모레퍼시픽 사옥 등 고층 건물들이 웅장함을 자아냅니다. 현재 공사 중인 주상복합 건물들이 완공되면 유동인구는 더욱 늘어날 것으로 보입니다.

오는 2022년에는 신용산역에 강남과 용산을 잇는 신분당선 연장선이 개통될 예정으로 트리플 역세권 효과도 기대할 수 있습니다. 개통 시 신용산역에서 강남역까지 20분 내로 이동이 가능해집니다. 통상 지하철역이 개통되면 역 주변의 유동인구가 증가하는데요. 더욱이 강남과 직통으로 통하는 노선이 뚫리기 때문에 신용산역 일대 상권 활성화가 더욱 기대됩니다.

신용산역에서 삼각지역까지 이어진 도로 주변으로는 식당가가 형성돼 있습니다. 최근 유동인구가 많이 증가했으며 전체적으로 거리에 활기가 있습니다. 이 식당가의 특징은 메뉴도 다양한 편이며 젊은 여성 비율이 용산역 상권에 비해 많다는 겁니다. 신용산역 상권에는 이미 전통 맛집과 퓨전 음식점들이 혼재돼 있으며 연령층 역시 비교적 다양합니다. 이런 상권은 깔끔한 인테리어와 서비스 혹은 저렴한 가격 등 메뉴 이외에 점포만의 색

깔을 갖는 것이 중요합니다.

    신용산역에서 용산역을 이어주는 지하도로 옆은 한식, 횟집, 치킨집 등 주로 중장년층을 위한 점포들로 구성되어 있습니다. 재개발 예정지인 이곳은 오래된 건물들이 대부분이나 용산과 신용산을 이어주는 유일한 도로인 만큼 유동인구는 많습니다. 유동인구에 비해 식당이 부족한 편이지만 점포가 밀집된 형태로 형성되어 있지 않아 신규 창업 시 위치 선정이 중요할 것으로 보입니다. 신용산 상권의 유동인구 역시 용산전자상가 상권과 마찬가지로 30대 유동인구가 24.0%로 가장 높은 비중을 차지했습니다(출처: 소상공인시장진흥공단 2018년 1월 인구분석 통계자료).

    2017년 상반기 기준으로 신용산역 상권에서 월평균 매출이 높은 상위 5개 업종을 나열하면 숙박업(4,375만 원), 소매업(3,394만 원), 음식업(3,027만 원), 관광·여가·오락업(2,212만 원), 생활서비스업(1,368만 원) 순입니다. 음식업종 중에서는 일식·수산물(6,368만 원)의 월평균 매출액이 가장 높았고 별식·퓨전 요리(6,351만 원), 중식(5,598만 원)도 매출이 높았습니다(출처: 소상공인시장진흥공단 매출 통계자료).

    신용산역 4번 출구 인근 공인중개사 관계자는 "래미안 용산 단지 내 상가의 경우 규모나 입지에 따라 편차가 있겠지만 99제곱미터 기준으로 보증금 3억~5억 원 선, 월세가 1,500만~1,800만 원 선이고 관리비는 3.3제곱미터당 2만 5,000원~3만 원 정도"라며 "권리금은 신규 상가라 아직 없지만 입지가 우수한 것은 이미 웃돈이 붙어 있다"고 합니다.

## 용산역, 신용산역 상권 추천 업종은?

용산역 인근은 지역 특성을 고려한 도시락 업종, 20대 후반 남성들을 겨냥한 왕돈가스, 수제 버거 등의 업종을 노려볼 수도 있습니다. 워낙 패스트푸드 전문점이 부족하기도 했지만 최근 리모델링 등을 거치면서 더욱 찾아보기 어렵게 돼 가볍게 먹을 수 있는 음식점이 경쟁력이 있습니다. 평범한 아이템은 평일 낮 이외에 매출을 올리기가 쉽지 않을 수 있어 창업 시 신중을 기해야 합니다.

과거 컴퓨터 관련 중심 상권이었던 선인상가는 온라인 공략을 성공한 업체 중심으로 재편됐습니다. 상권이 가장 좋은 2층도 권리금 없이 창업할 수 있는 매장이 있습니다. 1칸(18.18세곱미터) 임대료는 약 60~80만 원 선입니다. 해외 직구가 유행인 만큼 사설 수리점, 각종 IT 관련 고급 액세서리 사업 등은 경쟁력이 있습니다. 온라인 사업도 사업장 입지가 중요한 경우가 많으므로 충분히 창업을 고려해볼 수 있습니다.

용산역 일대는 각종 개발 플랜이 나오고 있는 중이지만 확실한 일정은 잡혀 있지 않습니다. 서울시에서 청년창업지원을 하고 있어 나진상가에서 3D프린터, 레이저 절단기, CNC 밀링 기계 등을 이용한 시제품 제작을 지원하고 기초 장비 교육, 안전 교육, 각종 장비 활용 교육과 시제품 제작 전반에 대한 다양한 프로그램도 제공하는 중입니다. 드래곤 페스티벌 등 다양한 행사도 매년 개최되고 있지만 이 행사를 적극적으로 홍보하지 않는 점은 아쉬운 부분이라고 할 수 있습니다.

신용산역 상권 창업 시 LS타워 지하의 대형 푸드코트가 있고 신용산역과 연결되는 래미안 용산 더센트럴 지하에 상가들이 추가로 들어설 예정이므로 지하 상권의 동향도 충분히 살펴봐야 합니다. 고급 지하상가에 어울리는 업종도 노려볼 만합니다. 신용산 지하차도 옆의 점포들은 재개발 예정지로 과한 권리금을 주고 들어가는 것은 좀 더 신중해야 합니다.

최근 서울 대부분의 상권은 주말 영업이 어려운 실정입니다. 오피스 밀집지역의 경우 금요일 오후부터 인파가 썰물 빠져나가듯 줄어들어 주말에는 매출이 대폭 꺾입니다. 점포주는 주말 특가 등으로 가족 단위의 손님을 끌어들일 수 있는 대책이 필요하며 자치구에서도 주말 공영주차장 요금을 무료로 해주는 등의 정책을 통해 지역 상권을 보호하는 장치를 마련해야 합니다.

### 신용산역 상권 월평균 매출 TOP 5 업종

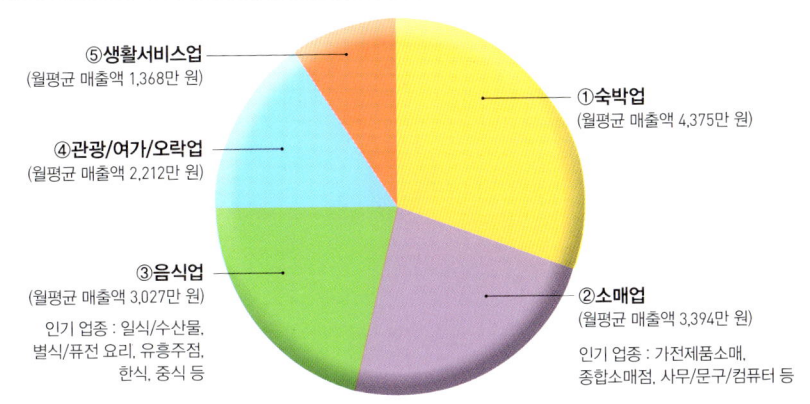

⑤ 생활서비스업 (월평균 매출액 1,368만 원)
④ 관광/여가/오락업 (월평균 매출액 2,212만 원)
③ 음식업 (월평균 매출액 3,027만 원) 인기 업종: 일식/수산물, 별식/퓨전 요리, 유흥주점, 한식, 중식 등
① 숙박업 (월평균 매출액 4,375만 원)
② 소매업 (월평균 매출액 3,394만 원) 인기 업종: 가전제품소매, 종합소매점, 사무/문구/컴퓨터 등

출처: 소상공인시장진흥공단, 신용산역 상권 2017년 상반기 기준 매출 통계자료(조사일: 2018.03.21)

### 용산·신용산역 상권 상가 평균 시세와 승하차 인구

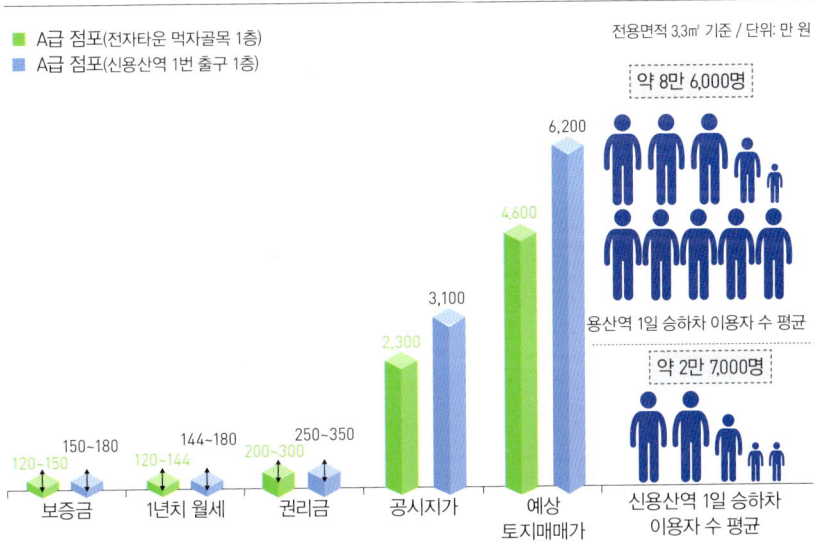

※ KTX 승하차 이용자 수는 제외된 수치로 실제 용산역 승하차 이용자 수는 더 많을 수 있습니다.
※ 현지 중개사무소를 방문 조사한 것으로 점포 입지에 따라 약간의 시세차가 있을 수 있습니다.
출처: 국토교통부, 한국철도공사, 서울교통공사

### 젊은 유동인구가 풍부한 대표적인 대학 상권
# 홍대입구역 상권

다양한 유동인구 확보된 대표적인 대학가 상권
패션·요식·문화·예술·유흥이 결합된 원스톱 복합 상권
24시간 상권 형성, 젊은 층 유동인구 풍부

젊음의 메카, 젊음의 거리 하면 가장 먼저 떠오르는 상권은 어디일까요? 언론에서는 주춤하고 있다고 하지만 대부분은 여전히 유동인구가 많고 활발한 홍대 거리가 가장 먼저 떠오를 겁니다. 홍대 상권은 패션, 요식, 예술·공연, 유흥(클럽) 등이 원스톱으로 이루어지는 복합 상권입니다.

홍대 상권은 1984년 지하철 2호선 홍대입구역이 개통되면서 급속도로 발전했습니다. 2000년대에 들어서 당시 핫플레이스였던 신촌의 유동인구가 신촌과는 사뭇 다른 분위기의 홍대로 이끌리게 되면서 사람이 몰리기 시작했습니다. 그때부터 지금까지 패션·인디문화(독립적)가 꾸준한 유행을 이끌고 있습니다.

홍대 거리는 대표적인 메이져 대학 상권으로 꼽힙니다. 일반 대학 상권은 학교 종강에 영향을 받아 방학 시즌이 되면 상권이 죽어버리는 문제점이 나타나는데 홍대 상권은 방학과 상관없이 1년 내내 많은 유동인구가 오갑니다. 더불어 오전 시간에 출근하는 직장인과 통학하는 대학생들을 비롯해 새벽 늦은 시간까지 클럽과 술집을 이용하는 젊은 층 등 유동인구가 풍부해 24시간 상권을 형성하는 드문 지역입니다.

홍대 상권은 몇 년 전까지만 해도 일대 클럽이 인기를 끌면서 20대 후반에서 30대 초반의 클러버Cluber들이 주 소비층이었습니다. 최근에는 이태원과 청담동 등으로 클럽 문화가 옮겨가면서 홍대 상권의 주 소비층이 10대

후반~20대 중반으로 낮아졌습니다.

홍대입구역 주변에는 아파트 단지가 없고 합정역이나 서강대역 쪽으로 가야 몇몇 아파트 단지를 찾아볼 수 있습니다. 대부분 빌라, 다세대, 단독주택이 많습니다. 현재는 주택 1층 공간을 상가로 리모델링한 모습도 쉽게 찾아볼 수 있습니다.

현재 홍대입구는 지하철 2호선과 공항철도, 경의·중앙선을 한 번에 이용 가능한 트리플 역세권의 입지를 갖췄습니다. 인근 교육시설은 서교초, 서강초, 경성고, 홍익사대부속여고, 홍익대가 있고 문화·편의시설은 홍익대학교 뒤편에 위치한 와우공원과 홍대 놀이터로 불리는 홍익공원, 연남동 경의선 숲길공원 등이 있습니다.

## 다양한 유동인구 확보된 대표적인 대학 상권

홍대입구역 상권은 지하철 2호선 홍대입구역 8, 9번 출구에서부터 홍익대학교까지를 일반적인 상권 범위로 지칭하고 있습니다. 이 범위 내에서 홍대입구 상권은 8번 출구로 나와 골목으로 들어서면 나오는 먹자 상권과 걷고 싶은 거리, 홍익로를 건너면 나오는 어울림마당길, 인근 홍대 놀이터 등으로 나눌 수 있습니다.

지하철역 주변으로 유동인구가 가장 많은데 특히 약속 장소 메카인 9번 출구 KFC 앞은 일반적으로 사람들이 홍대를 방문할 때 맨 처음 발을 디디는 곳으로 어마어마한 유동인구를 보여줍니다. 홍대입구역 대로변에는 영화관, 패밀리 레스토랑, 대형 카페, 캐릭터 플래그십 스토어, 화장품 매장이 들어서 있습니다.

홍대입구 8번 출구로 나와서 직선으로 올라가면 '걷고 싶은 거리'가 나옵니다. 벤치, 조형물을 가운데 두고 양옆에 점포들이 들어서 있는데 1층에 음식점이 많은 먹자골목으로 특히 고깃집이 많은 점포 수를 차지하고 있습니다. 2~3층에는 헤어숍이나 네일숍, 카페가 줄지어 있고 가운데 인도는 홍대 놀이터와 함께 버스킹이 가장 활발히 이루어지는 장소입니다.

더 깊숙이 들어가면 개인 카페가 모여 있는 카페거리가 나오는데 10년 전 인기리에 방영했던 드라마 커피프린스 1호점 카페도 여기에 있습니다. '걷고 싶은 거리' 길을 따라 남서쪽으로 갈수록 간단히 즐길 수 있는 디저트, 분식 가게가 많고 의류·악세서리 플래그십 스토어나 개인 옷가게를 많이 찾아볼 수 있습니다.

소상공인시장진흥공단의 홍대입구역 상권 인구분석 자료를 살펴보면 대학가의 핫한 상권인 만큼 20대 유동인구가 31.6%로 연령별 비율 중 압도적으로 높았고 30대(20.2%), 40대(15.9%)가 뒤를 이었습니다. 10대 비율도 7.8%로 타 상권보다 높은 비율을 차지했습니다.

## 유명 브랜드 대형 매장부터 소형 보세 의류 매장까지

홍대입구역 사거리와 홍익대학교를 연결하는 홍익로는 금요일 저녁과 주말에 홍대거리에서 인구 밀도가 높은 곳입니다. 주로 H&M, 포에버21 등 SPA 브랜드와 뉴발란스, ABC마트 등 유명 브랜드 대형 매장이 많이 들어서 있습니다.

홍익로에서 로드숍 브랜드 토니모리를 끼고 골목으로 들어서면 어울림마당길이 나옵니다. 홍대거리의 최대 핫플레이스로 볼 수 있는 이 거리는 홍대입구역 상권의 특징을 가장 잘 보여주는 곳입니다.

보세 옷가게, 구둣가게가 주를 이루고 있어 쇼핑을 위한 거리라고 볼 수 있습니다. 골목골목에는 최근 유행을 타기 시작한 키덜트숍부터 아기자기한 액세서리·소품 매장까지 눈길을 끄는 가게들로 다양합니다. 보세 옷가게에는 기존 기성복들과는 다른 개성을 느낄 수 있어 10~20대의 개성 넘치고 독특한 젊은 패션을 볼 수 있습니다.

골목마다 음식점과 주점이 들어서 있고 대형 노래방(수노래방)이 입점해 있습니다. 뒷길로는 클럽과 바가 많았으나 지금은 줄어든 상태입니다. 특히 일식 전문점이 많은데 이자카야 분위기 술집이나 라멘 가게, 규동 전문점, 타코야키, 오코노미야키, 일본식 카레 등 맛집으로 자리 잡은 유명한 가게가 곳곳에 숨어 있습니다.

대표적인 젠트리피케이션gentrification 상권이던 홍대의 임대료는 최근 주춤하기 시작했습니다. 하락 요인은 높은 임대료로 이전한 인근 연남동, 상수동, 망원동 상권이 활성화된 것을 이유로 유추해볼 수 있습니다. 어울림마당길 인근 공인중개사무소 성신 대표도 "그동안 점포 시세가 꾸준하게 올랐지만 최근에는 조금 주춤하고 있다"고 말합니다.

2017년 상반기 기준으로 홍대입구역 상권에서 가장 인기가 높은 업종은 소매업(월평균 매출액 5,548만 원)이었고 다음은 관광·여가·오락(월평균 매출액 3,775만 원), 학문·교육(월평균 매출액 3,580만 원), 음식(월평균 매출액 3,537만 원), 스포츠(2,635만 원) 순이었습니다(출처: 소상공인시장진흥공단 매출 통계자료).

## 창업 시 단기간에 수익 기대는 힘들어

홍대입구역 상권은 클럽문화와 함께 인디밴드 공연의 장소로도 유명세를 탔습니다. 특히 홍대 놀이터라고 불리는 홍익공원은 버스킹(길거리 공연)을 하는 팀이 많고 공연을 관람하는 고정 인구가 많습니다. 가수 10센티미터와 홍대여신(홍대 여성 싱어송라이터 줄임말)으로 불리던 레이디제인, 요조 등 유명 인디 음악인들도 홍대 인디가수 출신인데요. 또한 토요일마다 공원을 중심으로 플리마켓이 열리고 홍대 정문 앞에 위치해 있어 유동인구가 많습니다.

현재 홍대 상권은 경의선 숲길공원으로 뜨고 있는 연남동과 망리단길로 불리는 망원동, 상수동, 합정동 등으로 뻗어 나가고 있는 상태입니다. 해당 지역들은 대부분 홍대와 비슷한 분위기를 띠고 있습니다. 몇몇 언론에서 홍대 상권이 주춤하고 있는 상태라고는 하나 여전히 활발하게 유지되고 있는 상권이라고 생각됩니다.

이처럼 홍대입구 상권은 대학가 상권으로 공연, 패션, 캐리커처, 유흥을 아우르는 복합 대학가 상권이면서 특색이 강한 상권입니다. 주거인구와 직장인구, 홍익대 학생뿐 아니라 10~30대의 젊은 층의 유입인구가 특히 많은 상권 중 하나죠. 복합적인 상권인 만큼 보세 옷가게, 카페, 주점 등 업종별 매출이 특출나게 높은 곳은 없지만 골고루 높은 매출을 보이고 있습니다.

홍대 상권 창업 시 최근 유행하기 시작한 VR 카페나 방탈출 카페처럼 젊은 층의 구미를 당기는 업종이 경쟁력 있습니다. 또 개개인의 개성을 살린 증명사진, 프로필사진이 유행이라 젊은 감각을 가진 사진작가들이 운영하는 사진관도 인기를 끌고 있습니다. 이처럼 젊은 층이 원하는 새로운 아이템을 파악하고 검토해야 합니다.

홍대 상권은 고객들의 충성도가 높아 재방문 횟수가 다른 상권의 점포보다 높아 경기를 안 타는 장점이 있지만 창업 초기에 고객 유치 부분에서 많은 어려움을 겪을 수도 있습니다. 창업 시 그 점을 고려하여 고객 유치를 위해 쿠폰, 할인 등의 이벤트를 실시해 이를 통한 단골 확보가 필요합니다.

홍대 옷가게거리에 위치한 의류점 eGo(이고) 이경열 사장은 "관광특구 지정을 논하고 있어 상권이 더 좋아질 것으로 기대한다"고 답했습니다.

### 홍대입구역 상권 월평균 매출 TOP 5 업종

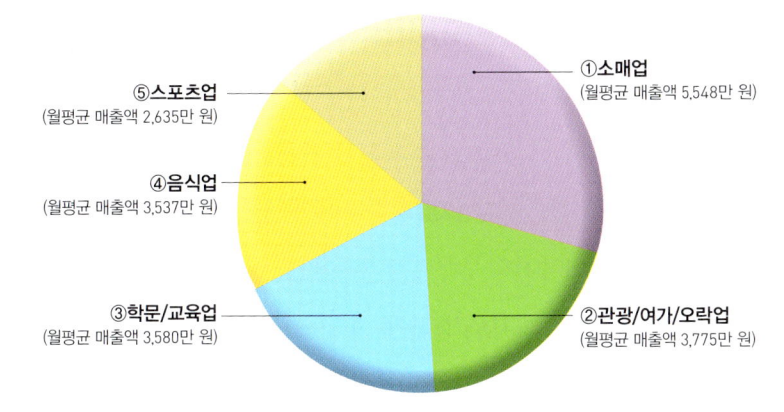

출처: 소상공인시장진흥공단, 홍대입구역 상권 2017년 상반기 기준 매출 통계자료(조사일: 2018.03.21)

### 홍대입구역 상권 상가 평균 시세와 승하차 인구

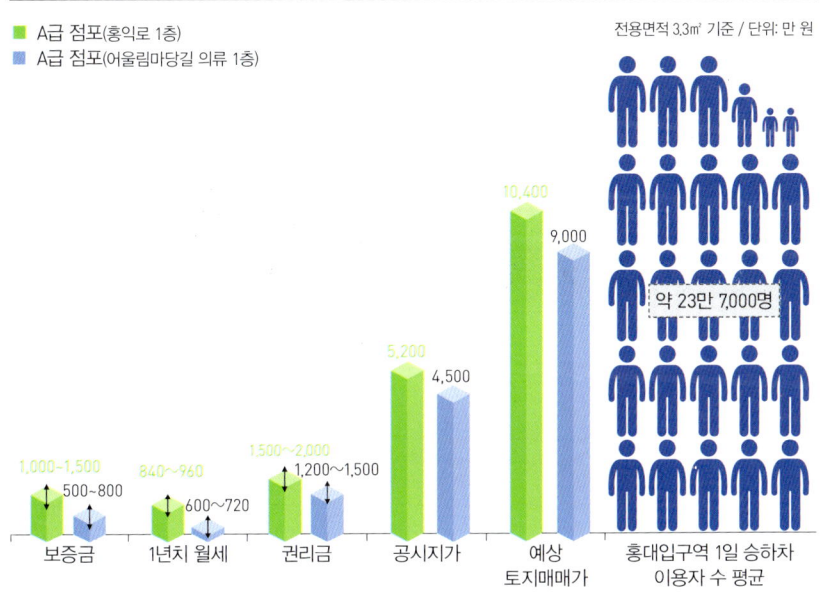

※ 현지 중개사무소를 방문 조사한 것으로 점포 입지에 따라 약간의 시세차가 있을 수 있습니다.
출처: 국토교통부, 서울교통공사, 한국철도공사, 공항철도

4장 투자 가치가 한눈에 보이는 서울 상권 베스트 40 상세 분석 | 215

## 화려한 홍대 상권의 두 번째 얼굴
## 연남동 상권

임대비용 줄일 수 있는 소규모 테이크아웃 가게 추천
키덜트를 노리는 이색 카페 젊은 층 발길
계절적 요인 기복 높아 한겨울과 초봄 매출 기복 편차
화려한 상권의 두 얼굴 '젠트리피케이션' 현상 주의

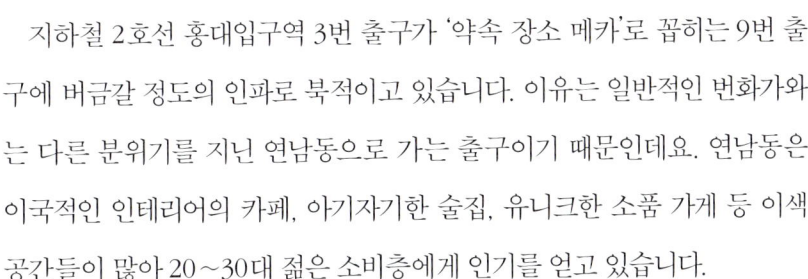

　지하철 2호선 홍대입구역 3번 출구가 '약속 장소 메카'로 꼽히는 9번 출구에 버금갈 정도의 인파로 북적이고 있습니다. 이유는 일반적인 번화가와는 다른 분위기를 지닌 연남동으로 가는 출구이기 때문인데요. 연남동은 이국적인 인테리어의 카페, 아기자기한 술집, 유니크한 소품 가게 등 이색 공간들이 많아 20~30대 젊은 소비층에게 인기를 얻고 있습니다.

　연남동은 몇 년 전까지만 해도 그렇게 주목받는 상권이 아니었습니다. 건너편 홍대입구역에는 골목골목마다 사람이 넘쳐났지만 그에 비해 연남동은 저녁시간대가 되면 유동인구를 거의 찾아볼 수 없을 정도였습니다. 연남동이라는 이름도 그저 연희동 남쪽에 위치하고 있다는 뜻으로 붙은 이름입니다.

　그러던 연남동이 가장 큰 주목을 받게 된 계기는 바로 폐철길을 공원으로 탈바꿈시키는 서울의 도시재생 프로젝트인 '경의선 숲길공원'이 조성되면서부터입니다. 경의선 숲길은 마포구 연남동에서부터 용산구 효창동까지 이어지는데, 총 6.3킬로미터에 달하는 길이로 현재 연남동 구간이 가장 깁니다.

　경의선 숲길공원은 경의선이 지하로 개통되면서 남겨진 지상 공간을 공원으로 조성한 곳입니다. 서울시가 457억을 투입, 2011년에 공사에 착수해 5년 만인 지난 2016년 5월에 완공됐습니다. 연남동의 경의선 숲길공원은

미국 뉴욕의 센트럴파크에서 빗대 '연트럴파크'라는 별칭이 붙을 정도로 인기가 많습니다. 녹지가 부족했던 마포구에 활력을 불어넣으며 현재 많은 유동인구가 몰리고 있습니다.

연남동 주거 환경은 아파트 단지, 다세대, 단독주택이 공원 양옆과 골목 안쪽에 자리하고 있습니다. 골목 상권 특성상 주택 저층부를 개조해 상가로 활용한 경우가 많습니다. 현재 홍대입구역에서 지하철 2호선, 공항철도, 경의·중앙선을 한 번에 이용 가능하고 인근 교육시설은 서교초, 경성고, 홍익디자인고, 홍익대가 위치합니다.

## 마포구에 활력을 주는 연남동 '연트럴파크'

동네를 폐허처럼 보이게 하던 폐쇄된 경의선 자리가 길게 이어진 산책로로 뒤바뀌면서 산책로를 사이에 두고 넓게 깔린 잔디, 군데군데 심어진 초목과 잔잔하게 흐르는 인공 시냇물이 '연트럴파크'에 들어섰습니다. 서울에서 보기 드문 도심 속의 자연 친화적인 공간이라는 점이 가장 큰 매력으로 유동인구의 발길을 끌고 있습니다.

잔디밭에 돗자리를 깔고 도심 속 피크닉을 즐기는 친구와 연인을 비롯해 반려견과 함께 분위기 좋은 공원을 산책하는 주민, 인근 맛집을 찾는 인파까지 연남동 연트럴파크 일대는 유동인구가 풍부합니다.

연남동 상권은 연트럴파크 시작점인 지하철 2호선 홍대입구역 3번 출구부터 경의·중앙선 가좌역까지 이어져 있고 골목마다 젊은 층을 사로잡는 맛집과 술집이 자리 잡고 있습니다. 연남동 상권의 특징은 주거용 빌라나 아파트와 상가가 함께 어우러져 있고 전체적인 건물 높이가 낮다는 겁니다. 주로 주택을 개조한 소규모 가게와 식당, 카페가 많고 대기업 프랜차이즈가 아닌 개성 넘치는 개인 운영 가게들이 많습니다.

산책하기 좋은 낮시간뿐만 아니라 해 질 무렵이 되면 유동인구는 더욱 증가합니다. 연트럴파크 시작점부터 연남파출소까지는 병맥주를 파는 주류 전문 매장인 보틀숍이 모여 있기 때문인데요. 저녁시간대에는 대부분 보틀숍에서 원하는 술을 사서 잔디밭이나 공원 벤치에 삼삼오오 모여 앉아 이야기를 나누는 모습을 볼 수 있습니다.

연남동 유동인구는 주로 10~30대의 젊은 층으로, 특히 젊은 여성들이 주를 이룹니다. 소상공인시장진흥공단의 연남동 상권 인구분석 자료를 살펴보면 20대(24.1%), 30대(24.4%) 유동인구가 가장 많은 비중을 차지하고 있는 것을 볼 수 있습니다.

## 소규모 테이크아웃 가게나 키덜트를 노린 아이템 경쟁력 있어

연남동은 연트럴파크를 가운데에 두고 양옆으로 이국적이고 아기자기한 가게들이 모여 상권이 형성돼 있습니다. 연남동 상권 내에 입지 선정 시 기존 주거용 건물의 저층부 일부를 개조해 가게를 운영하는 것이 임대비용을 줄이는 데 유리할 수 있습니다. 또 공원 주변에는 유동인구가 많은 만큼 소규모의 테이크아웃 가게를 고려하는 것도 좋습니다.

테이크아웃 전문점의 장점은 소규모 매장으로 운영이 가능하기 때문에 임대비용을 줄일 수 있고 인건비 절감도 탁월하다는 점입니다. 연남동에서 주목받고 있는 테이크아웃 아이템은 저렴한 가격의 간단한 안주 메뉴와 더블 핸드 스테이크입니다.

더블 핸드 스테이크는 요즘 유행하는 콜팝과 같은 디자인의 전용 용기에 다양한 음료와 디저트, 스테이크 등 직접 고른 메뉴를 한 컵에 담아주는 테이크아웃 전문 메뉴입니다. 원하는 메뉴를 고를 수 있는 특별함과 정해진 공간이 아닌 자유로운 공간에서 간편하게 즐길 수 있는 이동의 편의성 등이 연남동 상권에 적합해 인기를 끌고 있습니다. 데이트하는 커플과 동진시장에 방문하는 직장인 등을 주요 타깃으로 주말이나 금요일에는 늦은 시간까지 연장 영업을 하는 등 차별화를 두는 것이 창업 시 유리합니다.

더불어 최근 홍대에서 주목받고 있는 만화 '원피스' 카페같이 매니아 층을 노릴 수 있는 이색 카페 또한 연남동 상권에 적합합니다. 키덜트와 일반 소비자들의 이목을 끄는 인테리어 구성과 독특한 메뉴로 승부하는 이색적인 카페들은 소비자에게 신선함을 줄 수 있어 강한 경쟁력이 있습니다. SNS를 활용해 카페 안에 기념촬영을 할 수 있는 특별한 공간까지 마련한다면 자연스럽게 온라인을 통한 홍보 효과까지 누릴 수 있습니다. 하지만 인테리어와 메뉴 개발의 실패 확률을 줄이기 위해서는 사전에 충분한 정보 수집을 진행하는 게 좋습니다.

## 창업 시 경쟁 업체와 주위 상권을 충분히 조사해야

최근 교통의 요지 혹은 대형 상권이 아닌, 특유의 문화가 녹아 있는 상권이 새로 부상하고 있습니다. SNS를 통한 정보 교류가 빨라지고, 외국인 관광객이 늘어나면서 생겨난 현상입니다.

연남동 상권은 충분한 성장 가능성이 있고 입지 또한 뛰어나지만 인근 지역과의 연계성이 낮고 상권 규모가 작아 한계점이 있습니다. 점포는 전형적인 주택형 상가가 주류를 이루고 대부분 소형 점포라는 특징이 있는데, 공원 초입인 메인 동선 3번 출구 쪽은 A급 점포 1층 33제곱미터 기준으로 보증금 2,500만~3,000만 원 선, 월 임대료 200만~250만 원 선, 권리금 5,000만~6,000만 원 선입니다. 골목 안 점포는 시설에 따라 다르므로 사전에 임대인과 충분한 협의를 거쳐야 합니다. A급 점포 1층 33제곱미터는 보증금 2,000만 원 선, 월 임대료 150만~200만 원 선, 권리금 3,000만~4,000만 원 선으로 무권리금인 곳도 있습니다.

　이곳에서 오래전부터 한식 전문식당을 운영하고 있는 '해달밥술' 편경자 사장은 "외지인이 늘면서 상권이 화려해지고 있지만 실제 영업이 잘되는 곳은 몇 군데 안 된다"며 "임대료 인상으로 젠트리피케이션 현상이 나타나 원주민은 다른 곳으로 떠나가고 주민들의 불만도 커졌다"고 전했습니다. 또한 "실제 세입자들이 크게 이득 보는 것은 그리 많지 않은데 세탁소나 채소 가게처럼 실제 주민의 삶에 필요한 가게들이 빠르게 사라져 업종이 편중되는 것을 규제를 통해 막아야 한다"고 덧붙였습니다.

　인근 상인과 공인중개사 대표는 "이곳은 상권 규모는 작지만 도심 내 위치해 교통과 입지가 좋아 비교적 안정적인 상권인데 워낙 개성이 강한 상권이다 보니 고객들의 취향도 민감한 곳"이라며 "공원은 데이트 코스로도 많이 찾는데 한번 다녀간 연인들은 만족도가 높아 재방문이 많지만 계절적 요인의 기복이 높아 특히 한겨울과 초봄에는 매출 기복의 편차가 크다"고 합니다. 또한 "직장인 수요가 적어 평일 낮 장사는 약하고 오후부터가 붐빈다. 특히 주말 오후부터 강세를 보이는데 대부분의 점포들이 손님들로 만원이다"라고 전했습니다.

요즘 소비자들이 감성이나 유행에 민감한 만큼 창업 아이템 선정 시 반짝 아이템보다는 적어도 5년 이상 유행할 만한 아이템을 잘 선정하는 것이 중요합니다. 또 좋은 아이템을 가지고 있더라도 어울리지 않는 상권을 선택한다면 결과가 좋지 않을 수도 있습니다. 창업하려는 상권에 경쟁 업체가 있는지, 주위에 어떤 업종이 운영되고 있는지 충분히 알아보는 자세 또한 필요합니다.

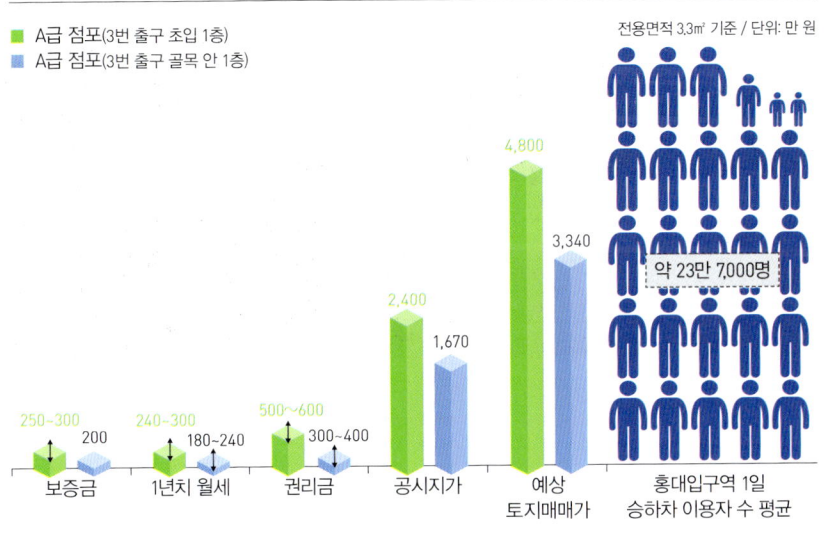

연남동 상권 상가 평균 시세와 승하차 인구

※ 현지 중개사무소를 방문 조사한 것으로 점포 입지에 따라 약간의 시세차가 있을 수 있습니다.
출처: 국토교통부, 서울교통공사, 한국철도공사, 공항철도

## 개성 만점 가게들의 집결지
## 상수역 상권

오래되고 개성 있는 가게는 손님 줄지어 대기
**소규모 발효 전통 빵집, 일본식 퓨전 음식점 강세**
최근 불황으로 장사 어려워 권리금 하락 추세

여의도나 마포 직장인들이 복잡한 홍대 상권을 피해 데이트나 약속 장소로 활용하던 카페거리 상권이 있습니다. 홍대 상권과 붙어 있어 홍대 상권 중 하나로 불리다 현재는 상권이 안정세에 접어들면서 독립적으로 성장하고 있는 '상수역' 상권입니다.

　상수역 주변은 전체적으로 점포들이 소규모로 늘어서 있으며 1, 2번 출구는 메인 상권과 가깝습니다. 특히 1번 출구 인근 주차장 방향은 4~5년 전부터 주택가 골목 상권에서 일반 주택이 하나둘씩 주택형 상가(주거+상가)로 바뀌면서 개성 있는 점포가 생겨나고 있습니다.

　3, 4번 출구는 실제 거주자인 상주인구가 많은데, 주택가 사이사이에 작은 개인 가게와 카페들이 구석구석 숨어 있어 그곳들을 찾아가는 묘미가 있습니다. 지나가다 보면 작은 점포에서 손님들이 옹기종기 모여 대기표를 받고 줄지어 기다리고 있는 모습을 볼 수 있습니다.

　상수 옆 홍대 상권은 이미 포화 상태를 넘어섰고 중앙 주요 상권을 제외하고는 대부분이 유동인구를 수용하지 못하는 실정입니다. 홍대의 높은 권리금도 초보 창업자들에게 부담으로 작용해 점점 상수 쪽으로 옮겨가면서 특색 있는 점포가 생겨나고 있습니다.

## 홍대 속에서 자리 잡아 독립 상권으로 발돋움

상수역은 홍익대학교 정문으로 가는 길에 위치하고 있어서 인근에는 대학 통학을 고려한 학생들이 거주하는 오피스텔과 고시원 등이 다수 분포하고 있습니다. 최근에는 주한 외국인뿐만 아니라 외국 관광객들도 많이 늘어난 모습을 볼 수 있습니다.

기본적으로 20대 대학생의 유동인구가 전체 유동인구의 반 이상을 차지할 정도로 젊은 층에게 인기 있는 상권입니다. 그만큼 유행에 민감하고 개성이 강하며 입소문이 빠른 지역이기도 합니다. 때문에 빠르게 생기고 지는 점포들도 많아 창업자들은 이 점에 유의해야 합니다. 젊은 소비층이 꾸준하게 이용하는 제과점, 패스트푸드점, 카페 등은 유행에 반응하지 않고 점포 수는 꾸준하게 늘어났지만 최근 매출은 불황으로 대부분 하락 추세입니다.

홍대 클럽 골목 입구에 위치한 성원 공인중개사무소에서 20여 년간 한 우물을 판 베테랑 한영자 실장에 따르면 "그동안 경험 부족으로 망해 나간 가게들을 수없이 봐왔는데 너무도 안타까웠다"며 "처음 시작할 때는 의욕이 넘치지만 얼마 못 가서 가게를 접고, 주고 들어온 권리금도 제대로 못 건지고 나가는 경우가 많기 때문에 쉽게 생각하고 들어와서는 절대 안 된다"고 전했습니다. 또한 "여기는 가게가 특징이 있고 가격 대비 개성이 강하면 골목 안쪽에 있어도 얼마든지 손님들이 찾아오기 때문에 길게 보고 장사를 시작해야 오래 갈 수 있다"고 했습니다. "권리금도 너무 높은 것보다는 5,000만~6,000만 원 정도 생각하고 가게를 찾아보면 나름 괜찮은 곳들이 있다"고 귀띔했습니다.

## 메인 상권(1, 2번 출구 상권)의 제한적인 확장 가능성

상수역 메인 상권인 1, 2번 출구는 개성이 넘치고 독특한 점포들이 상권을 가득 채워 유입인구가 가장 많습니다. 먹자 상권이 크게 형성되어 있고, 홍대 클럽거리, 주차장거리를 중심으로 좁은 골목길 상권이 발달한 모습입니다. 추후 일산 라페스타, 신사동 가로·세로수길, 정자동 카페거리와 같은 유명 상권으로 거듭나기에는 제한적이라고 생각됩니다.

주 고객으로 20~30대의 젊은 층이 꼽히며 각 점포마다 개성 있는 인테리어로 고객들을 유입시키고 있습니다. 상권 대부분이 음식점, 주점, 카페, 패션의류, 액세서리 판매점, 편의점 등으로 점포가 붙어 있는 모양입니다.

메인 상권에 위치한 '윤씨밀방'이나 '구슬함박'처럼 젊은 층의 호기심을 끄는 메뉴들이 입점하면 성공 가능성이 높습니다.

소상공인시장진흥공단의 상수역 상권 인구분석 자료를 살펴보면 인근에 대학가가 위치한 만큼 20대 유동인구가 26.8%로 연령별 비율 중 가장 높았고 30대(21.7%), 40대(17.7%) 순으로 높았습니다.

유사한 업종의 점포가 많아 상수역 상권에서 창업을 생각하고 있다면 그 전에 상품 분석은 필수 항목입니다. 동종 상품을 피한다면 경쟁력이 좋을 것으로 예상됩니다. 메뉴가 차별화된 점포는 해가 중천인 시각에도 사람이 줄 서서 기다릴 만큼 인기가 대단합니다. 이곳은 현재 3.3제곱미터당 6,000만~7,000만 원 선에 거래되고 있습니다.

## 3, 4번 출구 인근 도심 지하 발전소, 지상은 휴식 공간으로

상수역 인근 최고의 호재는 서울 벚꽃 명소인 당인리 발전소가 공원화가 되는 겁니다. 발전소가 지하로 내려가 2018년 말 완공 예정으로 현재 공정률은 중반을 넘어선 상태입니다. 지상에는 2020년까지 대규모 공원과 문화 공간이 조성될 예정입니다.

마포구는 서울시의 '한강변 관리기본계획'에 따라 발전소와 인근 절두산 성지, 망원 한강공원을 연결하는 3킬로미터 구간에 대규모 수변문화 공간을 조성할 예정입니다. 발전소가 인근 홍대 문화거리와 한강공원을 잇는 멋진 코스로 새롭게 자리매김할 것으로 기대됩니다.

'예술문화의 거리', '카페거리', '디자인거리' 등의 특화 거리를 조성한다는 구상으로 이 방안에 따라 건물 저층부에 음식점, 카페, 전시시설 등을 권장 업종으로 지정할 방침입니다.

개발호재로 인해 상수역 3, 4번 출구 인근은 활기를 띠고 2016년 상반기까지만 해도 거래도 활발했지만 지금은 다소 주춤해진 상황입니다. 반면 주민들의 관심은 더욱 높아졌습니다. 주거지가 많이 형성돼 있던 기존에 비해 신축 건물이 늘어나고 있어 발전 가능성이 있는 지역으로, 향후 더 큰 상권으로 성장할 것이 예상됩니다. 이곳은 현재 3.3제곱미터당 4,000만~5,000만 원 선에 거래되고 있습니다.

## 상수역 상권의 특징, 20~30대 젊은 층들의 집결지

상수역 상권은 홍익대를 중심으로 상권이 형성됐고 권리금이 비싼 홍대 상권에 비해 소자본 창업자들이 많아 소박하고 아기자기한 디자인의 점포들이 주를 이루고 있습니다. 최근에는 경기불황으로 임대료도 내려야 한다는 목소리가 커지면서 일부 점포들의 권리금도 10~20% 정도 빠지고 있습니다.

상수역 인근 메인 상권 1, 2번 출구 골목은 A급 대로에 1층 66제곱미터 기준 점포 시세가 평균 보증금 5,000만~8,000만 원, 월세 400만~600만 원, 권리금 9,000만~1억 2,000만 원 선입니다. B급 골목 점포는 평균 보증금 2,000만~5,000만 원, 월세 200만 원~300만 원, 권리금 3,000만~5,000만 원 선입니다.

여기에 자신만의 개성을 넣어 20~30대 젊은 층들의 관심을 끌 수 있는

　인테리어에 서비스 부분에서 새로운 아이템이 있다면 창업에 성공할 수 있는 가능성은 높아집니다. 하지만 유행에 끌려다니는 창업을 할 경우 업종 중복이 발생할 수 있기 때문에 유의해야 합니다.

　벌이 꽃향기에 이끌리듯이 혈기왕성한 젊은 층의 남성 고객들은 여성 고객들이 많은 곳을 선호하므로 여성 고객을 공략하면 좋습니다. 실제로 여성용 화장실을 쾌적하게 만들거나 단골 쿠폰 손님에게는 안주를 할인해주는 마케팅을 사용하는 곳이 지갑을 열게 하는 방법입니다.

　홍보 방법으로는 젊은 층을 겨냥하여 블로그, 카페, SNS를 활용하는 것이 좋습니다. 리스크를 줄이는 방법으로 창업을 시작하기에 전에 상권 주 고객층이 어떠한 성향의 집단인지를 파악하는 것이 필요합니다.

## 오랜 전통의 교통 중심지
## 마포·공덕역 상권

대표 오피스 상권으로 마포·공덕역이 하나의 상권 형성
공덕역, 쿼터플 환승 역세권 조성, 교통의 중심지
없는 것 없는 상권으로 창업 시 블루 아이템 필요
평일엔 직장인, 주말엔 지역 주민이 주 소비층

마포역과 공덕역은 각각의 독립된 역이지만 하나의 상권을 형성하고 있습니다. 지하철 5호선 마포역은 서울의 중서부 한강 하류 연안에 위치하며 전통적으로 상권이 강한 지역 중 하나입니다. 빌딩 숲과 고층 아파트, 오피스 상권이자 주택가 상권, 유흥가 상권까지 혼재된 복합 상권으로 공덕 오거리 주변으로 환경이 낙후되었던 곳에 개발이 꾸준히 이루어지며 성장한 지역입니다. 출·퇴근, 점심·저녁 시간대는 회사원들로 북적이고 주말에는 지역 주민들과 외지에서 온 방문객들이 이 상권에서 주로 소비를 하고 있습니다.

　공덕역은 서울 지하철 5호선, 6호선, 수도권 전철 경의·중앙선, 인천국제공항선이 만나고 향후 건설될 신안산선까지 포함하면 총 5개 노선이 한 곳에서 만나는 퀸터플quintuple 환승역으로 거듭나 왕십리역에 이어 국내에서 2번째로 퀸터플 환승역이 됩니다. 5호선과 6호선 역사는 공덕 오거리 지하에 있고, 경의·중앙선(용산선)과 인천국제공항철도의 역사는 1944년에 폐역된 공덕리역에 위치에 있습니다.

　마포역 인근의 한국전력공사 서부지사, 국민건강보험공단, 공덕역 주변의 서울서부지방 법원, 검찰청, 신용보증기금 등 다수의 관공서와 은행, 오피스들을 중심으로 상권이 형성돼 있습니다. 마포염리초, 서울여고 주변은 대규모 아파트 단지들이 많아 상권 수요가 높습니다. 또한 공덕역 오피스

에서 퇴근한 회사원들이 저녁식사와 술자리를 위해 도보로 마포역까지 이동하는 모습도 쉽게 볼 수 있습니다.

### 오랜 전통 지닌 마포역 1, 2번 출구 상권

마포역 1, 2번 출구 한화오벨리스크아파트 앞 공원을 따라 공덕역 방향 앞쪽에는 중장년층을 중심으로 한 전통 한식 전문 업종들이 많이 위치해 있습니다. 인근에 용강동 '마포음식문화거리'는 골목골목마다 오래된 유명 숯불갈비 전문 맛집들이 빼곡히 있는데 그중 마포역 한강 방면 주차장 주변에 주물럭과 갈비구이가 유명합니다.

인근 고깃집은 20년, 30년, 심지어 일제강점기에 생긴 가게도 있어 오랜 전통과 맛으로 승부하는 집이 많기 때문에 프랜차이즈 창업은 추천하지 않습니다. 해당 상권에 잘 맞는 특별한 아이템이 있거나 내공이 강하지 않다면 해당 상권에서 살아남기 힘듭니다. 또한 다른 도심 오피스 상권처럼 토요일 오후부터 일요일, 공휴일은 평일에 비해 유동인구 감소 현상이 나타나 평일과 비교해 매출이 줄어들 것으로 예상됩니다.

평일에는 기업 종사자들이 주 고객층이며 주말에는 지역 주민들 수요가 높아 요식업, 유흥업종 창업이 유리합니다. 1층 점포는 매물이 잘 나오지 않기 때문에 이면 쪽으로 퓨전 바(bar), 스몰비어 업종 등이 유망해 보입니다. 이 경우 비교적 저렴한 지하나 2층이 좋고 지하라면 환기 시설이 잘 되어 있어야 합니다. 화이트컬러 직장인 및 여성 소비자가 많으므로 인테리어에 많은 신경을 써야 주변 점포와 경쟁이 가능합니다.

소상공인시장진흥공단의 2017년 상반기 매출 통계자료를 보면 비교적 업종별 큰 차이 없이 비슷한 매출을 보이고 있습니다. 생활서비스업의 월평균 매출액이 4,648만 원으로 가장 높고 이어서 음식업종(월평균 매출액 4,619만 원), 소매업(월평균 매출액 4,422만 원), 학문·교육업(월평균 매출액 4,334만 원), 스포츠업(3,420만 원) 순으로 조사됐습니다.

마포역 1, 2번 출구 상권의 평균 시세는 1층 66제곱미터 A급 점포가 보증금 7,000만~1억, 월세 400만~500만 원, 권리금 1억 5,000만~2억 원, B급 점포는 보증금 3,000만~5,000만 원, 월세 200만~300만 원, 권리금 7,000만~1억 원 정도로 형성돼 있습니다.

주말과 공휴일 매출 기복이 심하지만 기본적으로 유동인구가 많고 단가 면에서도 강남 못지않아 창업자들에게는 어느 정도 안정된 상권으로 분류되는 곳입니다. 소상공인상권정보시스템 정보를 보면 마포역 상권의 한식·일식 매출은 혜화·잠실새내역 등 유명 상권보다 높았으며 공덕역 상권 쪽으로 갈수록 커피·음료 등의 매출이 높게 나타났습니다.

### 갈매기골목과 인접한 공덕역 9번, 마포역 3, 4번 출구

마포역 3, 4번 출구와 공덕역 9번 출구 사이에는 주로 중장년층을 상대로 하는 업종들이 강세를 이루고 있습니다. 서울가든호텔 이면으로는 음식점들이 즐비하고 커피숍도 상당히 있는 편입니다. 중장년층은 상대적으로 식당에 대한 충성도가 높은데요. 중장년층이 주 고객인 상권은 SNS보다 실제 입소문이 중요하고 단골 고객이 되는 경향이 큽니다. 대형 주상복합 건물과 삼성래미안, 현대홈타운, 쌍용, 우성 등 대규모 아파트 단지들이 밀집된 배후세대가 많아 안정된 상권이기도 합니다.

3번 출구 도화동 주민센터 뒷골목은 마포갈매기 중심의 도화먹자골목 상권입니다. 공덕역 9번 출구와도 가까운 이 상권은 마포의 잘 알려진 전통 상권으로 여전히 활기를 띠고 있고 인근 초고층 주상복합 아파트의 증가로 젊은 수요층도 유입되고 있는 추세입니다.

특히 마포역 3번 출구 이면도로에서 공덕역 9번 출구까지 연결된 공덕효성해링턴스퀘어 빌딩이 오픈되면서 핵심 상권의 변화가 예상됩니다. 총 2개 동으로 구성되는데 A동은 지하 2층~지상 24층의 호텔과 오피스동, B동은 지하 2층~지상 8층의 컨벤션센터동으로 예식장과 근린생활시설이 들어섭니다. 새로 지어진 건물답게 내부 음식점들은 매우 고급스러우며 가격 또한 높은 편입니다. 이곳에 입점한 점포들은 맛집으로 자주 검색되는 편이고 전통 음식 위주의 주변 메인 상권과 업종이 겹치지 않습니다.

공덕역 9번 출구에서 마포역 3번 출구까지를 잇는 인근 갈매기골목은 돼지갈비와 껍데기 전문점, 김치찌개, 양지설렁탕, 순두부, 차돌박이 전문점, 토속음식 전문점 등과 배후에 아파트 단지들이 밀집되어 있어 생활밀착형 업종들이 많이 보입니다. 최근에는 카페, 베이커리 등 젊은 층이 선호하는 업종도 증가하고 있습니다. 특히 퇴근시간대에 회사원과 손님들로 문전성시를 이루지만 상권 자체가 오래되다 보니 웬만한 업종은 이미 운영 중입니다. 신규 창업자들이 장사에 대한 노하우가 없다면 경쟁력이 떨어져 마포역에 창업 시 오랫동안 사업 유지가 힘들다는 특징이 있습니다.

공덕역 상권의 경우에는 2017년 상반기 기준으로 소매업(4억 479만 원), 스포츠업(7,428만 원), 생활서비스업(4,892만 원), 음식업(4,582만 원), 학문·교육업(2,067만 원) 순으로 월평균 매출액이 높은 것으로 조사됐습니다(출처: 소상공인시장진흥공단 매출 통계자료).

마포·공덕역 상권은 메인 상권이다 보니 점포 가격도 높습니다. 마포역 3번 출구부터 공덕역 9번 출구까지를 잇는 동선 상권은 1층 66제곱미터 A급 점포의 평균 시세가 보증금 1억 5,000만~2억 원, 월세 500만~600만 원, 권리금 1억 5,000만~2억 원이고, B급 점포는 보증금 5,000만~1억 원, 월세 300만~400만 원, 권리금 5,000만~1억 원 정도입니다.

마포역 3번 출구 인근에서 15년 동안 중개를 해온 공인중개사무소 대표에 따르면 "마포·공덕 상권은 오피스와 주거가 혼재된 복합 상권이라 비교적 불경기에도 경기의 영향을 적게 받는 것 같다"며 "이곳은 소형 점포들이 대부분인데 매물도 잘 나오지 않고 길 건너 용강동 방향보다는 점포 가격이 1.5배 정도 높다"고 말했습니다.

## 공덕역 인근 전형적인 오피스 상권 형성

공덕역 상권은 오피스 상권 특성을 보이며 환승역, 신축 건물 등의 이점이 있음에도 불구하고 크게 상권 형성이 이루어지지 않은 상태입니다. 마포역보다는 상권의 규모가 작고 활발하지 않은 분위기입니다.

공덕역 5번 출구 오른편 만리재로에는 재래시장이 있습니다. 길 건너 보이는 오피스 빌딩과 아파트들의 화려함과 달리 전통시장의 모습이 정겹기도 합니다. 전통시장은 족발·전 등이 유명하며 주위 오피스 빌딩 안의 식당보다 가격 경쟁력이 있어 불황일수록 손님이 많아지는 특징이 있습니다. 저녁에 술손님이 있긴 하나 너무 비슷한 메뉴의 식당들이 연속으로 위치해 옆집으로 2차를 마시는 발걸음이 옮겨가는 경우는 많지 않습니다. 또한 노후한 건물과 불편한 식탁은 손님을 오래 잡고 있지 못하는 요인입니다.

공덕역은 5, 9번 출구를 제외하고는 이렇다 할 상권이 형성돼 있지 않습니다. 대부분 아파트들이 들어서 있고 상가가 드물어 점포 창업 공간이 많지 않아 보입니다. 가격대가 높은 대로변은 중·대형 점포들 위주로 상가 구성이 되어 있습니다.

통계청에 따르면 공덕동은 20~30대 비율이 전체의 34%, 1~2인 가구는 51%를 차지한다고 합니다. 혼자 사는 20~30대 직장인과 1~2가구 소비층이 높기 때문에 창업 업종으로 프랜차이즈, 생필품, 편의점, 호프집, 카페, 배달업종 등이 유리하다고 할 수 있습니다. 호프집이나 바 등 방문객 구성은 인근 회사원들이 많고, 프랜차이즈, 생필품, 편의점 등은 20~30대의 소비가 높습니다. 공덕역은 주말보다 평일 매출이 높기 때문에 창업 시 평일 직장인 대상의 업종과 아이템을 선택하는 것이 좋습니다.

## 각종 이벤트로 주말 고객 확보 등 매출 상승 모색

매년 열리는 '마포음식문화축제'는 이곳을 찾는 손님들 발길을 붙잡아 매출을 높이는 요소로 작용하고 있습니다. 주변 상인들이 만족할 수준은 아니라고 하지만 이러한 이벤트는 꾸준히 진행하는 것이 상권에 활력이 될 수 있습니다. 가족 단위나 연인, 다양한 소비자들을 확보할 수 있는 주말·공휴일 이벤트와 업종을 모색해 더 많은 고객 방문을 유도할 수 있는 상권 분위기 조성이 필요합니다.

덧붙이면 마포·공덕역 상권은 상권 확장 여력도 큽니다. 공덕역은 광역 교통망 형성과 더불어 꾸준한 지역 개발로 상권의 경쟁력이 높아지고 있습니다. 또한 현재 추가로 공급 중인 아파트와 오피스 빌딩이 속속 완공되면 유입인구는 더욱 늘어날 전망입니다. 이로 인한 상권의 발달과 부동산시장의 상승세도 기대해볼 만합니다.

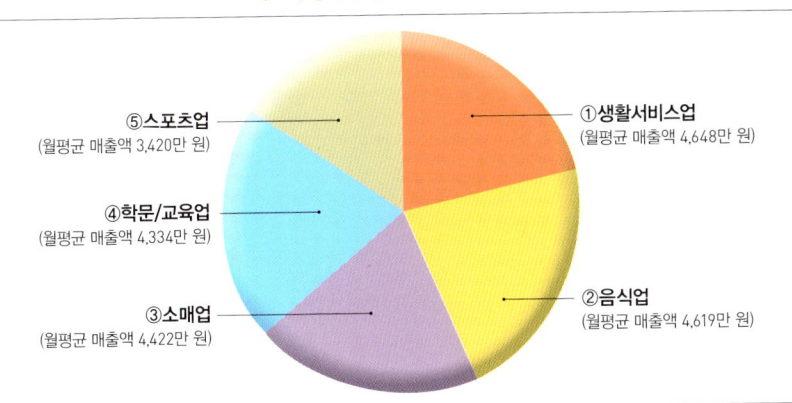

마포역 상권 월평균 매출 TOP 5 업종

① 생활서비스업 (월평균 매출액 4,648만 원)
② 음식업 (월평균 매출액 4,619만 원)
③ 소매업 (월평균 매출액 4,422만 원)
④ 학문/교육업 (월평균 매출액 4,334만 원)
⑤ 스포츠업 (월평균 매출액 3,420만 원)

출처: 소상공인시장진흥공단, 마포역 상권 2017년 상반기 기준 매출 통계자료(조사일: 2018.03.21)

### 공덕역 상권 월평균 매출 TOP 5 업종

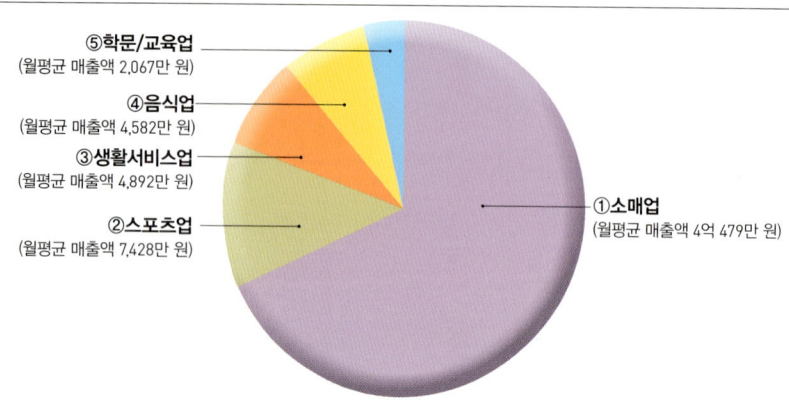

출처: 소상공인시장진흥공단, 공덕역 상권 2017년 상반기 기준 매출 통계자료(조사일: 2018.03.21)

### 마포·공덕역 상권 상가 평균 시세와 승하차 인구

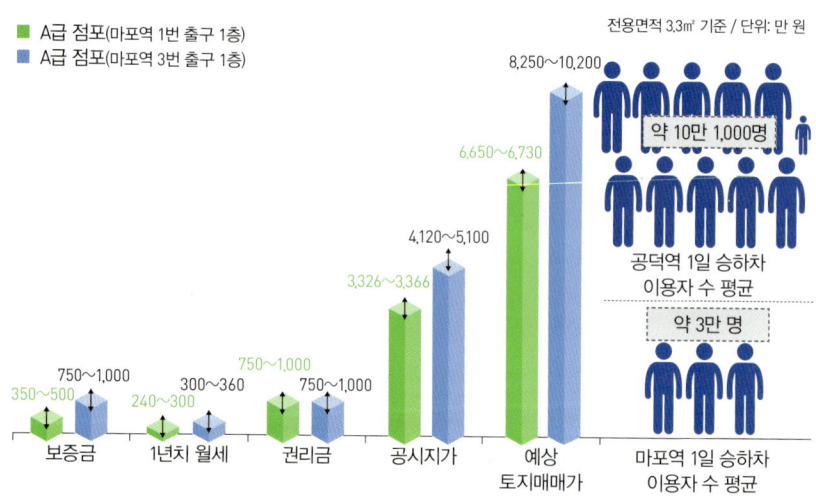

※ 현지 중개사무소를 방문 조사한 것으로 점포 입지에 따라 약간의 시세차가 있을 수 있습니다.
출처: 국토교통부, 서울교통공사, 한국철도공사, 인천공항철도

## 디지털 방송과 콘텐츠의 상징
## 디지털미디어시티역 상권

방송·콘텐츠몰 등 문화 아이콘 집합소, 디지털미디어시티
직장인·젊은 층 입맛과 취향 저격해야 성공 가능성
홍대 분위기의 골목 상권, 임대료는 꾸준히 오름 추세

최근 우리나라는 한류로 드라마, 아이돌 등 방송 콘텐츠 인기가 증가하면서 미국, 유럽, 동남아 등에 콘텐츠를 제공하는 세계적인 방송 수출국으로 자리매김하고 있습니다. 앞으로 새로운 미디어 콘텐츠시장 개척이 중요해지면서 이 분야는 매년 급성장하고 있습니다.

방송 콘텐츠시장 확장에 발맞추어 서울시는 2002년부터 마포구 상암동 56만 9,925제곱미터 부지에 상암 DMC(디지털미디어시티)를 조성했습니다. '상암새천년신도시' DMC택지개발지구에 자리 잡고 있으며 첨단 디지털 미디어 엔터테인먼트(M&E) 클러스터로서, 쉽게 말해 방송사와 IT기업이 둥지를 트는 특별 구역입니다.

디지털미디어시티역 상암 DMC지구에는 현재 MBC, SBS, KBS 등 지상파 방송사와 YTN, JTBC, CJ E&M 등 미디어 기업 간판이 달린 고층 건물로 빽빽합니다. 주변에는 월드컵아파트 단지로 불리는 1만여 가구 규모의 주거 단지도 조성돼 있습니다. 명칭에 걸맞게 미디어 종사자나 문화예술 관련 기업에 근무하는 사람들로 북적입니다.

교육시설로는 인근에 신북·수색·북가좌·상지초, 중앙중, 상암초·중·고, 외국인학교, 명지대가 있으며 월드컵경기장, 월드컵공원, 하늘공원, 노을공원, 난지천공원, 평화의공원, 난지한강공원, 난지캠핑장, 마포농수산물시장, 마포구청 등 문화·편의시설과 인접해 있습니다.

상암동 일대에는 약 20여 개의 버스 노선이 지나고, 지하철로는 6호선 디지털미디어시티역, 월드컵경기장역, 경의·중앙선 수색역, 공항철도역을 포함해 3개의 환승 노선이 있으며 내부순환도로, 강변북로, 현천IC가 있어 교통이 편리합니다.

### 임대료 상승 추세, 홍대 못지않은 인기 맛집 상권

디지털미디어시티역 8, 9번 출구는 4년 전까지만 해도 주택가에 불과했으나 상암DMC가 완공되면서 지금은 술집, 밥집, 카페 등 다양한 업종이 들어서 있는 골목 상권으로 자리 잡고 있습니다.

상암DMC에 기업들이 입주하면서 일대 유동인구가 증가하고 'DMC페스티벌', '하늘공원 억새축제' 등 다양한 문화 행사도 열리면서 관광객들의 발길이 이어지고 있습니다. 몇 년 전만 하더라도 상권이라 이름 붙이기 민망할 정도로 썰렁했던 그 모습은 현재는 찾아볼 수 없습니다.

상암 MBC 사옥 서쪽, 상암동 주민센터 주변이 중심 상권으로 주목받고 있으며 프랜차이즈 점포와 개인 가게들이 조화롭게 들어서 있습니다. 그중에서도 조대리, 몽크피쉬, 열정소곱창, 마이클돈까스, 한상가득 왕솥뚜껑 등과 같이 젊은 층과 직장인들의 눈길을 끄는 맛집이 인기인데요. 가게마다 뚜렷한 개성이 담겨 있어 홍대 상권과도 유사한 분위기를 느낄 수 있습니다.

2017년 상반기 기준으로 디지털미디어시티 상권에서 평균 매출이 가장 높은 업종은 음식업(월평균 매출액 5,437만 원)이고 뒤를 이어 생활서비스업(월평균 매출액 5,012만 원), 소매업(월평균 매출액 4,583만 원), 스포츠업(월평균 매출액 4,147만 원), 관광·여가·오락업(월평균 매출액 3,821만 원)으로 조사됐습니다(출처: 소상공인시장진흥공단). 음식업종 중 매출이 가장 높았던 메뉴는 닭·오리 요리(월평균 매출액 9,010만 원), 양식(월평균 매출액 8,835만 원), 패스트푸드(월평균 매출액 7,815만 원), 제과제빵·떡·케이크(월평균 매출액 7,498만 원), 커피점·카페(월평균 매출액 6,294만 원) 순입니다.

하지만 상권 활성화로 인해 인근 상가 임대료 역시 매년 오르고 있습니다. 현재 디지털미디어시티역 메인 상권의 평균 시세는 1층 66제곱미터 A급 점포가 보증금 5,000만~7,000만 원, 월세 200만~300만 원, 권리금 7,000만~1억 원, B급 점포는 보증금 3,000만~4,000만 원, 월세 150만~180만 원, 권리금 3,000만~4,000만 원 정도로 형성돼 있습니다.

주변 공인중개사에 따르면 "이곳 골목 임대료는 3.3제곱미터당 10만 원

전후의 월세가 형성돼 있으며 3.3제곱미터당 매매가는 3,500만~4,300만 원으로 호가는 4,500만 원까지 하는 데가 있고 실제로 얼마 전에는 4,300만 원에 거래가 성사됐다"며 "앞으로도 가격이 올라가면 올라갔지 내려갈 가능성은 낮다"고 말했습니다.

부동산114에 따르면 2015년 1분기 상암동 상가의 평균 임대료는 3.3제곱미터당 11만 3,190원이었습니다. 임대료는 계속 올라 2016년 3분기 상암동 상가의 평균 임대료는 3.3제곱미터당 16만 4,670원으로 작년 1분기보다 45% 상승했습니다. 지난 3분기 상암DMC 상권의 임대료는 전 분기(2분기) 대비 20%나 오르면서 서울에서 임대료가 가장 많이 오른 곳으로 꼽히기도 했습니다.

## 연장되는 경의선 숲길, 또 다른 상권 형성 가능성

2016년 5월 3단계 구간까지 완공돼 시민에 개방된 경의선 숲길공원으로 인근 상권이 들썩였습니다. 경의·중앙선이 지하로 개통되면서 지상을 공원으로 조성해 지역 분위기가 180도 달라졌기 때문입니다. 특히 홍대입구역 근처 연남동 구간은 미국 뉴욕의 센트럴파크를 연상시킨다고 하여 '연트럴파크'라는 별칭이 붙을 정도입니다.

마포구·부동산 업계 관계자에 따르면 기존 가좌역까지 조성됐던 경의선 숲길공원이 디지털미디어시티역까지 구간 연장되는 작업이 진행 중입니다. 경의선 폐선 부지를 따라 1.6킬로미터의 규모로 2018년 6월 완공 목표를 두고 단계별로 공사가 진행되고 있습니다.

연트럴파크 공원이 이미 그 인기를 입증했듯 큰 공원이 들어서면 골목 상권 활성화에 영향이 있습니다. 기존 디지털미디어시티역 골목 상권처럼 프랜차이즈 상가보다는 독특한 특색과 개성을 지닌 업종이 유망할 것으로 보입니다. 다만 임대료 상승 문제와 중산층이 몰리며 젠트리피케이션 현상이 일어날 가능성이 있어 명암이 공존할 수 있습니다.

### 향후 2번 출구와 8, 9번 출구 상권 연결 기대

주변에는 직장인 수요 대비 주거시설이 부족해 공사 중인 오피스텔과 소형 주택 공사가 곳곳에서 보입니다. 아침저녁에는 인근 또는 멀리서 출퇴근하는 직장인들로 지하철역이 북새통을 이루고 있습니다.

2번 출구 앞 공사 부지에는 L사 백화점과 호텔이 들어올 예정이었으나 지자체 공원 기부 협상과 주변 상인들의 상권 침해 논란으로 주춤한 상태입니다. 향후 공사 부지에 건축물이 들어설 경우 2번 출구에서 8~9번 출구인 팬택, K-BIZ중소기업DMC타워 후문까지 상권이 하나로 연결돼 새롭게 거듭날 것으로 예상됩니다.

상암동 DMC역 메인 상권인 9번 출구에서 20미터 정도 따라 올라가면 골목골목마다 주택과 상가가 혼재된 상권이 나옵니다. 전형적인 주택형 상가로 1층 대부분이 상가이고 2층은 거주 주택으로 사용하고 있는데 2층도 음식점, 커피숍, 주점 등 영업용으로 대거 탈바꿈 중입니다. 9번 출구 상권에는 저녁 퇴근길에 직장인들이 붐빕니다.

## 방송국, 대기업 등이 들어서며 탄탄한 지역 발전

오피스 상권은 대체로 기업체 이전을 시작으로 인구가 유입되고, 유입된 인구가 소비를 불러일으키며 상권이 형성됩니다. 그 이후 멀리서 출퇴근을 하던 직장인이 상주인구가 되어 주택수요를 불러오는 3단계로 전체 상권 구도가 형성되는데요. 현재 상암 DMC는 이러한 단계로 상권이 크게 형성된 상태입니다.

그러나 상권이 크더라도 그 상권과 어울리지 못하면 살아남을 수 없습니다. 선진 문화를 선도해나가는 DMC단지에 걸맞은 음식점과 테마가 있는 퓨전 주점 등 이색적이고 차별화된 아이템으로 분위기를 갖추어 특색과 개성으로 승부해야 합니다.

창업한다면 리스크를 조금이라도 줄이기 위해 입점해 있는 기업의 성향과 직장인의 소비 패턴을 알아야 하고 고객이 꾸준히 유입할 수 있는 차별화된 전략을 생각해야 합니다. 디지털미디어시티역 골목 상권은 앞으로 확장성이 높아 주변 기업들의 직장인 수요와 더불어 부동산 가치 또한 한동안 올라갈 것으로 전망됩니다.

### 디지털미디어시티역 상권 월평균 매출 TOP 5 업종

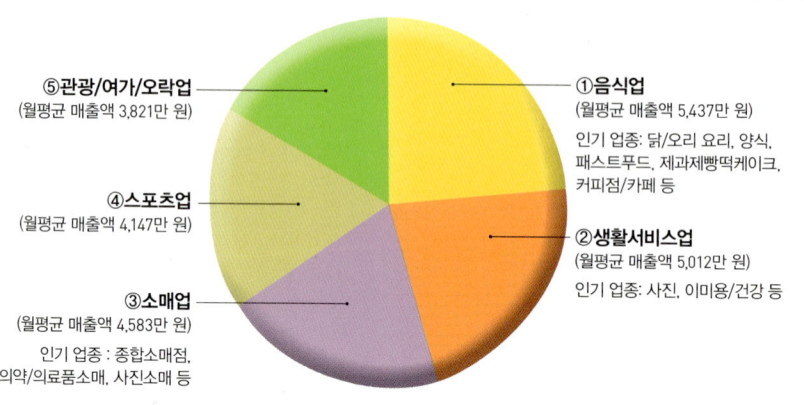

출처: 소상공인시장진흥공단, 디지털미디어시티 상권 2017년 상반기 기준 매출 통계자료(조사일: 2018.03.21)

### 디지털미디어시티역 상권 상가 평균 시세와 승하차 인구

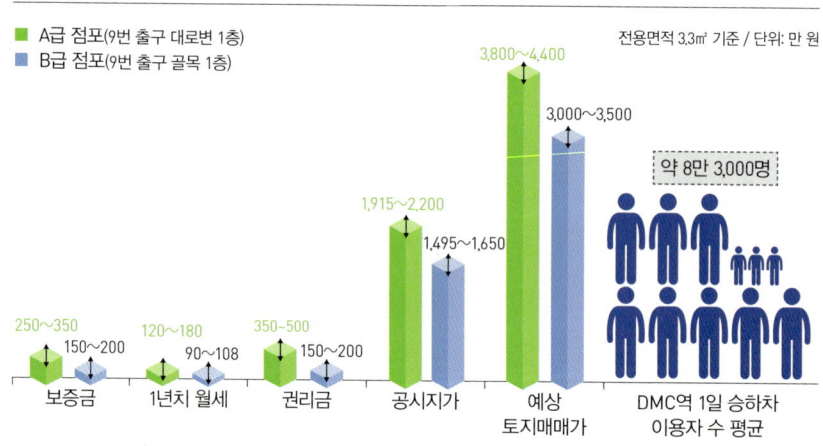

※ 현지 중개사무소를 방문 조사한 것으로 점포 입지에 따라 약간의 시세차가 있을 수 있습니다.
출처: 국토교통부, 서울교통공사, 한국철도공사, 공항철도

## 대학가 상권의 대명사
## 신촌역 상권

연세대, 이화여대 등 대학가 상권으로 방학 기간 매출 저하가 단점
연세로와 인근 먹자골목에 많은 유동인구
강남, 종로와 같은 유명 학원들이 밀집된 대형 학원 상권

"강남, 홍대 사람 많아. 신촌은 뭔가 부족해~" 남성 듀오 UV의 〈이태원 프리덤〉 가사처럼 신촌은 과거 젊은 층이 붐비던 상권이었으나 2000년대 이후 급격히 성장한 홍대 상권에 눌려 현재 제자리걸음 중입니다.

신촌역 상권은 대표적인 대학가 상권으로 주변에 연세대, 이화여대, 서강대, 홍익대 등 서울의 주요 대학교가 몰려 있어 10만 명이 넘는 대학생과 마포구, 서대문구, 은평구 등에 거주하는 주민들을 배후로 두고 있는 상권입니다. 또 지하철 2호선뿐만 아니라 신촌기차역에서 경의선이 운행되고 있고 인천, 일산, 안양 등의 수도권까지 연결되는 다양한 버스 노선이 있어 접근성이 좋습니다. 특히, 대학교가 몰려 있다 보니 통학이 불편한 학생들이 거주하는 오피스텔, 고시원 등도 다수 분포돼 있고 외국 유학생들도 많은 편입니다.

신촌의 핵심 상권이라고 할 수 있는 연세로 길은 평일에는 버스와 자전거, 구급차 등 긴급 차량을 제외한 일반 차량을 통제하는 대중교통 전용지구로 지정됐고, 주말에는 차 없는 거리로 운영되고 있습니다(2014년부터). 서대문구청에 따르면 점차 평일까지 차 없는 거리로 확대하는 방안을 추진 중이라고 합니다.

## 유동인구가 가장 많은 2, 3번 출구 연세로

　신촌역 상권은 크게 현대백화점 뒤쪽으로 발달한 먹자골목과 이화여대 쪽으로 가는 길에 있는 명물거리, 신촌역 대로변의 어학원, 컴퓨터학원 등이 밀집돼 있는 대형 학원가로 나눌 수 있습니다.

　신촌역 1번 출구로 나오면 현대백화점이 있고 카페 투썸플레이스를 끼고 있는 2번 출구와 마주 보는 3번 출구는 연대 앞까지 연세로거리로 이어집니다. 연세로를 따라 연대 쪽으로 가다가 이대 방향으로 가면 명물거리가 나오며 4번 출구 대로변은 학원들이 있는 거리로 구분됩니다.

　연세로가 차 없는 거리로 인도화되면서 넓은 횡단보도를 기준으로 양쪽에 대형 광장이 생겼습니다. 연세로를 따라가다 보면 광장 한쪽은 신촌역 약속 장소의 메카인 신촌 현대백화점 별관 유플렉스 앞 '빨간 잠수경'이 나옵니다. 양쪽 광장에는 버스킹 등 공연과 각종 프로모션 행사가 열리며 유동인구가 가장 많은 곳이라고 할 수 있습니다.

2, 3번 출구의 연세로는 신촌역 상권의 핵심 상권으로 학생들이 주로 찾는 카페와 로드숍 화장품 가게 등이 분포돼 있습니다. 현대백화점 뒤쪽은 대표적인 먹자골목으로 고깃집, 닭갈비집 등 음식점과 주점으로 전형적인 대학가 스타일 업종의 매장이 대부분입니다. 먹자골목은 저렴한 단가의 푸짐한 메뉴를 제공하는 가게가 장사가 잘되는 반면 비싼 단가의 매장들은 장사가 안 되는 모습을 보입니다. 이곳은 신촌역 상권 중 밤에 유동인구가 많은 곳으로 학생들뿐만 아니라 많은 직장인들도 교통이 편한 신촌을 만남의 장소로 이용합니다.

신촌역 상권의 주 유동인구는 대학생 등 20~30대 젊은 층으로 그들을 타깃으로 한 카페, 주점, 음식점, 학원 등이 발달돼 있습니다. 특히 연세로 11길 주변은 한 집 건너 한 집이 치킨집으로 대학생들이 치킨골목이라고 부를 정도인데요. 노랑통닭, 다사랑치킨, 크리스터치킨, 칠칠켄터키 등 대학생들에게 사랑받는 가게가 이곳에 몰려 있습니다. 명물거리 방면으로는 젊은 연인 층을 타깃으로 한 아기자기한 인테리어의 주점과 카페가 많고 고급 바, 고급 음식점도 늘어서 있습니다. 신촌역 상권은 특히 주변의 대학 수업이 끝나는 시간에 기존 명성을 보여주듯 본격적으로 활기를 띠기 시작합니다.

반면 대학 상권에서 쉽게 찾아볼 수 있는 SPA 브랜드 등 패션 매장의 입점은 적은 편인데 이유는 인근 현대백화점 내에 국내 대부분의 의류 브랜드 매장이 입점해 있기 때문입니다. 신촌 상권은 과거에는 패션, 문화의 비중이 컸으나 최근에는 유흥과 음식점 위주의 상권으로 변했습니다.

신촌은 대학가 상권이지만 대학생들만의 공간은 아닙니다. 신촌 현대백화점 같은 경우 마포구, 서대문구, 은평구의 쇼핑 고객들에게 큰 인기가 있는 곳입니다. 현대백화점은 신촌역 상권의 랜드마크로 가장 크고 눈에 띄는 장소로 유동인구가 상당히 많습니다.

신촌역 연령별 유동인구를 살펴보면 대학가 상권인 만큼 20대의 비율이 38.0%로 월등히 높습니다. 시간대별 유동인구는 오전 6시부터 오후 12시까지 24.8%, 오후 12시부터 오후 3시까지 18.9%, 오후 3시부터 오후 6시까지 20.3%, 오후 6시부터 오후 9시까지 20.9%로 꾸준히 오가는 편입니다(출처: 소상공인시장진흥공단 2018년 1월 인구분석 통계자료).

## 대형 학원이 밀집된 신촌역 4번 출구 인근

신촌역 4번 출구와 신촌로터리 주변으로는 주로 강남권에서 찾아볼 수 있는 YBM, 파고다영어학원, 더조은컴퓨터학원 등 유명 대형 학원이 밀집해 있습니다. 따라서 서북부 지역에서 학원을 찾기 위해서는 신촌에 갈 수밖에 없습니다. 대학생과 직장인들을 대상으로 한 학원들이 자리 잡고 있어 주변에는 젊은 층이 자주 찾는 프랜차이즈 카페, 패밀리 레스토랑도 함께 들어서 있습니다.

신촌은 노량진 같은 학원가는 아니지만 강남, 종로와 같이 유명 학원들이 많이 들어서 있으므로 대학생 유동인구가 많아 이들을 노린 유명 학원 창업과 패스트푸드점도 유망합니다. 물론 학원은 대부분 규모가 큰 사업이기 때문에 리스크도 크다는 것을 고려해야 합니다.

2017년 상반기 기준으로 신촌역 상권에서 가장 인기가 높은 업종은 스포츠업(월평균 매출액 7,102만 원)이었고 다음으로 소매업(월평균 매출액 5,872만 원), 숙박업(월평균 매출액 4,778만 원), 생활서비스업(월평균 매출액 2,575만 원), 학문·교육업(월평균 매출액 2,522만 원) 순으로 매출이 높은 것으로 나타났습니다(출처: 소상공인시장진흥공단 매출 통계자료).

## 대학생에 의한, 대학생을 위한 복합 상권

다양한 유동인구가 지나지만 신촌역 상권의 기본 성격은 서울의 대표적인 대학가 상권입니다. 서울의 유명 대학들이 주변에 분포해 있어 기본적으로 20대 대학생인 유동인구가 신촌 전체 유동인구의 절반 이상을 차지할 정도입니다. 그만큼 유행에 민감하고 빠르게 변화하는 지역입니다.

빠르게 생기고 지는 점포들도 많아 창업자들은 이 점에 유의해야 합니다. 학생들이 꾸준하게 이용하는 패스트푸드점, 카페 등은 유행에 반응하지 않고 매출도 꾸준합니다. 다만 점포 수가 많은 편이므로 대학생 고객층을 움직일 만한 프로모션이나 세일 등을 적극적으로 진행해야 승산이 있을 것으로 보입니다.

신촌은 대학가 상권이라는 한계를 분명히 가지고 있습니다. 방학 시즌에는 다른 대학 상권보다는 덜하지만 학원이 분포해 있는 4번 출구의 점포들을 제외하고는 매출이 하락하는 모습을 보이기도 합니다. 신촌역 상권에서 창업을 준비할 때 가장 유의할 점 가운데 하나로 꼽힙니다.

이곳 지역 사정에 밝고 먹자골목 상권에서 중개사무소를 운영하는 D공인중개사 김 대표는 "월세가 많이 높은 경우는 권리금이 없는 곳이 몇몇 있지만, 입지에 따라 또 건물주마다 점포의 가격 차도 제각각"이라며 "부침 또한 높아 이곳 상권의 특성을 충분히 파악한 후 창업에 뛰어들어야 승산이 높다"고 말했습니다. 또한 "대학가 상권의 특성도 가지고 있어 방학 기간에는 매출 기복의 편차도 상당히 있다는 것을 알아야 한다"고 당부했습니다.

### 신촌역 상권 월평균 매출 TOP 5 업종

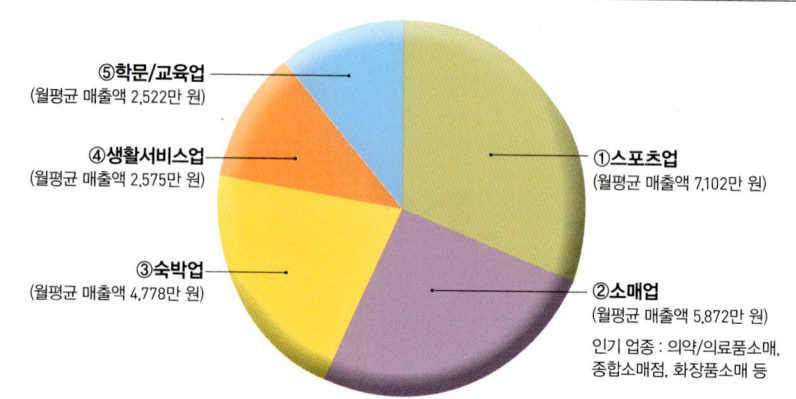

출처: 소상공인시장진흥공단, 신촌역 상권 2017년 상반기 기준 매출 통계자료(조사일: 2018.03.21)

### 신촌역 상권 상가 평균 시세와 승하차 인구

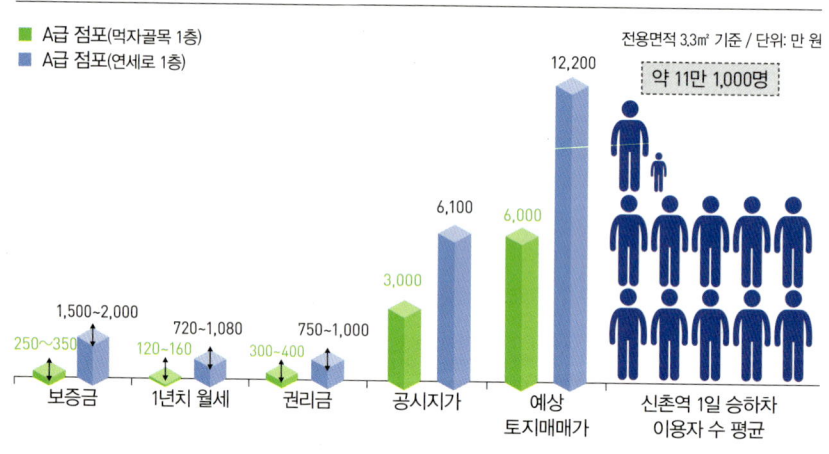

※ 현지 중개사무소를 방문 조사한 것으로 점포 입지에 따라 약간의 시세차가 있을 수 있습니다.
출처: 국토교통부, 서울교통공사, 한국철도공사

## 개성 넘치는 서울 안의 외국
# 이태원 상권

이국적인 서울의 모습, 용산구 이태원 상권
**외국인 관광객, 거주자 등 많은 유동인구**
이태원 주한 미군 이전, '용산공원' 조성 호재

"서울은 몰라도 이태원은 알아요"라는 말처럼 외국인들에게 익숙한 풍경이 펼쳐지고 있는 곳이 바로 이태원 상권입니다. 1980년대에 외국인들을 대상으로 섬유와 패션산업이 발달하며 이태원은 전성기를 맞았습니다. 주둔 중이던 미군 때문에 자연스럽게 미국인 체형에 맞춘 양장점, 빅 사이즈 옷, 보세 제품 가게가 들어섰는데 그 당시 맞춤 정장 매장이 이태원에만 100여 곳이 넘을 정도로 인기를 끌었습니다.

더불어 1997년 서울 내 최초의 관광특구로 지정되며 외국인들 사이에서 꼭 들러야 할 명소로 자리 잡았는데요. 외국인뿐 아니라 내국인 유동인구도 늘었으며 2010년대에 들어 이태원역과 경리단길 상권 일대의 유명 셰프와 연예인이 운영하는 가게가 방송과 언론을 타며 음식업종을 위주로 유명세를 이어가고 있습니다.

이태원 상권은 이국적인 정취를 품고 있는 곳으로 지하철 6호선 이태원역 주변인 이태원1동, 경리단길 주변인 이태원2동, 해방촌으로 주목받고 있는 용산2가동, 디자이너 거리인 한남동 등으로 광범위하게 나뉩니다.

이태원 상권은 쇼핑, 유흥 문화를 즐길 수 있는 복합 상권입니다. 빅 사이즈 옷 전문점, 독특한 액세서리와 패션 상품 등 의류 매장이 늘어서 있고 유흥 상권은 클럽, 바 위주로 형성돼 있으며 이국적인 음식점들이 밀집된 먹자골목이 있습니다. 때문에 자연스럽게 내·외국인 등 유동인구가 다양합니다.

이태원 내 주거 환경은 격차가 있는 편입니다. 이태원역 인근 해밀턴호텔을 기준으로 서쪽, 남쪽으로는 재래시장인 이태원시장이 자리 잡고 있고 평범한 일반 주택이 늘어서 있으나 동쪽, 북쪽으로 이동하면 최고급 대형 주택이 모여 있는 부촌 지역이 있습니다.

인근 교육시설은 이태원초, 보광초, 서울용산국제학교, 한국폴리텍대학(서울정수캠퍼스)이 있으며 남산공원, 용산가족공원, 매봉산공원 등 큼지막한 공원 인프라가 가깝게 위치합니다.

## 이국적인 가게가 늘어선 외국인들의 집결지

이태원역 인근 도로변에는 대형 카페, 브랜드·보세 의류 매장, 패스트푸드점 등이 들어서 있습니다. 빅 사이즈 옷과 보세 의류 매장이 많은 것이 특징입니다. 4번 출구 쪽에서 녹사평역 방향으로는 골목골목마다 다양한 의류 매장을 볼 수 있고, 노점들은 대부분 외국인 관광객을 겨냥한 기념품과 액세서리를 취급하고 있습니다.

지하철 6호선 이태원역 1, 2번 출구 해밀턴호텔 뒷골목을 따라가면 다양한 음식점과 카페가 모여 있는 세계음식거리가 나옵니다. 명칭에 걸맞게 이색적이고 이국적인 음식점들이 많이 들어서 있습니다. 인도 커리는 물론이고 브라질 요리, 시칠리아식 이탈리아 요리, 터키식 케밥, 불가리아 레스토랑 등 한국식으로 변형되지 않아 외국 본토의 맛을 느낄 수 있는 다양한 국적의 음식점 등이 주를 이룹니다. 건물 내부와 외부도 이국적인 인테리

어를 적용했으며, 일부 가게는 외국어로 쓰여 있는 간판이 걸려 있어 거리를 걷는 것만으로도 외국을 방문한 듯한 느낌을 줍니다.

이태원 상권 하면 빼놓을 수 없는 클럽문화도 이 구역이 가장 활발합니다. 클럽을 이용하는 연령대는 강남과 비슷하고 홍대보다는 높은 편입니다. 위치 특성상 외국인의 비율도 상대적으로 많고 성소수자들을 위한 클럽과 바도 많이 자리 잡고 있습니다.

매년 10월 둘째 주 즈음에는 한국의 전통문화와 이태원의 외국문화를 결합하고, 이태원 지역의 활성화 및 관광객 유치를 위해 이태원역을 중심으로 이태원 지구촌축제가 열립니다. 용산구에 따르면 2016년에는 개최 이틀간 약 100만 명의 방문객이 이곳을 찾았다고 합니다.

2017년 상반기 기준으로 이태원역 상권에서 가장 인기가 높은 업종은 관광·여가·오락업(월평균 매출액 5,151만 원)이었습니다. 그 다음은 숙박업(월평균 매출액 5,034만 원)이었고 뒤를 이어 음식업(월평균 매출액 4,837만 원), 생활서비스업(월평균 매출액 3,039만 원), 소매업(월평균 매출액 2,670만 원) 순으로 나타났습니다(출처: 소상공인시장진흥공단 매출 통계자료).

## 경리단길 내 이색 식당 밀집, 여유로운 분위기의 해방촌

이태원동에 속하지만 녹사평역과 더 가까운 경리단길은 과거 육군중앙경리단(현 국군재정관리단)이 길 초입에 있다고 해서 붙여진 이름입니다. 국군재정관리단을 중심으로 언덕길과 하얏트호텔 방향을 따라 상권이 형성돼 있습니다.

좁은 차로와 좁은 인도를 사이에 두고 길 양옆으로 가게가 들어서며 경리단길 상권이 형성됐습니다. 가게가 늘어나면서 인근 주택을 개조해 운영하는 가게도 많습니다. 현재 인근 뒷골목까지 가게가 확산됐고 회나무길까지 음식점 등이 다양하게 들어서 있습니다. 더 안쪽으로는 가정집들과 오피스텔이 빽빽하게 모여 있습니다.

츄러스, 마약 옥수수 등 핑거푸드와 펍 형태의 주점, 개인 카페가 많이 들어서 있고 남산이나 서울 시내를 조망할 수 있는 루프탑rooftop 식당이나 카페가 인기를 끌고 있습니다. 데이트를 즐기는 10~20대 젊은 유동인구와 인근에 거주하는 다양한 국적의 외국인들이 주 소비층입니다.

경리단길 초입에서 가까운 해방촌은 북한 피난민들이 살아온 동네로

2000년대 중후반부터 사람들이 하나둘 몰리기 시작했습니다. 외국인들을 위한 소규모 식당들이 인기를 얻으면서 상권이 점차 확대됐고, 이태원역과 경리단길만큼은 아니지만 현재 유동인구가 붐비고 있습니다.

해방촌 일대에는 펍 형태의 주점과 테라스 매장의 수제 햄버거 가게가 주를 이루고 있으며 최근에는 서점과 책방이 유행을 끌고 있습니다. 일반 서점에서는 보기 힘든 독립 잡지나 출판물 등 다양하고 독특한 장르의 도서를 볼 수 있는 곳입니다. 유명 연예인도 이곳에 책방을 운영하고 있어 더욱 유명세를 타고 있습니다. 해방촌 유동인구는 주말 외엔 비교적 한산한 편입니다.

### 이태원 주한 미군 이전, 타격은?

64년 만에 주한 미군이 용산에서 평택으로 이전하며 이태원 상권에 어떠한 영향이 미칠지도 궁금한 부분입니다. 미군과 외국인 가족들이 이태원 인근에 많이 거주하고 있는 만큼 주한 미군 이전에 따른 빈자리가 생길 것으로 예상되기 때문인데요.

주한 미군이 있던 자리에는 2018년부터 243만제곱미터에 이르는 '용산공원' 조성이 추진됩니다. 여의도 면적에 달하는 크기에 뉴욕 센트럴파크와 같은 생태자연공원이 들어설 예정으로 오는 2028년 완공(예정)을 목표로 하고 있습니다. 또 한국문화의 우수성을 알리는 목적으로 한국 전통공예를 구경하고 구입할 수 있는 용산 전통공예문화체험관도 2017년 11월 개장돼 지역 상권을 살릴 것으로 기대됩니다.

경리단길 인근에 있는 미래 공인중개사무소 고필봉 소장은 "미군 위주의 식당들이 많은데 최근 들어서 점포 시세가 전반적으로 조금은 빠졌다"며 "미군 이전 이후 용산공원 조성 등 일대 도시정비 사업들의 기대감은 여전히 높아 조정 국면이 지나고 나면 좋아질 것으로 보고 있다"고 말하고 있습니다.

현재 이태원 상권의 유동인구는 외국인, 내국인 반반 비율로 형성되어 있고 20~40대까지 다양한 연령대가 찾습니다(20대 22.1%, 30대 22.6%, 40대 18.4%, 출처: 소상공인시장진흥공단 2018년 1월 인구분석 통계자료). 저녁시간부터 늦은 새벽까지도 유동인구가 많은 편으로 서울 내 다른 상권 중에서도 특징이 유사한 상권을 찾기가 어려울 정도로 볼거리가 많고 특색이 강한 상권 중 하나입니다.

창업시장에서 유행 트렌드가 점점 빨리 변화되고 있습니다. 붐처럼 일어났던 창업 아이템이 단기간에 사라지는 것이 최근의 창업시장입니다. 반짝 아이템보다는 안정적 운영을 위해 해외 유명 프랜차이즈 가맹점을 내는 방법, 혹은 차별화를 위해 한국 식문화를 독특하고 경쟁력 있는 방법으로 발전시키고 이를 전략적으로 홍보하는 방법을 내세워야 성공 창업이 가능합니다.

### 이태원 상권 월평균 매출 TOP 5 업종

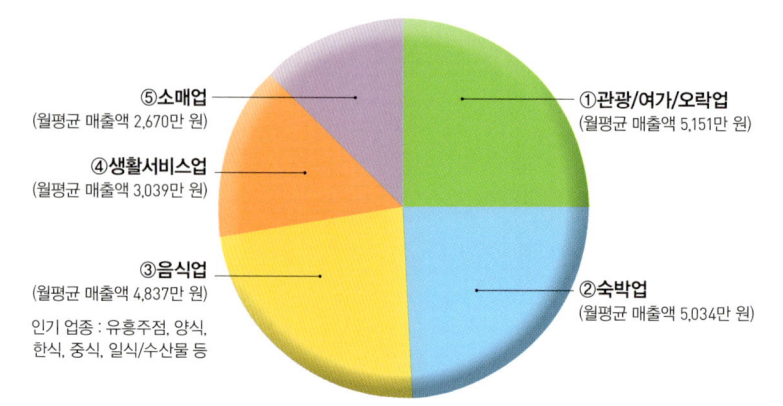

출처: 소상공인시장진흥공단, 이태원역 상권 2017년 상반기 기준 매출 통계자료(조사일: 2018.03.21)

### 이태원 상권 상가 평균 시세와 승하차 인구

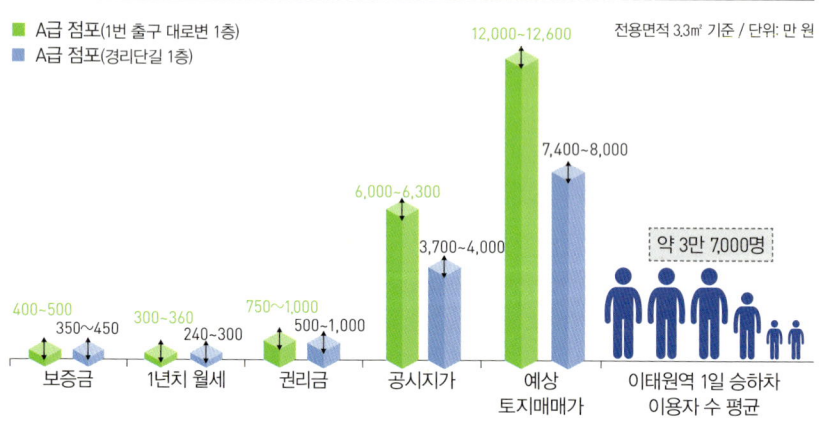

※ 현지 중개사무소를 방문 조사한 것으로 점포 입지에 따라 약간의 시세차가 있을 수 있습니다.
출처: 국토교통부, 서울교통공사

## 신식과 구식이 융화된 북서부 최대 상권
## 연신내역 상권

10대에서 50대까지 다양한 연령층 확보된 상권
주말에는 북한산 등산객으로 북적, 맞춤형 공략 필요
시간과 요일 구분 없는 '하이브리드 상권', 편리한 교통은 덤 서울시 은평구에 위치한 연신내는 편리한 교통과 활발한 유동인구를 자랑하는 서울시 서북부의 대표 상권이라고 할 수 있습니다. 그러나 노후화된 이미지로 인해 상대적으로 저평가받고 있는 상권 중 하나입니다.

배후로 불광동, 갈현동, 대조동, 역촌동 등이 있고 1980년대에 들어서며 재래시장이 상권 내에 자리를 잡고 지역밀착형 상권으로 평가받고 있습니다. 1985년에는 지하철 3호선 연신내역이 개통되며 급성장의 기회를 맞았습니다.

연신내역 인근은 선일여고, 선일이비즈니스고, 대성고, 선정고, 선정관광고, 동명여고, 예일여고 등 10여 개가 넘는 학군이 위치해 있습니다. 또한 금융기관과 공공기관이 밀집돼 있고 서울과 고양 일산, 파주를 연결하는 교착점 역할을 하고 있어 다양한 수요층이 연신내역 상권을 찾습니다.

지하철 3호선과 6호선이 교차하는 환승역인 연신내역은 서울을 남북으로 가로지르는 3호선과 서울의 동서를 이어주는 6호선이 지나 각지로의 연결이 용이합니다. 더불어 수도권 광역철도인 GTX-A 노선 정거장으로 확정돼 서울 중심은 물론이고 강남으로의 확장성이 높은 점수를 받고 있습니다.

연신내는 지하철뿐 아니라 은평구 북부와 고양시 북부, 파주 지역 대부분의 교통거점 역할을 하고 있습니다. 또 송추와 의정부, 노원, 도봉 등 경

기와 서울 동북부 지역과도 환승 없이 시외버스를 타고 이동할 수 있습니다. 이외에도 종로구, 영등포구, 강남구, 서초구, 구로구 등 서울 주요 지역과도 이동이 편리해 사통팔달의 교통 여건을 자랑합니다.

연신내역 인근에는 2016년 '롯데몰 은평'이 구파발역 일대에 문을 열었습니다. 이어서 2017년 8월에는 삼송역 인근에 '신세계복합 쇼핑몰(스타필드 고양)'이 개관됐고 고양 원흥지구에도 '이케아 2호점'이 2017년 10월에 개점했습니다. 최근 연신내역 인근 상권에 대형 쇼핑·문화시설이 연달아 들어서고 있어 서울 북서부를 대표하는 연신내 상권에 어떠한 영향이 미칠지 주목됩니다.

## 전통시장과 트렌디한 거리의 조화로운 상권

연신내역 상권은 지하철 3호선과 6호선 환승역을 중심으로 형성되어 있으며 은평구 일대의 주택가를 대상으로 한 전형적인 생활밀착형으로 유동인구도 많은 상권입니다. 연신내역을 중심으로 총 3개의 구역으로 나눠볼 수 있는데, 2번 출구에 위치한 재래시장인 연서시장과 4번 출구 대조동 골목 상권, 6번 출구의 연신내 로데오거리가 있습니다.

특히 연신내 로데오거리는 연신내역의 중심 상권으로 유흥주점과 옷가게, 카페, 저가형 뷔페 음식점, 로드숍 화장품 브랜드 등이 자리 잡고 있습니다. 특히 무한리필 뷔페 음식점들이 주머니 사정이 가벼운 10~20대 초반의 젊은 층 유입을 선도하며 성업 중이며, 기타 음식점 및 유흥업들도 매출이 상승 중입니다. 최근은 야구장, 사격장, 뽑기방(가챠숍), 만화카페 등 젊은 층이 즐길 수 있는 다양한 놀이방이 들어서며 인기를 끌고 있습니다. 저녁 10시가 넘으면 대로변으로 20~30대들이 즐겨 찾는 포장마차들이 들어서며 낮과는 또 다른 분위기를 연출합니다.

소상공인시장진흥공단의 연신내 로데오거리 상권 매출 통계자료를 보면 2017년 상반기 기준으로 숙박업(월평균 매출액 7,819만 원)에서 높은 매출을 보였습니다. 그 뒤를 소매업(월평균 매출액 4,733만 원), 음식업(월평균 매출액 3,442만 원), 학문·교육업(월평균 매출액 2,234만 원), 스포츠업(월평균 매출액 2,156만 원)이 이었습니다.

로데오거리 옆 지하철역 6번 출구의 첫 이면도로와 4번 출구 인근 골목은 40~50대의 중장년층이 주를 이루는 먹자골목입니다. 음식점들은 저렴한 가격대에 푸짐한 음식을 제공하고 있어 중장년층의 소비 욕구를 채우고 있습니다. 이곳에 있는 대부분의 음식점은 40~50대를 주 고객층으로 하여 성황을 이루고 있습니다.

2번 출구 인근에 위치한 연서시장은 아동복, 속옷 전문점, 반찬 전문점 등이 밀집돼 있습니다. 연서시장은 40~50대 주부들을 공략할 수 있는 업종이 대부분입니다. 연서시장 맞은편에 있는 범서쇼핑센터 주변에는 의류, 패션, 잡화 등의 업종이 있으며 불광역 방향으로는 유명 스포츠 브랜드, 캐주얼 의류점들이 길게 늘어서 있습니다.

## 요일에 상관없이 10~50대 폭넓은 세대 분포

연신내 상권은 복합적인 성격의 상권으로 10대부터 50대까지 유동인구의 비율이 고르게 나타납니다. 북한산 둘레길을 장악하고 있는 40~50대의 등산객들은 이른 아침부터 저녁까지의 상권을 유지하며 10대 소비층은 정오 무렵부터 저녁 9시까지 높은 참여도를 보여줍니다.

가장 많은 비중을 차지하는 20~30대는 평균 퇴근시간인 저녁 6시를 기준으로 새벽까지 활발한 움직임을 보입니다. 연령과 특성에 맞는 각각의 시간대 활동으로 인해 요일과 시간대에 구분 없이 많은 숫자의 기본 유동인구가 보장되는 것이 연신내 상권의 특징입니다.

평일과 주말 구분 없이 늘 많은 사람이 붐비는 상권이지만 특히 목요일부터 토요일에 가장 많은 유동인구를 보입니다. 연신내 상권은 인근 지역 거주민들을 중심으로 하는 다른 대로변의 상권과 달리 외부에서 유입되는 유동인구가 많습니다. 다양한 연령층을 흡수할 수 있기에 서울 서북부의 핵심 상권으로 자리 잡고 있습니다.

10대부터 50대에 이르기까지 다양한 연령대의 기본 유동인구로 인해 작은 카페부터 게임센터까지 다채로운 업태 및 업종의 창업이 가능하며 안정적인 매출을 올릴 수 있습니다. 또한 언론 매체에 노출이 된 오래된 맛집들이 즐비하여 지구력 있는 상권을 유지하고 있습니다.

### 중저가 메뉴와 등산객 맞춤형 업종 유리

연신내역이 GTX-A 노선 정거장으로 확정되며 인근 갈현동, 불광동, 대조동에 도시형 생활주택이 대량 공급되고 있어 신혼부부 등 새로운 인구 유입이 많아지고 있습니다. 이로 인해 상권이 한층 활성화되고 현재 진행 중인 호재들과 시너지 효과가 연결돼 더 많은 유동인구를 기대할 수 있습니다.

서울시 은평구 상권의 중심이라 불리는 연신내역 상권은 어디에도 뒤지지 않는 먹자골목이 형성돼 있고 다양하고 많은 유동인구가 강점입니다. 이 상권에서는 주점, 카페, 음식점, 옷가게, 제과점 등이 유망할 것으로 예상됩니다.

그중 수요자 대부분이 10~20대의 젊은 층으로 음식점이라면 뷔페식, 세트 메뉴, 무한리필 등 학생, 사회초년생 소비자의 주머니 사정을 고려하는 콘셉트가 유리합니다. 실제로 연신내역 상권에는 저렴한 메뉴들이 대부분을 차지하고 있고 경쟁에서 살아남아 자리 잡고 있습니다.

또한 다른 상권에서는 찾아보기 힘든 등산객이 연신내 인근의 북한산을 방문하기 때문에 주말마다 발길이 붐빕니다. 아웃도어 매장, 막걸리, 파전집, 포장마차, 김밥집 등은 등산객 공략이 주효합니다.

통상 등산객이 많은 지역밀착형 상권은 평일과 주말 유동인구가 30% 이상 차이를 보이는 게 보통이지만, 연신내역 상권은 유동인구의 유입 흐름이 안정적입니다. 이미 상권이 자리를 잡아 안정적인 상태이기 때문에 창업을 시작한다면 개별 점포 분석을 통해 경쟁력을 파악하고 들어가야 승산이 있습니다.

전국 부동산서비스 '나중개 연신내지점' 이상준 대표는 "인근 구파발, 삼송 지역들의 주거 공급이 늘어나면서 인구유입도 덩달아 많아졌다"며 "연신내 상권은 여타 상권과 비교하면 서민 밀집 분포도가 높아 영업 시간도 긴 데다 초기 투자금액이 적어 유리하다"고 말합니다. "또한 지역을 잘 알고 있는 전문가들의 도움을 받아 창업하는 것도 좋은 방법이다"고 조언하고 있습니다.

### 연신내역 상권 월평균 매출 TOP 5 업종

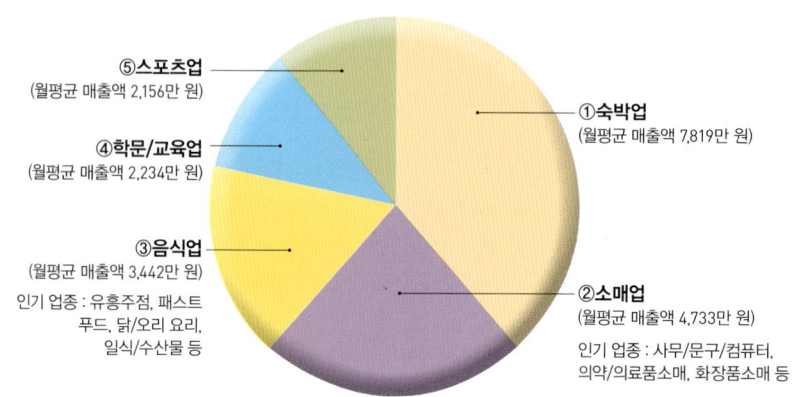

- ① 숙박업 (월평균 매출액 7,819만 원)
- ② 소매업 (월평균 매출액 4,733만 원)
  인기 업종 : 사무/문구/컴퓨터, 의약/의료품소매, 화장품소매 등
- ③ 음식업 (월평균 매출액 3,442만 원)
  인기 업종 : 유흥주점, 패스트푸드, 닭/오리 요리, 일식/수산물 등
- ④ 학문/교육업 (월평균 매출액 2,234만 원)
- ⑤ 스포츠업 (월평균 매출액 2,156만 원)

출처: 소상공인시장진흥공단, 연신내역 상권 2017년 상반기 기준 매출 통계자료(조사일: 2018.03.21)

### 연신내역 상권 상가 평균 시세와 승하차 인구

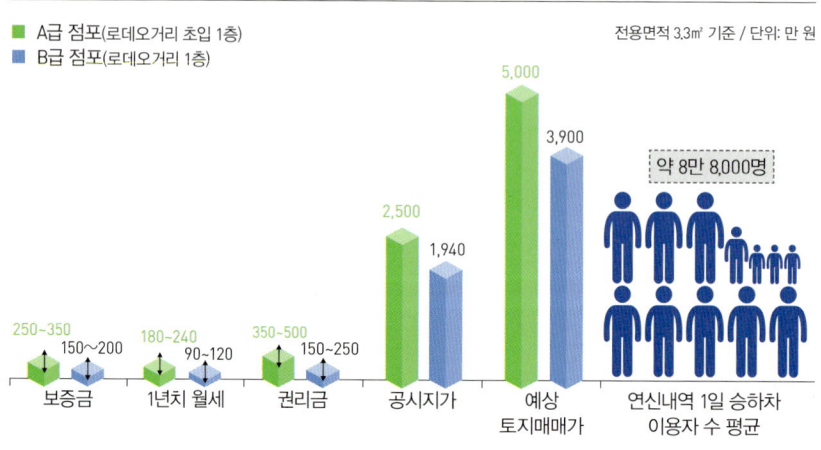

■ A급 점포(로데오거리 초입 1층)
■ B급 점포(로데오거리 1층)

전용면적 3.3㎡ 기준 / 단위: 만 원

- 보증금: 250~350 / 150~200
- 1년치 월세: 180~240 / 90~120
- 권리금: 350~500 / 150~250
- 공시지가: 2,500 / 1,940
- 예상 토지매매가: 5,000 / 3,900
- 연신내역 1일 승하차 이용자 수 평균: 약 8만 8,000명

※ 현지 중개사무소를 방문 조사한 것으로 점포 입지에 따라 약간의 시세차가 있을 수 있습니다.
출처: 국토교통부, 서울교통공사

## 과거와 현재가 함께 어우러진
## 망원역 상권

과거와 현재가 공존하며 변화 중인 상권
1인 창업자에게 유리한 소규모 매장 적합
매매가 급격히 상승, 권리금 4,000만 원까지 급상승
골목길 특성상 SNS 입소문 타야 성공 가능성

"4885, 너지?"(휴대폰번호 끝자리) 연쇄살인사건을 모티프로 삼은 영화 〈추격자〉가 2008년 흥행하며 망원동이 알려졌습니다. 망원동은 영화 속 추격신의 주요 배경이었기에 낡고 어두운 모습으로 비쳐 당시 망원동 주민들의 항의가 거세기도 했는데요. 그러다 4년 전 MBC 〈나 혼자 산다〉 프로그램에 망원동이 다시 등장하며 지금의 망원동은 '힙hip한 상권'으로 떠올랐습니다.

서울특별시 마포구에 속한 망원동은 동쪽은 서교동과 합정동, 서·북쪽은 성산동, 남쪽은 한강과 접해 있습니다. 일반적으로 상권은 지하철역을 중심으로 크게 형성돼 있는데 망원동은 망원시장 방향으로 뻗어 나온 이면도로가 현재 메인 상권으로 자리 잡았습니다.

이태원의 명소 경리단길에 망원동의 이름을 붙여 '망리단길'이라고 부르는 이 골목은 원래 낮은 다세대주택과 빌라들이 늘어서 있던 곳으로, 단독주택을 개조하거나 상가주택 1층을 활용한 곳이 대부분입니다.

기존 망원동 상권은 망원역 1, 2번 출구를 중심으로 마포구청 방향으로 이어지는 망원우체국 사거리까지의 대로변이 중심 상권이었습니다. 망원동 대로변 상권은 깨끗한 신축 건물들이 자리 잡고 있어 깔끔한 느낌이며 잘 정리되어 있습니다.

1번 출구 뒤편으로는 대규모 주택 단지들이 자리 잡고 있고 2번 출구 부근 역시 소단지 아파트와 망원전통시장이 있습니다. 인근 문화시설은 망원한강공원, 성산근린공원, 한마음어린이공원 등이 있고, 교육시설은 동교초, 망원초, 성산초, 성서초·중, 홍익사대부속여고가 있습니다.

## 메인 스트리트 지고 골목길 뜬다

지하철 6호선 망원역 2번 출구로 나와 바로 보이는 골목길은 망원시장으로 향하는 라인입니다. 망원시장은 돔 형태로 지어져 있어 재래식 시장이지만 쇼핑이 편리합니다. '장보기 도우미' 시스템으로 배송까지 해주는 곳도 있습니다. 소량으로 파는 가게들이 많고 조리된 음식을 저렴하게 먹을 수 있어 달라진 전통시장의 참모습을 볼 수 있는 곳입니다.

망리단길은 망원시장을 지나 포은로길을 중심으로 골목길 일대에 펼쳐져 있습니다. 이 골목은 다세대주택과 트랜디한 분위기의 가게, 간판도 없는 소규모 가게들이 군데군데 모여 있습니다. 이런 독특한 분위기가 SNS를 통해 입소문을 타며 사람이 붐비는 핫플레이스가 됐습니다.

포은로길은 원래 주택가였으나 홍대, 연남동, 합정동에서 장사하던 상인들이 높아지는 임대료 때문에 상대적으로 저렴하고 가까운 망원동으로 옮겨오면서 상권이 형성됐습니다. 그래서 자연스럽게 망원시장의 오래된 가게와 독특한 인테리어의 새로운 가게가 함께 자리 잡게 됐습니다.

이 골목은 망리단길로 유명해지기 이전부터 망원시장으로 인해 유동인구가 많은 편이었습니다. 이전에는 50~80대의 주민들이 대부분으로 유흥주점과 오래된 술집 등이 주를 이뤘는데 지금은 창업자들이 모여들면서

카페, 음식점, 프랜차이즈 음료점 등으로 젊은 20~30대와 커플 층의 유동인구가 증가했습니다.

소상공인시장진흥공단의 망원역 상권 인구분석 자료를 살펴보면 30대 유동인구가 23.3%로 연령별 비율 중 가장 높았고 그 뒤를 40대가 20.9%로 따랐습니다. 최근 유동인구가 늘어난 20대(17.1%)와 망원시장을 방문하는 50대(17.6%), 60대 이상(17.5%)은 비슷한 비율을 보였습니다.

망리단길은 좁은 골목길을 사이에 두고 특색 있는 맛집이 많아 가게마다 줄을 서는 인파로 북적입니다. 젊은 층의 입맛과 눈길을 사로잡은 발리인망원, 태양식당, 베를린키친, 빙하의별 등 소규모 매장으로 외국 가정식을 판매하는 가게들이 많습니다. 그밖에 액세서리 가게, 소품 가게, 꽃집, 석고 방향제숍 등 공방과 작업실이 많은 점도 특징입니다.

또 비엔나커피에 생크림을 올린 아인슈페너가 유명세를 타며 망원동의 명소로 자리 잡은 커피가게동경과 죠리퐁 스무디로 인기를 얻고 있는 호시절 등 독특한 메뉴를 지닌 디저트 가게도 주를 이룹니다. 주택가 곳곳에 숨은 맛집이 많아 SNS로 미리 찾아보지 않으면 맛집을 찾아가기 쉽지 않습니다.

망리단길 A급 점포 시세는 33제곱미터당 보증금 2,000만~3,000만 원에 월세 90만~120만 원 선입니다. 입지가 조금 떨어지는 B급 점포 시세는 33제곱미터당 보증금 1,000만~1,500만 원에서 월세 70만~80만 원 권리금 3,000만 원 선입니다. 망원동 시세는 포은로길을 중심으로 서교동 쪽으로 갈수록 임대료가 높아지고 망원2동으로 갈수록 임대료가 낮아집니다.

인근 공인중개사무소 대표는 "망원동 일대의 바닥권리금은 1년 전만 해도 1,000만~2,000만 원 선에서 형성됐지만, 최근에는 4,000만 원까지 뛰었다"며 "이마저도 매물 자체가 없어 거래가 쉽지 않다"고 덧붙였습니다.

### 젊은 소비층 유입 경로는 SNS 강세

망리단길 상권은 SNS와 블로그, 방송을 통해 정보를 주고받는 젊은 사람들의 입소문을 타면서 더욱 유명세를 치르는 중입니다. 골목골목 숨어 있는 작은 가게들을 '찾아가는 재미'가 이 상권의 매력 포인트라고 할 수 있습니다. 중심가를 벗어난 골목 상권의 특성상 대형 상권보다 진입장벽이 낮고 소규모 점포가 적합합니다.

20~30대 젊은 소비층은 기존의 획일화된 상권보다 새롭고 개성 강한 장소를 찾습니다. 그래서 요즘 유행하는 망리단길과 같은 골목 상권은 교통이 불편한 것 정도는 별 문제가 되지 않습니다. 망리단길은 도보로 15분 정도 거리에 망원한강공원이 있어 커플 층에게 데이트 코스로도 인기가 많아 커플 고객을 겨냥하는 것도 유리합니다.

망리단길 창업 시에는 이런 소비 성향을 고려해 눈길을 끄는 인테리어와 독특한 메뉴로 소비자의 감성을 자극해야 합니다. 또 SNS와 블로그에 입소문이 나도록 홍보하는 것에 초점을 맞춰야 성공 가능성이 있습니다. 판매 아이템이 특별한 콘셉트가 없다면 주변 상권에서 밀려날 가능성도 있습니다.

포은로에 위치한 '미스터와우' 수제 버거 점포는 수제 버거는 비싸다는 고정관념을 깨고 저렴한 가격에 판매하면서 인기를 끌고 있습니다. 와우버거 2,500원, 헤쉬버거 2,500원, 와우핫도그 3,500원, 베스트 메뉴인 비프 소고기버거 4,500원 등 구성도 다양합니다. 가끔 점포 앞쪽에 손님들이 음료와 고기를 무료로 맛볼 수 있게 해 좋은 반응을 얻고 있습니다.

### 급격하게 유행하는 상권, 주의해서 선택해야

망원동은 애초에 주변 서교동과 동교동에 비해 집값이 낮았으나 최근 핫플레이스 상권으로 떠오르면서 외지인들이 몰려들고 자본까지 몰리고 있습니다. 기존에 자리 잡고 있던 상인들이 내몰릴 수밖에 없는 현상(젠트리피케이션)이 벌어지고 있는 중입니다. 그들이 망원동을 떠나는 이유는 감당 못 할 정도로 상승하고 있는 임대료 때문입니다.

망원동처럼 매매가가 단기간에 급격하게 상승한 상권은 창업, 투자 시 주의를 기울일 필요가 있습니다. 상권이 빠르게 성장한 만큼 쇠퇴도 빠르게 진행될 가능성이 있기 때문입니다. 유행에 민감한 20~30대가 주요 소비층인 것도 주의해야 할 요소입니다.

결론적으로 '망리단길' 주변은 전형적인 주택가 상권이라고 볼 수 있습니다. 요식업의 경우 주택가 상권의 가장 큰 특징은 낮시간대 매출이 급격하게 저조하고 저녁시간대 매출 비중이 높아 그 시간에만 의존해야 된다는 것이 가장 큰 단점입니다.

직장인 소비층이 탄탄해 수요가 안정적인 오피스 상권과는 떨어져 있어 큰 소비력은 한계가 있습니다. 또한 20~30대 소비층의 소비 수요는 높지만 40대 소비층을 얼마나 끌어올 수 있는지가 매출을 높이는 데 결정적 관건으로 보입니다.

실제 인근 주변 상인들과 공인중개사무소는 한목소리로 소비층이 빈약해 장사가 되는 곳만 잘될 뿐 고전하고 있는 곳이 많다고 전했습니다. 향후 상권이 발전해 안정적으로 자리 잡으려면 결국은 소비층을 두껍게 만들어야만 지속적인 성장이 가능할 것으로 전망됩니다.

### 13

## 풍부한 유동인구를 자랑하는 교통 요충지
## 왕십리역·한양대 상권

쿼드러플 환승역, 교통의 요충지다운 풍부한 유동인구
비트플렉스 복합 상가, 왕십리의 중심 상가로 입지 굳혀
비트플렉스와 한양대 입지, 6번 출구 인근 상권 성장

왕십리란 지명은 조선 건국 초 무학대사가 도읍지를 물색하던 중 현재의 왕십리 지역에서 만난 이름 모를 노인에게서 서북쪽으로 십 리를 더 가서 도읍지를 정하라는 가르침을 받았다는 데서 붙여진 지명이라고 전해지고 있습니다.

　타 역세권 상권과는 달리 최초의 왕십리 상권은 지하철역 개통과 무관하게 성장한 상권으로 볼 수 있습니다. 1980~1990년대 왕십리역 주변은 금속업계가 대부분 지역 경제를 좌우하고 있었습니다. 지금은 추억이 된 전풍호텔을 중심으로 대로변과 이면도로변에 먹거리와 판매시설, 유흥시설이 들어서면서 지금과 같은 상권의 모습을 갖추는 토대가 되었습니다.

　현재 왕십리는 사통팔달 교통의 요충지란 이름이 가장 잘 어울리는 지역으로 탈바꿈했습니다. 국내 최초의 지상-지하 환승역이 건설된 왕십리역은 지하철 2호선, 5호선, 경의·중앙선, 분당선 등 4개 노선이 지나는 쿼드러플 환승역으로 거듭났습니다. ITX청춘도 왕십리역에 정차합니다. 하루 평균 8만여 명 이상이 왕십리역을 이용하고 있으며 성동구청, 한양대 상권까지 품고 있어 교통, 행정, 상업의 중심지로 거듭나고 있습니다.

## 인근 거주자, 근로자, 10~20대 학생이 주 소비층

상권이 구성되어 있는 축을 보면 1번 출구와 반대편인 11번 출구를 나와 보이는 대로변과 이면도로 위주로 형성되어 있습니다. 오랜 시간 동안 왕십리 일대 근로자들과 학생층, 일반 주민들의 소비력으로 이루어진 상권이라 할 수 있으며 최근 상권의 유동인구층을 보더라도 외부 유입인구 비중이 많다기보다는 인근 거주자와 근로자, 학생 수요가 대부분입니다. 왕십리동과 도선동, 행당동 등도 대로변을 중심으로 학생 수요에 의한 학원가가 큰 비중을 차지하고 있습니다.

소상공인시장진흥공단의 왕십리역 상권 인구분석 자료를 살펴보면 30대 유동인구가 22.6%로 가장 높았고 20대(20.8%)와 40대(19.7%)가 그 뒤를 이었습니다. 주거인구는 남성과 여성의 비율이 50.8 대 49.2로 거의 비슷한 수치를 보였으며 20대도 28.7%로 조사됐습니다.

왕십리역 1번 출구와 11번 출구를 나와 상왕십리역 방향의 주요 상권 분포를 살펴보면 11번 출구 대로변을 따라 커피숍, 고깃집, 의류, 요식업, 이니스프리 등이 있습니다. 대로변에 위치한 약국과 피자헛 사이 골목으로 들어가면 옛 시장의 감성을 느낄 수 있는 먹거리 가게들이 많습니다. 중·고교 학생들을 타깃으로 하는 분식점과 시니어들을 위한 빈대떡 전문점, 귀금속 가게 등 전체적으로 옛날 상가 점포와 같은 향취가 묻어납니다. 1번 출구 대로변은 오피스 건물 위주로 되어 있으며 군데군데 커피숍과 요식업, 휴대폰 매장 정도가 눈에 띕니다.

용두역 방향인 왕십리역 3번 출구로 나오면 성동경찰서, 서울시립성동청소년 수련관, 성동구청, 성동광진 교육지원청 등 국가 기관시설들이 있고

건너편인 2번 출구에는 행당119안전센터, 요식업, 커피숍 등 단출한 상권 형태를 갖추고 있습니다. 행당역 방향인 9번 출구와 10번 출구도 자동차 정비업소, 휴대폰 매장 등이 있으며 무학여고 사거리 이전까지 비교적 한산한 모습입니다.

2017년 상반기 기준으로 왕십리역 상권에서 가장 인기가 높은 업종은 소매업(월평균 매출액 4,138만 원)이었습니다. 그다음은 학문·교육업 3,349만 원(월평균 매출액)과 음식업 3,134만 원(월평균 매출액), 숙박업 3,054만 원(월평균 매출액), 관광·여가·오락업 2,274만 원(월평균 매출액) 순으로 나타났고 위 업종은 비슷한 매출을 보였습니다(출처: 소상공인시장진흥공단 매출통계 자료).

## 환승역에도 불구, 지리적인 여건으로 상권 규모 축소

도심 환승 역세권은 대개 상권이 매우 활성도가 좋게 나타나고 범위도 크지만, 아쉽게도 왕십리역 일대 상권은 한 방향으로 치우쳐 있다는 단점이 있습니다. 이는 상권의 발달에 장애 요인이기도 합니다.

왕십리오거리를 중심으로 동쪽으로는 국철에 의한 단절 현상이 상권을 가로막는 가장 큰 장애 요인으로 보입니다. 또 남북으로 가로지르는 응봉길을 따라 성동경찰서 앞 지하철 2, 3번 출구 지하도와 10번 출구 방향 지하도가 상권을 확장하는 방해 요소로 작용하고 있습니다.

## 비트플렉스 복합 상가, 왕십리 상권의 랜드마크

이런 지리적 특성을 잘 공략하여 크게 성공을 거둔 곳이 왕십리역 5번 출구와 직접 연결된 비트플렉스BITPLEX 민자역사입니다. 2008년 준공된 비트플렉스는 10층으로 된 빌딩형 상가로 발전이 더딘 역 주변 상권과 쿼드러플 역세권 유동인구를 대부분 흡수하는 랜드마크 종합쇼핑몰이 되었습니다.

비트플렉스의 등장은 왕십리 상권의 판도를 변화시켰습니다. 이전에는 1, 2번 출구 왕십리 도선동 상점가 방향과 10, 11번 출구 행당시장 출구가 상권의 중심지였으나 비트플렉스를 중심으로 한양대 상권과 결합한 6번 출구가 대표 상권이 되었습니다. 실제 조사 결과 보증금 월세는 조금 낮지만 권리금은 한양대 상권이 더 높았습니다. 또한 1, 2번 출구 왕십리 도선동 상점가가 10, 11번 출구 행당시장 점포에 비해 20~30% 정도 권리금이 높습니다.

왕십리 비트플렉스에는 패션쇼핑몰인 엔터식스와 이마트, CGV, F&B 등 키테넌트 매장들이 다수 입점돼 있습니다. 이를 통해 왕십리역 일대의 풍부한 유동인구를 집객시키는 효과가 크게 나타나고 있습니다.

이곳을 찾는 이들은 젊은 대학생 커플, 유모차를 끄는 아기 엄마, 양복 차림의 회사원, 중년 여성, 노부부 등으로 다양합니다. 주로 행당동, 마장동, 옥수동, 답십리, 중곡동에서 오는데 최근에는 강남권이나 경기 구리에서도 찾을 정도로 이용객 분포가 늘었습니다.

비트플렉스는 분양 방식이 아닌 임대형으로 보급되었으며 전문경영 시스템으로 중복 업종을 최대한 줄였습니다. 그 덕분에 높은 분양가에 높은 임대료, 이로 인한 공실이 발생하는 악순환에 빠지지 않았으며 처음의 우려와 달리 왕십리 뉴타운, 분당선 등의 호재로 왕십리 상권의 중심지가 되었습니다.

## 왕십리역 상권, 한양대 배후입지 '6번 출구'로 중심 이동

비트플렉스의 수혜를 입은 6번 출구 상권은 한양대 배후수요를 염두에 둔 상권이 형성되어 있으며 한양대 상권이라고도 부릅니다. 국철로 인해 타 출구와는 단절되어 있어 항아리 상권으로도 볼 수 있고, 고정 수요도 탄탄하게 확보하고 있습니다.

한양대 상권은 한양대학교 학생들만을 대상으로 운영된다고 볼 수는 없습니다. 가장 비율이 높은 소비층은 한양대학교 서울병원 종사자 및 환자·보호자들이며, 여기에 동마중·한양사대 부속고·행당중·덕수고 등이 자리 잡고 있어 중고생의 유동도 적지 않습니다.

6번 출구로 나와 직선으로 조금만 걸으면 대학가 상권임을 느끼게 하는 타로점 가게가 있습니다. 대로변에는 새로 지어진 다가구주택들이 많아 깨끗하고 잘 정리된 분위기입니다. 골목골목으로 꺾어져 한양대학교와 가까워질수록 젊은 연령층을 대상으로 한 커피 전문점, 술집, 고깃집 등이 많아집니다. 한양대 동문회관 예식장 맞은편의 고기거리도 가격대가 저렴하여 학기 중에는 학생들로 많이 붐비는 장소입니다.

한양대 상권은 고급 음식점·주점보다는 중저가형 업소가 대부분이며 여성들이 주로 찾는 미용실, 핫도그 등 최근 트렌드를 담은 점포가 많지 않다는 특징이 있습니다. 직장인이 많은 오피스 상권과는 확연히 구분되어 외지인의 신규 진입이 상당히 제한적이라는 의견이 많기 때문에 창업 시에는 신중한 판단이 요구됩니다.

지하철역과의 접근성이 높은 지리적 장점을 지니고 있어 상가의 경우 2층 이상을 건물주들이 원룸으로 개조해 상용하고 있다는 것을 현지조사를 통해 알 수 있었습니다. 건물의 수익률을 높이기 위해서인데요. 이를 통해 주변 상권은 활발하게 성장할 것으로 보이지만 상가 확장성은 한계가 있다고 주변 공인중개사무소들이 한목소리로 말합니다.

## 서울 동부 최고의 상권을 꿈꾸는 왕십리역 상권

왕십리는 건대입구와 천호 상권과 함께 서울 동부 대표 상권으로 지목됩니다. 그중에서는 가장 발전이 더디고 저평가되어 있는 상권으로 꼽히지만 동시에 왕십리역이 지닌 상권의 성장 잠재성 또한 높다고 할 수 있습니다.

또한 쿼드러플 환승역인 왕십리역은 소비가 왕성한 30~40대 직장인들의 욕구를 가장 잘 충족시킬 수 있는 지역입니다. 실제 30~40대 직장인들은 '도심 접근성'과 '교통'을 주거지 선택의 최우선 요소로 꼽습니다. 그들에게 가장 중요한 것은 입지 가치입니다.

왕십리역은 철도망을 통해 강남권, 종로, 광화문, 여의도, 분당 등 수도권 주요 지역과 매우 뛰어난 접근성을 갖추고 있습니다. 더욱이 현재 왕십리는 뉴타운 개발 등 다소 낙후된 주거 환경에 대한 개선 분위기도 활발하게 나타나고 있어 일대 상권이 더욱 발달할 것으로 전망됩니다.

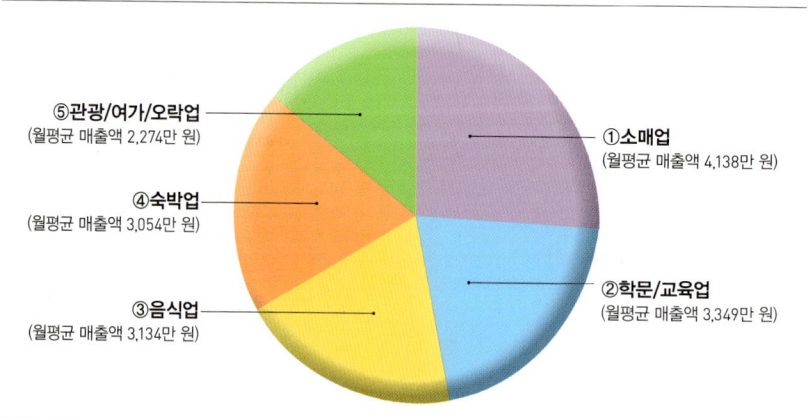

왕십리역 상권 월평균 매출 TOP 5 업종

출처: 소상공인시장진흥공단, 왕십리역 상권 2017년 상반기 기준 매출 통계자료(조사일: 2018.03.21)

### 왕십리역 상권 상가 평균 시세와 승하차 인구

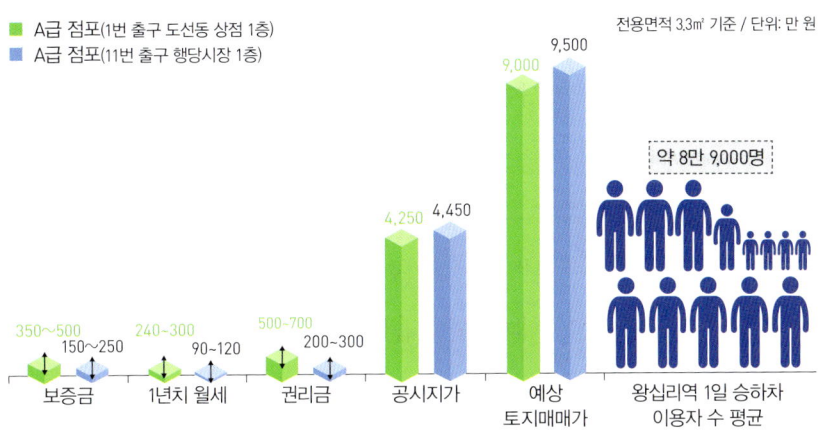

### 한양대 상권(왕십리역 6번 출구) 상가 평균 시세

## 저렴한 시세의 매력적인 대학가 상권
## 회기역 상권

대학 상권 중 저렴한 점포 시세, 창업자에게는 큰 매력
**좁은 도로와 노후화된 상업시설은 개선해야 할 부분**
20대의 성향을 잘 살펴 변화하는 점포는 성공으로 이어져

회기역(경희대) 상권은 여타의 다른 대학 상권과 비교해 상권의 규모와 집객시설, 교통 여건이 떨어진다고 볼 수 있습니다. 회기역에서 경희대 앞까지 이어지는 좁은 이면도로와 노후화된 상업시설을 보면 '과연 이곳이 대학가의 중심 상권이 맞나?' 싶을 정도로 옛 모습을 그대로 유지하고 있습니다. 하지만 회기역 상권은 겉모습과 달리 서울 시내 대학 상권 중 활성화율이 높게 평가되는 곳으로 꼽힙니다.

2016년 9월 26일부터 경춘선 전동차가 청량리역까지 연장 운행을 하게 되면서 현재 회기역에서도 가평·춘천 방면의 경춘선 열차를 이용할 수 있습니다. 다만 모든 열차가 운행하는 것은 아니고 하루 왕복 10회만 운행하고 있습니다. 이로써 1호선, 경춘선, 경의·중앙선의 환승 역세권이 되었습니다.

낮에는 경희대학교 관련 인구(대학교, 대학원, 호텔전문대, 간호전문대)와 외국어대학교 학생들의 유동으로 활기를 띠며 저녁시간 이후에는 근처의 경희의료원과 카이스트, 산림청, 한국과학기술원, 한국국방연구원, 한국농촌경제연구원 등에서 다양한 인구 유입이 이뤄지는 곳입니다. 대학 상권의 최대 단점인 방학 후 빠져나가는 주 소비층인 학생들의 영향을 덜 받으면서 안정적인 수익을 보장받는다는 점이 회기역 상권의 튼튼한 배후 기반을 보여주고 있습니다.

## 회기로에서 경희대 방향 상가의 업종분포

　회기역 1번 출구에서 마을버스 01번을 타고 2개의 정거장을 가거나, 회기로를 따라 도보로 약 15분가량 이동하면 경희대학교 상권에 진입하게 됩니다. 회기역 도보 3~4분 거리 파전골목을 지나 '회기로' 좌측으로는 힐스테이트아파트와 신현대아파트 등을 비롯하여 주택이 자리하고 있고, 우측으로는 패션용품 또는 휴대폰을 판매하는 소형 점포들이 경희대길까지 길게 늘어서 있습니다.

　회기로에서 경희대 방면으로 향하는 이면도로에는 판매 상점과 먹거리 가게가 공존합니다. 상권 자체의 틀이 워낙 작은 탓도 있겠지만 타 대학가 상권에 비교하면 높지 않은 점포 시세와 임대료 등 제반 여건이 좋아 임차인이나 업종 변경이 잘 이뤄지지 않기 때문이기도 합니다.

소상공인시장진흥공단의 회기역 상권 2018년 1월 인구분석 자료를 살펴보면 대학가 상권인 만큼 20대 유동인구가 21.3%로 연령별 비율 중 가장 높았고 60대(19.8%), 30대(19.2%)가 뒤를 이었습니다. 인근 주거지가 위치해 있어 30~60대 이상의 유동인구도 많은 것으로 보여집니다.

또한 소상공인진흥공단의 경희대학교 일대 매출 통계자료에 따르면 2017년 상반기 기준 가장 인기가 높은 업종은 소매업(월평균 매출액 5,555만 원)이었습니다. 소매업에 이어 음식업이 2,326만 원(월평균 매출액), 생활서비스업이 1,788만 원(월평균 매출액), 학문·교육업이 1,228만 원(월평균 매출액), 스포츠업이 1,115만 원(월평균 매출액)으로 나타났습니다(소상공인시장진흥공단의 매출통계 시스템은 회기역 전체가 아닌 경희대학교 인근 상권정보만 제공하고 있습니다).

실제로 회기역 상권은 저층의 상가들 중 요식업이 60% 이상의 비중을 차지하고 있으며 도소매업, 서비스업 등이 골고루 분포되어 있습니다. 요식업의 경우 한식과 분식을 포함해 다양한 업종이 분포하고 있으며 먹거리뿐 아니라 의류와 귀금속, 이·미용 등 업종별 자체 단가가 저렴한 것이 특징입니다. 대학가에서 흔히 볼 수 있는 PC방이나 당구장도 가격파괴 현상이 불고 있으며 저렴한 상품을 주로 판매하는 다이소 매장은 손님의 유입이 꾸준히 이뤄지고 있습니다.

거리 북쪽 경희대 정문으로 향하는 '경희대길'은 '걷고 싶은 거리'가 조성돼 있고 인도 곳곳에 조형물이 설치돼 있어 전반적으로 상권이 정리된 느낌이 있습니다. 경희대길 대로변에는 20대를 겨냥한 스타벅스, 커핀그루나루, 베스킨라빈스, 할리스커피 등의 대형 프랜차이즈 커피 전문점과 버거킹, 본죽, 파리바게트 등의 대형 프랜차이즈 패스트푸드점, 베이커리점 등

이 자리를 잡고 있습니다.

커피 전문점은 테이크아웃을 선호하여 매장의 규모가 조금 작아도 충분히 창업이 가능할 것으로 보입니다. 반대로 피자, 치킨 매장은 내방 고객이 많아 좌석의 규모를 감안하여 창업하는 것이 좋습니다. 미용 관련 매장은 대학가 입구에 많이 들어서 있어 경쟁력이 떨어질 수 있습니다.

## 인구밀집 고정된 안정적 항아리 상권 형태

경희대 정문 앞 메인 상권은 마치 지도상으로 보면 항아리처럼 생겼다고 하여 항아리 상권이라고 불리기도 합니다. 항아리 상권은 독립성을 지닌 특정 지역에 상권이 한정되는 것을 의미합니다. 상권이 크게 팽창하지 않지만 소비자들이 타 지역으로 빠져나가지도 않습니다. 경희대학교를 중심으로 자리 잡은 덕에 수요층 확보도 쉽습니다.

기존 상권에 비해 창업자들이 항아리 상권을 선택하면 유리한 면도 있습니다. 일반 상권에서 사람들이 흘러가는 곳은 영업이 부진하면 노력해도 실패할 확률이 높습니다. 하지만 항아리 상권은 항아리에 물이 고이듯, 사람들이 외부로 이탈하지 않고 아파트 주택가의 입주민 등 풍부한 고정 배후수요가 상권 내에서 소비를 하기 때문에 안정적인 것이 특징입니다.

회기역 상권은 좁은 도로와 노후화된 건물 등의 문제로 화려하진 않으나 수요층이 풍부해 상권의 내실 자체는 좋다는 평가입니다. 다른 대학가 상권처럼 단가 자체가 낮지만 배후수요층이 탄탄하고 적정 점포 시세와 임대료가 매력적인 상권입니다.

1호선, 경춘선, 경의·중앙선 3개 노선이 지나는 트리플 역세권이 형성돼 있는 만큼 유동인구도 안정적으로 증가하여 인구 밀집도가 서울시 전체 평균보다 50% 이상 높습니다. 유동인구의 분포를 보면 20~30대가 40% 이상, 40~50대가 25% 정도로 사회활동과 더불어 소비하는 연령층의 비율이 높습니다.

## 경희대 상권에서 가능한 유망 업종

조사 결과 회기역 전체 상권 내에 60% 이상이 요식업종으로, 일반적인 한식당과 분식이 차지하는 비율이 요식업의 50% 이상이라 다른 아이템을 찾아 창업하는 것이 바람직합니다. 요식업종으로 창업을 원한다면 퓨전 음식점이나 외국음식 전문점이 창업 시 효과가 높을 것으로 평가됩니다.

경희대와 경희의료원 근방의 상권은 요식업 비중이 너무 높아서 요식업이 아닌 다른 아이템이 창업의 성공으로 이어질 가능성이 높습니다. 유동인구 약 6만의 상권치고 제과점이나 휴대폰 전문매장, 신발 전문점, 스포츠매장 등은 많지 않아 고려해볼 만합니다. 또한 가격 부담이 없는 생필품 전문 천원 매장과 샌드위치 전문매장 등이 유망 업종으로 꼽힙니다.

20대의 유동인구가 많은 경희대학교 부근에서는 개성 있는 보세 의류나 패션소품 매장도 충분히 가능성이 있으며 작은 규모로 창업이 가능한 수공예 액세서리 전문점이나 네일아트 매장 등도 창업이 가능합니다.

경희대 인근 화이트공인중개사 김상훈 소장은 "지금의 회기역 상권도 매력적이나 개발호재로 향후 지가상승 여력까지도 있다"며 "또 2023년까지 서울바이오허브가 완벽히 조성되면 회기역 일대 분위기는 더욱 좋아질 것"이라고 전하고 있습니다. 홍릉 바이오의료클러스터는 미국의 보스턴 바이오클러스터처럼 병원과 기업, 연구소가 결집된 바이오의료클러스터로 정부의 '보건산업 종합발전전략'의 일환이며 보건산업 전반을 조망하는 정부의 첫 종합계획입니다. 지난 2015년부터 추진해 2018년 1월 개관한 '서울바이오허브(2만 1,937제곱미터 규모)'에는 오는 2023년까지 산업연구실험동·지역열린동·글로벌협력동이 순차적으로 문을 열 전망입니다.

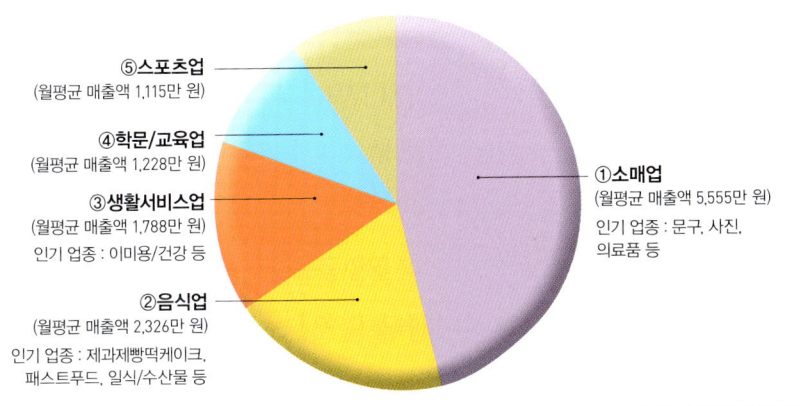

출처: 소상공인시장진흥공단, 경희대학교 일대 상권 2017년 상반기 기준 매출 통계자료(조사일: 2018.03.21)

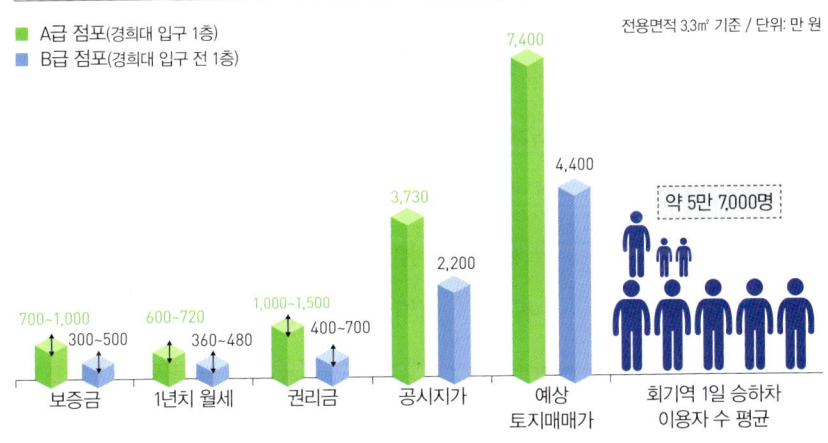

※ 현지 중개사무소를 방문 조사한 것으로 점포 입지에 따라 약간의 시세차가 있을 수 있습니다.
출처: 국토교통부, 서울교통공사

## 먹거리와 쇼핑의 복합 공간
## 건대입구역 상권

지하철 2·7호선 환승역, 뛰어난 서울 동부권 접근성
**대표적인 서울 대학가 상권, 먹거리·쇼핑 복합 공간**
주말과 방학 상권 활성도 다소 하락, 창업 시 유의

건대입구역 상권은 지하철 2, 7호선 환승역과 건국대학교를 끼고 있는 상권으로 젊은 트렌드를 대표하는 서울의 대학가 상권 중 하나입니다. 대학가 상권에서도 가장 활성화가 잘된 상위권에 속합니다. 건대입구역은 유입인구가 증가하면서 대표적인 대학가 상권으로 불리며 서울 동부를 대표하는 상권으로도 발전했습니다.

건대입구역은 1980년 지하철 2호선 화양역으로 탄생했으나 역과 인접한 건국대학교의 시민 인지도가 높아지면서 1985년에 건대입구역으로 개명됩니다. 1996년에는 지하철 7호선이 개통되면서 환승역으로 거듭나 상권이 더욱 확장되는 계기가 됐습니다. 건대입구역 출구는 1번부터 6번까지 총 6개가 마련돼 있습니다.

건국대학교는 1959년 종합대학으로 승격 후, 인지도 있는 대학으로 성장했습니다. 이는 건대입구 상권이 서울에서도 주요 상권으로 발돋움하는 계기가 됐습니다. 현재는 롯데백화점 건대점과 스타시티, 맛의 거리, 로데오 패션거리, 양꼬치거리 등이 건대입구 상권의 융성함을 자랑하고 있습니다.

건대입구역과 같은 대학가 상권은 일반적으로 쇼핑, 먹거리, 유흥 상권이 어우러져 있는 특징을 가지고 있습니다. 건대입구역 상권 역시 지하철 철로를 사이에 두고 로데오 패션거리와 맛의 거리가 형성되어 있어 쇼핑·먹거리·유흥을 즐길 수 있는 대학가 상권의 특징이 잘 나타납니다.

## 언제나 활기 넘치는 대학가 상권 '건대입구역'

건대입구역 일대는 대체로 큰 편차 없이 많은 유동인구가 거리를 거닐며 활기 넘치는 상권의 모습을 보여줍니다. 유동인구의 대부분은 건국대와 인근의 세종대, 한양대 학생 등 20대 젊은 층입니다. 전체 유동인구에서 20대(26.9%)가 큰 비중을 차지하며 주말(26.1%)보다는 주중(73.9%)에 상권을 찾는 20대가 많습니다(출처: 소상공인시장진흥공단 2018년 1월 인구분석 통계자료).

학생 소비층 외에도 자양동과 성수동, 구의동 등 광진구 일대 주민들을 비롯해 강남권역으로 출퇴근하는 직장인 소비층이 건대입구역의 상권을 탄탄하게 떠받치고 있습니다. 건대입구역을 찾는 직장인 대부분은 서울 동부권에 거주하는 소비층이라고 할 수 있습니다.

반면, 건대입구 상권에는 중장년층을 타깃으로 한 업종이 부족하다는 것이 단점입니다. 대부분 젊은 층 취향에 맞춘 음식점, 유흥 주점, 디저트, 커피 전문점 등 트렌디한 점포들이 자리를 차지하고 있습니다. 중장년층이 즐길 만한 공간은 건대입구역 메인 상권에서 벗어난 외곽 상권, 로데오 패션거리와 맛의 거리와 맞닿은 주택가 상권 인근에 형성돼 있습니다.

## "만만한 곳이 건대", 서울 동부권 요지 입지

건대입구역이 언제나 북적이는 데는 입지적인 요인이 큽니다. 서울 동부 지역 어디에서나 건대입구로 빠르고 편리하게 접근이 가능합니다. 단편적인 예로 서울 동부 생활권 사람들은 '만만한 곳이 건대'라는 말을 자주 합니다. 그만큼 건대입구가 가기 쉬운, 혹은 편리한 입지라는 것을 누구나 인정하고 알고 있습니다.

실제 지하철 2호선을 이용하면 잠실, 삼성, 선릉, 역삼역 등에서 건대입구역까지 20분 내로 접근이 가능합니다. 7호선은 논현, 학동, 강남구청역에서 불과 5정거장이면 건대입구역에 도달할 수 있어 강남권에서 접근성이 매우 좋습니다.

통상 직장인들의 평일 약속은 집으로 향하는 길목에 장소를 정하는 경우가 많습니다. 서울 동부권에 거주하는 강남 출퇴근 직장인들은 퇴근길에 저녁 모임 장소로 건대입구를 택하는데, 바로 이 점이 건대입구역이 평일 저녁에도 늘 붐빌 수 있는 이유입니다.

또 분당이나 광교, 의정부, 포천 등 경기 동북·동남부를 오가는 직행버스가 건대입구역을 종점으로 운행 중입니다. 광역적인 유동인구를 흡수할 수 있는 최적의 입지적 여건이 마련돼 있는 셈입니다.

### 먹자골목, 쇼핑 공간이 어우러진 복합 상권

건대입구역 상권은 전체적으로 쇼핑과 유흥을 함께 즐길 수 있는 복합 상권이지만 2호선 철로를 사이에 두고 각 섹터sector별로 상권의 기능이 다소 상이하게 나뉘어 있습니다.

2호선을 기준으로 북쪽은 맛의 거리가 위치해 건대입구역의 메인 상권으로 불립니다. 상권 내 가장 많은 유동인구를 확보한 곳입니다. 특히, 2번 출구에서 어린이대공원역까지 쭉 이어진 대로변 상권은 시간에 구애받지 않고 유동인구가 많은 편입니다. 그중 낮시간에는 여성 유동 인구 비중이 상당히 높습니다. 여성들이 즐겨 찾는 로드숍 브랜드의 화장품 가게, 보세 옷·속옷 가게, 액세서리 전문점, 커피 전문점, 미용실 등이 대로변을 따라 입점해 있는 모습을 볼 수 있습니다.

2번 출구에서 어린이대공원역 방향으로 나 있는 대로변에는 버스 정류장이 위치하고 있으며, 길을 따라 노점상도 빼곡하게 들어서 있습니다. 생계와 바로 연결된 노점상은 사람이 잘 모이고 다니는 곳에서 영업을 하는 특성이 있는 만큼, 이 도로에 유동인구가 얼마나 많은지 잘 설명해주고 있습니다. 또 2번 출구 대로변은 유동인구 대비 인도폭이 좁기 때문에 보행이 다소 불편하지만, 동시에 상권의 대응성을 높여 해당 거리를 더욱 활성화시키고 있습니다.

2번 출구를 나와 이동통신사 매장을 끼고 왼쪽으로 돌면 건대 맛의 거리가 나옵니다. 동일로22길에 형성된 건대 맛의 거리는 먹을거리가 넘치는 상권으로 음식점과 주류를 즐길 수 있는 공간들이 많이 들어서 있습니다. 다만 주점의 비율이 높고, 음식점이라도 메뉴나 분위기에 따라 낮에는 오픈하지 않는 곳이 있기 때문에 낮보다는 저녁시간이 더 활발한 분위기를 띱니다. 맛의 거리에서 뻗은 골목골목 모두에 음식점과 주점이 들어서 있을 정도로 상권 확장이 넓게 진행돼 있습니다. 상권의 외곽 부분은 주택 1층을 리모델링한 구조가 많습니다. 건물 2층부터는 기존의 주택 용도로 사용하고 있어 주택가 상권과 결합된 모습도 나타납니다.

2호선 철도를 기점으로 남쪽에는 로데오 패션거리가 형성돼 있습니다. 동일로20길을 따라 형성된 로데오 패션거리에는 유명 브랜드 매장들이 입점해 있습니다. 남성복, 여성복, 스포츠, 캐쥬얼 등 다양한 종류의 브랜드를 접할 수 있는 상권입니다. 주로 상설매장들로 할인된 가격에 브랜드 의류를 구매할 수 있는 곳입니다. 맞은편에 스타시티와 롯데백화점 입점으로 많은 타격을 입어 현재는 비교적 한산한 모습입니다.

맛의 거리에 비해 한산했던 로데오 패션거리 일대는 지난 2015년 들어선 컨테이너 복합 쇼핑몰 '커먼그라운드'로 인해 분위기가 반전되고 있습니다. 코오롱인더스트리FnC가 신유통 사업의 일환으로 선보인 커먼그라운드는 패션리테일 브랜드와 F&B, 문화공간 등이 어우러진 팝업형 쇼핑몰입니다. 원래 택시 차고지였던 커먼그라운드 부지는 건대입구와 다소 떨어진 입지로 인해 개발에 우려가 있었습니다. 하지만 컨테이너 느낌이 충만한 독특한 외관에 젊은 감성의 매장을 입점시키고 야외 공간에서 다양한 전시, 행사, 페스티벌을 개최하면서 건대입구역 상권에서 가장 트렌디한 공간으로 주목받고 있습니다. 커먼그라운드의 오픈으로 다소 외면받던 건대 로데오 패션거리에 활기가 돌고 있다는 평가입니다.

5번과 6번 출구방향 로데오 패션거리 안쪽에는 600여 미터 길이의 양꼬치거리도 형성돼 있습니다. 최근 2~3년 사이 중국 음식에 대한 선호도가 증가하면서 로데오 패션거리 안쪽에 위치한 양꼬치 거리에도 유동인구가 크게 늘었습니다. 대표적으로 중국식 샤브샤브(훠궈) 뷔페 '복만루', 양꼬치와 중국 가정식을 판매하는 '매화반점' 등은 평일에도 줄을 서야 할 정도로 대기 손님이 많습니다. 양꼬치거리를 찾는 고객의 비율은 조선족 등 중국인이 더 많지만 입소문을 타고 내국인의 비율이 점점 증가하고 있어 향후 상권이 더욱 활성화될 것으로 기대됩니다.

건국대학교병원 맞은편의 롯데백화점과 스타시티몰은 쇼핑이나 영화관람, 푸드코트를 이용하기 위한 소비층이 주로 찾고 있습니다. 건대입구역에서 지상으로 바로 나오는 출입구는 없지만 역 내부에서부터 롯데백화점을 지나 이마트가 위치한 스타시티몰까지 연결통로가 조성돼 있어 접근 동선이 좋습니다. 깔끔한 쇼핑 환경을 조성한 것은 물론, 여름이나 겨울과 같이 날씨 환경에 구애받지 않고 상권에 머무를 수 있는 점이 많은 고객층을 확보하는 요인으로 보입니다. 10~20대 학생부터 20~30대 연인, 가족 단위까지 고객층도 폭넓습니다.

스타시티와 연결되어 있는 건대입구역 지하에도 제과점, 음식점들이 입점해 있어 주로 병원을 이용하는 유동인구를 공략하는 모습을 보이고 있습니다. 또 2018년 1월에는 멀티플렉스 영화관 CGV 건대입구점이 개장을 했습니다. 건대 로데오 패션거리와 양꼬치골목이 이어지는 곳에 위치한 CGV 건대입구는 커먼그라운드와 대각선 방향 직선거리로 150여 미터 떨어져 있습니다. 이로 인해 로데오 패션거리 일대 유동인구의 유입이 늘어날 것으로 전망됩니다.

2017년 상반기 기준으로 건대입구역 상권에서 가장 인기가 높은 업종은 숙박업(월평균 매출액 6,689만 원)이었습니다. 그다음은 학문·교육업(월평균 매출액 5,874만 원)과 소매업(월평균 매출액 5,398만 원), 음식업(월평균 매출액 4,480만 원), 생활서비스업(월평균 매출액 2,588만 원) 순으로 높은 매출을 보였습니다(출처: 소상공인시장진흥공단 매출 통계자료).

건대입구역의 창업 전략은 젊은 층을 대상으로 하는 것이 유리해 보입니다. 테이블 회전이 빠른 음식점, 최신 트렌드를 앞서는 아이덴티티 강한 음식점이나 주점이 유망합니다. 다만 주말과 방학 시즌에는 유동인구와 매출이 다소 떨어지는 모습을 보이고 있어 이 점 역시 창업을 할 때 주의가 필요합니다.

또 유명 대학가 상권이라는 인지도가 작용해 권리금이 높게 형성되어 있다는 점도 경계할 필요가 있습니다. 예를 들어 조사 결과 맛의 거리와 로데오 패션거리의 점포 가격의 차가 큰 편으로, 이렇듯 주변 대학가 상권의 유동인구나 매출을 비교해 합리적인 기준을 가지고 권리금 협상에 임해야 합니다.

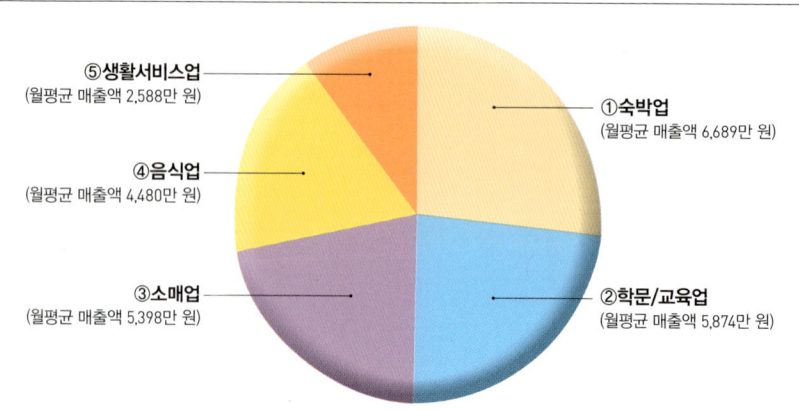

건대입구역 상권 월평균 매출 TOP 5 업종

- ⑤ 생활서비스업 (월평균 매출액 2,588만 원)
- ④ 음식업 (월평균 매출액 4,480만 원)
- ③ 소매업 (월평균 매출액 5,398만 원)
- ① 숙박업 (월평균 매출액 6,689만 원)
- ② 학문/교육업 (월평균 매출액 5,874만 원)

출처: 소상공인시장진흥공단, 건대입구역 상권 2017년 상반기 기준 매출 통계자료(조사일: 2018.03.21)

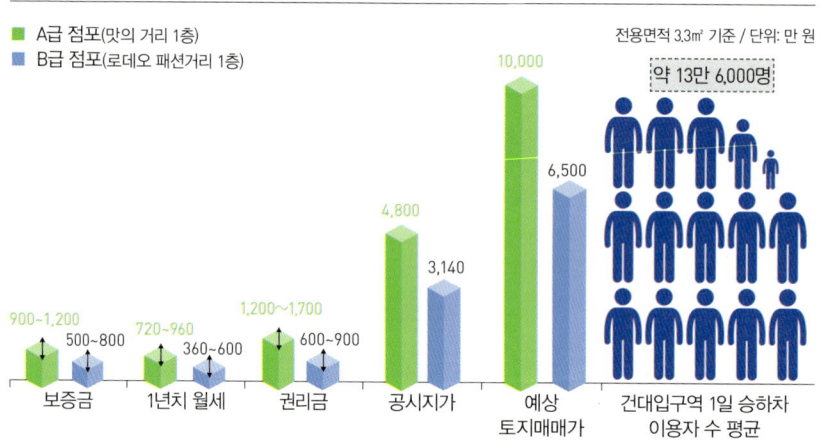

건대입구역 상권 상가 평균 시세와 승하차 인구

※ 현지 중개사무소를 방문 조사한 것으로 점포 입지에 따라 약간의 시세차가 있을 수 있습니다.
출처: 국토교통부, 서울교통공사

## 주거 단지 중심의 소규모 알짜 상권
### 사가정역 상권

주택가 인근 상권, 단골 확보 용이해 꾸준한 매출 가능
주 소비층은 30~40대, 중저가 음식점 승산 있어
낮은 10~20대 젊은 층 비율, 인근 대형 상권 선호
소규모 매장 위주로 분포, 대로변 상권 활성화

중랑구 지하철 7호선 사가정역 상권은 타 상권처럼 특정 변화가가 유명세를 타며 활성화된 상권은 아닙니다. 인근 단독·다세대·다가구주택, 빌라, 아파트 등 밀집된 주거 단지를 중심으로 발달된 상권이며 규모가 크지 않지만 힘이 있는 알짜 상권으로 평가할 수 있습니다.

　사가정역이 위치한 면목동 일대는 본래 농업 지대였으나 1960년 이후 단독주택이 많이 들어섰고 1990년대 이후로 아파트도 들어서면서 인구가 점차 늘어나 현재 많은 유동인구가 오가는 곳입니다. 2014년도에 개통된 용마터널과 구리암사대교로 아천IC 이용이 원활해지고 강동구 진입이 수월해져 이동 차량도 증가했습니다. 또한 강동구를 거쳐 강원도 진입이 편리하기 때문에 금요일 퇴근시간 이후와 일요일 오후의 용마터널~아천IC는 상습 정체 구간이기도 합니다.

　사가정역은 개통 당시 2번 출구까지밖에 없었으나 현재는 확장 공사로 4번 출구까지 늘어났습니다. 사가정이라는 이름은 조선시대 문신인 서거정이 살던 곳이라 하여 그의 호인 사가정에서 유래됐습니다. 인근에 서거정의 시를 새긴 조형물이 세워진 '사가정공원'도 위치합니다. 동고서저 지형으로 동쪽에는 용마산, 아차산, 망우산, 용마폭포공원 등이 있고 서쪽에는 중랑천이 흐르고 있어 산과 강을 모두 가진 서울의 몇 안 되는 지역 중 하나입니다.

## 혼잡한 교통은 단점이자 장점, 상가 연속성·대응성 높여

사가정역 상권은 교통이 혼잡하고 인도와 차도의 구분이 없는 곳도 있어 보행자들과 차량 이용자들은 다소 불편함을 느낄 수 있습니다. 이를 다른 관점에서 바라보면 오히려 상권이 발달할 수 있는 최적의 환경 조건이 갖춰진 것이기도 합니다. 왕복 3차선에 불과한 좁은 차도는 오밀조밀 들어선 상가 건물과 함께 상가의 대응성과 연속성을 극대화하고 있습니다.

인근 홈플러스 면목점을 제외하고는 대형 마트도 없고 4번 출구 맞은편에 사가정시장이 자리 잡고 있습니다. 상권의 주 소비 계층은 30~40대 중장년층이며 출구별로 위치한 버스 정류장을 이용해 사가정을 방문하는 고객들도 많습니다.

사가정시장 골목 인근 1층 기준 33제곱미터 규모의 점포가 보증금 1,000만 원에 월세 80만~100만 원 선, 권리금 2,000만~4,000만 원 선에 거래되는 추세입니다. 사가정 상권 중 임대료는 B급 수준을 유지하고 있습니다.

사가정역 상권은 대규모 아파트 단지 위주가 아닌 빌라, 주택 등을 중심으로 한 형태를 지닙니다. 같은 서울 내에서도 구 자체의 발달 여부를 본다면 아직은 미흡한 점이 많은 상권이라고 할 수 있습니다. 반면 이러한 지역은 유동인구가 외부로 빠져나가지 않기 때문에 점포가 일정한 매출을 유지할 수 있다는 장점이 있습니다.

### 활성화된 대로변 상권과 전형적인 주택가 상권 형태

사가정역 1번 출구에서 면목역 방면에 형성된 상권은 대로변을 따라 대형 브랜드 의류 매장과 주점, 미용실, 네일숍, 분식점 등이 자리 잡고 있습니다. 이곳은 대중교통을 이용하는 사람들이 많아 사가정역 일대 내에서 유동인구가 많은 편에 속합니다.

일대의 유동인구는 젊은 층보다 30~40대 주부와 40대 이상 남성들이 대부분입니다. 평일 정오 12시에서 저녁 6시까지 시간대에 가장 활성화되며 주말 매출은 다소 떨어지는 편입니다. 대중교통을 이용하는 유동인구과 인근 주거지에 사는 사람들을 대상으로 꾸준히 단골을 확보할 수 있는 업종이 유리합니다.

2번 출구 뒷골목은 사가정 먹자골목으로 소문난 곳입니다. 골목 형태로 이루어진 이곳 상권은 상권 범위가 짧고 상가주택이 형성돼 있습니다. 이곳은 대개 30대 이상 남성을 타깃으로 한 소규모 주점, 노래방 등이 밀집해 있는데요. 먹자골목치고는 다소 한산한 모습이나 퇴근 후 집으로 돌아가기 전 삼삼오오 모여 한잔하며 담소를 나누기에는 더없이 좋은 상권의 성격을 띠고 있습니다. 건너편 사가정 시장 뒷골목 상권도 이와 유사한 모습입니다.

사가정역 일대는 영화관, 백화점 등이 없어 사실상 20대 젊은 층을 공략하기에는 시설 면에서 열악한 면이 있으나 건대와 노원의 중간에 위치하고 있어 제법 꾸준한 유동인구를 보입니다. 또한 원룸이나 투룸 주거지가 강남, 건대, 군자를 비롯한 7호선 라인 중 저렴한 편이라 직장인과 대학생이 많이 거주하고 있습니다. 이들은 주로 저녁시간대에 활동을 보이며 먹자골목 내에 PC방, 당구장, 술집, 분식점 등의 업종에서 소비를 보이고 있습니다.

3번 출구와 4번 출구 사이 대로변 상권은 PC방, 카페, 화장품 가게, 문구점, 분식집과 의류 매장 위주로 상권이 형성돼 있습니다. 그러나 사가정 상권의 로드숍 의류 매장의 경우 단골손님을 제외하면 찾아오는 인구가 드물고 점포가 드문드문 위치하고 있어 창업 시 주의가 필요합니다.

3번 출구에서 면목시장 입구에 이르는 이면도로도 작은 규모지만 아기자기한 상권의 모습을 갖추고 있습니다. 이곳은 주로 미용실, 고깃집, 치킨집, 화장품 매장 등이 있으며 역시 30~60대 이상의 유동인구가 많은 편입니다. 실제로 사가정역 연령별 유동인구를 살펴보면 30대 유동인구가 21.5%로 가장 많고 40대가 19.1%, 50대가 19.5%, 60대 이상이 19.1%로 나타났습니다(출처: 소상공인시장진흥공단 2018년 1월 인구분석 통계자료).

사가정역 상권은 대부분 보증금과 월세가 낮게 형성돼 있어 점포주들이 월세를 못내는 경우는 흔치 않습니다. 반면 보증금과 월세에 비해 권리금은 상대적으로 높은 수준을 유지하고 있습니다. 사가정역 상권뿐 아니라 보증금과 월세가 낮은 상권들은 일반적으로 권리금이 높게 형성되는 흐름을 보입니다.

소상공인시장진흥공단의 사가정역 북부 상권 매출 통계자료를 보면 2017년 상반기 기준으로 가장 매출이 높았던 업종은 소매업(월평균 매출액 4,557만 원)으로 그중 매출이 높은 상품은 책·서적·도서, 의약·의료품소매로 나타났습니다. 그다음 매출이 높은 업종은 음식업(월평균 매출액 3,238만 원)이었고, 스포츠업(월평균 매출액 2,942만 원), 생활서비스업(월평균 매출액 2,167만 원), 관광·여가·오락업(월평균 매출액 1,748만 원)이 뒤를 이었습니다.

### 중년층을 대상으로 객단가를 낮게 잡아야

젊은 층은 사가정역 상권보다 상대적으로 볼거리, 놀거리가 많은 인근 건대입구 상권으로 빠져나가고 있는 상황입니다. 그러나 중년층은 대부분의 소비를 거주 지역인 사가정 내에서 해결하는 경향이 있습니다. 이들은 움직이는 이동 범위가 넓은 곳보다 가볍게 한잔할 수 있고 귀가하는데도 부담 없는 주거지 인근을 더 선호하는 편입니다.

사가정역 상권에 분포된 업종 역시 중년층을 공략할 수 있는 소규모 주점들과 고깃집 등이 많습니다. 사가정역 일대 소비 수준은 비교적 낮기 때문에 창업 시 이 점을 염두에 두어야 합니다. 고가의 음식보다는 중저가 음식점, 치킨집, 분식집, 생필품 취급점 등이 유망하며 객단가를 낮게 잡고 빠른 회전율로 승부하는 것이 승산이 있습니다.

이밖에 활성화된 대로변 상권 인근에는 대중교통을 이용하는 유동인구가 많아 테이크아웃 전문점, 카페, 액세서리 매장 등의 업종도 전망이 밝습니다. 이때 주거지역으로 귀가하려는 사람들의 시선을 끌 만한 디스플레이와 인테리어 등이 고객 유입의 중요한 요소로 작용할 수 있습니다.

일반적으로 30~40대 유동인구는 외부로 빠져나가지 않고 사가정 내에 머물기 때문에 좋은 품질과 합리적인 가격대의 제품으로 구성한다면 단골 중심으로 일정한 매출이 가능합니다. 하지만 평균적으로 유동인구에 비해 점포당 권리금이 높은 수준에 형성돼 있기 때문에 신규 창업자는 상권 내 점포 선택을 신중히 하는 것이 좋습니다. 특히 중년층의 소비가 높은 점포는 다른 업종에 비해 매매가와 권리금이 더욱 높게 형성돼 있으므로 이를 참고해서 창업에 나서야 합니다.

사가정역 2번 출구 인근 한양공인중개사사무소 한승훈 부장은 "사가정역은 단독·다가구 밀집지역에 지하철역 주변 상업지역을 중심으로 상권이 이루어진 항아리 상권"이라며 "현재는 경제 침체와 아파트 재건축 등으로 인한 인구유출 등으로 주춤한 모습을 보이고 있다"고 말했습니다. 덧붙여 "그러나 앞으로 착공될 약 2,500세대의 아파트(아이파크, 라온프라이빗, 한양수자인 등) 재건축으로 인구유입이 기대되고 사가정역 상업지역의 특별계획구역 해제로 개인재산권 행사가 가능해지는 것과 동시에 용마터널과 연결되는 6차선 도로 중심으로 재건축도 이루어지고 있어 향후 전망은 더 좋다"고 전하고 있습니다.

### 사가정역 상권 월평균 매출 TOP 5 업종

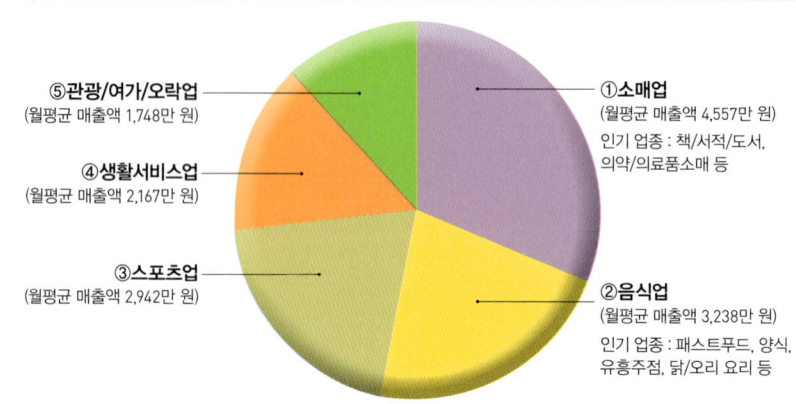

⑤ 관광/여가/오락업
(월평균 매출액 1,748만 원)

④ 생활서비스업
(월평균 매출액 2,167만 원)

③ 스포츠업
(월평균 매출액 2,942만 원)

① 소매업
(월평균 매출액 4,557만 원)
인기 업종 : 책/서적/도서,
의약/의료품소매 등

② 음식업
(월평균 매출액 3,238만 원)
인기 업종 : 패스트푸드, 양식,
유흥주점, 닭/오리 요리 등

출처: 소상공인시장진흥공단, 사가정역 북부 상권 2017년 상반기 기준 매출 통계자료(조사일: 2018.03.22)

### 사가정역 상권 상가 평균 시세와 승하차 인구

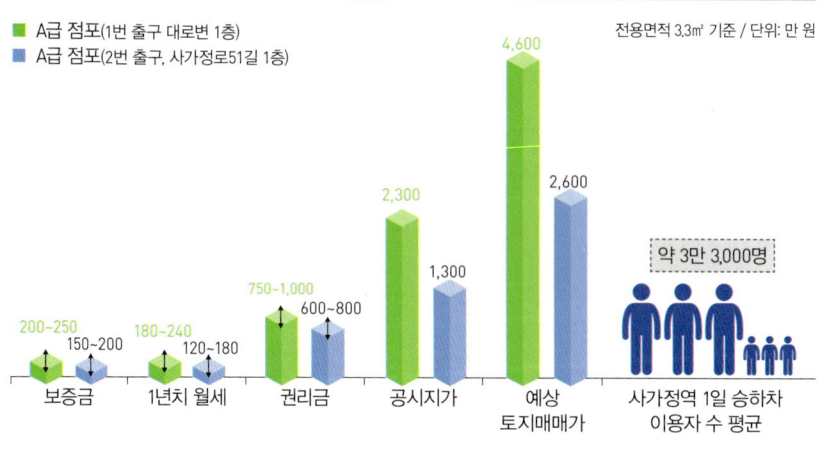

※ 현지 중개사무소를 방문 조사한 것으로 점포 입지에 따라 약간의 시세차가 있을 수 있습니다.
출처: 국토교통부, 서울교통공사

## 소비 인구율 높은 강북 핵심 상권지
### 수유역 상권

다양한 연령대·풍부한 유동인구의 수유역 상권
**최종소비 상권으로 강북 최대 상권지 중 하나**
등산 인구가 많은 항아리 상권, 미아삼거리 상권과 경쟁

수유동이라는 동명의 유래는 북한산 골짜기에서 흘러내리는 물이 이 마을에 넘쳤기 때문에 '물 수水'에 '넘칠 유踰'를 써서 붙여진 이름입니다. 우리말로는 '물이 넘친다水踰'고 하여 '무너미'라고도 했습니다. 무너미도 아랫무너미, 웃무너미로 나뉘는데 웃무너미는 수유시장 일대, 아랫무너미는 수유5거리 일대를 말합니다.

강북구의 중심으로 불리는 수유역에는 강북구청이 위치하고 있습니다. 덕성여자대학교, 북한산, 국립 4.19 묘지로 갈 수 있기 때문에 이용객이 많으며 수유역 상권은 서울 북부 핵심 상권 중 하나로 북한산 등산객들이 많이 찾아 불광역, 연신내역 상권과 비슷한 분위기입니다.

1996년 수유역 일대를 도시설계지구로 지정해 급속도로 발전했으며 평일부터 주말까지 여러 연령층의 사람들이 다양한 시간대에 모입니다. 평일에는 20대 젊은 층이 새벽까지 소비하며 주말에는 40~50대 등산객들로 북새통을 이룹니다.

## 풍부한 유동인구, 소비 인구율 높아

지하철 4호선 수유역은 하루 9만 5,000여 명의 유동인구가 발생하는 지역으로 단일역으론 상당한 편입니다. 수유역은 쌍문동, 우이동 등 인근 지역과 의정부, 동두천 등 경기 북부 대중교통 환승의 요충지입니다. 관공서가 자리 잡고 있어 지역 상권에 도움을 주며 항아리 상권 형태로 흘러가는 유동인구가 아닌 소비하는 인구 비율이 높습니다. 또한 수유역 인근에 오피스텔과 다세대주택이 많아 1인 가구의 수도 많은 편입니다.

수유역 상권의 범위는 지하철 4호선 수유역을 중심으로 도봉로 양쪽에 분포돼 있는 대로변과 이면도로 일대입니다. 상권은 크게 8번 출구 건너편인 수유리 먹자골목과 7번 출구로 시작되는 수유역 먹자골목으로 나눌 수 있습니다. 특히 수유역 먹자골목은 늦은 새벽시간까지도 손님들이 상당이 붐비는 곳입니다.

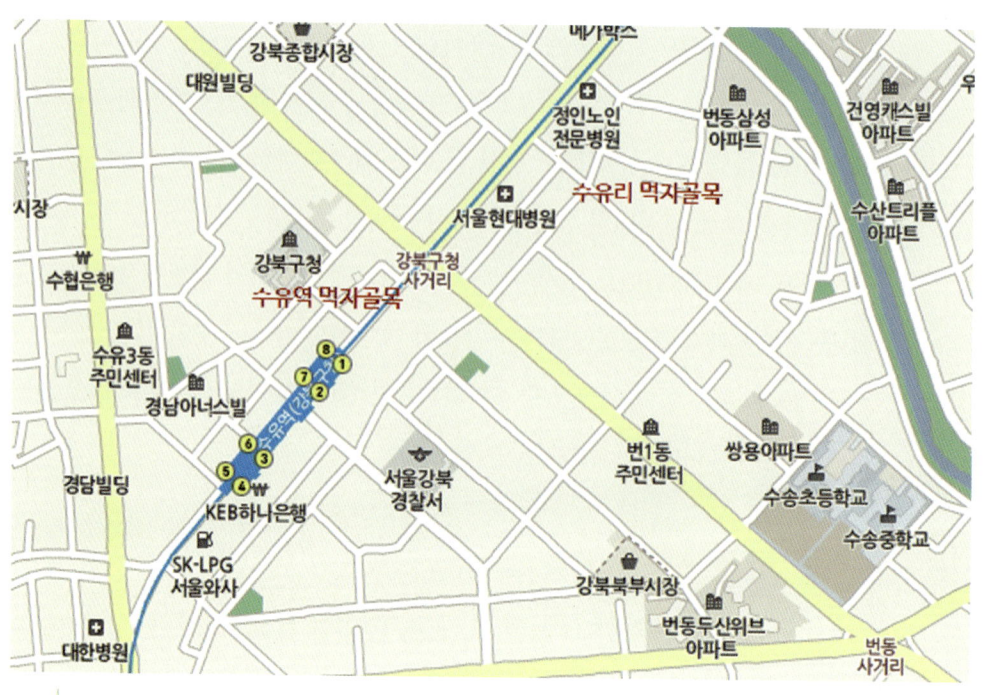

출처: 네이버지도 캡쳐

## 주상권 수유리·수유역 먹자골목

    수유역 8번 출구로 나와 강북구청 사거리를 건너면 수유리 먹자골목이 나옵니다. 먹자골목은 수유리 구舊상권 중심지에서 동서로 약 400미터 펼쳐져 있으며 한식, 주점, 고깃집 위주로 특히 족발집들이 유명합니다. 또한 다른 상권에 비해 노래방이 많아 30~40대가 주 고객인 상권임을 알 수 있습니다. 하지만 구상권이라 깔끔한 맛이 없고 특정 유흥시설 개수가 너무 많아 다른 상권과 단절된 느낌을 주는 점이 다소 아쉬운 부분입니다.
    7번 출구 더페이스샵 골목으로 향하면 수유역 먹자골목이 시작됩니다.

약 200미터 정도의 길이로 되어 있으며 첫 번째 사거리를 기준으로 네 방향 모두 많은 상가들이 있어 상당히 큰 상권을 형성하고 있습니다. 지금은 다소 한산해진 수유리 먹자골목을 대체하고 있는 핵심 상권으로, 다양한 먹거리, 소매점, 주점 등이 건물 1, 2층을 빼곡하게 차지하고 있습니다. 10대와 20대들을 겨냥한 메뉴들도 많아 다양한 연령층이 이곳을 이용합니다. 특히 주말에는 등산복 차림의 기성세대들이 많아 타 상권 대비 주말 매출 비율이 높은 편으로 알려져 있습니다.

수유리 먹자골목보단 덜하지만 이곳 역시 주점과 노래방의 비율이 너무 높습니다. 젊은이들의 비율도 적지 않고 많은 유동인구가 많은 것에 비해 테이크아웃 상점과 뷰티숍이 부족한 편입니다. 따라서 컵밥, 토스트, 과일 쥬스 등 간단히 즐길 수 있는 음식 업종이 어떨까 싶습니다. 일반적으로 상권에 유흥시설의 비율이 너무 크면 다른 대형 자본 투자나 인기 업종의 진입을 방해해 상권 전체에 안 좋은 영향을 끼치기도 합니다.

수유역 먹자골목 연령별 유동인구를 살펴보면 20대 17.3%, 30대 18.8%, 40대 19.0%, 50대 20.3%, 60대 이상 20.5%로 20대부터 60대 이상까지 비슷한 비율을 보였습니다(출처: 소상공인시장진흥공단 2018년 1월 인구분석 통계자료).

수유역 먹자골목 일대의 업종별 월평균 매출액은 소매업(5,772만 원)이 가장 높고 음식업(3,798만 원), 숙박업(3,005만 원), 관광·여가·오락(2,264만 원), 학문·교육(2,259만 원) 순으로 높았습니다.

이외에도 수유역 1, 2번 출구 쪽은 대로변 상권 위주로 형성되어 있습니다. 깨끗이 정비된 도로와 빌딩들 사이에 맥도날드, 스타벅스, 올리브영, 교보문고, 알라딘 중고서점 등 익숙한 대형 프랜차이즈 브랜드들이 모여 있습니다. 이면 골목에는 인근 다세대 주민들을 겨냥한 소규모 주택가 상권이 형성되어 있습니다.

## 연신내역 상권과 소비층 유사, 수유역 상권 매출 우위

수유역 먹자골목 일대 소상공인시장진흥공단 음식업종 매출 통계자료(2017년 상반기)를 소비층이 유사한 연신내역 로데오거리 상권과 비교해보면 아래와 같습니다.

조사 결과를 보면 월평균 매출도 두 상권이 유사합니다. 단, 수유역 상권

**2017년 상반기 수유역 상권과 연신내역 상권 간 음식업종별 월매출, 건단가 평균 비교**

단위 : 원

| 지역 | 업종 | 월평균 매출액 | 지역 | 업종 | 월평균 매출액 |
|---|---|---|---|---|---|
| 수유역 상권 | 닭/오리 요리 | 28,880,000 | 연신내역 상권 | 닭/오리 요리 | 54,250,000 |
| | 별식/퓨전 요리 | 23,690,000 | | 별식/퓨전 요리 | 14,300,000 |
| | 분식 | 35,720,000 | | 분식 | 23,420,000 |
| | 양식 | 13,160,000 | | 양식 | 23,550,000 |
| | 유흥주점 | 42,970,000 | | 유흥주점 | 43,130,000 |
| | 일식/수산물 | 61,720,000 | | 일식/수산물 | 36,170,000 |
| | 제과제빵떡케이크 | 28,230,000 | | 제과제빵떡케이크 | 7,540,000 |
| | 중식 | 51,970,000 | | 중식 | 36,670,000 |
| | 커피점/카페 | 24,990,000 | | 커피점/카페 | 20,560,000 |
| | 패스트푸드 | 12,140,000 | | 패스트푸드 | 29,650,000 |
| | 한식 | 35,470,000 | | 한식 | 34,050,000 |

대부분의 음식업종 매출이 연신내역 상권보다 높습니다. 또한 2017년도 12월 기준 두 지역의 창업률을 살펴보면 수유역 상권이 평균 0.8%, 연신내역 상권이 평균 1.4%로 창업자들이 수유역 상권을 더욱 선호하는 추세입니다. 폐업률도 수유역 상권이 평균 0.6% 연신내역이 평균 1.4%로 수유역 상권이 더 낮습니다. 5년 이상 된 점포 비율은 수유역 일대가 평균 44.7%, 연신내역 일대가 평균 38.6%로 수유역 상권 내 점포들의 사업 유지 기간이 더 긴 것으로 조사됐습니다.

## 주변 상권과 경쟁 구도, 과도한 권리금 자제해야

백세 시대가 도래함에 따라 건강에 관심이 많아지면서 등산인구가 매년 폭발적으로 증가하고 있습니다. 이에 수혜를 입는 지역 중 한 곳이 수유역 상권이라고 할 수 있습니다. 단순 인구유입 효과보다 주말 매출 확대가 매력적입니다. 실제 서울 유명 상권 중에도 주중에만 장사가 잘되고 주말 매출이 신통치 않은 곳들이 상당히 많습니다. 따라서 업종 선택 시 주중과 주말 모두 잡을 수 있는 아이템이 좋습니다. 또한 상권을 이용하는 주요 연령대가 10대에서 60대까지 고르게 나타나고 있어 창업 시 업종 자유도가 높다고 할 수 있습니다. 항아리 형태인 수유역 상권 특성상 고객들의 입소문을 탈 수 있는 사업 전략이 중요합니다.

이미 노원과 창동 상권이 4호선 끝자락 지역을 대부분 흡수해버린 상태고 아래쪽으로는 미아삼거리역 상권이 버티고 있습니다. 미아삼거리역 상권은 중소형 쇼핑몰이 계속해서 들어오고 있는 중이며 백화점과 대형 마트 등이 생겨 일급 상권지가 되어가고 있습니다. 이에 수유역 상권은 상권 슬럼화가 될 가능성이 있어 창업자들은 주의를 요합니다.

또한 서울 지역 첫 경전철인 우이경전철이 수유역 상권에도 영향을 미칠 것으로 예상됩니다. 강북구 우이동~성북구 정릉동~동대문구 신설동을 잇는 11.4킬로미터 구간의 우이경전철은 수유역 상권을 거치지 않고 인근 대형 상권인 성신여대입구역을 지나기 때문에 수유역 일대의 유입인구가 줄어들 가능성도 있습니다. 따라서 수유역 상권 창업 시 과도한 권리금 지급은 심사숙고해야 합니다.

## 수유역 상권 월평균 매출 TOP 5 업종

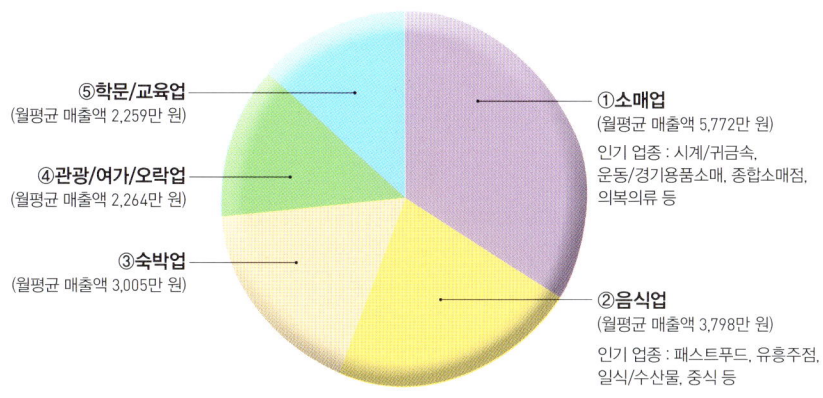

⑤ 학문/교육업
(월평균 매출액 2,259만 원)

④ 관광/여가/오락업
(월평균 매출액 2,264만 원)

③ 숙박업
(월평균 매출액 3,005만 원)

① 소매업
(월평균 매출액 5,772만 원)
인기 업종: 시계/귀금속, 운동/경기용품소매, 종합소매점, 의복의류 등

② 음식업
(월평균 매출액 3,798만 원)
인기 업종: 패스트푸드, 유흥주점, 일식/수산물, 중식 등

출처: 소상공인시장진흥공단, 수유역 먹자골목 일대 상권 2017년 상반기 기준 매출 통계자료(조사일: 2018.03.21)

## 수유역 상권 상가 평균 시세와 승하차 인구

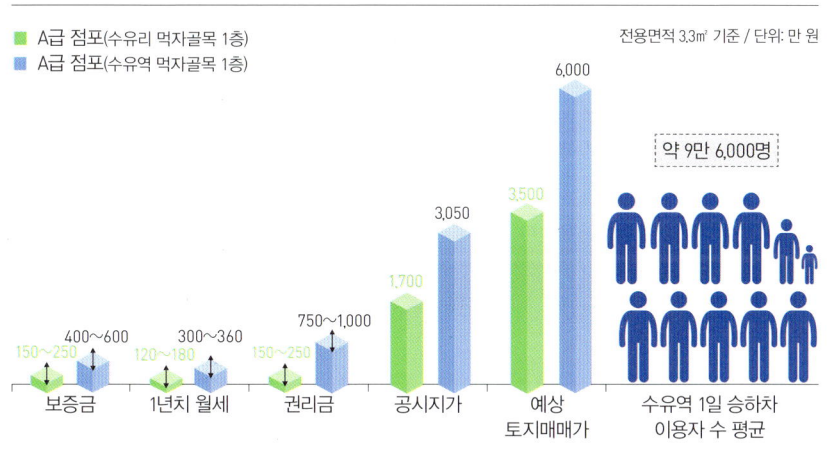

- A급 점포(수유리 먹자골목 1층)
- A급 점포(수유역 먹자골목 1층)

전용면적 3.3㎡ 기준 / 단위: 만 원

약 9만 6,000명

※ 현지 중개사무소를 방문 조사한 것으로 점포 입지에 따라 약간의 시세차가 있을 수 있습니다.
출처: 국토교통부, 서울교통공사

### 18
# 성북구 복합 상권으로 도약하는
# 성신여대입구역 상권

학생·여성들의 특색 있는 공간을 중심으로 한 대학가 상권
높은 여성 유동인구 비율에 따른 여성 선호도 높은 업종 인기
주 매출 연령층은 30~40대 여성, 맞춤형 창업 필요

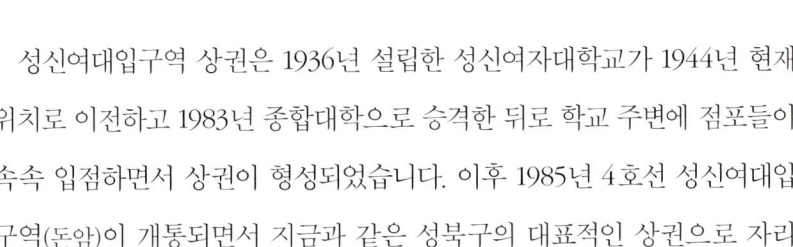

　성신여대입구역 상권은 1936년 설립한 성신여자대학교가 1944년 현재 위치로 이전하고 1983년 종합대학으로 승격한 뒤로 학교 주변에 점포들이 속속 입점하면서 상권이 형성되었습니다. 이후 1985년 4호선 성신여대입구역(돈암)이 개통되면서 지금과 같은 성북구의 대표적인 상권으로 자리 잡았습니다.

　성신여대입구역 상권은 성신여대와 대규모 주거 단지에 둘러싸여 있고 인근의 여러 유명 대학들이 위치해 있는 대학가 상권입니다. 상권 인근에는 1만여 명의 성신여대 학생들뿐만 아니라 성신여중·여고도 인근에 위치해 있어 주로 10~20대 학생들과 연인들, 그중에서도 여성 유동인구가 많은 것이 특징입니다.

　성신여대입구역의 메인 상권이라 할 수 있는 로데오거리에는 여성들의 관심을 받는 업종들이 밀집돼 있습니다. 성신여대입구역 1번 출구에 있는 유타몰을 비롯해 패션과 뷰티 관련 업종이 많고, 여성들이 좋아하는 파스타 전문점 및 웰빙 식품과 관련된 업종들이 꾸준하게 인기를 끌고 있습니다.

　성신여대입구역 상권의 독특한 점은, 전형적인 대학가 상권임에도 불구하고 대학로와 종로 등 인근 타 상권과 비교하면 유흥 점포가 적다는 점입니다. 유동인구가 주로 여성과 학생 중심으로 이뤄져 있기 때문에 여성의 선호도가 높은 업종이 집중적으로 들어와 있습니다. 주점, 바, 음주를 겸

비한 음식점은 로데오거리 주변 골목들에 일부 형성되어 있으며 인근에는 단독주택들이 모여 있어 주택가 상권의 형태도 띱니다.

소상공인시장진흥공단의 성신여대 상권 매출 통계자료를 보면 2017년 상반기 기준으로 학문·교육업(월평균 매출액 9,793만 원), 숙박업(월평균 매출액 6,960만 원) 순으로 높은 통계를 보였습니다. 그 뒤를 소매업(월평균 매출액 3,179만 원)과 음식업(월평균 매출액 3,015만 원)이 이었는데 음식업종으로는 뷔페, 일식·수산물, 양식, 패스트푸드 등의 메뉴가 인기가 높았습니다. 다섯 번째로 높은 매출을 기록한 업종은 생활서비스업으로 월평균 매출액은 2,480만 원을 기록했습니다.

성신여대입구 일대를 지나는 버스 노선도 타 대학가 상권에 비하면 많지 않은 편입니다. 서울 내 신촌이나 홍대입구, 건대입구 등과 같은 대학가는 다양한 버스 노선이 지나 타 지역에서 해당 상권으로 넘어올 수 있는 교통 여건이 잘 조성돼 있습니다. 이와 비교해 성신여대입구역은 광역 접근성이 떨어져 입지적인 평가가 다소 낮게 이뤄지고 있습니다. 그럼에도 불구하고 여학생들과 연인들에게 특화된 상권으로 입소문을 타고 있어 인근의 많은 대학생들이 즐겨 찾는 명소로 자리 잡고 있습니다.

## 로데오거리, 유동인구 많은 메인 상권

성신여대입구역 1번 출구 대로변 이니스프리에서 보문로 이니스프리까지 이어지는 로데오거리는 10~40대 여성들로 거리가 늘 북새통인 A급 상권입니다. 4호선으로 두 정거장만 서울역 방향으로 내려가면 대학로(혜화역)라는 대형 상권이 있지만 성신여대입구역 로데오거리는 그에 못지않게 유동인구가 많아 젊음이 넘치는 분위기를 연출하고 있습니다.

로데오거리를 찾는 유동인구는 20대 젊은 층의 비율이 25.8%로 가장 많고, 그 다음으로 30대가 19.1%, 40대가 18.0%를 차지합니다. 성신여대입구역에서 직선거리로 500미터 내에는 성신여대와 성신여고를 비롯한 중·고등학교 다수가 위치해 있어 10대의 유동인구도 제법 많은 편입니다(출처: 소상공인시장진흥공단 2018년 1월 인구분석 통계자료).

이들 중·고등학교 외에도 인근 지역인 미아와 길음 등에 거주하는 청소년들과 20~40대 여성들이 수업이 끝난 후와 퇴근 이후에 로데오거리로 몰려들기 시작합니다. 이곳은 명동, 이대입구나 대학로와는 달리 200미터 정도의 짧은 메인 거리에 의류와 패션, 뷰티, 액세서리, 패스트푸드 등의 다양한 업종이 빼곡히 들어차 있어 간편하게 원스톱으로 쇼핑이 가능합니다.

성신여대입구역과 바로 연결되어 있는 쇼핑몰 '유타몰'은 지하 7층~지상 14층의 고층 쇼핑몰로 10층부터는 멀티플렉스 CGV가 입점해 있습니다. 다양한 브랜드의 의류 매장이 할인행사를 하고 있지만 쇼핑몰 자체는 로데오거리에 비해 한산한 모습을 보이고 있습니다. 로데오거리가 끝나는 지점에서 아리따움을 끼고 성신여대 쪽으로 올라가는 대로변 거리는 패션잡화, 커피 전문점, 보세 옷가게, 음식점 등이 입점해 있습니다.

유타몰거리는 대로변임에도 유동인구가 로데오거리에 비해 적은 편입니다. 방학이나 주말 기간에는 유동인구가 더욱 줄어듭니다. 성신여대입구역 7번 출구 쪽 대로변에는 브랜드 의류 매장과 패스트푸드, 핸드폰 매장 등이 입점해 있으나 유타몰거리처럼 유동인구가 많지 않습니다.

## 여성 고객 선호도 높은 업종 창업 유망

확실한 소비층을 확보하고 있는 성신여대 상권의 가장 큰 장점은 역시 풍부한 유동인구입니다. 오후 시간대부터 로데오거리의 유동인구는 점차 늘어나기 시작해서 하교시간대와 퇴근시간대를 정점으로 그야말로 많은 사람들로 넘쳐납니다. 대다수 창업 예정자들이 로데오거리를 방문하고 이곳의 유동인구에 현혹될 수 있습니다. 그러나 상권을 지나는 유동인구가 바로 매출로 이어지는 것은 아니라는 점에 유의해야 합니다. 조사에 따르면 실제 상권을 이끌고 있는 연령층은 30~40대 여성으로, 성신여대입구역의 주 매출을 내고 있습니다.

로데오거리 메인 거리에는 스파게티 전문점, 쌀국수 전문점, 피자 전문점등이 입점해 있습니다. 성신여대입구역 상권에서 잘되는 업종은 여성 고객을 대상으로 하는 업종입니다. 창업 시 이런 여성 선호도를 고려해야 하며 상권 내 동일 업종 수와 매출 등을 꼼꼼히 파악해야 합니다. 강세를 보이고 있는 업종들은 역시 여성 고객이 많이 찾는 업종들로, 미용실, 화장품 가게, 속옷 매장 등이며 귀금속 매장들은 대부분 프랜차이즈 점포로 영업 중입니다. 고깃집, 횟집 등의 업종은 피하는 것이 좋습니다.

또 단가가 높은 상품을 판매하는 매장이나 여성 선호도가 낮은 업종, 유행이 지난 브랜드숍, 쥬얼리 매장 등은 매물로 나와 있다는 점에 주의해야 합니다. 반대로 성업 중인 업종은 역시 여성 고객들의 선호도가 높은 로드숍 화장품, 테이크아웃 커피점, 팬시, 브랜드 속옷, 보세 의류 등입니다.

성신여대입구역 상권은 방학 기간인 1월과 2월, 7월과 8월에 권리금이 1,000만 원 정도 떨어집니다. 반면 학기 중인 3, 4월에는 권리금이 1,000만 ~1,500만 원 다시 뛰어 계절적 영향을 비교적 많이 받는 상권이므로 창업자들이 매도, 매수 타이밍을 잡을 때 이 점을 주의해야 합니다.

## 대학가 상권에서 성북구 복합 상권으로

성신여대입구역 상권은 전형적인 대학가 상권이지만 유동인구의 연령대가 10~20대에서 30~40대까지 최근 그 범위가 점점 더 넓어지고 있습니다. 인접 지역 접근성이 다른 상권보다 떨어지지만 성신여대입구역 상권만이 주는 매력과 주변 개발호재가 많은 편으로 앞으로 더 활성화될 것으로 기대됩니다.

2017년 9월에는 우이~신설 간 경전철이 개통돼 일대 상권 활성화에 대한 기대감도 생겼습니다. 우이~신설 간 경전철은 서울 강북구 우이동에서 동대문구 신설동까지 11.4킬로미터 구간을 운행하는 노선으로, 우이동에 차량기지를 두고 북한산우이 - 솔밭공원 - 4.19민주묘지 - 가오리 - 화계 - 삼양 - 삼양사거리 - 솔샘 - 북한산보국문 - 정릉 - 성신여대입구 - 보문 - 신설동까지 총 13개 역을 운행합니다. 미아뉴타운과 길음뉴타운 등 대규모 주거타운을 지나는 노선으로 개통 시 서울 동북부의 교통 여건이 한층 개선될 전망입니다. 이 경전철 개통으로 성신여대입구역은 환승 역세권으로 거듭나고 이에 따른 유동인구 증가로 상권 확장의 가능성도 높아졌습니다.

하지만 주의 사항도 있습니다. 성신여대입구역의 유동인구만 보고 쉽게 창업 업종을 결정하는 것은 바람직하지 않습니다. 앞서 말한 바와 같이 성신여대입구역 상권을 지나는 유동인구는 10대가 가장 많지만 일대 상권을 이끌어가는 주 소비층은 30~40대 여성입니다. 10대들은 상대적으로 소비력이 약하기 때문에 단순히 유동인구만을 보고 창업을 하면 매출을 내기가 쉽지 않을 가능성이 있습니다.

인근 공인중개사 P씨는 "경전철 개통과 길음뉴타운 개발로 성신여대입구역 상권을 지나는 유동인구의 규모, 나이, 성별 층의 폭이 더 넓어질 것으로 전망된다"며 "유동인구층이 넓어짐에 따라 상권 확장의 가능성을 비롯해 권리금과 점포 매출의 상승도 기대할 수 있다"고 전했습니다.

### 성신여대 상권 월평균 매출 TOP 5 업종

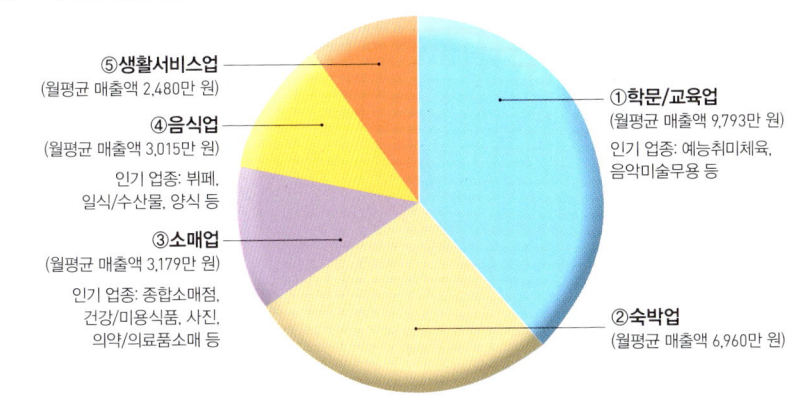

⑤ 생활서비스업
(월평균 매출액 2,480만 원)

④ 음식업
(월평균 매출액 3,015만 원)
인기 업종: 뷔페, 일식/수산물, 양식 등

③ 소매업
(월평균 매출액 3,179만 원)
인기 업종: 종합소매점, 건강/미용식품, 사진, 의약/의료품소매 등

① 학문/교육업
(월평균 매출액 9,793만 원)
인기 업종: 예능취미체육, 음악미술무용 등

② 숙박업
(월평균 매출액 6,960만 원)

출처: 소상공인시장진흥공단, 성신여대 상권 2017년 상반기 기준 매출 통계자료(조사일: 2018.03.21)

### 성신여대입구역 상권 상가 평균 시세와 승하차 인구

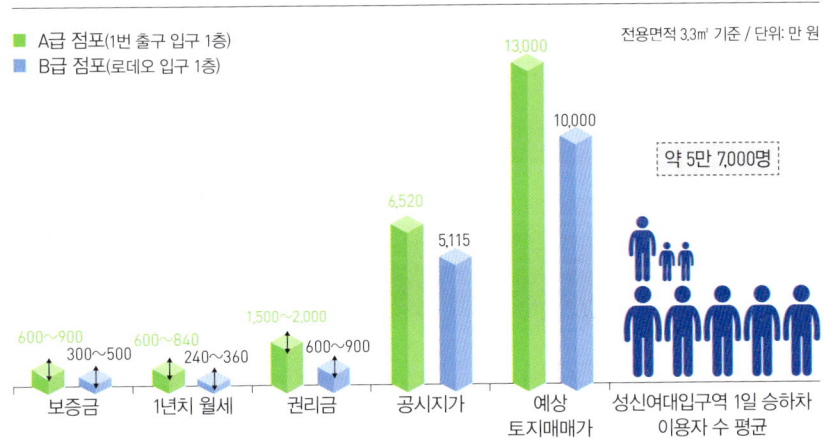

■ A급 점포(1번 출구 입구 1층)
■ B급 점포(로데오 입구 1층)

전용면적 3.3㎡ 기준 / 단위: 만 원

약 5만 7,000명

| | 보증금 | 1년치 월세 | 권리금 | 공시지가 | 예상 토지매매가 | 성신여대입구역 1일 승하차 이용자 수 평균 |
|---|---|---|---|---|---|---|
| A급 | 600~900 | 600~840 | 1,500~2,000 | 6,520 | 13,000 | |
| B급 | 300~500 | 240~360 | 600~900 | 5,115 | 10,000 | |

※ 현지 중개사무소를 방문 조사한 것으로 점포 입지에 따라 약간의 시세차가 있을 수 있습니다.
출처: 국토교통부, 서울교통공사

## 원스톱 생활 인프라가 구축된
## 노원역 상권

생활, 편의, 쇼핑, 문화시설 전반이 갖춰진 상권
풍부한 유동인구, 다양한 소비 계층이 상권 지탱
노원역 일대 개발로 인한 상권 규모 확장 기대

동네 이름에서 알 수 있듯이 본디 '노원'은 갈대만이 무성하고 인가가 없어서 이 지역을 지날 때면 행인들이 몹시 곤란을 겪었다고 합니다. 이에 나라에서 원을 세워 행인의 편의를 도와주었으며, 그 원을 노원이라고 부르면서 마을 이름도 노원이 되었습니다. 이후 조선시대에 노원면이라는 명칭이 붙었습니다.

　서울 강북권, 그중에서도 동북부를 대표하는 대규모 복합 상권 '노원'은 대단위 주거 단지로 이뤄진 탄탄한 배후수요층을 지녔습니다. 여기에 롯데백화점을 비롯해 노원구청, 보건소, 은행, 금융사 등 모든 생활편의, 쇼핑 문화시설이 모여 있어 풍부한 유동인구와 다양한 소비계층을 형성하고 있습니다. 서울시 주도의 각종 개발 청사진에 따른 계획도 잇따르고 있어 대형 상권임에도 불구하고 지속적인 성장이 기대되는 곳입니다.

　노원역은 4호선과 7호선의 환승역으로 지난 1985년 4호선이 먼저 건설됐습니다. 이후 1987년부터 상계주공아파트 등 아파트 총 4만여 세대가 입주하면서 4호선 노원역 일대 상권이 본격적으로 발달하기 시작했습니다. 당시 전철을 타기 위해 노원역을 이용해야 했고, 노원역 일대 유동인구가 모이면서 다양한 업종의 점포들이 들어섰습니다.

　지하철 7호선 노원역은 지난 1996년에 개통됐습니다. 4호선이 생긴 지 11년 만입니다. 환승 역세권으로 거듭난 노원역은 더욱 빠르게 상권 확장

이 이뤄졌고 노원구 전역으로 접근성이 개선돼 서울 강북권을 대표하는 대형 상권으로서 토대가 마련됐습니다.

노원역 상권은 크게 지하철 4호선 구역과 7호선 구역으로 나눌 수 있습니다. 상권에 따라 소비층의 연령층도 다릅니다. 4호선 주변 상권은 10~20대 젊은 층 비율이 많고, 7호선 상권은 일대 아파트 거주민과 직장인 등 30대 이상의 비율이 높은 편입니다.

노원역에는 생활에 필요한 모든 인프라가 구축돼 있다고 해도 과언이 아닙니다. 노원구를 비롯해 강북구, 도봉구, 성북구, 중랑구 주민들까지 노원역을 찾고 있는 이유입니다. 그중 롯데백화점이 노원역 상권을 더욱 꽉 차게 만드는 메인 카드 역할을 하고 있습니다.

## 7호선 상권, 백화점·공공기관·금융사 등 우량 기업 위치

롯데백화점 노원점은 7호선 3, 4번 출구에 위치하며, 지상 출구 외에도 노원역과 지하로 연결된 통로를 이용해 역에서부터 롯데백화점까지 바로 접근할 수 있습니다. 7호선 상권의 상징이기도 한 롯데백화점은 1991년 당시 미도파백화점 상계점으로 개점했습니다. 이후 미도파백화점의 부도로 롯데쇼핑이 미도파백화점을 인수하면서 2002년 롯데백화점 노원점으로 개명해 다시 오픈했습니다. 2005년에는 롯데백화점 10층에 노원구 내 첫 메이저 영화 상영업체인 롯데시네마가 들어서면서 강북권 핵심 상권의 입지를 굳혔습니다.

노해로와 동일로가 교차되는 7호선 노원역사거리 일대에는 은행, 보험, 증권 등 금융사들이 들어서 있습니다. KB국민은행, 신한은행, 우리은행, 하나은행, 기업은행, 산업은행 등 제1금융권을 비롯해 삼성생명, KB손해보험, 교보생명, 한화생명 등 보험사 및 NH투자증권, 삼성증권, 현대증권 등 증권사들까지 국내 대부분 금융사들의 노원지점이 7호선 권역인 노해로를 따라 위치하고 있습니다.

공공기관으로는 노원구청, 노원구보건소, 한국전력공사, 고용노동부 서울북부고용센터, 국민연금공단 등이 있습니다. 많은 유동인구가 지나는 만큼 노원역 일대 우량 점포로 분류되는 개인 병원과 약국의 입점 수도 매우 많습니다. 해당 상권을 이용하는 7호선 일대의 유동인구도 주부나 직장인 등 30대 이상이 많은 부분을 차지합니다. 노점상도 반찬, 잡화, 옷, 과일, 야채가게 등 30대 이상이 주로 찾는 품목이 대부분입니다.

7호선 상권은 남쪽으로 상계주공6단지와 3단지 등 대규모 주거 단지로 둘러싸여 있습니다. 때문에 노해로를 따라 동서쪽 위주로 뻗어진 형태를 보이고 있습니다. 상권의 확장이 지속적으로 이뤄져 현재는 노원로를 접하고 있는 블록 끝까지 음식점과 주점을 중심으로 상권이 형성돼 있습니다. 중심권역에서 벗어나 노원로와 인접할수록 상권을 이용하는 소비자의 연령대가 직장인 등 30대 이상으로 높아지며 유동인구의 밀집성도 낮은 편입니다.

## 4호선 상권, 10~20대 학생 유동인구 많아

4호선 인근에는 로드숍 화장품 가게, 액세서리 매장, 보세 의류 매장, 분식 등 비교적 저렴한 음식점 등이 4호선 라인을 따라 입점돼 있습니다. 유동인구는 교복을 입은 중·고등학생 등 10대 비율이 많고 뒤이어 20대입니다. 7호선 상권보다 점포의 크기가 오밀조밀하고, 유동인구가 많아 훨씬 북적거리는 느낌도 있는데요. 길거리 노점상이 많은 것도 특징입니다.

4호선 상권 중에서도 가장 메인은 2번 출구와 9번 출구 인근입니다. 이 출구를 중심으로 중저가 로드숍 화장품 브랜드가 다수 입점돼 있어 일대에 10~20대 젊은 여성 유동인구가 많다는 것을 짐작할 수 있습니다.

4호선 상권은 왕복 4차선 규모의 도로(상계로)가 있지만 상권의 단절 현상은 없습니다. 횡단보도가 짧게는 70여 미터 간격으로 조성돼 있고 신호가 자주 바뀌기 때문에 2번 출구와 9번 출구 사이를 왕복하는 유동인구의 흐름이 많습니다. 또 차도 폭이 넓지 않아 상계로를 사이에 둔 점포들의 대응성도 높은 편입니다.

다만 4호선이 고가로 지나고 있어 시야가 답답하고 노점상들이 많아 상권 분위기가 다소 지저분하게 느껴질 수 있습니다. 더불어 8개의 버스 노선이 상계로를 지나고 롯데백화점 주차장으로 동선이 이어져 있어 주말에는 상습 정체 구간이기도 합니다.

4호선 상권 중에서도 2번 출구와 9번 출구의 분위기는 미세하게 다릅니다. 4호선 9번 출구 방향으로는 저렴한 액세서리 가게, 보세 가게, 분식점 위주의 식당들이 이어져 있어 교복 입은 10대 중·고등학교 학생들의 선호도가 더욱 높습니다. 반면 2번 출구 인근은 노원 문화의 거리가 시작되고 7호선 상권과 연장선상에 있어 업종의 유형과 점포의 분위기가 좀 더 고급스럽습니다. 20대 이상으로 소비층의 연령대도 다소 높아집니다.

소상공인시장진흥공단의 노원역 상권 매출 통계자료를 보면 2017년 상반기 기준으로 학문·교육업(월평균 매출액 5,191만 원)이 가장 높았고 그 뒤를 소매업(월평균 매출액 5,058만 원)이 따랐습니다. 이어 음식업(월평균 매출액 5,016만 원), 생활서비스업(월평균 매출액 4,123만 원), 스포츠업(월평균 매출액 2,490만 원) 순으로 나타났습니다.

## 4·7호선 중간 '노원 문화의 거리', 다양한 연령층 선호

노원 문화의 거리는 4호선과 7호선 중간 지점에 형성돼 있습니다. 문화예술 중심지로 거듭나기 위해 조성된 노원 문화의 거리는 노원구가 2년여에 걸쳐 총 53억 원을 투자해 2008년 완성했습니다. 문화의 거리 입구에는 파리의 개선문을 본떠 만든 폭 10미터 높이의 파발마 개선문이 설치돼 있습니다. 진입 동선은 4호선에서는 2번 출구 이니스프리를 끼고 왼쪽으로 꺾으면 닿을 수 있고, 7호선에서는 4번 출구 대로변을 따라 이동하면 접근이 가능합니다.

4호선 상권과 마찬가지로 문화의 거리에는 PC방, 노래방, 주점, 음식점 등 먹거리·유흥 점포가 대다수를 차지합니다. 식당 대부분이 술을 곁들일 수 있는 공간으로 저녁부터 이른 새벽까지가 유동인구로 가장 붐비는 시간입니다. 호프집뿐만 아니라 고기, 회, 치킨, 전 등을 중심으로 주류를 파는 주점의 종류도 다양합니다. 의류와 신발 매장 등은 브랜드 위주로 들어서 있습니다.

4호선 상권 대비 점포 크기가 큼직하며 객단가도 좀 더 높은 편입니다. 고객들이 점포에 머무는 시간도 깁니다. 유동인구는 10~20대 젊은 층부터 30대 이상까지 비교적 다양한 연령층이 어우러져 있습니다. 문화의 거리 외곽 부분으로 갈수록 연령대가 높아지는 모습입니다.

노원 문화의 거리에서는 월 2회 이상 정기적으로 야외 문화 공연이나 페스티벌 등이 열리고 있습니다. 그중 4월부터 10월까지는 매주 토요일마다 공연이 열립니다. 해당 기간에는 공연 관람을 위한 유동인구가 밀집되기는 하지만 점포의 매출로는 크게 이어지지 않습니다.

2005년 오픈한 와우쇼핑몰의 경우 상가 활성화가 잘 이뤄지지 않아 빈 점포가 많습니다. 내부는 프랜차이즈 병원들로 명맥이 유지되고 있어 쇼핑몰이라는 타이틀도 무색한 실정입니다.

## 창업 시 구역별 업종, 가격대, 점포 규모 선별

노원역 일대 창업을 염두하고 있다면 구역별 유동인구의 특성에 따라 업종과 가격대, 점포 규모를 다르게 고려하는 것이 좋습니다. 메인 상권은 보증금과 월세가 보편적인 데 반해 권리금이 유달리 높습니다.

4호선 9번 출구 주변으로는 소규모 점포에 10대 학생들에게 어필할 수 있는 업종을 택하고 비교적 저렴한 가격대로 판매한다면 메리트가 있습니다. 분식점 등 음식점이 이미 많이 입점해 있지만 소규모로 창업 가능한 트렌디한 프랜차이즈 매장을 선점해 들어온다면 성업이 가능합니다. 점포 규모가 비교적 작으므로 식당이라면 회전율이 빠른 메뉴가 수익을 내기에 유리합니다.

7호선 상권인 노원구청과 금융사 인근에는 식사를 위주로 하면서 술까지 함께 곁들일 수 있는 먹거리 점포가 유리해 보입니다. 낮에는 인근 직장인을 대상으로 점심 장사를, 밤에는 인근 아파트 거주민을 포함해 저녁식사와 함께 술 한잔 기울일 수 있는 분위기를 조성하면 무난할 듯합니다.

## 상계주공아파트 재건축, 창동차량기지 이전 등 개발 여파는?

노원역 상권은 이미 규모가 크지만 앞으로도 지속적인 확장이 기대되는 상권입니다. 상계주공아파트 재건축과 함께 서울시는 창동과 상계동 일대에 창업 및 문화산업단지(가칭)를 2023년까지 조성하고 동부간선도로(창동~상계 구간) 지하화 사업 등을 추진하고 있어, 노원구 내 굵직한 개발 사

업이 예정돼 있기 때문입니다.

주목할 만한 점은 상계주공아파트의 재건축입니다. 현재 8단지를 시작으로 대규모 주공아파트 단지가 재건축에 시동을 걸고 있습니다. 8단지는 현재 이주 후 철거가 진행되고 있고 조합 측은 연내 분양을 목표로 하고 있습니다. 나머지 상계주공아파트 대부분도 올해 재건축 연한이 일제히 돌아옵니다.

상계주공아파트 재건축으로 인한 주민 이주가 잠시나마 노원구 상권을 축소시키는 것 아니냐는 우려도 있습니다. 그러나 정주성이 강한 노원구민의 특성상 기존의 생활 반경 내에서 이주할 가능성이 클 것으로 보입니다. 따라서 주말은 상권 내 매출 영향이 크지 않지만 평일 매출은 다소 떨어질 것으로 예상됩니다.

노원역 9번 출구 인근 S공인중개사는 "재건축이 주택시장에는 호재로 통하지만 상권의 경우 지탱했던 일부 수요 시장이 축소되면서 다소 타격이 있을 수 있다"며 "하지만 장기적인 관점으로 보면 재건축 사업으로 입주 세대가 더 많아져서 노원역 상권 규모가 더욱 커질 여지도 높다"고 설명하고 있습니다.

노원역사거리를 기준으로 북서쪽에 위치한 창동차량기지(17만 9,000여 제곱미터) 개발은 상권에 큰 호재로 작용할 전망입니다. 창동차량기지는 오는 2023년께 이전을 완료할 예정입니다. 창동차량기지와 바로 맞닿은 도봉운전면허시험장(6만 7,000여 제곱미터) 이전까지 확정되면 서울시와 노원구는 이 일대에 강북판 코엑스를 건설할 계획을 내놓고 있습니다. 다만, 개발 호재에는 변수도 많은 만큼 앞으로의 상황을 지켜볼 필요가 있습니다.

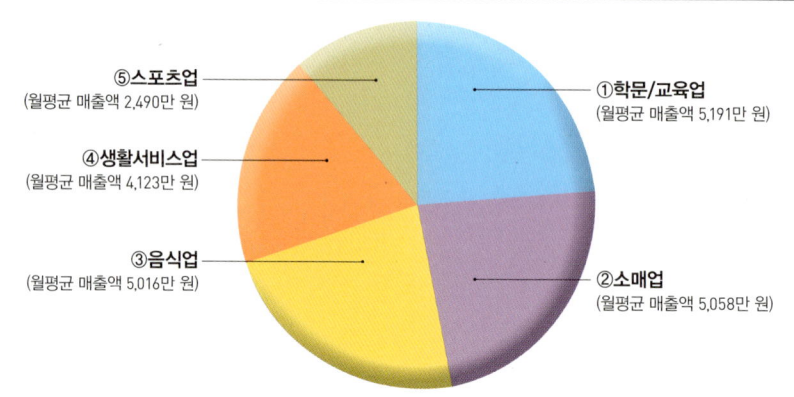

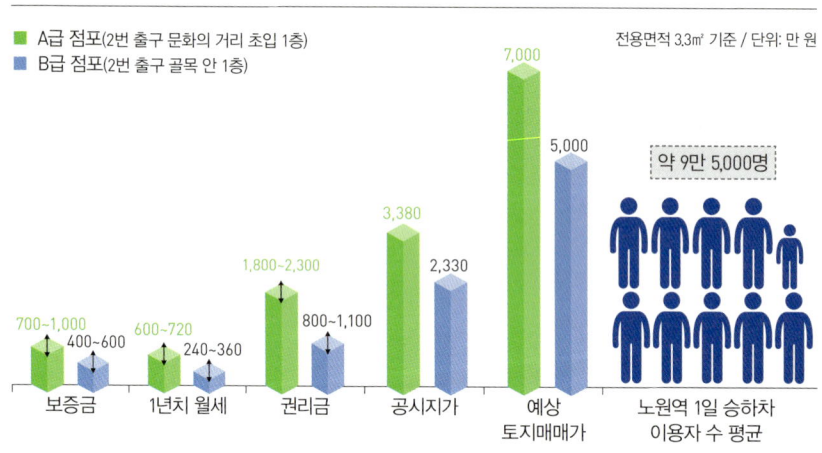

## 높아지는 주변 상권의 확장성
## 공릉역 상권

유동인구, 유입시설 풍부, 높은 주변 상권 확장성
경춘선 숲길공원 개방, '공트럴파크'
대학가와 주택가 혼합된 상권, 유동인구 외부 이탈 적어
공트럴파크 인근 독창적 콘셉트의 카페·주점 창업 유망

공덕리와 능골에서 유래된 명칭을 지닌 공릉동은 노원구 동남쪽에 위치하고 있습니다. 노원구 내의 다른 동네인 중계동, 하계동, 상계동 일대 대규모 아파트 단지가 형성돼 있는 것과 비교하면 공릉동은 아파트보다 일반주택의 비율이 더 높은 편입니다. 동쪽 지역은 군사 보호시설, 유네스코 세계문화유산, 자연보호구역이 위치해 개발이 제한되며 녹지 공간이 잘 보전돼 옛 모습을 잘 유지하고 있습니다.

　인근 전통시장인 공릉동 도깨비시장과 한국원자력의학원 원자력병원, 태릉골프장, 자연보호구역이자 세계문화유산인 태강릉과 조선왕릉전시관, 체육시설인 태릉선수촌과 불암산이 있습니다. 주변 교육시설로는 태릉초, 공릉중, 한천중, 동산정보산업고(옛 위례상고), 경기기계공고, 서울과학기술대(옛 서울산업대), 삼육대, 서울여대, 육군사관학교 등이 있습니다.

　공릉동 상권의 주 소비층은 '지역 주민'으로 현재는 특색 있는 점포가 거의 들어서 있지 않지만 경춘선 숲길공원 일대 카페거리가 형성 중으로 일대 상권이 주목되고 있습니다.

　경춘선 숲길이 있는 공릉역 1, 2번 출구로 나오면 여느 상권처럼 핸드폰 통신 매장, 롯데리아, 다이소, 족발 전문점, 감자탕 전문점, 안동찜닭, 청학골 돼지갈비, 대구막창, 베트남쌀국수, 기사식당, 횟집, 부동산 중개사무소, 커피숍 등의 점포들이 2차선 대로를 따라 자리 잡고 있습니다.

역에서 원자력병원이나 동부병원 이정표 방향을 따라 걸어서 5~6분 정도 올라가면 옛 철길 경춘선 폐선부지 신호등 앞 입구에 '경춘선 숲길 이용 수칙' 표지 안내판이 나옵니다. 여기에는 '경춘선 숲길에서는 주민과 함께 하는 공간으로 주민에게 피해가 되는 행동은 자제하시기 바랍니다'라는 안내문을 볼 수 있습니다.

### 지역민이 주 소비층, 다양한 음식업종 입점

공릉동 상권은 크게 3구역으로 나뉩니다. 지하철 7호선 공릉역 1, 2번 출구부터 서울과학기술대학교까지 이어지는 먹자골목 상권과 옛 서울북부지방법원 터 인근부터 공릉동 구길(안마을) 주택가를 따라 형성된 구舊

상권, 경춘선 폐선부지를 활용한 철길공원 인근의 카페거리가 최근 신흥 상권으로 떠오르고 있습니다. 이외에도 공릉역 3, 4번 출구 인근 국수거리를 비롯해 주택가를 따라 음식점과 주점 위주의 골목 상권이 형성돼 있습니다.

서울과학기술대학교 인근의 먹자골목 상권은 대학생과 인근 주민, 중·고등학생 등 다양한 소비 연령층의 입맛에 맞춰 분식집, 커피 전문점, 치킨 호프 등 다채로운 음식 업종이 주로 입점해 있습니다. 대학교 인접 상권이지만 주 수요층은 지역민으로 방학 기간에도 매출의 타격이 크지 않습니다. 다양한 연령층을 아우르는 상권인 만큼 유동인구가 많고 항상 북적이는 모습입니다. 특색 있는 점포는 거의 없으며 단체 손님도 이용 가능한, 규모가 어느 정도 있는 점포가 주를 이루고 있습니다.

공릉동 대로변 먹자골목 상권 1층 33제곱미터당 A급 점포의 평균 시세는 보증금 3,000만~5,000만 원, 월세 150만~250만 원, 권리금 7,000만~9,000만 원, B급 점포는 보증금 2,000만~3,000만 원에 월 임대료 80만~130만 원 선, 권리금 3,000만~5,000만 원 수준입니다.

공릉동 구길 상권은 생활밀착 업종 위주로 상권이 형성돼 있습니다. 왕복 2차선의 도로를 사이에 두고 병원, 약국, 마트, 소규모 식당 등이 영업 중입니다. 공릉동 구길은 지하철이 개통되기 전부터 지역민들이 주로 다니던 길목으로 인접 지역(하계동, 중계동, 묵동)으로 향하는 주요 버스 노선이 지나고 있어 유동인구가 많은 것이 특징입니다. 구길 주변에는 주택이나 빌라를 중심으로 주거지가 형성돼 있어 옛 공릉동 분위기를 간직하고 있습니다. 다만 2010년 북부지방법원과 북부지방검찰청이 도봉구로 이전하면서 일대 상권도 축소된 것이 다소 아쉬운 부분입니다.

소상공인시장진흥공단의 공릉역 상권 인구분석 자료를 살펴보면 20대 19.1%, 30대 18.7%, 40대 19.1%, 50대 18.7%, 60대 이상 18.8%로 20대부터 60대 이상까지 비슷한 비율을 보이고 있습니다. 요일별 유동인구는 토요일이 16.3%로 가장 많고 일요일이 13.2%로 가장 적었으나 그 폭이 크지 않아서 7일 내내 전체적으로 꾸준히 유동인구가 방문하는 것으로 나타납니다.

## 경춘선 철길 폐선 후 숲길공원으로 탈바꿈

공릉동을 지나던 경춘선은 1939년 일제강점기에 우리 민족 자본으로 만든 최초의 철도입니다. 이 일대는 오랜 기간 철도로 단절돼 개발이 이뤄지지 않고 슬럼화가 심각했습니다. 경춘선 철길은 지난 2010년 폐선됐으나 예산 문제로 그대로 방치돼 개발도 지지부진했습니다. 그러다 서울시의 '경춘선 폐선용지 공원화 사업'이 진행되면서 지금과 같은 숲길공원의 모습을 갖추게 되었고 이곳을 찾는 발길도 늘고 있습니다. 3단계로 나뉘어 공원화 사업이 진행 중인 이곳은 현재 2단계 구간이 개방됐고 2018년까지 나머지 3단계 구간 완성을 목표로 마무리 작업이 한창입니다.

경춘선 숲길공원은 폐선된 철길을 활용한 자갈 산책길과 자전거 도로, 쉼터 등이 조성돼 있습니다. 철길 산책로를 따라 '사랑의 꽃 터널'과 '마을의 뜰', 구절초, 코스모스, 루드베키아, 억새 등 다양한 식물과 꽃길을 거닐 수 있는 '철길 들꽃길' 등의 이색 공간으로 사계절 다른 매력을 느낄 수 있습니다.

## 경춘선 숲길공원(공트럴파크) 따라 카페거리 형성

경춘선 숲길공원은 공트럴파크(공릉동의 센트럴파크)와 공리단길(공릉동과 경리단길의 합성어)이라는 별명이 붙을 정도로 지역민들의 쉼터로 각광받고 있습니다. 공원을 산책하려는 가족 단위, 친구, 연인 등 유동인구의 연령층도 폭넓습니다. 연령별 유동인구를 살펴보면 20대 16.2%, 30대 19.4%, 40대 19.7%, 50대 20.2%, 60대 이상 18.9%로 공릉역 인근과 마찬가지로 20대부터 60대 이상까지 비율이 비슷합니다. 또한 요일 중에는 토요일이 20.3%로 유동인구가 가장 많은 것으로 조사됐습니다(출처: 소상공인시장진흥공단 2018년 1월 인구분석 통계자료).

유동인구가 많아진 만큼 최근 공트럴파크를 따라 상권 형성도 활발하게 진행 중입니다. 공트럴파크 주변의 붉은 벽돌주택들이 하나둘씩 허물어지고 빌라형 상가주택이 그 자리를 메우고 있습니다. 새로 들어선 상가 주택 1층에는 대부분 독특한 콘셉트를 지닌 카페가 들어서, 공트럴파크 일대가 신흥 카페거리로도 주목받고 있습니다. 공원 입구 초입에는 아기자기한 작은 의류 매장도 눈에 띄는데 현재는 상권 형성 초기 단계지만 신축 공사 중인 상가주택이 많아 상권 활성화 가속도가 빠른 편입니다.

## 20~30대 여성 사로잡을 콘셉트, 인테리어 필수

공트럴파크 인근 상권을 이용하는 주 고객이 20~30대 여성 혹은 연인이므로 이를 노린 창업이 유망합니다. 카페 창업 시에는 기존 영업 중인 카페와는 차별화된 콘셉트를 적용해야 승산이 있습니다. 카페 외에도 독창적인 느낌의 소규모 주점, 간단한 테이크아웃 음식 전문점, 디저트 전문점, 아기자기한 액세서리 가게 등도 추천합니다.

또한 공원 인근에 형성돼 있는 상권 특성상 유동인구의 보행 속도가 빠르지 않으므로 눈에 띄는 외관 인테리어로 소비자의 눈길을 사로잡는 것 또한 방법입니다. 점포 내부에도 여성 고객층의 눈길을 사로잡을 수 있는 아기자기한 소품을 활용하는 것이 좋습니다.

인스타그램 등 SNS를 자주 이용하는 20~30대 여성의 특성을 활용해 조명이나 실내 인테리어를 분위기 있게 조성하면 자연스럽게 SNS상 홍보도 가능합니다. 이와 연계한 SNS 이벤트를 진행하는 것도 좋은 방법입니다.

경춘선 숲길공원 상권의 평균 시세는 공원 메인 동선 1층 기준 33제곱미터에 보증금 2,000만 원 선, 월 임대료 80만~100만 원 선이고 B급 점포는 보증금 1,000만 원에 월 임대료 60만~80만 원 수준입니다. 대부분 신축으로 권리금은 없습니다. 골목 안 점포는 시설에 따라 다르므로 사전에 임대인과 충분한 협의를 거쳐야 합니다.

인근 공인중개사 관계자는 "공릉동은 대형 상권은 없지만 지역민을 기반으로 비교적 상권 형성이 탄탄하게 돼 있다"며 "특히 경춘선 숲길공원이 연남동 소재의 경의선 숲길공원처럼 서울 내 명소로 자리 잡는다면 지역 상권에 큰 변화를 가져올 것으로 전망된다"고 말하고 있습니다.

이처럼 공트럴파크 일대가 지역 명소이자 대형 상권으로 거듭날 수 있을지 귀추가 주목됩니다. 또한 신흥 상권에 창업을 염두에 두고 있다면 점포 확보 비용이 높지 않은 공트럴파크 인근을 주목해볼 만합니다.

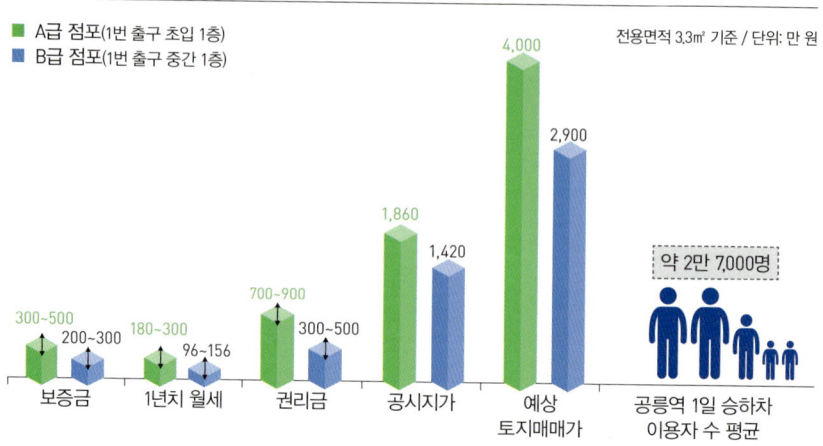

## 굵직한 개발호재가 기대되는
### 창동역 상권

공무원, 직장인 등 40~50대 유동인구
**주변 상권으로 빠져나가는 젊은 고객층 잡아야**
상권 모객 요소 부족, 도시재생활성화계획·GTX-C 노선 등 기대

창동역은 1911년 10월 경의선이 개통되며 탄생했습니다. 이어 1985년 4호선이 확장 개통되면서 환승 역세권으로 변모하며 일대 상권이 더욱 확장됐습니다. 창동역 민자역사는 11층 규모의 쇼핑·문화시설을 올리는 계획으로 2005년 공사가 시작됐지만 2010년 11월부터 약 28% 공정률을 남겨둔 채 현재까지 공사가 중단돼 있는 상태입니다.

　창동역 상권은 1호선, 4호선 환승 역세권과 함께 창동동아그린아파트, 동아아파트, 동아청솔아파트, 아이파크아파트, 창동주공아파트 등 대단지 아파트들을 배후로 두고 있는 생활밀착형 상권이라고 볼 수 있습니다. 창동역 일대의 아파트에 거주하는 인구만 약 8,000세대가 넘습니다.

　도봉경찰서, 노원세무서, 북부교육지원청, 도봉등기소 등 관공서가 다양하게 위치해 있고 중랑천, 초안산 근린공원, 시립창동운동장, 플랫폼창동61 등 녹지시설과 문화시설이 있습니다. 교육시설로는 창동초, 창원초, 자운초, 창일중, 창동고, 자운고가 위치합니다.

　인근 관공서에 종사하는 공무원 등 직장인과 통학하는 학생 등 역을 이용하는 유동인구는 많은 편이나 상권을 이용하는 유동인구는 인근 상권인 노원역, 수유역, 미아삼거리 상권보다 많이 부족해 보입니다. 상권의 크기 또한 인근 상권보다 작은 편입니다.

## 주 소비자는 직장인과 40~50대 유동인구

창동역 상권은 크게 동쪽에 있는 1번 출구와 서쪽에 있는 2번 출구로 나뉩니다. 먼저 1번 출구로 나오면 창동역 메인 거리인 먹자거리가 나옵니다. 대로변은 마을버스와 대학교 셔틀버스 노선이 인근에 있어 패스트푸드점이나 작은 카페, 분식류의 업종이 분포돼 있고 오후 6시 전후로 대학생 유동인구도 꽤 있습니다. 골목으로 들어서면 1층은 주로 고기, 치킨, 해물 등 음식점이 많으며 2층은 퓨전 주점, 호프 등의 업종이 밀집돼 있습니다.

1번 출구 바로 앞에 위치한 복합문화시설인 '플랫폼창동61'은 다양한 음악, 공연과 전시, 상업시설이 어우러져 지역 내에 문화 거점으로 자리 잡고 있으나 창동 전체의 상권 활성화에는 아직 큰 역할을 못하고 있는 상황입니다. 원래 1번 출구 방면은 해외 의류 브랜드들이 입점해 의류 로데오로 유명했으나 의류 산업이 동대문으로 옮겨가고 온라인 쇼핑몰이 활성화되며 지금은 쇼핑 문화가 자취를 감췄습니다. 현재 포장마차와 유흥업소도 많아 낡은 상권이라는 인식이 들기도 하지만 직장인들에게는 옛 향수를 떠올리며 한잔할 수 있는 분위기도 자아냅니다.

창동역 상권은 낮은 건물보다 대부분 5층 이상의 집합건물 상가로 형성돼 있습니다. 주중에는 직장인 유동인구가 많고 주말에는 지역 주민이 찾으며 주중 후반인 금요일에는 두 부류가 혼재돼 유동인구가 가장 많습니다. 주말보다 주중 매출 비율이 높고 주로 직장인들이 퇴근하는 오후 6시 이후부터 9시까지의 유동인구가 가장 많으며 12시까지도 꽤 많은 편입니다. 창동역 상권은 업종, 요일 등에 따라 매출 기복차가 뚜렷한 편입니다.

소상공인 상권정보시스템 등에 따르면 창동역 1번 출구 방향 상권 일대 거주민의 연령대는 40대가 18.35%로 가장 많았고 60대 이상(17.64%)과 50대(17.22%)가 그 뒤를 이었습니다. 직장인구 연령대는 40대 29.86%, 30대 24.29% 등으로 나타납니다. 주거 및 직장인구의 연령층이 비교적 높게 형성돼 있는 셈입니다. 실제로 상권에도 주로 40~50대 유동인구가 많고 인근 백화점이나 영화관 등 쇼핑문화시설이 없어서 젊은 층은 대부분 노원 쪽으로 몰리고 있습니다.

1번 출구로 나와 첫번째 이면도로 안에 위치한 GS25편의점(창동본점) 골목은 야장을 찾는 유동인구가 많은 골목입니다. 줄줄이 심어져 있는 가로수와 함께 나란히 늘어서 있는 야장으로 겨울을 제외하고는 찾아오는 사람들이 많은 편입니다. 이 골목의 매장 평수는 1칸에 40여 제곱미터 정도로 보증금과 임대료는 저렴하지만 권리금은 상당히 높게 형성돼 있습니다.

## 생활밀착형 업종과 분식업이 분포된 2번 출구

반대편 서쪽 2번 출구는 먹자골목이라기보다는 길거리 포장마차가 많이 자리 잡고 있습니다. 이곳은 대단지 아파트를 배후로 골목과 대로변에는 지역 주민을 대상으로 하는 아동복 판매점, 액세서리, 미용실, 두부 전문점, 통신사 매장과 같은 생활밀착형 업종이 성업 중입니다. 소아과, 이비인후과 등 병·의원 시설도 많이 입점돼 있는 상태입니다.

제과점, 아이스크림, 토스트 등 분식 위주의 노점과 매장도 많이 분포돼 있습니다. 특히 머물러 소비하는 업종보다 집으로 들어가는 길에 간단히 즐길 수 있거나 포장이 가능한 업종이 유망합니다. 대표적인 사례로 실제 2번 출구 인근에 영업 중인 수제두부 전문점을 들 수 있습니다. 이 가게는 국산 콩을 맷돌로 갈아 플라스틱 용기에 담은 두부와 물병에 담긴 콩물 등이 주력 상품으로 이 지역 주민들에게 좋은 반응을 얻고 있습니다.

1번 출구에서 3~4분 정도 걸어가면 제법 규모가 큰 농협 하나로마트가 위치해 있고, 2번 출구에는 이마트 1호점인 창동 이마트가 있습니다. 출구 양쪽으로 대형 마트가 있어 이곳을 방문하는 주민이 많은 편입니다. 인근 공인중개사 대표의 말에 따르면 "2번 출구 동선상의 동아그린아파트 방향인 노해로63다길 골목 약 150미터 지점까지 이어진 점포 26~30제곱미터 규모가 대부분인데, 보증금 2,000만~3,000만 원, 월세 150만~200만 원, 권리금 5,000만~9,000만 원 선이 붙어 있다"고 합니다.

소상공인시장진흥공단의 창동역 상권 전체의 매출 통계자료를 보면 2017년 상반기 기준으로 숙박업(월평균 매출액 2억 5,768만 원)이 가장 높았고 그 다음으로 인기가 높은 업종은 소매업(월평균 매출액 1억 9,692만 원), 생활서비스업(월평균 매출액 3,380만 원), 음식업(월평균 매출액 3,294만 원), 관광·여가·오락업(월평균 매출액 1,857만 원) 순으로 나타났습니다.

## 모객 요소가 부족한 것이 아쉬운 상권

창동역 상권은 관공서에 종사하는 공무원과 직장인들이 주로 찾는 상권으로 평일 낮시간대와 주말에 유동인구가 적다는 것이 큰 문제입니다. 인근 개발호재가 꾸준히 있었지만 아직까지 이렇다 할 변화가 생기지 않고 있는 것 또한 상인들의 걱정거리입니다. 2016년 '플랫폼창동61'이 완공되며 상권 활성화가 기대됐지만 현재로서는 큰 효과를 보지 못하고 있습니다.

또한 창동역 상권이 활성화되지 못하는 데는 대학생 유동인구의 감소와도 관계가 있습니다. 대학교 셔틀버스의 시·도착지인 창동역은 평일 저녁이면 대진대, 경복대 등 대학생들로 북적여 대학 상권과 비슷한 분위기가 형성됐습니다. 하지만 시외버스 노선이 증가하여 학교 셔틀버스 이용이 감소하면서 젊은 대학생 유동인구가 크게 줄었습니다.

반면 인근 노원역과 쌍문동 등의 상권은 점차 확장되고 있어 창동역 상권은 더욱 비교가 됩니다. 또한 창동역 1번 출구 상권은 동쪽으로는 중랑천에, 서쪽으로는 크게 자리 잡고 있는 환승주차장에 막혀 있어 더 이상의 상권 확장은 불가능해 보입니다.

창동역 상권에서 가장 아쉬운 점은 유동인구를 모을 수 있는 모객 요소가 부족하다는 것입니다. 백화점·로데오거리가 있는 쇼핑 상권이나 영화관과 같은 문화 상권의 모습을 창동역 상권에서는 찾아볼 수 없습니다. 서울 상권에서 쉽게 찾아볼 수 있는 프랜차이즈 커피 전문점도 적은 편입니다. 현재 연령층이 높은 고객들만이 주를 이루고 있는 모습으로 주변으로 빠져나가는 20~30대 젊은 고객층을 잡아야 상권이 성장할 가능성이 있습니다.

또한 창동역 상권은 서민형 거주자들이 많아 가격단가가 낮으면서 창업 비용이 많이 들지 않는 중소형 매장을 선정하여 입점하는 것이 위험 부담을 줄일 수 있습니다. 상권 변화 예측이 불분명한 지역은 새로운 아이템으로 승부를 걸고 무리하게 자금을 투입하여 창업하기에는 어려움이 따를 수 있습니다.

창동역 호재로는 환승주차장 일대 도시개발구역 개발과 GTX-C 노선 조성 등이 있습니다. 서울시는 '창동·상계 도시재생활성화계획'에 따라 창동 일대를 창업 및 문화산업, 교통 중심지로 육성하고 창동도시개발 구역 1지구에 '창업 및 문화산업단지(가칭)'를 2021년까지 조성할 계획입니다. 2022년부터는 2지구에서 국가철도망 구축 계획에 따라 추진 중인 KTX 연장(수서~의정부) 및 GTX-C(금정~의정부) 노선과 연계한 복합환승센터를 2025년까지 조성한다는 계획이 있습니다. 창동역을 지날 GTX-C 노선은 금정~과천~양재~삼성~청량리~광운대~창동~의정부를 연결하는 총 45.8킬로미터 구간으로, 개통되면 창동역에서 삼성역까지 10분대로 닿을 수 있습니다. 현재 예비타당성 조사를 통과해 2019년에 착공할 예정입니다. 이렇듯 창동역 일대 굵직한 개발호재가 몰려 이로 인해 일대 상권도 활성화가 될지 귀추가 주목됩니다.

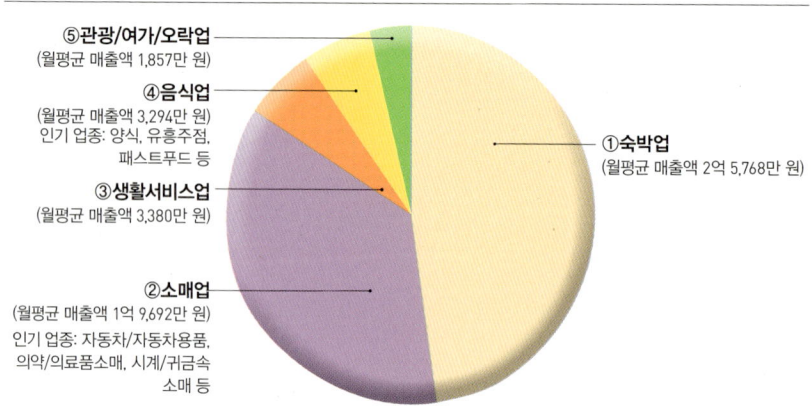

창동역 상권 월평균 매출 TOP 5 업종

출처: 소상공인시장진흥공단, 창동역 상권 2017년 상반기 기준 매출 통계자료(조사일: 2018.03.21)

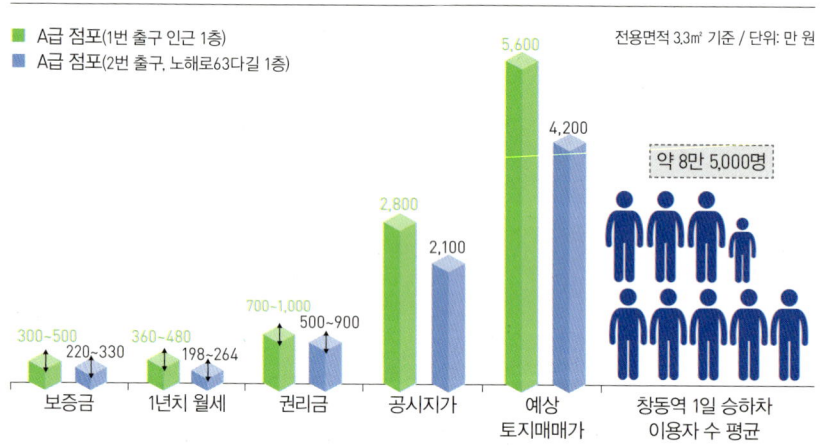

창동역 상권 상가 평균 시세와 승하차 인구

※ 현지 중개사무소를 방문 조사한 것으로 점포 입지에 따라 약간의 시세차가 있을 수 있습니다.
출처: 국토교통부, 서울교통공사, 한국철도공사

## 거대한 소비 세력 속 전형적인 주택가 상권
# 목동 상권

의류 매장 밀집된 로데오거리, 업종 다양화 등 변화 필요
오목교역 상권 정체, 대형 생활편의시설이 정체 요인
높은 학구열이 특징, 교육 분야 창업 고려할 만
학원가 중앙광장 상가비율 0.3% 수준, 희소가치 높아

서울시 양천구에 위치한 목동은 2000년대 중반에 부동산 가격이 급등한 '버블 세븐' 지역 중 하나입니다. 목동(목1~5동)의 거주민은 2017년 기준 15만여 명(양천구청 2017 구정기본현황 자료)가량으로 거주인구 대부분이 중산층이며 서울에서는 대치동과 함께 교육열이 가장 높기로 유명한 지역이기도 합니다. 주거 밀집지역이면서 주민들의 입김이 센 곳이다 보니 일반적인 상권과는 분위기도 사뭇 달라서 대표적으로 유흥가 골목 상권이 별도로 없고 흔한 나이트클럽도 없습니다. 또한 숙박 시설들도 찾아보기 어려울 정도로 적어 전형적인 주택가 상권으로 분류되는 곳입니다.

　목동의 가장 큰 특징 중 하나는 오목교역 인근에 있는 오목공원을 중심으로 중심 도로를 포함한 도로들이 모두 일방통행 도로라는 점입니다. 때문에 초행길인 운전자들은 길을 헤매기 쉽고 때로는 역주행하려는 차도 목격할 수 있는 곳입니다.

　교통망으로는 강북 지역으로 오갈 수 있는 성산대교와 양화대교를 포함해 인근 서부간선도로, 올림픽대로 진입이 수월하다는 것이 장점인데요. 특히 출퇴근 시간에 차량 통행이 많으나 그나마 일방통행 도로로 인해 교통체증이 덜한 편이긴 합니다. 목동은 지은 지 오래된 아파트들이 많아 주차 공간이 부족해 저녁시간대부터는 도로변에 주차된 차들도 쉽게 찾아볼 수 있습니다.

## 의류 매장이 늘어선 목동 로데오거리

　인근 크고 작은 아파트와 고층 주상복합이 밀집돼 있는 목동 상권은 크게 목동역 인근 로데오 상권, 목동 사거리 상권, 오목교 상권으로 분류할 수 있습니다. 목동역은 목동로, 오목로, 신정중앙로가 만나는 오거리에 위치해 있습니다. 목동로를 따라 북쪽으로 올라가면 홍익병원 사거리, 목동 사거리까지 이어지고 남쪽으로 내려오면 서울남부지방법원, 서울남부지방검찰청을 거쳐 양천구청까지 연결됩니다.

　목동역 2번 출구로 나와 대로변을 따라 걸어가면 목동의 중심 상권인 로데오거리에 도달할 수 있습니다. 저렴한 가격대의 의류 상설매장이 주를 이루고 있는 목동 로데오거리는 브랜드 매장의 분포가 많습니다. 요즘은 그 외에 통신 매장, 화장품 가게, 카페, 프랜차이즈 음식점, 주점 등 다른 업종들도 증가하고 있습니다.

목동역 인근 대로변 유동인구는 30~60대 이상까지 비교적 다양한 분포도를 보이며 특히 30대 여성과 주부들의 비율이 높게 나타납니다. 하지만 주말이나 저녁시간대에 유동인구로 북적여야 할 로데오거리는 과거 명성과는 다르게 비교적 한적해서 안타깝습니다. 실제로 목동 로데오거리 연령별 유동인구를 살펴보면 30대 20.7%, 40대 22.4%, 50대 21.7%, 60대 이상 18.8%로 중장년층에 몰려 있다는 것을 볼 수 있습니다(출처: 소상공인시장진흥공단 2018년 1월 인구분석 통계자료).

로데오거리의 상징은 젊은 층이 좋아하는 브랜드의 의류 매장들입니다. 그러나 다른 지역에 형성된 의류업 위주 상권과 마찬가지로 최근 온라인 쇼핑몰과 복합 쇼핑몰이 발달하는 동시에 지속되는 경기침체로 전반적으로 어려움을 겪고 있는 상황입니다.

목동역에서 북쪽 방향으로 이동하면 나오는 목동사거리는 등촌로와 곰달래로가 교차하는 사거리로, 유명 의류, 화장품 가게, 액세서리와 함께 목동 상권 중 유일하게 유흥 문화가 발달된 상권입니다. 목동사거리는 늦은 새벽까지도 젊은 세대가 모여 붐비는 지역입니다.

목동에서 수년간 중개를 해온 목동로데오거리 공인중개사 정병관 대표는 "최근 상가 전체 분위기가 불경기에 최저임금 인상 우려의 영향을 받아 임대료가 하향 추세다"라며 "현실적으로 경기가 어려운데 인건비 상승이 가게 주인들에게 상당한 부담으로 작용하는 것 같다"고 말했습니다.

## 오목교역 인근, 현대백화점 등 생활편의시설로 인한 상권 영향

　오목교역 인근 상황도 엇비슷한데 인근 배후수요는 풍부하지만 현대백화점과 행복한백화점, 이마트, 홈플러스 등 생활편의시설 내에서 모든 소비층을 흡수하다 보니 오목교역 근방의 상권 또한 발달되지 못한 상태입니다.

　그만큼 목동 오목교에서 현대백화점의 상권 파워는 대단히 높습니다. 현대백화점에서 쇼핑, 문화, 예술, 음식 등 소비자들이 원하는 모든 수요를 충족해주기 때문입니다. 다만, 현대백화점 매장과 부대시설을 이용하는 사람들은 주변 상권으로 흡수되기가 극히 힘듭니다. 오목교역 주변 상가 점포들이 대형 유통점인 현대백화점 효과를 보지 못하는 이유입니다.

　또 오목교는 SBS목동사옥과 CBS기독교방송국 본사 등 방송 관련 시설과 대형 오피스 건물이 밀집돼 있습니다. 대형 오피스빌딩 근처의 업종들은 백화점 내에 입점하기 힘든 한식과 분식류가 주를 이루고 있습니다.

　오목교 상권 창업은 특히 신중해야 하는데, 백화점에 입점하지 않는 틈새시장 아이템을 선정하는 것이 포인트입니다. 더불어 오피스 근처의 요식업 창업은 퓨전 음식점, 테이크아웃 커피 전문점 등이 유망하며 고급화 대신 중저가 전략으로 승부해야 승산이 있습니다. 오목교역 인근 연령별 유동인구는 30대가 20.9%, 40대가 25.0%, 50대 20.1%의 비율을 보입니다(출처: 소상공인시장진흥공단 2018년 1월 인구분석 통계자료).

　특히 오목교 인근은 학구열이 높은 지역임을 입증하듯 학원가가 많이 자리 잡고 있습니다. 목동2, 3단지 삼거리에 위치한 파리공원부터 월촌중학교 사이의 평화의 거리 중앙광장에는 학원이 몰려 있고 오목교역을 중심으로 군데군데 학원이 분포돼 있습니다.

소상공인시장진흥공단의 업종별 매출 통계자료에서도 오목교역 일대 학문·교육업(월평균 매출액 9,210만 원)의 매출이 가장 높았고 그중에서는 입시 관련 학원의 매출이 높았습니다. 이어서 소매업(월평균 매출액 8,945만 원), 음식업(월평균 매출액 7,596만 원), 숙박업(월평균 매출액 6,106만 원), 관광·여가·오락업(월평균 매출액 3,759만 원) 순으로 나타났습니다.

목동 중앙부동산 김진섭 대표는 "이곳 평화의 거리 중앙광장 학원가 일대 상가 비율은 주택 수 대비 0.3% 수준으로 적은 편이라 희소가치가 높고 경기의 영향도 미진해 대부분의 상가에는 권리금이 붙어 있다"고 전했습니다. 덧붙여 "유사한 대치동 학원1번지의 경우는 상가 비율이 지나치게 높은 경향이 있어 목동과는 상황이 조금 다르다"며 "크고 작은 규모의 학원이 600개 정도 있는데 월세가 3.3제곱미터 기준 10만~12만 원 선으로 형성돼 있고 학원은 99제곱미터 기준 권리금이 2,000만~3,000만 원 선에서 거래된다"고 설명했습니다.

## 거대 소비 세대 지닌 목동, 쉽게 생각하다 큰 코 다쳐

목동 로데오거리는 상권이 쇠퇴하면서 점포별 매출 상태 역시 악화되고 있는 실정입니다. 최근에는 폐업 처리를 한 공실 점포와 함께 새 단장이 한창인 점포들이 눈에 띄게 늘었습니다. 즉 매출 저조로 인한 상권의 위상 저하 현상이 관찰되고 있다는 뜻입니다.

게다가 보증금과 임대료도 저렴한 편이 아니라서 목동 로데오거리에서 장사를 하는 업주들은 볼멘소리와 함께 상권 활성화를 위해 분주히 노력하고 있습니다. 하지만 경기침체와 맞물린 악재 속에서 상권 활성화가 쉬워 보이지는 않는다는 것이 업계의 평가입니다.

이 지역에서 창업할 계획이 있는 예비 창업자들은 패션특화지역이라는 기존 목동 상권의 특성을 뒤로하고 인근 거주민들의 수요를 흡수할 수 있는 업종을 선택하는 것이 더 나을 것으로 판단됩니다. 여성 고객의 비중이 높은 상권으로 이들을 겨냥한 편의점과 노래방, 패스트푸드점, 카페 등의 창업 아이템이 양호합니다.

또한 오목교 인근에서 학원과 교육서비스 분야의 창업도 추천할 만합니다. 목동은 강남과 비교되는 상위 학군으로 해마다 이들 분야의 창업은 크게 늘어 상권을 지탱하는 큰 축이 되고 있습니다.

목동역과 오목교역의 배후에는 대단위 아파트 단지에 거주하는 15만여 명이 넘는 거대 소비세력이 거주하고 있으며 일일 지하철 이용객만 하더라도 9만 명이 넘는 역세권 상권입니다. 그러나 현재로는 상권의 위상이 많이 떨어졌고 이렇다 할 호재가 보이지 않아 창업 시에는 신중을 기해야 할 것으로 판단됩니다.

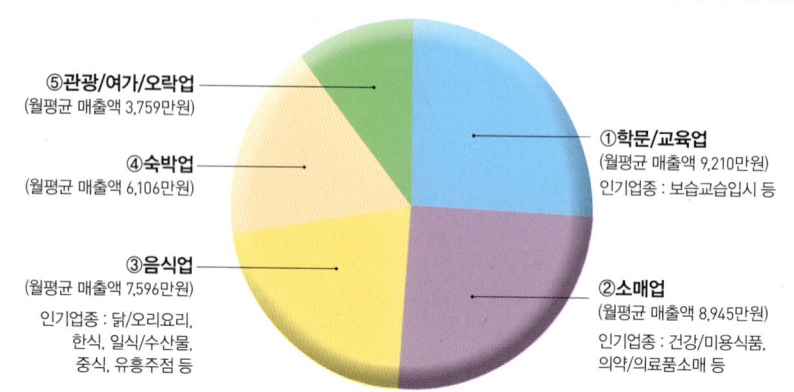

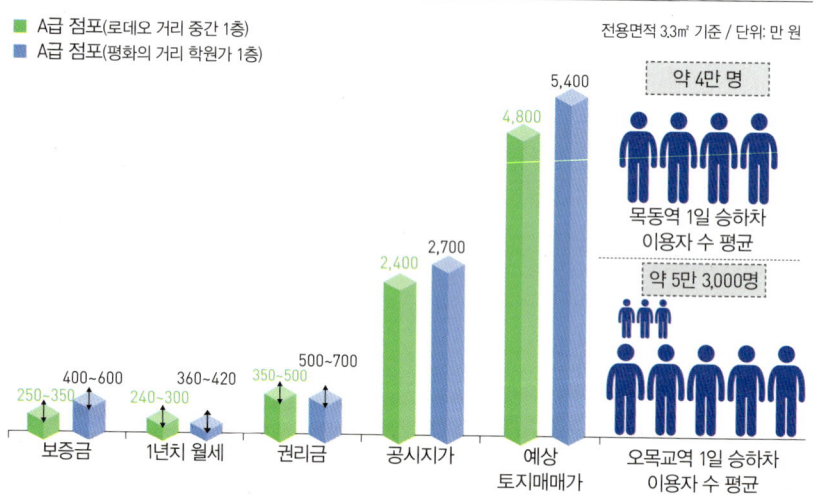

## 복합 쇼핑몰 간 상권 변화가 예상되는
## 영등포역 상권

롯데백화점, 신세계백화점, 타임스퀘어 등 대형 쇼핑몰 풍부
먹자·유흥 상권 30~60대 특정 층 공략 유리
쇼핑몰과 먹자 상권, 창업 장소에 따라 아이템 선정 시 주의
영등포역 민자역사 점용 기간 만료에 따른 상권 변화 가능성

서울 서남부의 영등포역 상권은 주변 목동, 광명, 강서 지역과 지하철 1호선을 이용하는 경기도권의 대규모 유동인구를 확보하고 있는 중심 상권입니다. 영등포역은 지난 1899년 경인선 보통역으로 개통되고 1993년 첫 민자역사가 된 후 2010년 리모델링을 거쳐 현재의 모습이 되었습니다. 역사가 매우 오래된 만큼 영등포역 상권은 서남부 중심 상권으로도 자리 잡았습니다.

특히 대한민국 유통업계의 쌍두마차라 할 수 있는 롯데백화점과 신세계백화점뿐 아니라 타임스퀘어까지 입점해 서로 경쟁하는 모습을 보이고 있습니다. 그밖에도 인근 홈플러스, 이마트, 코스트코, 빅마켓 당산점 등 다양한 쇼핑시설이 위치합니다.

복합 쇼핑몰, 먹자 상권으로 인산인해를 이루는 5번 출구와는 달리 2번 출구 방향인 영신로, 신길로 방면은 대형 아파트와 일반적인 주택 상권으로 형성돼 있습니다. 건물 및 시설들은 대체로 오래된 편이며 미용실, 슈퍼, 편의점, 병원, 간단한 식당 등 생활밀착형 업종이 자리 잡고 있습니다.

일대에는 서울 시내 최초의 워터파크인 씨랄라 워터파크와 더불어 인근 여의도공원, 영등포공원, 샛강생태공원, 문래근린공원, 메낙골근린공원 등 유원지와 공원이 풍부합니다.

## 롯데, 신세계, 타임스퀘어, 복합 쇼핑몰 상권

영등포역 상권은 쇼핑몰 상권과 먹자·유흥 상권으로 나눌 수 있습니다. 먼저 영등포역 민자역사 내에는 롯데백화점과 패밀리 레스토랑, 카페, 화장품 가게 등이 영업 중이고, 유동인구로 항상 북적이는 모습입니다. 또한 민자역사와 연결된 지하상가가 영등포 상권을 이어주는 다리 역할을 하고 있어 쇼핑을 즐기는 사람들로 항상 장사진을 이룹니다.

지난 1991년 개점한 롯데백화점도 영등포역과 연결돼 있어 상권 내에서도 상당한 비중의 유동인구가 모여들고 있는 곳입니다. 5번 출구 주변으로는 불법 노점상들이 몰려 있어 인근 버스 정류장까지 혼잡도가 높습니다.

때문에 민원이 많은 곳이기도 합니다.

2010년대에 들어서는 타임스퀘어 등의 입점으로 주변 상권이 정비됐습니다. 신세계백화점과 연결돼 있는 타임스퀘어는 두 건물의 넓이가 코엑스의 1.5배 규모로 상당히 큰 편입니다. 현재 타임스퀘어에는 하루 평균 20만 명 넘는 이용객이 흘러 들어오고 있습니다. 인근에 거주하는 사람들뿐만 아니라 쇼핑과 식사, 여가를 동시에 즐기기 위해 일부러 타임스퀘어를 찾아오는 이용객도 많은 편입니다.

타임스퀘어 내에는 이마트와 교보문고, 메리어트호텔, CGV 등이 입점해 있는데 특히 CGV 영등포점은 한때 기네스가 공식 인증한 세계 최대 크기의 스크린을 자랑하던 스타리움관이 있습니다. 오픈 당시에 고품질의 상영 환경을 조성하고자 한 노력이 엿보입니다.

영등포 타임스퀘어처럼 복합 쇼핑몰 상권의 가장 큰 특징은 유동인구의 연령층과 성별이 다양하고 계절에 따른 매출 격차가 적다는 것입니다. 그러나 쇼핑몰 안에서 식사와 쇼핑을 모두 소화할 수 있기 때문에 인근 골목 상권은 많이 발달하지 못한 상태입니다.

또 영등포 상권의 단점으로 지목되는 부분이 있습니다. 서울역과 더불어 역사가 오래된 영등포역은 서울 내 노숙자들이 많은 지역으로 꼽힙니다. 초저녁부터 영등포 민자역사 내에는 노숙자들이 모여들기 때문에 일부 개인 성향에 따라서 다소 불편함을 느낄 수 있습니다. 또 타임스퀘어 주차장으로 진입하는 곳 인근은 저녁부터 홍등가가 문을 열기 때문에 남녀노소 전 연령층을 타깃으로 삼는 복합 쇼핑몰 상권의 치명적인 문제점으로 지적됩니다.

## 먹자·유흥 상권으로 30~60대 유동인구 많아

영등포역 교차로에서 영등포시장 사거리까지의 대로변을 기준으로 왼쪽 타임스퀘어 주변과 오른쪽 역등포역 5번 출구 건너편에 밀집돼 있는 먹자 상권은 분위기가 전혀 다릅니다.

신세계백화점 건너편에 있는 금강온누리약국과 엔제리너스 영등포점 사이 골목을 시작으로 점포가 밀집된 이곳은 영등포역 상권의 가장 메인 거리입니다. 전형적인 먹자, 유흥 상권으로 영등포역 상권의 유동인구는 복합 쇼핑몰 상권과는 다르게 젊은 연령층보다는 30~60대까지로, 다른 상권에 비해 평균 연령층이 다소 높습니다. 특히 목이 좋은 상권 중심에 '한국마사회 영등포지사'가 들어서 있어 자연스레 중장년층의 소비가 많습니다.

대로변에는 서비스업종과 판매업종 점포가 다수 입점해 있고 골목으로 들어가면 고깃집, 곱창집, 주점과 음식점 등 외식업종 점포들이 고객들을 유혹하고 있습니다. 또 비교적 저렴한 가격으로 물건을 사거나 음식을 먹을 수 있는 점포가 많아 주머니가 가벼운 서민들이 즐겨 찾는 상권 중 하나입니다. 골목마다 입점해 있는 주점과 음식점은 많이 팔아야 많이 남는 박리다매식 점포가 성황리에 영업을 하고 있습니다.

가족 또는 직장 동료끼리 찾는 경우도 많은데 평일 저녁과 주말 저녁이면 인근 직장인과 가족 단위 고객들로 점포가 바글바글합니다. 상권 특성상 점심에는 소비층이 적어 저녁 장사를 메인으로 하는 메뉴가 주가 되는 상권이라고 할 수 있습니다.

소상공인시장진흥공단의 영등포역 상권 월평균 매출 통계자료를 보면

2017년 상반기 기준으로 숙박업(월평균 매출액 6,344만 원), 음식업(월평균 매출액 4,625만 원), 생활서비스업(월평균 매출액 4,010만 원), 소매업(월평균 매출액 3,588만 원), 학문·교육업(월평균 매출액 2,187만 원) 순으로 매출이 높았습니다.

영등포 현대부동산 공인중개사 김윤강 대표는 "서남권의 주요 핵심 상권으로 다른 상권과 비교하면 평일, 주말 관계없이 요일을 타지 않는 특징을 보이며 고객들의 연령층도 다양하고 넓다"며 "오래된 상권이다 보니 한 곳에서 장기간 장사하는 소문난 맛집이 많은 것도 이곳 상권의 특징"이라고 합니다. 또한 "몇 년간 저금리 기조가 이어지다 보니 월세 임대수익으로 상가 매매를 찾고 있는 손님들이 예전과 비교하면 많이 늘었으나 최근 상가 임대 거래는 활발하지 않고 주춤한 상황이다"라고 전했습니다.

### 창업 시 영등포역 변화 주목

영등포역 상권은 롯데백화점, 신세계백화점, 타임스퀘어 등 대형 쇼핑센터가 지속적으로 입점하고 있는 만큼 유동인구의 소비 여력이 뛰어나다는 것을 알 수 있습니다. 그러나 복합 쇼핑몰로 인해 주변 부동산시장은 활기를 띠는 반면 주변 상권은 많이 침체되는 모습을 보이고 있습니다.

영등포역 상권에 창업을 생각 중이라면 복합 쇼핑몰 내에 입점을 고려하거나 반대편 먹자 상권을 노리는 것이 유리합니다. 다만 입점 장소에 따라 성격이 많이 달라 아이템 선정에도 주의해야 합니다.

또 영등포역 민자역사가 2017년 말로 30년간 이어진 점용 기간이 만료

되었다는 점을 고려해야 합니다. 현재 민자역사에는 롯데백화점 등이 입주해 있습니다. 점용 기간이 만료된 민자역사는 철거, 국가 귀속, 점용 기간 연장, 이 3가지 방법 중 하나로 처리되는데 영등포 민자역사는 국가 귀속 절차가 완료되었습니다.

정부는 영등포역 민자역사의 기존 임차 상인들을 보호하기 위해 앞으로 1~2년가량 임시 사용허가를 내주고 연장 운영하기로 한 상황입니다. 이후 국가로 소유권이 이관되면 재임대가 불가능해져 사실상 장기적으로 봤을 때 영등포역의 롯데백화점은 없어질 가능성이 있습니다. 이로 인해 영등포역 인근 상권에 어떤 영향이 있을지 조금 더 지켜볼 필요가 있습니다.

### 영등포역 상권 월평균 매출 TOP 5 업종

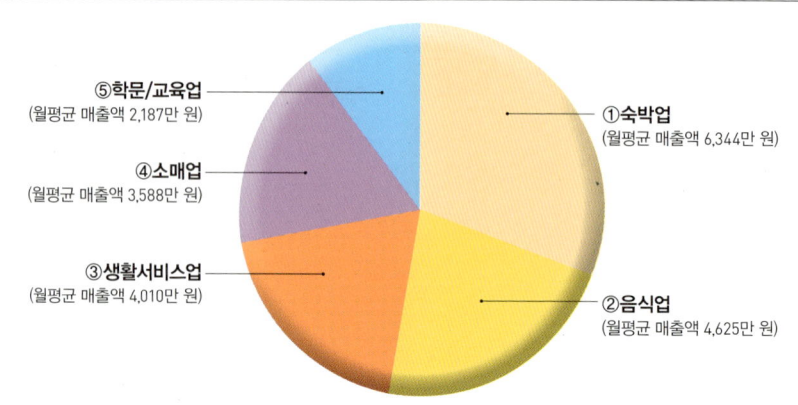

출처: 소상공인시장진흥공단, 영등포역 상권 2017년 상반기 기준 매출 통계자료(조사일: 2018.03.21)

### 영등포역 상권 상가 평균 시세와 승하차 인구

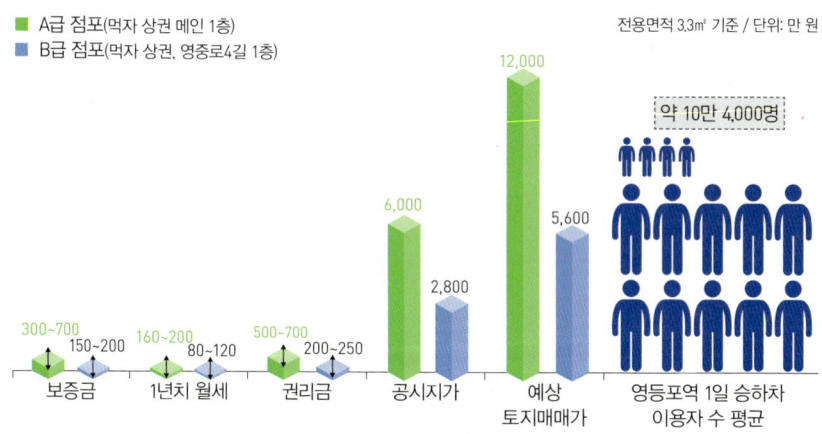

※ 현지 중개사무소를 방문 조사한 것으로 점포 입지에 따라 약간의 시세차가 있을 수 있습니다.
※ KTX 승하차 이용자 수는 제외된 수치로 실제 영등포역 승하차 이용자 수는 더 많을 수 있습니다.
출처: 국토교통부, 한국철도공사

## 대한민국 대표 고시촌 상권
## 노량진역 상권

공무원 열풍으로 고시학원 밀집
고시촌 수요 노린 업종 다수, 싸고 간편한 음식 인기
컵밥거리·메인 상권·수산시장·연인길 등 유동인구 풍부

공무원·고시학원들이 밀집해 있는 노량진 상권은 대한민국 고시촌 상권으로 손꼽힙니다. 용산, 강남, 영등포, 시흥, 안양 등이 연결되는 교통의 요지로서 지하철 1호선 노량진역을 중심으로 형성되었던 상권은 2009년 개통된 지하철 9호선 영향으로 노량진삼거리 주변까지 상권이 확대된 상태입니다.

　노량진역 주변에는 '제일고시학원', '남부경찰학원', '윌비스고시학원' 등 유명 학원들 60여 개가 밀집해 있고, 학원가 뒤쪽으로는 취업 준비생들이 거주하는 고시원 및 원룸촌이 형성돼 있습니다. 최근 로스쿨의 영향으로 인근 고시촌은 한산해진 반면, 공무원 열풍을 등에 업은 노량진 상권은 점점 달아오르고 있습니다.

　노량진 하면 가장 먼저 떠오르는 수산시장부터 컵밥 가게가 밀집된 깔끔한 거리 노점상까지 노량진 상권을 상징하는 요소가 탄탄합니다. 이를 기반으로 다양한 연령대의 많은 유동인구가 유입돼 노량진 상권을 북적이게 만들고 있습니다.

## 노량진 연인길, 이색적인 분위기로 젊은 연인들에게 인기

노량진역 6번 출구로 나오면 노량진로에서 CTS 기독교TV 건물을 끼고 노량진로8길로 접어든 후 사거리를 지나자마자 왼편의 노량진로6가길을 타고 걷다 보면 '연인길'을 만날 수 있습니다. 연인길 입구에는 곰과 토끼가 나란히 손을 잡고 있는 벽화가 그려져 있어 금세 눈에 띕니다. 길 폭이 50센티미터에 불과해 연인끼리 꼭 안다시피 하고 걸어가야 한다고 해서 붙여진 이름입니다.

연인길을 따라가다 노량진로6길을 만나 좌회전한 후 조금 더 걸으면 오른쪽으로 등용로4길이 있습니다. 이 길에서는 꽃이 핀 계단과 하트가 가득한 벽을 볼 수 있습니다. 이후 KT동작지사 앞을 지나 왼쪽으로 내려가면 노량진로6나길로 진입할 수 있습니다. 동작구에서 연인을 상징하는 꿀벌 그림을 가득 그려 놓았습니다. 역시 폭이 80센티미터에 불과해 호감 가는 누군가와 자연스레 손을 잡기 좋습니다. 동도중, 정신여고, 숭실대학교 등 곳곳의 벽화마다 그린 이들의 소속이나 이름을 써 놓은 것도 특징입니다.

## 저렴한 가격·낡은 건물, 옛 향수 자아내는 메인 상권

노량진로 대로변 라인, 3번 출구 맥도날드 골목이 노량진의 메인 상권입니다. 대로변은 임대 가격이 높아 대형 프랜차이즈, 패션 업종 등이 자리 잡은 상태고 골목 안으로 들어가 보면 유동인구를 잡기 위한 점포보다 거주자들을 위한 미용실, 철물점, 서점 같은 점포가 눈에 많이 띕니다. 좁은 골목을 빼곡히 마주 보고 있는 점포들은 마치 대학가 상권을 보는 듯한 착각도 불러일으킵니다. 이들 업종의 공통점은 고시생 수요에 맞춰 단가가 낮다는 것입니다. 식당은 주로 4,000원에서 5,000원 사이, 카페는 2,000원 전후의 가격대입니다. 특히 3번 출구 입구 지하 1층에 있는 '음식백화점'은 주머니가 가벼운 학원생들이 많이 찾습니다.

동작구청 뒷길인 노량진로8길은 먹거리 골목입니다. 칼국수와 부대찌개, 치킨을 파는 호프집 등을 만날 수 있습니다. 구청 바로 뒤 건물 2층에 있는 양꼬치집은 유명합니다. 만일 노량진 재수생 시절의 옛 맛을 찾는다면 삼거리시장 가운데 순댓국집이 있습니다. 비교적 오래된 건물들이 많고 재건축 중인 곳도 있어 향후 상권 외형에 많은 변화가 예상됩니다.

다른 상권에 비해 안경 전문점이 많은 것도 흥미롭습니다. 맥도날드를 중심으로 150미터 반경으로 안경 전문점이 6개 이상 있는데 전통적인 안경 전문점에서부터 패션안경 전문점까지 다양합니다. 통상적으로 안경점 창업은 주거밀집지역이 적당하며 2,000세대당 한 점포가 입점해야 매출이 안정적일 수 있습니다. 최근에는 대형 마트 안에 입점한 안경점이 높은 경쟁력을 가져 유망 창업으로 떠오르고 있습니다. 노량진역 인근에는 대형 마트가 없어 매출이 분산되는 효과가 나타나 타 지역에 비해 안경 전문점이 많은 것으로 분석됩니다. 또한 대형 마트, 복합 쇼핑몰 등은 주변 상권에 많은 영향을 미치므로 창업 시 상권 내 대형 마트와 복합 쇼핑몰 여부, 점포와의 거리 등을 신경 써야 합니다.

3번 출구 맥도날드 골목의 메인 동선 점포들은 대부분 소규모 점포가 많은데, 평균 시세는 1층 기준 16.5~20제곱미터가 보증금 3,000만 원에 월임대료 150만~200만 원 선이고 권리금은 6,000만~7,000만 원 선입니다. 최근 전반적으로 장사가 덜 돼 시세가 조금은 떨어지고 있는 추세지만 노량진역의 1일 승하차 이용자 수 평균이 약 11만 400명으로, 여타 상권에 비하면 보증금과 월세가 높은 편은 아닙니다.

소상공인시장진흥공단의 노량진역 상권 매출 통계자료를 보면 2017년 상반기 기준으로 인기가 가장 높은 업종은 소매업(월평균 매출액 4,332만 원)이며 그다음은 학문·교육업(월평균 매출액 3,217만 원)과 음식업(월평균 매출액 3,121만 원), 숙박업(월평균 매출액 3,068만 원), 스포츠업(월평균 매출액 2,424만 원) 순이었습니다.

## 새롭게 단장한 노량진 수산시장, 높아진 월세에 진통

노량진 하면 빼놓을 수 없는 게 노량진 수산시장입니다. 1971년 한국냉장이 현재 위치에 수산물 도매시장을 건설하면서 노량진 수산시장이 탄생했습니다. 도매시장인 만큼 저렴한 수산물 가격을 강점으로 일반 소비자들을 대거 끌어들이며 2014년 기준으로 점포당 연매출 평균액이 2억 7,000만 원으로 조사됐습니다. 점포 규모에 비해 상당히 매출 규모가 큰 수준입니다. 하지만 노량진 수산시장 인근에 대형 마트가 들어서고 낙후된 시설로 손님들을 끌어 모으기 어렵게 되자 수협중앙회를 중심으로 최근 현대화 사업이 추진되고 있습니다. 하지만 수협중앙회와 옛 상인들과의 갈

등이 봉합되지 않아 둘로 쪼개진 상황입니다.

갈등의 원인은 새 건물의 '높아진 월세' 때문입니다. 5제곱미터 규모 A급 점포의 기존 월 임대료는 30만 원이었는데, 동일 규모의 새 건물은 71만 원을 내야 합니다. B급 점포의 월 임대료도 기존 25만 원에서 새 건물은 47만 원으로 올랐습니다. 여기에는 물세, 전기세, 관리비, 청소비는 포함되지 않은 금액입니다. 때문에 일부 상인들은 높아진 임대료 등을 감당할 수 없다는 이유로 점포 이전을 거부하고 있는 상황입니다. 이를 제외한 상당수의 점포는 이미 이전을 완료해 영업 중입니다.

## 컵밥거리, 저가격·특색 있는 메뉴로 외지인 흡입력 높아

몇 년 전만 하더라도 노량진 상권은 노량진역에서 고시촌까지 연결된 노량진 육교를 따라 좁은 골목길 사이에 노점상이 빽빽하게 들어서 있는 풍경이 일상이었습니다. 노점상 중에서도 빼어난 맛과 가격에 비해 적지 않은 양으로 큰 유명세를 탄 노량진 컵밥은 인근에 상주하는 고시생들뿐만 아니라 외지 손님들까지 끌어들였습니다. 하지만 좁은 보도에 컵밥 이용객이 급증해 통행의 불편도 커졌습니다. 더불어 기존 점포에서 영업 중인 상인들과의 크고 작은 갈등이 지속해서 불거졌고 결국 통행에 지장을 준다는 이유로 동작구는 2015년 노량진 육교를 철거했습니다. 현재 컵밥거리는 만양로 입구와 사육신공원 인근 '노량진거리 가게'로 이주한 상태입니다.

노량진거리 가게는 270미터 구간에 규격화된 박스형 점포 형태로 구성되어 있습니다. 메뉴는 3,000원 가격의 숙주덮밥, 쇼유 라멘, 닭갈비덮밥,

컵밥, 햄버거, 와플 등입니다. 동작구청은 노점상을 합법화하는 대신 위생적인 환경에서 안전한 음식을 팔도록 조치했습니다.

컵밥거리 업주들은 주변 상권과 마을을 위해 매달 기금을 냅니다. 일반 점포와 달리 컵밥 점포는 사고팔 수 없고 담보로 제공할 수도 없습니다. 위반하면 시정명령 후 영업 정지되거나 철거됩니다.

노량진역 상권 인구분석 자료를 살펴보면 20대 유동인구가 27.7%로 가장 높은 비중을 차지했으며 그다음으로는 30대(23.7%)와 40대(17.4%)의 비율이 높았습니다. 고시생들이 많은 지역인 만큼 연령별 주거인구는 20대가 55.2%로 압도적으로 많았습니다(출처: 소상공인시장진흥공단 2018년 1월 인구분석 통계자료).

## 유동인구 많으나 건물 노후화로 재건축 정비 필요

앞서 영등포 상권을 소개하면서 박리다매를 언급했었는데 노량진 상권은 이보다 훨씬 심합니다. 매달 정기식사권을 다량으로 판매하거나, 맛있으면서 빠르게 먹을 수 있고 거기에 가격까지 저렴한 음식을 제공해야 경쟁에서 이길 수 있습니다.

임대료, 권리금 등 가격을 떠나 상권 특성이 강해 창업을 쉽게 시작할 수 있는 곳은 아니며 유동인구에 비해 점포가 부족하고 재건축 등 정비가 필요해 보입니다.

노량진역에서 민양로를 중심으로 그 이면도로 안쪽으로 편의점이나 작은 음식점 등을 창업하기에는 유망해 보입니다. 단 낙후된 건물에 입주할 경우 권리금 지급에 주의해야 합니다. 건물 재난등급 등을 확인하여 재건축으로 인하여 권리금이 사라지는 것을 대비해야 합니다.

　공무원 열풍, 사법고시 폐지 등과 함께 노량진 상권을 이용하는 젊은이가 늘어나고 있습니다. 상권 활성화는 바람직한 일이지만 고달픈 시간을 보내고 있는 젊은이들은 보고 있으면 가슴 한편이 무거워지기도 합니다. 이런 고시생들의 희로애락을 함께 나누는 인간미 넘치는 상권이 바로 노량진 상권입니다.

### 노량진역 상권 월평균 매출 TOP 5 업종

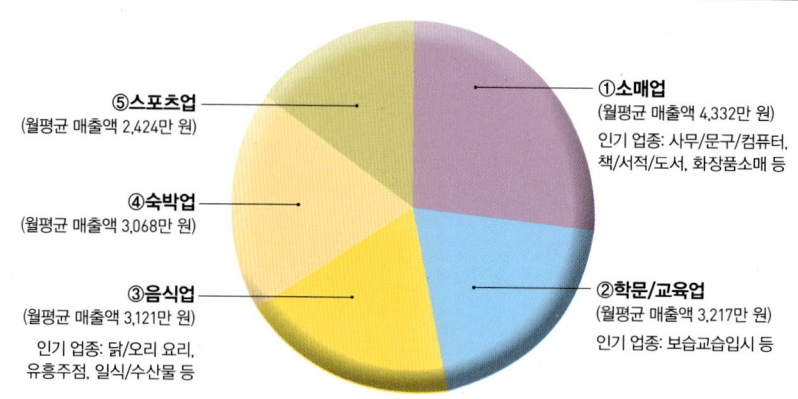

출처: 소상공인시장진흥공단, 노량진역 상권 2017년 상반기 기준 매출 통계자료(조사일: 2018.03.21)

### 노량진역 상권 상가 평균 시세와 승하차 인구

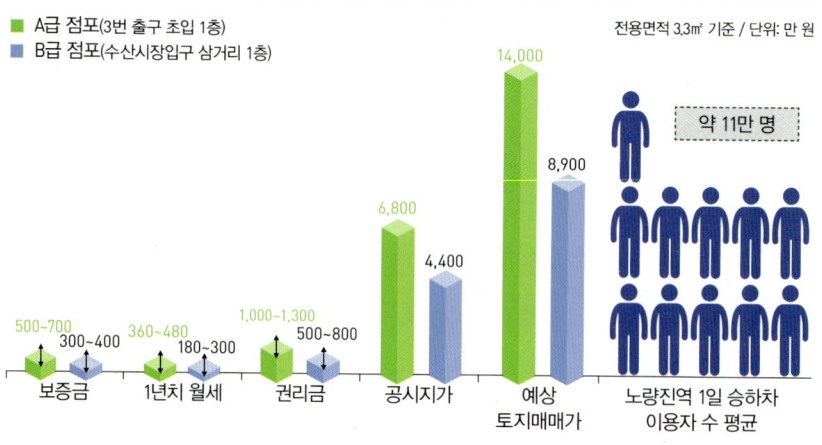

※ 현지 중개사무소를 방문 조사한 것으로 점포 입지에 따라 약간의 시세차가 있을 수 있습니다.
출처: 국토교통부, 한국철도공사, 서울교통공사

## 풍부한 개발호재의 자족 도시
# 마곡지구 상권

대기업, 중견기업 수요 풍부한 직주 근접형 자족도시
공원, 전시장, 복합 쇼핑몰 등 마곡지구 내 개발호재 풍부
마곡지구 상권 형성 단계, 여유 자금 있어야 유지 가능
상권 형성 시 생활밀착형, 레저·스포츠 매장 업종 유망

서울시를 동북아 경제중심도시로 발전시킨다는 비전으로 막바지 개발이 진행되고 있는 강서구 마곡지구는 곳곳에 쿵쾅쿵쾅 소리와 함께 건물 공사가 한창입니다.

　이전에 마곡지구는 서울월드컵경기장 건설이 예정된 허허벌판의 부지였습니다. 2002년 월드컵을 앞두고 월드컵경기장이 상암동에 조성되기로 결정되면서 이후 마곡지구 부지에는 도시개발 사업이 추진됐습니다.

　총 면적 366만 5,783제곱미터로 상암DMC의 6배에 달하는 마곡지구는 서울의 마지막 택지개발지구입니다. 2009년 첫 삽을 뜬 이래 2018년에는 개발 완료될 예정으로 현재 기업 입주가 활발히 진행되고 있습니다. 마곡 RnD산업단지 담당자에 따르면 앞으로 대기업뿐만 아니라 중소기업을 포함해 130여 개 이상의 기업이 입주할 예정입니다.

　마곡지구는 이대서울병원(2019년 개원 예정)과 호수공원, 가로수길, 어린이대공원 규모에 달하는 서울식물원(보타닉공원, 2018년 중 개장 예정), 제2코엑스, 스타필드 마곡 등 첨단연구, 산업, 생활, 여가가 어우러진 자족적 지식산업 클러스터로 자리 잡을 전망입니다.

　마곡지구에는 강서구 일대 명문학군으로 손꼽히는 초등학교, 중학교가 위치해 있습니다. 다만 고등학교는 멀리 떨어져 있어 주민들이 고등학교 신설을 요청했으나 서울시에서는 저출산의 여파로 학령인구 감소 추세라는

 이유로 신설이 불가하다고 전해왔습니다. 대신 김포공항 인근에 위치해 소음 피해가 심했던 공항고등학교가 마곡지구 내로 이전할 예정입니다.
 마곡지구는 인천·김포공항과 인접하며 올림픽대로, 서울외곽순환고속도로, 인천국제공항고속도로 등 교통 인프라를 갖추고 있습니다. 지하철은 5호선 마곡역, 9호선 마곡나루역을 이용할 수 있습니다. 9호선 마곡나루역

은 급행역으로 전환될 예정이고 2018년 말 공항철도도 개통 예정으로 교통 여건이 더욱 편리해지고 있습니다. 인근 5호선 발산역, 9호선 신방화역도 접근성이 좋아 다른 신도시에 비해 교통 환경이 월등히 좋습니다.

## 대규모 아파트 단지와 오피스텔, 오피스타운 밀집

마곡역은 강서세무서를 비롯해 이전이 예정된 강서구청 등으로 행정타운의 면모를 갖출 예정입니다. 더불어 대규모로 자리 잡고 있는 마곡엠밸리 아파트 단지가 가까워 모두 입주되는 시점에 맞춰 상권 활성화도 이루어질 것으로 보입니다.

아파트의 경우 초기 비교적 값싼 공급가 등의 이유로 어린 자녀를 키우는 젊은 부부 가구가 다른 지역에 비해 많다는 점이 특징이지만 현재는 공급가 대비 2배 이상 오른 상황입니다. 또 오피스텔이 많이 들어서 있는 만큼 1~2인 가구 수도 많은 편입니다. 하지만 아직 단지 인근으로 공사가 진행 중인 부지가 많고 이렇다 할 상업시설 없이 어수선한 분위기라 대부분의 수요는 발산역 인근 NC백화점이나 롯데몰 김포공항점으로 몰리고 있습니다. 이외에도 아파트 단지 내 상가 의존도가 높은 편입니다.

마곡나루역 인근은 오피스타운과 오피스텔이 형성돼 유동인구와 상주인구가 풍부할 것으로 기대됩니다. 또 서울식물원 개장 역시 기대를 모으고 있는 상황으로 관광객 수요까지 예상해보면 유동인구가 높아질 전망입니다. 소상공인시장진흥공단의 2018년 1월 인구분석 통계자료의 연령별 유동인구에 따르면 30대가 2,658명(27.1%), 40대가 2,344명(23.9%)으로 아직까지는 높지 않은 수치를 보였습니다. 현재 LG기업 13개 계열사의 연구소와 몇몇 중견 기업체들이 입주를 진행하고 있습니다. 마곡나루역 역시 아직 상권이 발달되지 않았으며 인근 오피스텔과 오피스타운 내 상가 정도만 찾아볼 수 있고 대부분 부동산, 편의점, 카페, 음식점들의 업종이 자리 잡고 있습니다.

마곡나루역 마곡일등 공인중개사사무소 김형석 대리는 "인근에 공항철도가 개통을 앞두고 있고 9호선이 운행되고 있어 교통이 편리하다"라며 "조만간 급행열차까지 개통될 예정으로 교통 환경은 더 좋아질 것으로 기대한다"고 말했습니다. 또한 "이곳 마곡나루역은 작은 항아리 상권인데 1만 2,000여 세대 이상으로 가구 수 대비 점포 수가 적어 경쟁력이 높다"며 "지금은 상권 형성이 진행 중으로 점포 시세는 1층 기준 보증금 5,000만~6,000만 원 선에 월세 250만~350만 원 선으로 향후 상당한 권리금도 붙을 것으로 본다"고 내다봤습니다.

현재 마곡역 2번 출구에서 발산역 1번 출구 만남의 광장까지 하나로 이어진 동선이 가장 활발한 상권입니다. 마곡지구의 시작점이라고 볼 수 있는 발산역 인근 상권은 구상권과 신상권이 어우러지는 모습을 보이고 있고 대형 음식점이 밀집한 외식 상권으로 잘 알려져 있습니다. 훗날 마곡지구와 인근 발산택지지구를 포함해 강서구 자체가 하나의 신도시로 발전될 것으로 기대됩니다.

소상공인시장진흥공단의 발산역 일대 매출 통계자료를 살펴보면 현재 관광·여가·오락, 생활서비스, 소매, 스포츠, 음식 등 총 5개 업종의 매출이 등록되어 있습니다. 2017년 상반기 기준 관광·여가·오락업의 월평균 매출이 1억 9,186만 원으로 가장 높습니다. 다음은 음식업(월평균 매출액 6,438만 원), 소매업(월평균 매출액 4,838만 원), 생활서비스업(월평균 매출액 4,226만 원), 스포츠업(월평균 매출액 1,763만 원) 순입니다.

마곡사이언스타워Ⅱ 박진용 분양총괄팀장은 "마곡지구는 서울의 마지막 택지개발지구로 교통이 편리해 최고의 투자가치를 바라볼 수 있는 곳이다"라며 "앞으로 2년 정도면 상권이 완전히 갖추어져 첨단 산업과 주거가 공존하는 자족기능도시로서의 역할도 기대된다"고 말했습니다.

## 상권 형성 초기 단계, 향후 생활밀착형, 스포츠 업종 유망

마곡지구는 여러 기업들이 모여 수요층이 풍부한 직주 근접형 도시로 실수요자뿐 아니라 투자자들의 관심도 높은 곳입니다. 향후 서울 서남권의 랜드마크로 발전해 서울의 경제 중심지로 도약할 것으로 기대됩니다.

여기에 역세권, 대기업, 관공소 밀집지역은 경쟁력을 한층 더 가져 창업 성공 확률을 높일 수 있습니다. 신규 상권은 기존 상권에 비해 권리금이 없고, 선택의 폭이 넓어 여유 자본이 충분히 마련된다면 초기 창업 시 더욱 유리하게 들어갈 수 있습니다.

다만 아직 마곡지구는 상권 형성 초기 단계로서 앞으로의 개발호재로 인한 상권 활성화를 내다보고 접근해야만 합니다. 직장인, 신혼부부 등 1~2인 가구가 핵심 수요층인 만큼 생활밀착형, 프랜차이즈 업종이 유리할 것으로 보입니다. 또 대규모로 조성되는 공원으로 인해 자전거 매장, 레저, 스포츠 매장도 관심을 받을 것으로 보입니다.

하지만 모든 신도시 상권이 그러하듯 마곡지구 또한 상권이 안정되기 전

까지 위험 부담이 있습니다. 짧게는 2~3년, 길게는 5년 이상 돼야 상권이 안정 단계에 들어올 수 있기 때문에 예비 창업자들은 장기적인 관점에서 신중하게 결정해야 합니다.

창업은 현재 유행하는 트렌드를 따르기보다는 계속 변화되고 있는 시대적 흐름을 잘 파악해 꾸준히 이어갈 수 있는 업종과 아이템부터 먼저 명확하게 선별해야 합니다. 다음으로 상품들이 보편적인 대중성을 따를 것이냐 아니면 전문성으로 갈 것이냐도 따져서 더 발전될 수 있는 지속성이 유지돼야 합니다. 여기에 자신이 잘 알고 자신 있는 분야를 접목한다면 그만큼 창업 준비 기간도 단축시킬 수 있어 한결 유리합니다.

발산역 마곡힐스테이트 공인중개사사무소 박치욱 부장은 "대기업 입주와 아파트 상권이 같이 형성돼 있어 주말과 주중 관계없이 영업 활성화에 기복이 없다"라며 "김포공항과도 가까워 젊은 층도 많이 상주하고 있다"고 말했습니다. 덧붙여 "창업을 한다면 기본 지출을 줄여야 하는데 입지가 좋다고 해서 월세가 지나치게 높은 것은 피해야 한다"며 "하고자 하는 업종의 특징만 잘 살린다면 인터넷이 발달돼 있는 요즘 시대에는 얼마든지 안정적인 매출이 가능하고 외진 입지가 무조건 나쁜 것만은 아니다"라고 당부했습니다.

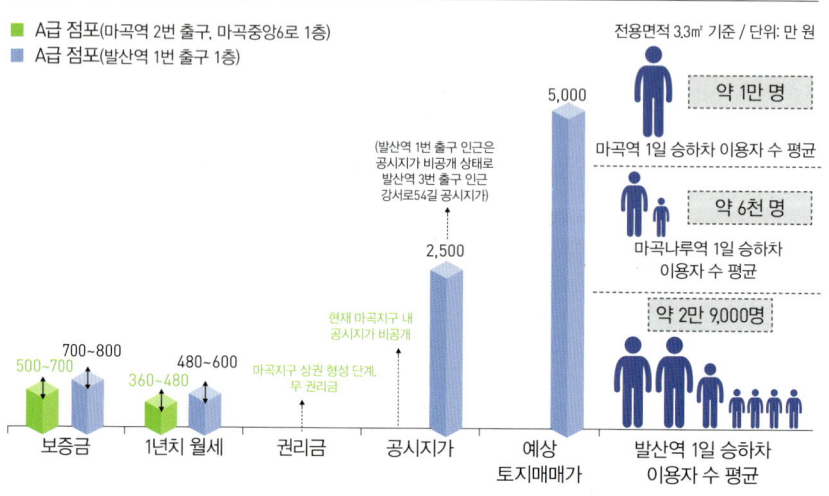

## 강서구를 대표하는 유흥 상권
## 화곡동(강서구청) 상권

높은 직장인 유동인구 비율, 직장인 고객층 대상 업종 유망
강서구청, 마곡지구 내 이전 예정이 상권에 미칠 영향
배후 주거지로 인해 늦은 새벽까지 영업 흐름

강서구청과 화곡로를 끼고 있는 화곡동은 화곡역, 발산역 상권과 함께 강서구에서 가장 활발한 상권이자 대표적인 유흥 상권입니다. 화곡동 상권은 강서구청과 강서경찰서 등 관공서와 업무단지, 학교와 거주민 등을 배후로 발전되고 확장돼 왔습니다.

　화곡동(강서구청) 상권은 개발 전 논밭이었으나 1970년대 이후 택지개발이 이루어지며 많은 지방민들이 이주해서 살게 되었는데요. 이후 1977년에는 강서구청이 들어서고 화곡로가 조성되면서 상권의 발전과 확장이 본격적으로 시작됐습니다. 이와 함께 대규모 아파트 단지와 대형 마트 등 주거지와 생활편의시설이 함께 들어서면서 강서구 일대 인구가 급증하고 지금과 같은 대형 상권의 모습도 갖추게 됐습니다.

　현재 화곡동은 대한민국 행정구역 중 인구 밀도가 가장 높은 지역입니다(화곡본동, 화곡 제1동~제8동 인구 총 20만 6,892명. 출처: 강서구청 홈페이지 2018년 1월 말 인구통계 자료). 그중에서도 20대 이상 직장인 유동인구가 많은 곳으로도 알려져 있습니다.

　이곳 상권은 도로 교통망이 우수합니다. 인근 올림픽대로와 서부간선도로, 인천국제공항고속도로가 가깝고 신월IC가 인접해 경인고속도로 이용이 수월합니다. 서울 내 상권들이 지하철역을 기반으로 성장한 것에 반해 화곡동 상권은 지하철역을 기반으로 성장한 상권이 아니라는 특징이 있습

니다. 5호선 화곡역과 9호선 등촌역, 가양역이 그나마 가까운 지하철역이며 그중 가장 가까운 역인 화곡역 3번 출구 방향으로 나오면 상권까지 도보로 15~20분 정도 소요됩니다.

화곡초, 화일초, 우장초, 등촌초, 등서초 등의 학군과 KC대(옛 그리스도대학교), 한국폴리텍대학 서울강서캠퍼스가 있고 신혼부부나 2~3인 가구 비율이 높은 동네라 어린이들이 많기로도 유명합니다. 때문에 인근 공원에는 평일, 주말 시간을 가리지 않고 아동 밀도가 높은 점이 특징입니다.

## 먹자골목과 화곡로 대로변 상권 형성

화곡동 상권은 크게 2개의 구역으로 나눌 수 있습니다. 먼저 강서구청입구교차로에서 화곡로를 따라 화곡역 방면으로 내려가서 화곡6동 주민센터까지 왼쪽 도로변에 보이는 도로변 상권과 그 안쪽 골목에 활발하게 형성된 먹자, 유흥 상권이 대표적입니다. 이들 상권은 각기 다른 형태와 기능을 갖추고 상호 보완적인 기능을 수행합니다.

먼저 골목 안쪽 먹자, 유흥 상권은 주점, 선술집, 양꼬치집, 노래방, 바bar 등과 함께 개성 있는 인테리어의 개인 브랜드 가게로 형성돼 있습니다. 퇴근시간 직장인들이 좋아하는 업종이 주를 이루고 있고 젊은 층의 입맛을 사로잡는 음식점, 주점 등도 많이 형성돼 있습니다. 상권이 단독주택 단지와 이어져 있어 가족 단위로 많이 찾는 보쌈, 고깃집 등과 배달업종 음식점도 눈길을 끕니다. 평일, 주말 가리지 않고 유동인구가 많지만 낮시간대에는 비교적 한산한 편입니다. 노래방, 당구장과 같이 전 연령층을 아우르는 놀이 문화, 스포츠 업종도 강세를 보이고 있습니다. 중·고등학생 고객이 대부분을 차지하고 있던 PC방도 최근 직장인 고객이 늘어남에 따라 화곡동 상권에도 쉽게 찾아볼 수 있는 업종입니다.

곳곳에 낡고 노후화된 건물들이 많아 엘리베이터가 없는 곳도 상당수 있는데 건물 상층부로 올라가면 전반적으로 점포 매출이 크게 떨어지는 편입니다. 이는 접근성이 어려워 상층부까지 손님들의 발길이 이어지지 않는 것으로 풀이됩니다. 또한 배후에 주거지를 두고 있어 여타 상권에 비해 자정 이후의 매출 의존도가 상당히 높아 오후 7시 이후부터 늦은 새벽까지 영업이 활발하게 이루어지는 것도 특징입니다.

한편 도로변 상권의 경우 김포, 영등포 등으로 이어지는 다양한 노선의 버스 정류장이 있고 강서구청 맞은편에 형성된 대규모 아파트 단지와도 인접해 있어 인근 주민들의 접근성이 높습니다. 업종도 다양하게 형성돼 있는 모습으로 제과점, 병원, 당구장, 은행, 통신사 매장, 주점, 화장품 가게 등이 자리 잡고 있습니다. 주로 중대형 점포가 많고 매물이 나오면 나오는 즉시 바로 계약이 이루어지는 편입니다.

도로변 상권은 먹자 상권과 달리 낮에도 유동인구가 많은 편으로 연령층도 다양한 특징을 가지고 있습니다. 그중 평일 낮시간대에는 주로 30~40대 주부들의 유동인구가 많은 편입니다.

## 작지만 큰 알짜 상권, 단골 확보에 중점

화곡동 상권은 20~40대 직장인들이 퇴근 후 저녁식사에 간단한 반주를 하거나 모임, 술자리를 갖기에 알맞은 상권입니다. 이러한 강서구청의 특징을 볼 때, 화곡동 상권에서 요식업 창업을 준비 중인 예비 창업자들은 직장인을 목표 고객으로 정하고 그러면서도 다양한 연령층이 함께 이용할 수 있는 업종을 선택하는 것이 유망해 보입니다.

소상공인시장진흥공단의 강서구청 일대 상권 매출 통계자료를 보면 2017년 상반기 기준으로 음식업종 중 인기가 가장 높은 업종은 관광·여가·오락업종(월평균 매출액 9,006만 원)이었습니다. 그다음으로 숙박업(월평균 매출액 5,920만 원), 음식업(월평균 매출액 5,478만 원), 소매업(월평균 매출액 4,598만 원), 스포츠업(월평균 매출액 3,739만 원)이 뒤를 이었습니다.

다른 상권에서 쉽게 볼 수 있는 화장품 가게, 카페 등은 메인 상권이 아닌 화곡로 도로변 상권에 형성돼 있어 다소 특이하다고 할 수 있습니다.

화곡동 상권은 다른 상권에 비해 규모가 큰 편은 아닙니다. 상권 동쪽으로는 주택가가 위치하고 서쪽으로 우장산공원, 남쪽으로 관공서, 북쪽으로 공항대로가 있어 상권 확장에도 어려움이 있어 보입니다. 또한 지하철역이 없는 비역세권 상권이지만 그럼에도 불구하고 유동인구를 흡수하는 작지만 큰 알짜 상권입니다. 인근 관공서와 30여 개의 버스 노선, 주택가가 가까운 덕을 봤다고 볼 수 있습니다. 또 화곡동의 유동인구가 주로 20~40대 직장인들이다 보니 낮과 밤의 유동인구 차이도 다른 상권보다 큰 편입니다.

화곡동 상권은 현재 강서구에서 인기가 높은 상권 중 하나입니다. 직장인들을 상대로 하다 보니 객단가가 높게 형성돼 있고 충성도가 높아 단골 확보도 비교적 잘 되는 상권입니다. 유흥, 먹자 상권으로 주말에 유동인구가 증가하는 모습도 창업에 유리한 조건으로 보입니다.

화곡동 상권의 위협 요소도 있습니다. 인근 마곡지구 개발로 인해 강서구청이 마곡지구로 이전할 예정이라 화곡동 상권에 어떤 영향을 미치게 될지 귀추가 주목됩니다. 강서구청이 이전되더라도 상권이 흔들리지 않도록 기존 화곡동 상권의 색을 유지해야 하며, 혹시나 불어 닥칠지 모르는 슬럼화를 극복하려는 상인들과 지자체의 노력이 필요합니다.

강서구청 먹자골목 인근 보람 공인중개사사무소 이민우 본부장은 "강서구청의 소비 상권 트렌드는 과거에 기성 세대의 유흥 문화에 집중되었다면 현재는 20~40대 초반의 젊은 세대로 변화되고 있다"며 "주변에 신축 오피스텔 입주가 시작되면 젊은 소비 수요는 더욱 늘어날 것으로 보인다"고 전했습니다. 또한 "향후 부천시 원종동과 홍대입구를 잇는 광역철도가 구축되면 역세권 상권으로 탈바꿈돼 더욱 활성화가 가능하다"고 덧붙였습니다.

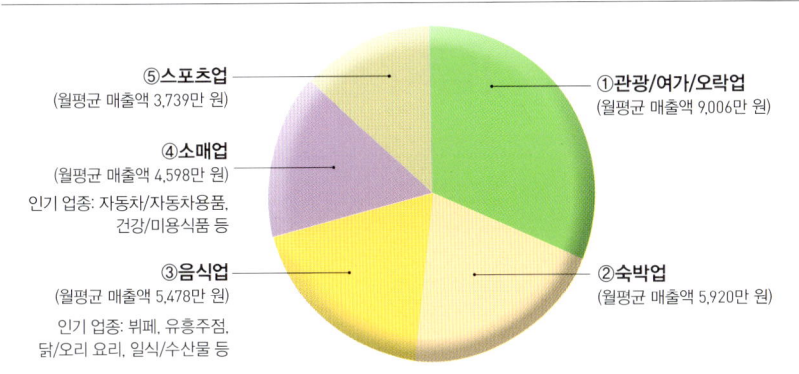

화곡동(강서구청) 상권 월평균 매출 TOP 5 업종

① 관광/여가/오락업 (월평균 매출액 9,006만 원)
② 숙박업 (월평균 매출액 5,920만 원)
③ 음식업 (월평균 매출액 5,478만 원) 인기 업종: 뷔페, 유흥주점, 닭/오리 요리, 일식/수산물 등
④ 소매업 (월평균 매출액 4,598만 원) 인기 업종: 자동차/자동차용품, 건강/미용식품 등
⑤ 스포츠업 (월평균 매출액 3,739만 원)

출처: 소상공인시장진흥공단, 강서구청 일대 상권 2017년 상반기 기준 매출 통계자료(조사일: 2018.03.22)

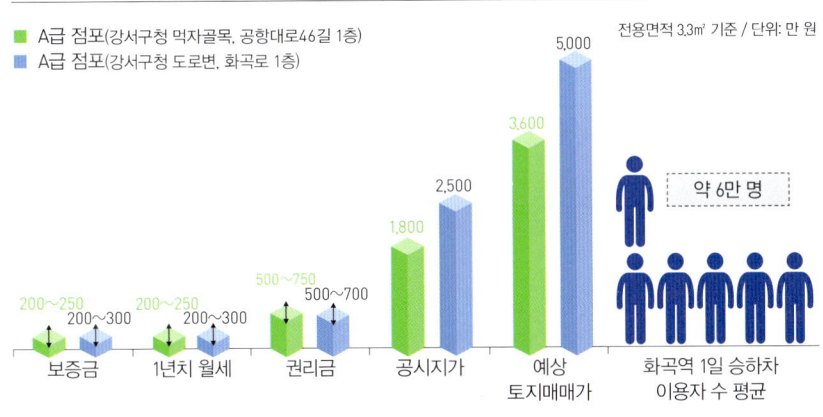

화곡동(강서구청) 상권 상가 평균 시세와 승하차 인구

※ 현지 중개사무소를 방문 조사한 것으로 점포 입지에 따라 약간의 시세차가 있을 수 있습니다.
출처: 국토교통부, 서울교통공사

## 손꼽히는 유동인구를 갖춘 7일 상권
## 사당역 상권

사통팔달 교통 요지, 남부지역 중심부 사당역 상권
평일 저녁 유동인구가 많고 쉴 새 없이 돌아가는 7일 상권
학생, 직장인, 지역 주민 등 배후수요 다양
지하철 1일 승하차 이용자 수 평균 약 15만 5,000명

'집이 많은 곳'이라는 의미의 사당舍堂역 상권은 지하철 2호선과 4호선이 교차하는 곳으로, 출·퇴근하는 직장인과 통학생 등으로 새벽부터 밤늦게까지 항상 꾸준한 유동인구가 지납니다.

사당역은 경기도 과천시, 안양시, 수원시 등의 여러 지역에서 서울로 연결되는 사통팔달 교통의 요지인 남부지역 중심부에 위치합니다. 때문에 버스 환승 거점은 유동인구로 늘 혼잡합니다. 강남순환도시고속도로, 경부고속도로, 올림픽도로와 인접해 차량을 이용한 교통도 편리합니다.

사당초, 이수초·중, 남성중, 인헌중·고, 총신대, 서울대 등 다양한 학군이 자리 잡고 있고 고등학교는 관할 학군보다는 인접한 서울고, 상문고, 서문여고, 동덕여고 등 강남8학군으로 배정을 많이 받는 지역입니다. 인근 국립서울현충원, 관악산, 매봉재산, 청룡산, 까치산공원, 서리풀공원 등 도심 속 녹지 공간도 풍부합니다.

사당역은 지하철 1일 승하차 이용자 수가 평균 약 15만 5,000명으로(출처: 서울교통공사) 서울에서 손꼽힐 정도로 하루 이용객이 많은 곳입니다. 동작구, 관악구, 서초구 3구에 걸쳐 있는 더블 역세권 상권으로 타 지역과의 왕래가 원활해 항상 유동인구가 끊이지 않는 주7일 상권으로 평가됩니다. 평일에는 직장인과 학생들로 붐비고 주말은 등산객이나 만남의 장소로 활용하려는 사람들이 많이 몰리는 곳입니다.

### 꾸준한 유동인구 오가는 4~6번 출구 '남현동 상권'

　지하철역을 중심으로 형성된 사당역 상권은 주중을 비롯해 주말에도 항상 소비가 있는 상권입니다. 인근 아파트와 사무실의 상주인구뿐만 아니라 경기도와 서울을 오가는 출퇴근 인구, 경기도 소재 대학교를 통학하는 학생들까지 합쳐져 유동인구가 풍부합니다. 따라서 권리금 시세도 기타 유명상권에 비교해도 적지 않을 정도이며 상권 분위기 자체가 활발합니다. 사당역 메인 먹자골목에 위치한 점포들은 권리금도 서울 여느 유명 상권만큼 높은 수준입니다.

사당역은 출구가 많고 출구마다 연령층이 나뉘어 있습니다. 거주지와 상업지가 섞여 있는 점이 특징인데, 사당역사거리를 중심으로 관악구(4~6번 출구), 동작구(7~10번 출구), 서초구(1~3번, 11~14번 출구)로 나뉩니다.

지하철 4~6번 출구 인근은 버스 환승 거점으로 인해 특히 젊은 유동인구가 많습니다. 대로변 업종 구성을 살펴보면 버스 이용객을 겨냥한 화장품 가게, 드럭스토어, 브랜드 의류 매장, 분식점 등이 들어서 있습니다. 대로변으로 진출하려는 예비 창업자들은 출·퇴근하는 사람들이 부담 없이 들를 수 있는 아이템을 찾는 것이 좋습니다. 퇴근길 버스를 기다리면서 간단하게 요기를 채울 수 있는 음식점, 테이크아웃 커피나 아이스크림 전문점, 집에 가면서 구매할 수 있는 생활필수품 매장 등이 좋은 예입니다.

이면도로 남현1길은 먹자골목으로 식당, 술집, 노래방 등 유흥시설이 많습니다. 상권 안쪽은 2000년대 초반 재개발로 인해 현재 새로운 아파트와 오피스텔 등이 자리 잡고 있어 주택가와 상권이 인접해 다소 혼란스러운 분위기를 조성하고 있습니다. 특히 4, 5번 출구에서 이어지는 메인 상권은 상권 규모에 비해 점포 수가 적어 점포를 구하기 까다로운 상권 중 하나로, 대부분 점포들이 건물주와 장기임대를 맺고 있는 경우가 많습니다.

특히 5번 출구에서 메인 상권 방향 좌측 골목의 오르막 상권은 20~30대 젊은 층이 많이 찾는 곳입니다. 크고 작은 노후화된 건물에 저마다 화려한 간판을 달고 있으며, 대다수가 고깃집과 호프집으로 낮 장사보다는 저녁 장사(4시 이후)가 활성화돼 있습니다. 젊은 층이 많이 찾는 곳이다 보니 새벽 늦게까지 영업을 하는 특징도 보입니다. 반대편인 2, 3번 출구 쪽은 대규모 아파트 단지가 들어서 있어 점포 수가 적고 상권 발달도 미약한 편입니다.

사당역 4번 출구 버스 정류장 인근 보도 간이 점포에서 몇 년간 작은 호떡집을 하고 있는 이윤영 사장은 "방학이 되면 조금은 한산하지만 평일은 버스 이용객이 몰려 아침저녁으로는 한마디로 난장판이 된다"며 "수원 방향 대학생과 과천 방향 직장인들로 인해 버스 줄이 매일같이 20~30미터 정도 길게 늘어선다"고 말했습니다. "하지만 영업에는 큰 영향을 미치지 못하고 불경기로 인해 소비가 줄어 장사가 예전만 못하다"고 덧붙였습니다.

## 인근 주택가, 유동인구를 배후로 한 7일 상권

지하철 11~12번 출구에는 주상복합 '파스텔시티' 뒤로 먹자 상권이 늘어서 있습니다. 사당역 상권에서 메인 상권이라고 볼 수 있으며 타 지역에 비해 깨끗하게 잘 유지되는 모습입니다. 이곳은 사당역의 주 약속 장소로 30대와 중장년층의 비율이 높습니다. 한식, 양식, 일식 등 각종 식당과 함께 패스트푸드점, 분식점, 카페, 술집, 바도 많이 늘어서 있습니다. 더 안쪽으로 가면 이수초등학교에서 이수중학교까지 좁은 골목을 중심으로 원룸이 많이 들어서 있습니다.

7, 8번 출구 인근은 주로 중년 세대들이 모임을 갖는 상권으로, 주말에는 관악산 등산객들이 이곳을 찾습니다. 중장년층이 선호하는 고깃집, 순댓국, 찌개 등의 메뉴를 쉽게 찾아볼 수 있으며 대형 음식점, 노래방, 술집이 많고 지역 주민들을 배후로 마트 등의 업종이 자리 잡고 있습니다. 이곳은 다른 사당역 상권에 비해 선호도가 떨어지고 가게 수도 적어 사람들을 이곳까지 끌어들일 수 있는 적극적인 전략이 필요해 보입니다.

사당역 상권의 유동인구가 가장 많은 시간대는 주로 학생들의 하교시간과 직장인들의 퇴근시간인 저녁 6~11시까지로, 그래서인지 저녁 6시부터 12시 사이 매출이 하루 매출 80%가 넘습니다. 그만큼 저녁 장사 위주의 상권이며 주말보다는 평일에 상권이 더 활발합니다.

또 사당역 배후에 아파트나 주택가들도 상당수 들어서 있어 오피스 상권과 지역 상권의 성격이 복합적으로 나타나는 상권이기도 합니다. 이러한 사당역 세부 상권별 배후수요의 특징을 최대한 활용하여 업종 선택을 한다면 상가투자나 창업 시 유리할 것으로 전망됩니다.

사당역부동산중개사무소 배웅범 대표는 "파스텔시티 뒤로 먹자 상권은 입지에 따라 조금씩 차이는 있겠지만 전체적으로 상가 월 임대료가 1층 기준으로 3.3제곱미터당 20만~25만 원 선으로 보면 된다"며 "경기가 전반적으로 어려운 데다 여기에 최근 소상공인들이 인건비 상승에 장사도 예전 같지 않아 금요일 저녁이라도 수요일 수준으로 매출이 전반적으로 떨어졌다"고 말하고 있습니다.

파스텔시티 인근 점포들 역시 장기간 임대 계약을 맺은 곳이 많기 때문에 나와 있는 매물이 대체적으로 없는 편입니다. 매물이 적은 만큼 거래가 한산하지만 점포 시세가 높아 타지에서 와서 창업을 염두하고 있다면 업종과 상권 분석을 충분히 한 후에 나서는 것이 좋습니다.

소상공인시장진흥공단이 제공하는 사당역(파스텔시티 일대) 매출 통계자료를 살펴보면 2017년 상반기 기준으로 음식업(8,098만 원)의 월평균 매출액이 가장 높았습니다. 이어서 학문·교육업(월평균 매출액 6,295만 원), 관광·여가·오락업(월평균 매출액 3,858만 원), 소매업(월평균 매출액 3,797만 원), 생활서비스업(월평균 매출액 2,486만 원) 순으로 조사됐습니다.

음식업종의 경우 패스트푸드와 양식 관련 메뉴가 가장 매출이 높았고 일식·수산물, 유흥주점 관련 업종도 높은 매출을 기록했습니다.

상권 분석은 창업자가 사전에 창업할 업종에 대해 사업성이 있는지를 검토하여 입점을 결정하는 데 중요한 역할을 합니다. 입지의 수익성뿐만 아니라 창업 후 효과적인 판매 촉진 전략을 세우는 데도 중요하게 작용되기 때문에 창업 전 상권 분석은 필수입니다.

상권 분석은 창업자가 직접 실시하는 것이 가장 바람직하지만 처음 창업에 나서는 상황이라면 전문가에게 도움을 요청하는 것도 좋은 방법입니다. 하지만 전문가의 도움을 받더라도 창업자 본인이 상권 분석 현장에 적극적으로 참여해서 함께 면밀히 검토해보고 자신의 것으로 습득해야 한다는 점을 잊지 말아야 합니다.

### 사당역 상권 월평균 매출 TOP 5 업종

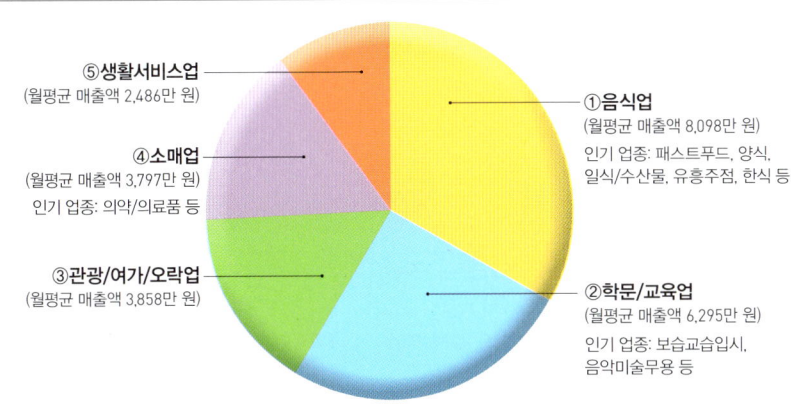

출처: 소상공인시장진흥공단, 파스텔시티 일대 사당역 상권 2017년 상반기 기준 매출 통계자료(조사일: 2018.03.22)

### 사당역 상권 상가 평균 시세와 승하차 인구

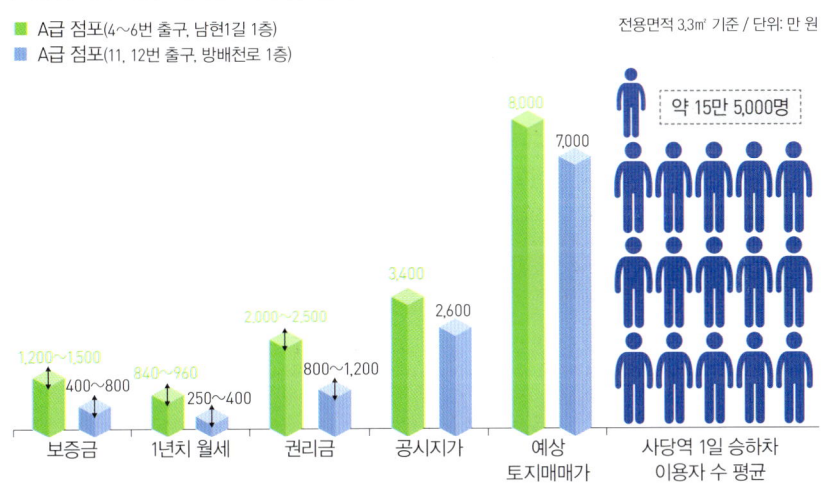

※ 현지 중개사무소를 방문 조사한 것으로 점포 입지에 따라 약간의 시세차가 있을 수 있습니다.
출처: 국토교통부, 서울교통공사

## 강남과 강서를 잇는 주거 요충지
## 신림역 상권

강남·강서 잇는 편리한 교통 기반
**단일역 14만 명 유동인구가 발생하는 서울 대표 상권**
10~20대 겨냥 의류·소매업, 30~40대 위한 먹자촌 형성

지하철 2호선 신림역 주변은 30년 이상의 역사를 자랑하는 상권입니다. 신림역 상권의 출발은 1970년대 허름한 재래시장의 순대 골목에서 시작되었습니다. 2호선 지하철 개통 이전까지 순대촌 상권으로만 알려진 것도 이런 이유입니다. 그러다 1984년 신림역 개통과 함께 명실상부한 서울 서남부 지역의 중심 상권으로 성장했습니다. 신림동은 행정구역상 서원동~난곡동(구 신림본동~신림13동)으로 이루어져 있으며, 상주인구만 28만 명가량이 거주하는 비교적 규모가 큰 행정 구역에 속합니다. 특히 교통이 좋아 강남 접근성이 좋고 인근에 동작구나 영등포구에 비해 상대적으로 주택 가격이 낮게 형성되어 있어 구로~관악~강남을 연결하는 2호선 개통이 강남, 구로 방향으로 출퇴근하는 미혼 직장인들을 대거 신림동으로 유입시키는 계기가 됐습니다. 여기에다 1990년대 말 당곡사거리 일대에 옛 공군사관학교 6만 6,000여 제곱미터 부지를 조성해 탄생한 '보라매 주상복합타운'과 롯데백화점 관악점이 함께 들어서면서 신림 상권은 영등포 상권의 그늘에서 벗어나 규모와 내용 면에서 급속히 성장하는 상권으로 발돋움하기 시작했습니다.

### 3, 4번 출구 원조순대 먹자타운 메인 상권

    2호선 신림역은 서울 시내에서도 일일 평균 14만여 명 이상의 유동인구가 발생하는 지하철역으로 환승역을 제외한 단일 역으로는 상당히 많은 숫자입니다. 대로변은 비교적 낮고 오래된 건물들이 대부분이어서 한눈에 봐도 유동인구에 비해 상대적으로 점포가 많아 보이지는 않습니다. 골목 상권의 경우 도로폭이 좁아 오밀조밀 모여 있는 점포들로 방문자들에게는 꽉 차 있는 느낌을 줍니다.

    신림역 주변 대로변은 여느 지역과 비교해도 은행, 공공기관의 숫자도 많지 않을뿐더러 그 자리를 개인 소매점들이 많이 차지하고 있습니다. 신림역 상권은 신림역사거리를 중심으로 크게 4개 구역으로 나뉘며 그중 유동인구가 가장 많이 왕래하는 구역은 3, 4번 출구쪽 상권입니다. 4번 출구에서 첫 번째 골목으로 꺾어지면 원조민속 순대 타운으로 불리는 유명한 상권을 마주칩니다. 순대관련 식당은 생각보다 많지 않으며 주점, 노래방, 닭갈비, 횟집 등 오밀조밀한 상점들이 120미터가량 빼곡히 늘어서 있습니다. 첫 골목을 지나 두 번째 골목으로 들어서면 의류 가게, 커피 전문점, 순대가게 등이 있습니다. 품목에 일관성은 떨어지나 주로 골목 입구에는 속옷, 액세서리점이 많고 안쪽으로 향할수록 식당과 주점의 비율이 많아집니다.

소상공인시장진흥공단의 신림역 상권 2017년 상반기 기준 매출 통계자료를 보면 소매업(월평균 매출액 4,854만 원)이 가장 높은 매출을 거두고 있습니다. 소매업에 이어 음식업이 3,758만 원(월평균 매출액), 숙박업이 3,679만 원(월평균 매출액), 생활서비스업이 2,578만 원(월평균 매출액), 관광·여가·오락업이 2,244만 원(월평균 매출액)으로 나타났습니다.

## '포도몰' 복합 쇼핑몰 메인 상권으로 발돋움

봉천역 방향인 신림역 1번 출구에는 2009년에 세워진 복합 쇼핑몰 '포도몰'이 있습니다. 지하 8층, 지상 15층 규모의 포도몰은 투자자에게 개별 등기 분양을 하지 않고 직접 임대 운영하는 형태로 롯데시네마, 반디앤루니스 서점, 유니클로, 올리브영, 스타벅스 등이 입점해 있습니다. 유명 대형매장 이외에도 인형 전문점, 한식, 일식 전문점, 슈크림 전문점, 디저트 카페 등 개성 넘치는 상점들이 많이 있고 가격 또한 저렴한 편이어서 젊은이들 사이에선 만남의 장소로 통합니다.

신림역 5, 6번 출구 쪽은 신림역 상권 중에서 B급 정도로 분류할 수 있습니다. 대로변으로 병원, 금융기관, 프랜차이즈 음식점, 커피 전문점 등이 입점하고 있으며, 대체로 30대 이상의 중년층, 장년층이 소비의 중심이 되는 상권으로 주점, 노래방 등의 유흥가가 이면에 형성된 상권입니다. 또한 보세 의류점과 카페가 많아 낮시간대의 유동인구 또한 증가하는 추세입니다.

7, 8번 출구는 순대촌에 비해 다양한 연령층이 나타납니다. 30~40대의 회사원이 가장 많은 비중을 차지하고 있으며 복합 쇼핑몰 르네상스의 개점으로 10대 유입도 늘고 있습니다. 주점이나 호프, 단란주점과 성인 나이트가 주를 이루고 이면으로 숙박업소가 발달되어 있어 주간보단 야간에 많은 사람들이 모이는 편입니다.

### 서민 상권 이미지 살린 창업 고려해야

신림동 상권의 특징은 '서민 상권' 이미지입니다. 우선적으로 박리다매薄利多賣 전략을 꾀해야 합니다. 장사가 잘되는 지역은 수억 원 이상을 호가하는 권리금도 문제이지만 매물이 거의 없습니다. 따라서 신림동 지역에서 신규 창업을 해야 한다면 기존에 대부분 장사가 신통치 않았던 지역에서 시작해야 하는 경우가 많아 업종 선택을 신중히 해야 합니다.

테이블 회전율이 빠른 분식집, 단순 메뉴를 빠르게 다룰 수 있는 덮밥,

국밥집 등 많은 유동인구를 겨냥한 창업이 유리하며 철저하게 10~20대를 겨냥한 소매품 판매도 가능합니다. 단 10~20대에 포커스를 맞출 경우 1번 출구에서 이어지는 포도몰과의 경쟁이 필연적이므로 유동인구를 상점 안으로 불러들일 수 있는 차별화된 아이템이어야 합니다.

이곳 영업시간대 특징을 보면 타 상권과 유사하지만 낮시간대는 대로변 점포들의 소비재 판매업종들이 매출을 견인한다면, 저녁 7시 이후부터는 골목마다 미로처럼 이어진 점포에 손님들이 몰려들면서 새벽 2시까지 대낮처럼 밝은 불야성을 이룹니다. 특히 신림역 메인 상권인 3, 4번 출구 원조 순대 먹자타운 골목이 강세를 보입니다.

## 주말 매출 호조, 신림역 완공 시 유동인구 증가 기대

신림역은 주말 유동인구 감소 현상이 다른 역에 비해 크게 나타나지 않습니다. 토요일이 평일보다 유동인구가 많습니다. 평일의 유동인구는 단순 출퇴근 인구가 많으나 주말의 많은 유동인구는 매출과 직결될 수 있습니다. 오피스 지역이 없고 교육시설이 많아 발생하는 현상으로 볼 수 있으며 도심 오피스 상권의 주말과 비교해보면 신림동 상권이 얼마나 매력적인가 알 수 있는 부분입니다.

소상공인시장진흥공단의 신림역 상권 인구분석 자료를 살펴보면 20대(22.9%)와 30대(21.6%)의 유동인구가 연령별 비율 중 높은 비중을 차지한 것을 볼 수 있으며 시간대별 유동인구는 오전 6시부터 오후 12시까지가 26.9%로 가장 높았고 오후 6시부터 오후 9시까지가 22.3%로 그 뒤를 이었습니다.

또한 서울 서남부지역 교통난을 다소나마 해결해줄 수 있는 여의도~서울대입구 경전철(신림선)이 2017년에 공사를 시작했습니다. 여의도동 샛강역과 신림동 서울대 정문까지 7.8킬로미터 구간을 잇는 공사로 오는 2022년 개통 예정입니다. 신림선이 완공되면 서울대 정문에서 여의도 입구까지 이동 시간이 40분에서 16분으로 단축될 전망입니다.

신림역 동화부동산 관계자는 "신림역 주변은 대부분 장사가 잘돼서 권리금이 높아 초기 투자금이 많이 든다"며 "신림선 착공 후 권리금 호가가 조금 올랐으나 완공되면 유동인구가 더 늘어나 상권이 더욱 활성화될 것으로 보인다"라고 말합니다.

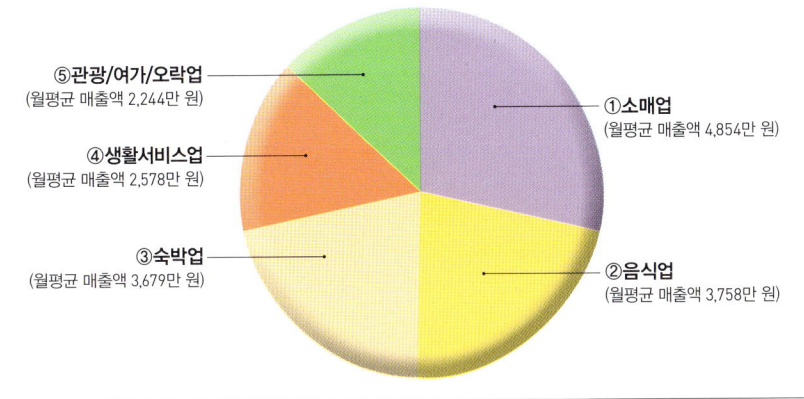

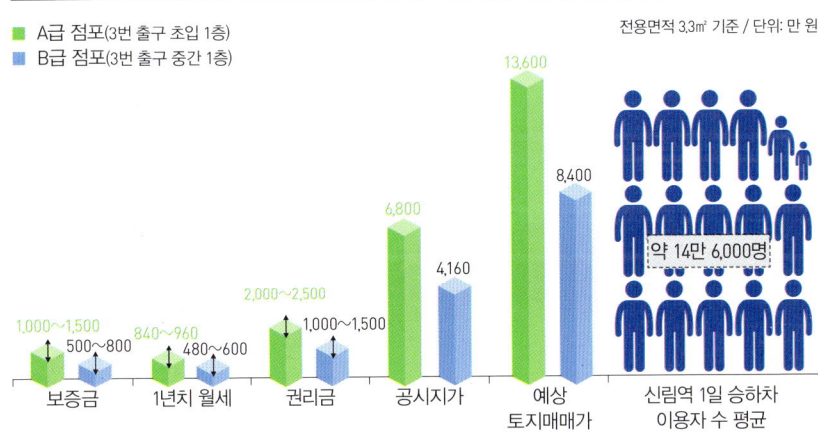

4장 투자 가치가 한눈에 보이는 서울 상권 베스트 40 상세 분석 | 415

## 이국적인 개성과 매력이 가득한 골목 상권
# 샤로수길(서울대입구역) 상권

이국적인 가게로 이어진 개성 있는 '샤로수길'
구舊 상권과 신新 상권이 어우러진 골목 상권
유명세로 권리금과 월세만 높아져, 영업은 주춤

지하철 2호선 서울대입구역을 떠올리면 '서울대 없는 서울대입구역'이라는 말이 유명합니다. 서울대입구역에서 서울대학교까지는 도보로 28분이 걸립니다. 따라서 대부분의 학생들은 일반 버스나 셔틀버스를 이용해야 하는데 이를 빗대어 하는 우스갯소리입니다.

　서울대 정문으로 향하는 버스 정류장에 위치한 관악로14길은 서울대 학생들이 드나들기 유리한 길목으로, 이 골목이 이른바 '핫플레이스'로 떠오르고 있습니다. 상권에 반전이 불며 이제는 서울대입구역 하면 바로 이곳을 떠올리게 됩니다. 골목길을 따라 규모는 작지만 이국적인 독특한 가게 40여 개가 나란히 늘어서 있습니다.

　서울대입구역의 핵심 상권은 3년 전까지만 해도 지하철 3번 출구 부근이었습니다. 맥도날드, 스타벅스 등 국내 유명 프랜차이즈 매장이 대거 입점해 있으며, 유동인구는 서울대 학생과 교직원, 강남으로 출퇴근하는 직장인, 지역 주민, 주말 등산객 등이 주를 이룹니다. 롯데시네마, 관악구청, 청룡산, 덕수공원, 낙성대공원, 까치산공원 등 문화·편의시설이 인접해 있고 주거지도 많습니다. 인근 원당초, 청룡초, 봉천초·중, 관악중, 인헌초·중·고, 문영여고, 영락고, 서울여상, 총신대, 서울대 등 교육시설도 풍부합니다.

　또한 9년간 지지부진하던 '서부선 경전철' 사업에 재시동이 걸려 현재 대중교통이 취약한 관악구의 교통난 해소에 크게 기여할 것으로 보입니다. 서부선 경전철은 서부경전철(주)이 서울시 도시철도망 구축계획을 반영해 새절역~명지대~신촌역~여의도~서울대입구역까지 총 16개 역을 설치하는 노선입니다.

## 구舊 상권과 신新 상권이 어우러진 뜨는 상권 '샤로수길'

최근 유행하는 상권은 강남, 명동 같은 도심이 아닌 구도심의 저층 주택가나 좁은 골목길입니다. 서울 강남구 신사동에 이국적인 분위기로 유명한 가로수길이 있다면, 관악구에는 '샤로수길'이 있습니다. 서울대입구역 2번 출구에서 도보 3~4분 거리의 카페 엔제리너스와 드럭스토어 올리브영 사이에 있는 이면도로로, 골목 입구에 '샤로수길'이라고 적힌 안내 표시판이 있습니다.

직선 골목 약 600미터에 달하는 샤로수길은 서울대학교를 상징하는 글자 '샤'와 서울 강남의 유명 상권인 '가로수길'을 합쳐 부르는 이름입니다. 몇 년 전까지만 해도 이곳은 서울대 대학생들과 인근 직장인들이 끼니를 해결하는 시장골목에 지나지 않았습니다.

이 상권의 특징은 기존 골목을 지키던 구舊상권과 신新상권이 어우러져 있다는 것입니다. 샤로수길 중간 지점은 아직 재래시장의 분위기가 강하게 남아 있어 오래된 세탁소, 철물점, 슈퍼마켓 등이 여전히 영업을 이어나가고 있습니다. 대부분 전용면적 33제곱미터 정도의 소규모 점포로 제한적이기 때문에 골목 분위기가 유지되고 있습니다.

대학가 근처에 자리한 상권답게 인근 서울대 학생들이 주요 타깃입니다. 또 역 인근 '원룸촌'에 거주하는 20~30대 자취족과 미혼 직장인들로 배후 수요가 풍부합니다. 저녁 시간이 되면 개성이 강한 이국적인 가게 앞에는 삼삼오오 4~5팀씩 대기 줄이 서 있을 정도로 외부에서 찾아온 사람들로 북적입니다.

실제로 소상공인시장진흥공단의 샤로수길 상권 인구분석 자료를 살펴보면 20대(24.2%)와 30대(25.3%) 젊은 층의 유동인구가 높게 나타났습니다. 또한 대학가 특성상 주거인구 역시 20대가 30.6%로 집중됐습니다.

샤로수길 골목 입구에서 5년 동안 정통초밥 전문점 '소해'를 운영하는 박준호 사장은 "3년 정도부터 많이 알려지면서 외지에서 오는 방문객들이 많아지기는 했는데 실제 매출로 이어지는 경우는 생각보다 적다"며 "작년 11월부터 매출이 전체적으로 많이 떨어졌다"고 말합니다.

## 처음 상권 활성화의 요인은 착한 임대료와 가격

샤로수길이 위치한 관악로14길은 지하철역에서 가까운 역세권에 1인 가구 등 젊은 층이 비교적 많았지만, 유동인구가 많은 편이 아니고 개발호재가 있는 곳도 아닌 평범한 동네 주택가 골목 상권이었습니다.

경기불황에다 소득 불안정으로 가성비가 소비의 중요한 키맨인 젊은 2030세대를 공략하기 위해 대학가 주변 골목 음식점들이 상대적으로 저렴한 가격을 내세운 것이 대학생을 비롯해 일반인들에게까지 좋은 호응을 얻으면서 새로운 상권을 탄생시켰습니다.

입지에 비해 저렴한 임대료도 한몫했는데, 창업하려는 청년들이 몰려들어 가게가 하나둘씩 자리 잡으며 입소문을 타기 시작했습니다. 샤로수길에서 음식점을 운영하는 상인들은 대부분 20~30대의 젊은 청년들이 많습니다.

샤로수길 음식점들이 내세운 것은 부담 없는 가격과 세련된 맛입니다. 상대적으로 저렴한 가격에 한 끼 식사를 해결할 수 있는 음식점이 주를 이루어 학생들과 원룸촌에 자취하는 혼밥족을 주요 타깃으로 상권이 형성됐습니다. 또 신사동 가로수길이나 이태원 경리단길까지 가야 맛볼 수 있는 이국적인 음식을 즐길 수 있어 유명세를 빨리 탔습니다.

1인 소고기 밥집 육첩반상, 일본 가정식 시오, 프랑스 가정식 너의 작은 식탁, 인도 커리집 옷살 등 대부분 이국적이고 아기자기한 느낌의 가게들이 들어서 있습니다. 반면에 현재 경쟁력 없는 가게들은 폐업을 하는 곳도 있어서 이색적인 콘텐츠로 창업을 준비해야 성장 가능성이 높습니다.

뉴롯데 공인중개사무소 대표는 "샤로수길 골목 상권이 유명세를 타면서 임대료 권리금은 몇 년 사이 많이 오른 데 비해 매출은 예전만 못하다"며 "해가 바뀌었지만 여전히 경기가 위축돼 있어 가게 대부분이 장사가 어려운 상황"이라고 합니다.

샤로수길 1층 33제곱미터당 A급 점포의 시세는 보증금 3,000만~5,000만 원, 월세 150만~250만 원, 권리금 5,000만~6,000만 원, B급 점포는 보증금 2,000만~4,000만 원, 월세 100만~200만 원, 권리금 3,000만~5,000만 원 수준입니다. 임대료만 보면 샤로수길이란 명칭을 얻기 3~4년 전에 비해 약 70~100% 정도 상승했습니다.

## SNS 효과 톡톡히 보는 이국적인 이색 맛집

요즘 뜨는 골목 상권들은 SNS를 통해 입소문이 빠르게 퍼지는 것이 특징입니다. 인스타그램에 '#샤로수길'을 검색했을 때 검색되는 게시물은 약 19만 건 이상에 달하며 '#샤로수길맛집'은 게시물이 4만 건이 넘습니다. 대부분 샤로수길에서 맛볼 수 있는 멕시코, 스페인, 프랑스 등 다양한 나라의 맛집 음식을 찍어 올린 사진입니다.

샤로수길에 식사 메뉴나 한식집을 제외한 점포들은 이른 오후 시간까지 한산한 편으로 점심시간에도 영업하지 않는 가게들이 많습니다. 서울대학교와 거리가 떨어져 있어 학생들이 수업을 마친 후나 직장인들이 퇴근 후에 찾는 경우가 많아 대부분 가게들은 저녁에 장사를 합니다.

시간뿐만 아니라 운영이 자유로운 가게들도 많아 하루에 준비한 재료가 소진되면 문을 닫기도 하고, 심야식당처럼 메뉴에는 없지만 손님이 원하는 요리를 직접 만들어주기도 합니다. 요즘 젊은 소비층이 추구하는 차별화된 맛집으로 인기를 끌고 있는 겁니다.

샤로수길이 포함된 서울대입구역 일대 업종별 매출 통계자료를 보면 2017년 상반기 기준으로 학문·교육의 월평균 매출액이 1억 898만 원으로 가장 높았고, 뒤를 이어 숙박업이 7,436만 원(월평균 매출액), 음식업이 4,128만 원(월평균 매출액), 스포츠업 3,846만 원(월평균 매출액), 소매업 3,801만 원(월평균 매출액) 순으로 조사됐습니다(출처: 소상공인시장진흥공단).

이곳 상권 특성상 소규모 점포가 많고 프랜차이즈나 점포만의 개성이 없다면 경쟁력이 떨어집니다. 작은 점포일수록 시간 활용과 상품 특성을 살려 점포 공간을 고려해 좌석 회전율을 높이고 가능하다면 테이크아웃까지 할 수 있게 최대한 활용성을 높여야 합니다.

명소로 자리 잡는 것까진 좋으나 지금처럼 빠른 임대료 상승세가 지속된다면 샤로수길 상권 확장과 동시에 젠트리피케이션 현상이 일어날 수 있습니다. 임대료가 오르고 원주민이 내몰리는 현상(젠트리피케이션)이 발생하지 않도록 건물주와 상인들이 상생 협업할 때 비로소 명품거리가 되어 오랜 기간 사랑받을 수 있습니다.

### 샤로수길 상권 월평균 매출 TOP 5 업종

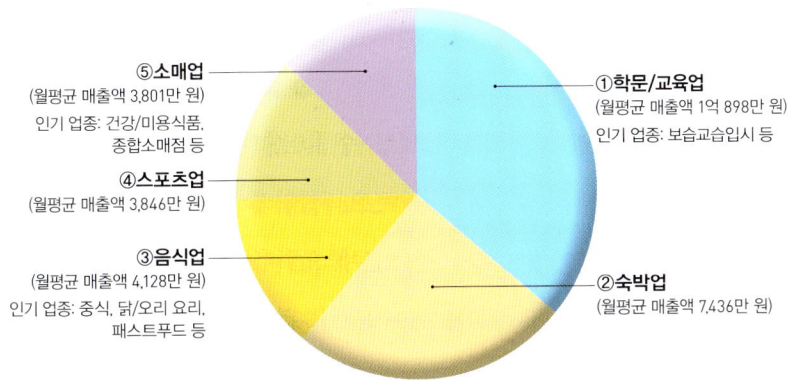

출처: 소상공인시장진흥공단, 샤로수길이 포함된 서울대입구역 일대 상권 2017년 상반기 기준 매출 통계자료(조사일: 2018.03.21)

### 샤로수길 상권 상가 평균 시세와 승하차 인구

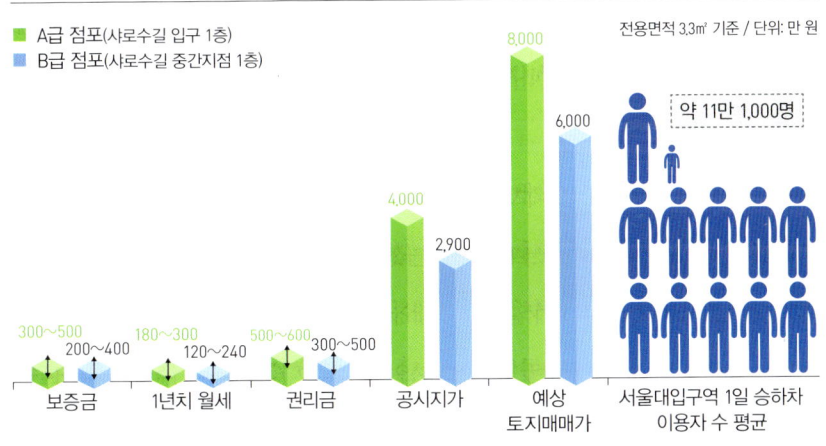

※ 현지 중개사무소를 방문 조사한 것으로 점포 입지에 따라 약간의 시세차가 있을 수 있습니다.
출처: 국토교통부, 서울교통공사

# 3040 직장인 유동인구가 풍부한
# 구로디지털단지역 상권

다양한 중소기업이 모인 지식산업센터 밀집 상권
30~40대 직장인 유동인구 많아, 직장인 이목 끄는 것이 관건
구로디지털단지 먹자 상권, 대중교통 수단 인접으로 많은 유동인구

구로디지털단지역 상권은 1960년대 국가산업단지로 지정돼 섬유·봉제산업으로 발달한 구로공단 내 노동자들을 주 고객으로 성장한 상권입니다. 구로공단은 2000년 12월 서울디지털산업단지로 명칭을 변경했고 역명 역시 2004년 10월 구로공단역에서 구로디지털단지역으로 개명됐습니다.

구로디지털단지는 패션산업과 IT산업이 유치되고 각종 주상복합 아파트와 함께 지식산업센터가 들어서며 변신을 완료했습니다. 현재는 IT업체와 벤처기업 등 다수 기업이 입주하고 있는 고층의 지식산업센터가 밀집된 지역으로 자리 잡게 됐습니다.

지하철 2호선 유동인구 상위권에 속하는 구로디지털단지역은 구로디지털단지 내 직장인뿐만 아니라 인근 금천구 주민을 비롯해 지역 주민들도 많이 이용하는 역입니다. 이르면 2018년에 착공되는 신안산선을 이용해 여의도, 광명, 안산 등으로 손쉽게 이동이 가능해질 예정입니다.

또 구로디지털단지가 시흥대로와 접해 있는 만큼 광명시, 안양시, 군포시와 연결되는 버스 노선이 많고 대중교통을 이용하는 유동인구로 붐빕니다. 서부간선도로, 올림픽대로, 수원문산고속도로, 강남순환고속도로 등 도로교통 이용도 수월하다는 장점이 있습니다.

## 구로디지털단지 상권, 점심·저녁시간대에 증가하는 유동인구

구로디지털단지역 상권은 서울디지털산업단지 내 직장인들과 구로디지털단지역을 이용하는 유동인구에 인근의 주거 단지가 형성되며 발달한 상권입니다. 구로디지털단지 내에는 프리미엄 비즈니스호텔인 롯데시티호텔과 G-밸리몰, 이마트 등 지역 랜드마크가 자리 잡고 있고 에이스하이엔드타워, 대륭포스트타워, jnk디지털타워, 코오롱싸이언스밸리 등 중소기업이 입주한 지식산업센터들이 몰려 있습니다.

구로디지털단지역 3번 출구는 특히 출퇴근시간에 유동인구가 가장 많습니다. 출근시간대에는 빠르게 이동하면서 간단한 식사가 가능한 업종이 경쟁력이 있습니다. 아침 대용으로 간단히 먹을 수 있는 패스트푸드나 샌드위치, 김밥집과 함께 출근길에 수요가 많은 모닝커피도 함께 판매하는 것이 좋습니다.

구로디지털단지 내에 상권은 대부분 점심시간에 활성화됩니다. 회사 근무시간 내에 점심식사를 해결해야 하다 보니 이동이 한정적이고 지식산업센터 특성상 상가 비율이 약 10% 내외로 낮아 가깝고 맛있으면서 음식 나오는 속도가 빠른 식당이 인기입니다.

점심시간에는 신선한 음식과 함께 테이블 회전이 빠른 업종이 유리합니다. 점심메뉴 가격은 7,000원이 넘어간다면 선호도가 떨어질 수 있습니다. 또 인근 기업이 많다는 특성을 이용해 영업 및 접대 손님을 위한 고급 음식점도 경쟁력 있습니다.

점심시간이 지나면 유동인구가 썰물 빠지듯 사라졌다가 다시 증가하는 시간이 바로 퇴근시간대입니다. IT업체의 경우 야근이 잦은 편이기에 저녁식사를 해결하려는 직장인과 간단한 회식을 즐기는 직장인이 많습니다. 구로디지털단지 내의 1차 회식은 보통 6~9시면 끝나는 경우가 많아 저녁식사와 함께 술 한잔할 수 있는 분위기의 업종이 유리합니다.

구로디지털단지 상권은 입소문을 많이 타는 지역이고 재방문 고객이 80% 이상으로 뜨내기 손님이 없다는 게 특징입니다. 주말 장사가 거의 불가능하지만 평일은 시내 상가의 주말처럼 영업이 가능하다는 장점이 있습니다. 지식산업센터 내 상가 창업 시에도 회전율이 빠른 점심식사 메뉴와 함께 간단한 회식이 이루어질 수 있는 업종이 유망합니다.

소상공인시장진흥공단의 디지털1단지 사거리 일대 상권 매출 통계자료를 보면 2017년 상반기 기준으로 숙박업(월평균 매출액 1억 4,219만 원)이 가장 매출이 높았고 이후로 소매업(월평균 매출액 6,687만 원), 학문·교육업(월평균 매출액 6,260만 원), 스포츠업(월평균 매출액 5,657만 원), 음식업(월평균 매출액 4,959만 원) 순으로 매출을 보였습니다.

구로디지털단지역 인근에서만 10여 년간 중개 업무를 해온 공단부동산컨설팅 이충선 대표는 "구로는 중소기업들이 많이 몰려 있어 소비력이 높은 곳이다"라며 "A급 로드숍 거리의 경우 테이크아웃도 가능해 가게 주인의 운영에 크게 문제만 없다면 웬만한 업종은 잘되는 편"이라고 말했습니다. 덧붙여 "인근에 원룸이 1만 5,000세대 이상인데 소비자들은 당장 눈 앞에 보이는 곳에서 소비 형태를 보인다"며 "현재 50제곱미터 규모 상가의 1일 매출이 120만 원~150만 원 선으로 점포 임대료나 권리금은 전체적으로 건대입구 상권과 상당히 유사한 흐름을 보인다"고 전했습니다.

### 대중교통 수단 인접한 먹자 상권 '깔깔거리'

구로디지털단지 상권이 저녁시간대 1차 상권이라면 2차 상권은 구로디지털단지역 인근 먹자골목인 구로깔깔거리에서 이어집니다. 지하철 1번, 2번 출구와 가깝게 위치해 있는 먹자 상권인 깔깔거리는 구로디지털단지 상권 중에서 먹자, 유흥시설이 잘 발달돼 있는 곳입니다.

지하철 1번 출구 쪽 과일과 분식 등을 파는 노점들을 지나 횡단보도를 건너면 대로변에 늘어서 있는 점포들이 나옵니다. 대부분 1층에는 패스트푸드점, 고깃집, 음식점, 화장품 가게 등이 주를 이루며 2층부터는 카페, PC방, 호프집, 노래방 등이 있습니다. 이곳은 2차 회식 장소로 이용되며 바

로 앞에 버스 정류장과 지하철역이 가깝게 위치해 있어서 선호도가 더욱 높습니다. 편리한 대중교통 여건을 갖춘 덕분인지 주말에도 구로디지털상권 중 가장 많은 유동인구를 확보하고 있는 곳이기도 합니다.

구로디지털단지역 상권 중 먹자 대로변 상권은 유동인구가 많은 곳이기는 하지만 인근 대중교통 정류장으로 인해 단순히 유동인구가 흘러갈 수 있어 업종 선택을 할 때 주의할 점이 많습니다. 흐르는 상권은 유동인구 수에 현혹돼 창업 준비를 소홀히 하거나 이것이 곧 창업 실패로 이어지는 경우가 많기 때문에 유동인구층이 어떻게 형성되어 있으며 선호하는 업종은 무엇인지 등을 꼼꼼히 확인해서 창업에 나서야 합니다.

구로디지털단지역 상권의 유동인구는 서울 유명 상권에 비해 연령층이 높다는 특징이 있습니다. 지하철역을 이용하는 직장인들과 인근의 디지털 산업단지 내 직장인들이 대부분의 유동인구를 형성하고 있으며 인근 원룸단지와 주거지역의 거주자가 많습니다. 상권은 특히 30~40대 직장인을 상대로 하는 유흥, 먹자 상권이 활기를 띕니다. 비교적 한정적인 고객층이지만 유동인구가 많은 편이며 유동인구가 가장 많은 시간대는 퇴근시간대로 직장인들로 인산인해를 이룹니다.

상권 규모가 서울 유명 상권에 비해 그리 크지 않지만 저녁시간대에 특화된 업종이 분포하고 있고 상가 공실이 크지 않다는 점은 큰 장점입니다. 공실이 적다는 것은 그만큼 매출이 충분히 나온다는 것을 의미하기도 합니다. 또한 다른 상권에 비해 점포가 바뀌는 주기가 길어 창업자들에게 인기가 많은 상권이라고 할 수 있습니다.

대로변 상권의 유동인구는 버스에서 지하철, 지하철에서 버스로 환승하려는 직장인과 통학하는 학생들로 형성되어 있습니다. 바쁘게 움직이는 성향을 지닌 유동인구로 점포 안에서 쇼핑을 하거나 구경하는 데 오랜 시간을 할애하지 않는다는 점을 명심하고 눈길을 끄는 인테리어나 마케팅 등을 시도해야 합니다.

지식산업센터를 전문으로 컨설팅해온 아파트형공장114 박종업 대표는 "이곳은 2호선 라인으로 서울에서 대표적인 지식산업센터가 몰려 있는 곳인데 주말 매출은 약하지만 전체적으로는 상권이 안정화돼 있어 큰 기복이 없다"며 "1일 지하철 이용객만 약 13만 명가량이고 여기에 버스와 승용차 출퇴근 유동인구 약 2만 명을 합하면 총 1일 약 15만 명 이상이 움직이는 지역이라 소비력 또한 왕성한 곳이다"라고 말했습니다.

### 구로디지털단지역 상권 월평균 매출 TOP 5 업종

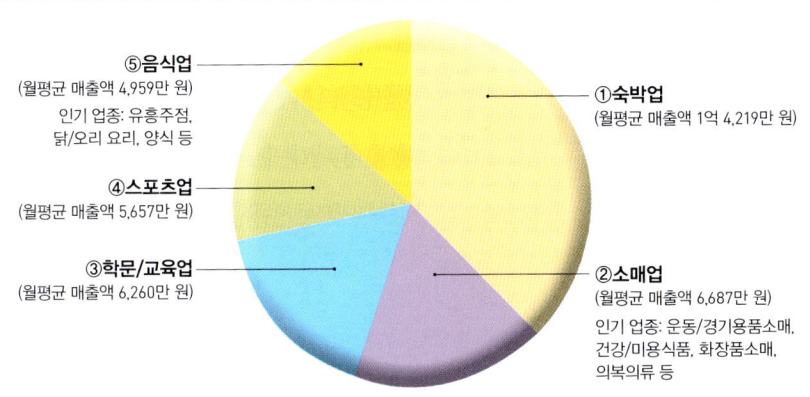

출처: 소상공인시장진흥공단, 디지털1단지 사거리 상권 2017년 상반기 기준 매출 통계자료(조사일: 2018.03.22)

### 구로디지털단지역 상권 상가 평균 시세와 승하차 인구

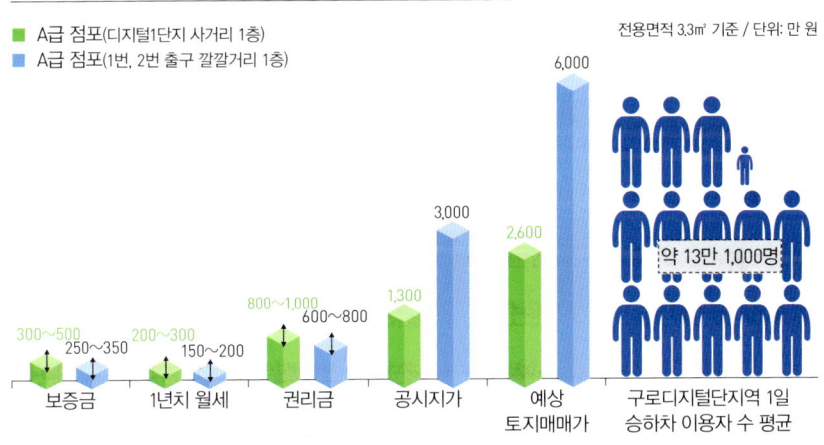

※ 현지 중개사무소를 방문 조사한 것으로 점포 입지에 따라 약간의 시세차가 있을 수 있습니다.
출처: 국토교통부, 서울교통공사

## 아웃렛·지식산업센터·오피스가 공존하는
## 가산디지털단지 상권

대표적 오피스·아웃렛 복합 상권, 규모·가격 유리하지만 매출 한계
주5일제로 주말 오피스 상권 침체, 인근 주택가 배후세대와 이격
평일 직장인 유동인구 많지만 퇴근 이후 소비력·매출 감소
상권 활성화 취약, 차별화 서비스로 고정 고객 증가 모색 필요

　서울시 금천구에 위치한 가산디지털단지역의 원래 역명은 가리봉역이었습니다. 당시 행정구역상 이 역이 자리하고 있던 위치가 가리봉동이었기 때문인데요. 후에 1995년 행정구역 개편으로 금천구가 구로구와 구분되면서 가리봉동의 '가'와 독산동의 '산'을 합성해 가산동이라는 이름이 붙었습니다. 자연스럽게 2005년에 지하철역명도 현재의 역명(가산디지털단지역)으로 변경됐습니다.

　이 역은 도시철도공사 관할(5~8호선) 역 중 이용객 수가 가장 많을 정도로 지하철역이 붐빕니다. 역 자체의 승하차 인원뿐 아니라 인근 인천광역시, 광명시, 안양시, 부천시, 군포시, 수원시 등지의 환승객도 많아 특히 출퇴근 시간에 매우 혼잡한 역입니다. 대부분은 역 인근 지역에서 근무하고 있는 직장인으로 직장인이 쉬는 휴일에는 승하차 이용객이 급격히 줄어듭니다.

　가산디지털단지역 상권은 아웃렛과 지식산업센터, 오피스가 공존하는 복합 상권입니다. 특히 2017년 8월부터 7호선 가산디지털단지역의 명칭이 '가산디지털단지(마리오아울렛)역'으로 변경될 만큼 아웃렛 상권이 크게 발달돼 있습니다.

　가산디지털단지역 상권은 지하철 1호선과 7호선이 이용 가능한 환승 역세권이며 인근 남부순환도로, 서부간선도로, 시흥IC 등 진입이 용이해 도

로교통도 우수한 입지입니다. 업무 처리에 교통 여건이 중요한 기업들이 자리 잡기에 최적의 입지라고 할 수 있습니다.

## 기업과 밀집된 오피스 상권다운 높은 직장인 수요

가산디지털단지역 양쪽으로는 1만 2,000여 기업이 포진돼 있는 서울디지털산업단지가 있습니다. 현재 고층의 지식산업센터, 오피스, 오피스텔 등이 자리 잡고 있는데요. 건물의 지하층과 1~2층은 인근 종사자들을 고객으로 하는 근린생활시설 점포들이 입점해 있습니다.

대부분 음식점, 커피 전문점, 편의점, 드럭스토어, 미용실 등으로 상가와 상가 사이가 독립적으로 운영되는 곳이 많아 연계성은 떨어집니다. 일반적인 상권의 모습과는 차이를 보이지만 건물당 종사자가 1,000여 명 이상으로 고정 고객 확보가 가능해 차별화된 상품만 받쳐준다면 높은 매출도 가능한 곳입니다. 특히 서울디지털산업단지는 기업체 수, 상주인구가 점점 늘어나는 추세로 창업자에게 관심의 대상이 되는 지역입니다.

대부분의 매장이 평일 점심시간과 저녁시간, 인근 직장인들로 인해 유동인구가 넘쳐나지만 이외의 시간에는 유동인구가 급격하게 줄어 매출에 한계가 있습니다. 예전보다 근무일수가 줄어들었고 토요일과 일요일은 출근자가 적어 점포들은 영업을 하지 않는 곳이 많습니다. 마치 여의도 증권가의 화이트칼라 상권과 유사한 흐름을 보입니다. 특히 가산디지털1로 5번, 6번 출구 방향 고층 건물의 경우 주말시간대에는 직장인 유동인구가 빠져 주변이 매우 한산한 분위기입니다.

가산디지털2로 쪽에는 주변 오피스를 배후로 한 작은 먹거리촌이 있습니다. 대부분 한식 위주로 백반, 순댓국집, 고깃집 등이 자리 잡고 있는데 평일 점심시간과 퇴근시간 이후에 직장인들의 발길이 닿는 곳으로 상권 규모가 작지만 매출은 탄탄한 편입니다. 하지만 주말은 매출이 급격히 떨어져 이곳에 창업하면 주5일제 근무 환경임을 염두에 두고 영업 계획을 세워야 합니다.

## 아웃렛이 밀집된 가산로데오거리 상권

가산디지털단지역 4번 출구로 나와 가산로데오거리 안쪽으로 들어서면 마리오아웃렛, 현대아웃렛, 롯데팩토리아웃렛, W몰 등 크고 작은 아웃렛이 밀집돼 있습니다. 유명 브랜드를 저렴한 가격에 구매할 수 있는 대표적인 아웃렛 상권입니다. 2000년대에 마리오아웃렛, W몰 등 대규모 아웃렛 쇼핑몰이 들어서며 상권 규모가 더 커졌습니다.

디지털2단지 사거리에서 디지털단지 오거리 방향 디지털로 대로변에는 의류 로드숍이 형성돼 있습니다. 주로 스포츠 의류, 캐쥬얼 의류 등 다양한 매장이 입점해 있습니다. 그러나 작은 규모의 의류 매장은 지금도 소리 소문 없이 생기고 사라지기를 반복하는 상권입니다.

아웃렛은 제조업체가 유통 라인을 거치지 않고 직영 체제로 운영하고 있어 중간 물류비용과 유통 단계를 생략해서 저렴한 가격으로 판매됩니다. 주로 이월 상품, 시즌아웃 상품, 과잉생산 물품 등을 판매하며 최근 아웃렛을 찾는 고객들이 늘어남에 따라 아웃렛 매장의 수도 전국적으로 늘어나고 있습니다.

이곳은 아웃렛이 활성화되면서 의류쇼핑 상권으로 성장해 특히 주말에 쇼핑과 외식을 하는 가족 단위 고객과 20~30대 젊은 세대 등 다양한 유동인구가 방문합니다. 대부분의 유동인구가 실구매 고객으로 소비력이 높다는 것이 특징입니다. 최근에는 외국인 쇼핑 관광객의 모습도 종종 찾아볼 수 있습니다.

가산로데오거리 상권은 의류 매장 이외에는 다른 집적시설이 부족해 보입니다. 주점, 당구장, 노래방 등 유흥·놀이시설은 가산디지털단지역 인근에 소규모로 형성돼 있고 가산로데오거리는 의류 쇼핑으로 특화된 점포들이 주로 형성돼 있는 모습입니다. 아웃렛을 제외하고는 대형 상권에서 흔히 볼 수 있는 프랜차이즈 카페, 로드숍 화장품 등의 모습도 이 상권에서는 찾아보기 힘듭니다.

## 의류창업 신중히, 오피스 상권은 소비자 이탈 현상 주의

가산로데오거리는 아웃렛 의류 매장의 점포 개체수가 다른 업종보다 월등히 많은 모습입니다. 의류 매장은 단가가 높은 장점은 있지만 유행에 민감한 업종으로 매장 운영 기간이 다른 업종보다 비교적 짧다는 단점이 있습니다. 최근에는 대형 쇼핑몰과 인터넷 쇼핑몰이 더욱 활성화되며 의류 매장들이 많은 어려움을 겪고 있습니다.

의류 창업의 성패는 브랜드와 입지가 차지하는 부분이 큽니다. 최근 창업시장은 유행에 빠르게 변화하는 모습을 보여주고 있는데요. 매장의 운영 기간도 점점 짧아질 정도로 유행이 변하는 속도도 더 빠르게 진행되고 있습니다. 의류시장은 이러한 창업시장에서도 유행이 가장 빠르게 진행되는 모습을 보이는 곳입니다.

또 가산디지털단지역 상권에서 빼놓을 수 없는 것이 서울디지털산업단지 상가입니다. 상가 내 매장은 독점 업종을 할 수 있다는 점에서 인기가 높으나 직장인을 상대로 한 점포이기에 주5일제로 인한 주말 매출 부진에 따른 문제점이 있습니다. 이러한 오피스 상권은 고정 고객이 많으므로 소비자 이탈 현상이 나타나지 않도록 서비스에 중점을 두어 단골 고객을 잡는 센스가 필요합니다. 아울러 역과 가산 로데오거리와의 접근성을 체크해야 하며 상주인구가 2,000명 이상 되거나 주거 단지가 인근에 형성되어 있는 상가를 선택해야 합니다.

소상공인시장진흥공단의 가산디지털단지역 상권 매출 통계자료를 보면 2017년 상반기 기준으로 가장 매출이 높은 업종은 소매업(월평균 매출액 2억 7,215만 원)이었고 숙박업(월평균 매출액 8,699만 원), 관광·여가·오락업

(월평균 매출액 4,730만 원), 학문·교육업(월평균 매출액 3,973만 원), 음식업(월평균 매출액 3,323만 원) 순으로 높았습니다.

인근 공인중개사 대표는 "메인이라 할 수 있는 가산디지털단지역 2번과 3번 출구 앞 대륭포스트타워 6차의 경우 대로변 1층 99제곱미터 상가가 보증금 1억~1억 5,000만 원, 월세 1,000만 원, 권리금 1억~1억 5,000만 원 선으로 형성돼 있다"며 "건물 안쪽으로 자리한 상가의 경우는 대로변 상가와 비교했을 때 월세는 500만 원 선이며 보증금도 절반 수준으로, 임대가격이 전체적으로 절반 정도 떨어진다고 보면 된다"고 전했습니다.

또한 주변 상인들은 한목소리로 "상권의 주 소비층이 대부분 지식산업센터 내 직장인들로 전체 평일 상주인구는 많지만 퇴근 이후 소비력이 약해 가게들이 부진에 빠져 있다"며 "임대료와 인건비는 올라가고 상권 활성화도 취약한데 인근 주택가 배후세대와도 거리가 떨어져 있어 매출로 연결되기까지 한계가 있다"고 지적하고 있습니다.

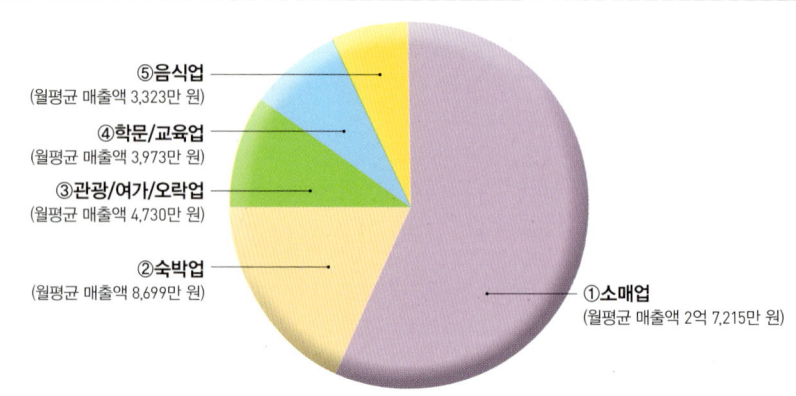

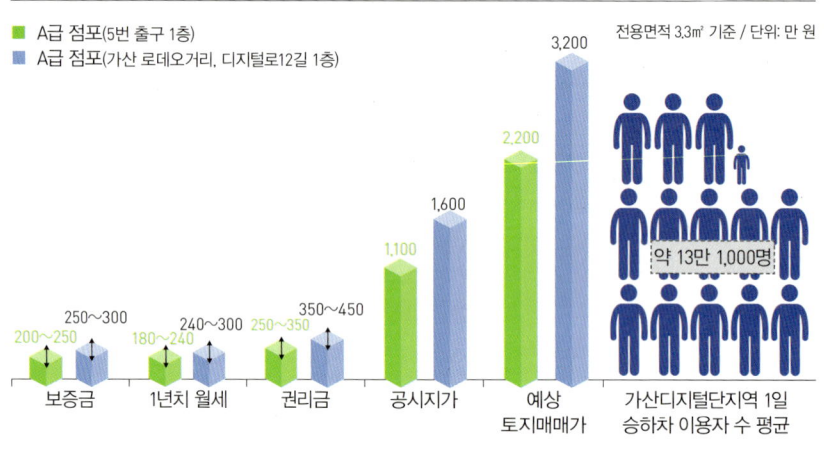

### 32
## 대한민국 최고의 상권으로 꼽히는
# 강남역 상권

1980~1990년대 개발 붐으로 성장한 강남역 상권
강남역·신분당선·광역버스 이용자 100만 명 유동인구 확보
대한민국 최고 상권을 입증하는 상권 통계

강남역 상권은 누구나 인정하는 대한민국 대표 상권입니다. 개발 초기 단독주택 위주였던 강남의 주거시설은 1970년대 후반부터 대규모 아파트지구의 지정을 통해 아파트가 많아지게 되었습니다. 이에 따라 많은 배후인구를 유지시킬 수 있는 근린상업시설이 함께 들어섰고 그 결과 1970년대 후반 강남역 일대를 비롯한 강남권은 주거 기능과 근린상업, 종합상업 기능이 특화된 주거지역으로 발전했습니다.

그러나 1970년대 이후로 주거 기능을 담당했던 시설이 지속적으로 줄어들었고 1980년대에 이르러 상업과 업무 기능이 강화되더니 1980년대 후반에는 대표적인 상업 및 업무지역으로서 완벽히 자리 잡았습니다. 1990년대 후반 이후부터는 업무용 건물들이 상업시설로 용도변경을 했고 북동쪽의 주거지도 상업시설로 바뀌면서 강남역 북쪽을 중심으로 유흥시설이 급격히 확대됐습니다. 최근에는 지하철 신분당선 및 지하철 9호선 '신논현역'의 개통 등으로 강남역 일대 상권은 더욱 확장하는 경향을 보이고 있습니다.

## 강남역~신논현역 방향 상권 확장

강남역 상권은 그 경계를 명확히 하기 어려운 점이 있으나 크게 역삼역 방향 상권, 양재역 방향 상권, 강남역 북부 상권(신논현역 방향)으로 나눠볼 수 있습니다. 그중 신논현역 방향의 상권이 확장 속도가 빨라 주목할 만합니다. 미국 햄버거 브랜드 3위 업체인 '쉐이크쉑 버거'가 2016년 6월 신논현역에 1호점을 개설한 것은 강남역에서도 신논현역 방향의 북부 상권이 가장 핫한 상권이라는 것을 짐작하게 합니다. 상대적으로 양재역 방향, 역삼역 방향 상권은 크게 성장 없이 정체 중입니다.

지하철 2호선 강남역의 이용인구는 약 21만 명으로 신분당선 이용인구까지 합하면 강남역을 이용하는 총 인구는 약 25만 명으로 추산됩니다. 하지만 강남역의 매력은 지하철보다 광역버스 교통에서 찾을 수 있습니다.

먼저 남쪽으로 수원역, 분당, 판교, 수지, 동탄 등 경부 라인 신도시들은 직통 광역버스를 이용해 강남역으로 접근할 수 있습니다. 또한 북쪽으로는 남양주, 일산 등 비교적 거리가 먼 곳들도 갈아타지 않고 강남역까지 바로 닿을 수 있어 만남의 장소로 손색이 없습니다. 실제 강남역의 광역버스 정류장에서는 이중 삼중으로 이뤄진 승차 대기 줄을 쉽게 볼 수 있습니다. 퇴근시간이나 주말 늦은 밤에는 승차 대기 줄은 절정을 이룹니다. 지하철, 간선버스, 광역버스 등을 이용한 강남역 일대의 유동인구는 하루 평균 100만 명 이상으로 추정됩니다.

## 10번, 11번 출구 강남역 북부 상권 가장 활발

강남역 상권 유동인구는 20대가 32.1%로 가장 높은 수치를 보였고 30대가 23.7%, 40대가 17.0%로 나타났습니다. 또한 강남역 상권의 직장인 인구는 30대가 34.1%로 가장 높았으며 20대(24.3%), 40대(21.2%)가 뒤를 이었습니다(출처: 소상공인시장진흥공단 2018년 1월 인구분석 통계자료).

이러한 유동인구를 배경으로 강남역 북부 상권은 대형 의류 매장과 커피 전문점, 어학원 등이 들어서 수많은 20~30대 젊은이들이 찾는 트렌디한 상권으로 자리 잡았습니다. 강남역 10번 출구 대로변을 따라가 보면 은행, 학원, 병원, 성형외과, 의류점 등이 분포합니다. 고층 건물에는 유명 어학원들이 자리 잡고 있습니다. 맞은편 대로변인 11번 출구에는 CGV가 있으며 학원이 많지 않습니다. 대신 대형 프랜차이즈 레스토랑과 커피숍이 즐비합니다. 맥도날드, VIPS, 버거킹, 쉐이크쉑 버거 등이 경쟁하듯 빼곡이 입점해 있습니다. 이렇듯 양쪽 대로변 상권은 개인 사업자보단 대기업들의 직영점, 혹은 홍보 매장이 대부분입니다.

10번 출구로 나와 골목 안쪽으로 들어가 서초대로77길로 들어서면 신논현역까지 먹거리 점포들이 늘어서 있습니다. 강남역 부근에는 오피스 상권의 느낌이 강하지만 신논현역 방향으로 갈수록 고깃집, 주점, 호프, 고급 바 등이 많아져 전형적인 먹거리 상권 형태를 띱니다. 골목의 간격도 넓고 상가 건물도 깔끔합니다. 10번 출구 하면 저녁 술 문화가 발달해 점포 시세도 가장 높은 곳으로 알려져 있고 소형보다는 중·대형 점포가 많습니다. 11번 출구 방향에 있는 점포 시세보다는 약간 높습니다.

11번 출구 이면 골목을 살펴보면 10번 출구보다 점포 수가 많고 초입부터 패스트푸드, 음식점, 주점들로 가득 메워져 있습니다. 오래된 건물이 많아 깔끔한 편은 아니지만 최근 신축 건물들이 많이 들어서고 있습니다. 새로 건축된 건물 대부분은 매우 특색 있게 설계되어 눈에 확 띄며 돋보입니다. 노후 건물들의 자리에 신축 혹은 리모델링 건물이 들어선다면 더 좋은 상권으로 거듭날 것으로 예상됩니다. 일대는 이미 일부 리모델링이 진행 중입니다. 강남역 북부 상권은 강남역과 신논현역까지 700여 미터 길이로 형성되어 있으며 대한민국 대표 상권답게 재미있고 궁금증을 일으킬 만한 점포가 많아 오가는 사람들과 다양한 점포 구경 삼매경에 빠지게 됩니다.

대표적인 강남역 북부 상권의 업종 분포는 식·음료업이 60%로 가장 많고 서비스업 20%, 소매업·패션 관련 업종이 15%, 기타 5% 정도입니다. 점포 회전도 상당히 빠른 편입니다. 비싼 임대료로 수개월 영업 후 자취를 감추는 곳도 있으며 곧바로 다른 업종이 들어오는 것이 이곳의 특징입니다.

소상공인시장진흥공단의 강남역 1~4번 출구 인근 상권 매출 통계자료를 보면 2017년 상반기 기준으로 숙박업이 2억 3,787만 원으로 월평균 매출액이 가장 높았습니다. 뒤를 이어 스포츠 업종이 9,589만 원(월평균 매출액), 음식업종이 9,158만 원(월평균 매출액), 학문·교육업이 7,315만 원(월평균 매출액), 관광·여가·오락업이 6,642만 원(월평균 매출액)으로 조사됐습니다.

이 중 음식업종의 경우 별식·퓨전 요리의 월평균 매출이 1억 7,811만 원으로 가장 높았고 다음으로는 닭·오리 요리 1억 4,743만 원(월평균 매출액), 유흥주점 1억 3,632만 원(월평균 매출액), 일식·수산물이 1억 2,854만 원(월평균 매출액) 순으로 나타났습니다.

양재역 방향인 5번 출구는 삼성화재 서초사옥을 기점으로 한 오피스 상권의 모습을 띠며 주점보다는 식당, 커피 등이 대부분으로 강남역 북부 상권보다 유동인구가 적습니다. 또한 10~20대 젊은 소비층도 뜸한 편입니다. 반대편인 4번 출구는 메리츠 화재 빌딩이 크게 자리 잡고 있어 상권 형성이 제한적입니다. 소개된 구역 중 가장 유동인구가 적으며 이면 골목도 요식업, 미용실 등 주택가 상권 이미지가 강합니다.

### 안정적인 매출, 대한민국 대표 상권

하지만 임대료나 권리금 등이 비싸 초기 투자비용이 많이 드는 것은 단점입니다. 투자비는 나중 문제로 생각하더라도 강남역 상권에 뛰어드는 사람들은 대부분 경험이 많은 해당 분야 전문가입니다. 훌륭한 아이템과 실력으로 초기 진입에 성공해도 강한 경쟁 상대가 가까이 예상보다 더 빨리 나타나게 되는 것이 필연적이므로 창업 시 이점까지 염두해야 합니다.

강남역 상권을 보면 마치 미국 서부개척 시대의 골드러시를 보는 것 같습니다. 수많은 사람들이 도전하여 성공과 실패가 반복됩니다. 하지만 그 대열에 끼기도 쉽지 않은 것이 현실입니다. 목 좋은 곳은 금액과 관계없이 점포 얻기가 쉽지 않은 상권입니다. 창업에 성공하여 많은 부를 얻을 수도 있지만 단기간 내에 많은 것을 이루려고 욕심을 부린다면 그만큼 실패 가능성도 큽니다. 진정한 창업 성공은 일순간에 얻는 부가 아니라 점포 유지를 10년 이상 하는 것이라 할 수 있습니다.

필자는 이른바 '삐삐 세대'로 약속 장소에 늦거나 장소를 잘 찾지 못하면 약속이 깨지는 일이 허다했습니다. 그때 이런 위험을 없애주는 장소가 '강남역 뉴욕제과'였으나 현재는 아쉽게 역사 속으로 사라졌습니다. 이제는 가수 싸이의 〈강남 스타일〉이 세계적인 히트를 기록하면서 강남역 상권은 세계인이 주목하는 상권으로 성장했습니다. 압구정동이나 신사동에 있던 성형외과도 강남역 상권으로 이전 중이고 강남역 상권을 찾는 외국 관광객도 점차 증가하는 추세로 앞으로가 더 기대되는 상권입니다.

### 강남역 상권 월평균 매출 TOP 5 업종

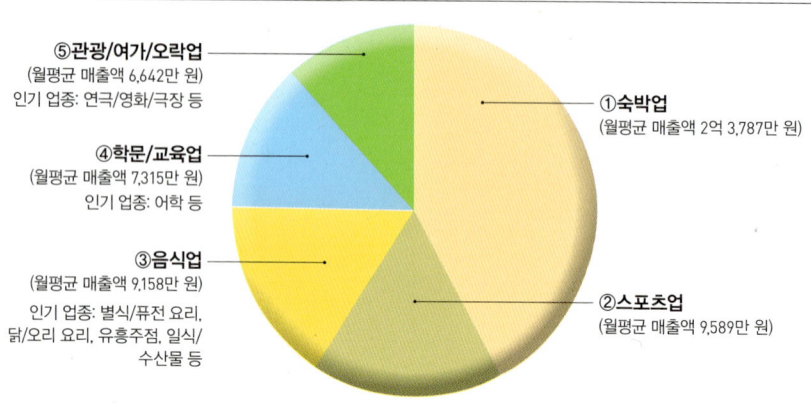

출처: 소상공인시장진흥공단, 강남역 1~4번 출구 인근 상권 2017년 상반기 기준 매출 통계자료(조사일: 2018.03.21)

### 강남역 상권 상가 평균 시세와 승하차 인구

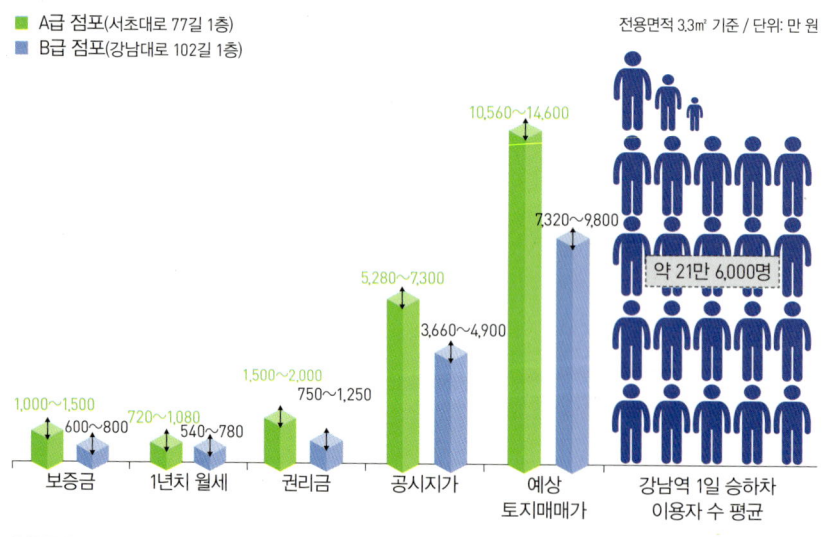

※ 현지 중개사무소를 방문 조사한 것으로 점포 입지에 따라 약간의 시세차가 있을 수 있습니다.
※ 신분당선 승하차 이용자 수는 제외된 수치로 실제 강남역 승하차 이용자 수는 더 많을 수 있습니다.
출처: 국토교통부, 서울교통공사

## 대한민국 교육 열기의 중심
# 대치역 상권

대한민국 교육 일번지 대치동 학원가 상권
사통팔달 교통망으로 유동인구 풍부
대표적인 학원가 밀집 지역으로 학부모, 학생 타깃 업종 유리
인근 아파트 주민 겨냥 재구매 가능한 생활밀착형 업종 유망

'맹모삼천지교'라는 말처럼 예부터 우리나라는 교육에 대한 열정과 집착이 컸습니다. 자식 교육에만 좋다면 어디든 찾아가고 싶은 것이 부모의 마음이지요. 현재도 꾸준히 교육에 대한 열기를 이어가고 있는데 그 중심에는 '대치동'이 있습니다.

강남8학군을 대표하는 대치동은 학원가와 고급 아파트들이 밀집돼 있는 지역으로 대한민국이 교육에 얼마나 관심을 지녔는지를 고스란히 반영하고 있는 상권입니다. 특히 다른 지역에 비해 소득 수준이 높은 거주자들이 많은 것이 특징으로 부촌의 이미지가 강합니다.

서울의 대표적인 학원 밀집지역으로는 대치동을 포함한 중계동, 노량진, 목동 등이 손꼽히는데 그중 대치동은 명문 초·중·고등학교가 인접한 특징을 가지고 있습니다. 학원 또한 대형 입시학원 위주가 아니라 과목별로 전문적인 중소 학원이 밀집돼 있다는 점도 독특합니다. 인근 도곡동에는 국내 대표 고가 아파트인 타워팰리스가 자리 잡고 있으며 최근 양재천의 카페거리로 주목받고 있습니다.

대치동은 지하철 2호선, 3호선, 분당선이 주변을 에워싸고 있어 대중교통 이용이 용이해 자연적으로 유입인구 비율이 높은 편입니다. 영동대로, 테헤란로, 언주로, 남부순환로 등 도로교통망도 좋습니다.

인근 교육시설은 대치초, 대곡초, 휘문고, 단대부고, 진선여고, 경기여고, 중동고 등 소위 명문고라고 불리는 학교가 풍부합니다. 문화시설은 한티근린공원, 대치까치어린이공원, 대치목련공원, 양재천 산책로 등이 있습니다.

## 사교육 시설 위주의 학원가 상권 형성

맹모들이 모여 있는 대치동은 유명세만큼 학원 등 사교육시설을 중심으로 상권이 형성돼 있습니다. 과외가 전면적으로 허용된 1980년대 후반부터 학원가를 중심으로 대치동에 상권이 형성되기 시작했는데요. 초반에는 대형 입시학원들을 중심으로 학원가가 형성됐다가 오늘날은 과목별 전문학원의 비중이 높아졌습니다. 대부분의 학원은 대로변 대형 상가 위주로 형성돼 있습니다.

대치동 상권은 지하철 3호선 대치역 주변과 은마아파트 입구사거리 방면이 가장 활성화돼 있습니다. 대치역에서 도곡역 방면과 은마아파트입구사거리에서 대치사거리 방면은 대치동 학원가의 핵심 상권입니다.

대로변 곳곳마다 학원들이 빼곡히 들어차 있어 학생들과 학부모 유동인구가 많은 편입니다. 특히 22~23시가 되면 수업을 끝마친 학생들로 북적이고 갓길에 정차하는 학부모가 많아 도로 통행량이 많아집니다.

대치역에서 도곡역 방면 학원가 상권은 주로 초등학생과 중학생 대상의 학원들이 밀집해 있어 1층은 학생들과 학부모들을 겨냥한 패스트푸드점, 분식점, 편의점, 카페, 소규모 서점, PC방 등이 주를 이룹니다. 은마아파트 입구 사거리의 학원가는 고등학생 대상의 입시학원이 많고, 자연스럽게 학

부모 유동인구는 대치역 주변과 비교하면 적은 편입니다.

2017년 상반기 기준으로 대치역 1번 출구에서 도곡역 방면 학원가 상권에서 가장 인기가 높은 업종은 학문·교육업(월평균 매출액 9,985만 원)이었습니다. 그다음은 음식업(월평균 매출액 6,438만 원), 생활서비스업(월평균 매출액 3,263만 원), 소매업(2,993만 원), 관광·여가·오락업(2,486만 원) 순으로 조사됐습니다. 학문·교육업 중에서는 어학 관련 학원(2억 4,862만 원)이 가장 매출이 높았고 다음으로 도서관·독서실(7,687만 원)이 높은 매출을 보였습니다.

대치동 학원가 상권 임대료는 은마아파트입구 사거리 북측 코너변 1층 평균 기준 50제곱미터는 보증금 5,000만 원, 월세 350만~400만 원입니다.

은마아파트입구 사거리 남측 도곡로변 1층 평균 기준 66제곱미터는 보증금 1억~2억 원, 월세 600만~700만 원 수준입니다.

## 유동인구 풍부한 7일 상권, 생활밀착형 업종 유망

은마아파트입구 사거리에서 한티역 롯데백화점 방면 이면 골목은 먹자상권이 조성돼 있고 유동인구가 많아 고깃집, 닭갈비, 감자탕집, 호프집 등 다양한 음식점이 늘어서 있습니다. 대로변에는 중대형 전문병원이 많고 그 외 패스트푸드점, 자동차 전시장 등 규모가 큰 대형 판매시설이 대로변을 따라 들어서 있습니다.

대치동 아파트는 완공된 지 40년이 넘은 노후 단지가 많고 자녀 교육이나 직장 등의 이유로 거주하고 있는 경우가 대부분입니다. 그러나 모두 강북 신축 아파트보다 고가의 대규모 아파트 단지로 건물마다 학원, 공인중개사 사무실 등이 위치하고 있습니다.

은마아파트입구 사거리 주변은 인근 아파트 주민을 위한 독점 상권이 형성돼 있어 주로 중·소형 학원, 은행, 개인병원, 마트 등 교육 시설과 생활필수 편의시설이 조화롭게 입점해 있습니다. 학원가와 주택가로 이뤄진 분위기이지만 대중교통과 도로교통 이용이 원활해 주말에도 유동인구가 풍부하고 7일 상권을 형성하는 드문 상권입니다. 호프집과 같은 주점과 당구장, 노래방 등 기본적인 유흥 업종도 많은 편입니다.

1970년대에 지어진 은마아파트 상가는 지역 내에 오래된 상가건물로 지하 1층~지상 3층으로 이뤄져 있습니다. 아파트 주민뿐 아니라 인근 주민들도 찾는 이 상가는 가락시장과 광장시장을 떠올리게 하는 분위기입니다. 지상층은 의류와 잡화, 병원, 학원이 있고 지하층은 식료품, 수산물, 반찬 등을 판매하는 작은 상점과 음식점들이 모여 있는데 매장 자리를 찾기는 쉽지 않습니다.

은마아파트 상가는 1층 평균 기준 66제곱미터 점포가 보증금 5,000만~8,000만 원 수준에 월 임대료 200만~300만 원 선입니다. 인근 남부순환로 대로변 A급 1층 평균 기준 상가는 66제곱미터 점포가 보증금 2억~3억 원, 월 임대료 800만~1,200만 원, 권리금 2억~3억 원 선으로 임대료가 높습니다. B급 1층 기준 상가는 66제곱미터 기준 보증금 1억~1억 5,000만 원, 월 임대료가 500만~700만 원, 권리금은 1억~1억 5,000만 원 정도로 형성돼 있습니다.

　대치동은 사교육에 관련된 업종이 많다는 것을 제외하면 일반 주거지역과 다른 특별한 점은 없습니다. 대치동 창업 시 인근 아파트 거주자들을 배후로 배달업종, 분식점, 세탁소, 마트 등 생활밀착형 업종을 고려하는 것이 유리합니다. 그러나 임대료가 비싸고 이미 자리를 잡고 있는 가게가 많아 기존 가게와 차별화된 점이 없다면 창업이 쉽지 않다는 것을 유념해야 됩니다.

## 대치동 상권 창업·투자 시 유의점은?

　대치동은 다른 지역 상권과 달리 평일, 주말 할 것 없이 소비가 받쳐주는 상권이기 때문에 매력적인 상권이라고 할 수 있습니다. 높은 임대료가 큰 걸림돌이지만 충분한 배후수요가 있고 다양하게 뻗어 있는 교통망으로 유동인구를 확보할 수 있어 유리한 입지의 상권인 것은 분명합니다.

　창업 시 저렴한 지역의 발전 가능성이 있는 잠재 상권을 결정하는 경우도 좋지만, 충분한 자본을 갖추고 있다면 이미 자리 잡고 있는 대형 상권에 안정적으로 창업·투자하는 것이 유리할 수 있습니다.

　대치동 거주자는 경제력을 갖춘 연령이 대부분으로 학원가 근처에서 자녀의 귀가를 기다리며 소비를 하는 경우가 많습니다. 이런 해당 소비층을 겨냥해 학원가 인근 여유로운 소비를 즐길 수 있는 업종이 경쟁력 있습니다. 또 학원가는 학생들이 간단하게 끼니를 채울 수 있는 회전율 높은 푸드 업종도 유망합니다.

슈퍼나 반찬 전문점, 문구점, 제과점 등은 흔한 업종이지만 꼭 필요한 필수 업종으로 재구매가 왕성하기 때문에 고객이 재방문하도록 유도하는 것이 가장 중요합니다. 단지 인근 주거지 상권은 재구매가 유지되는 업종을 찾고 기존에 정착하고 있는 업종과 차별화를 둔다면 안정적인 창업이 가능합니다.

대치역 클래시아 상가에 있는 한방부동산 공인중개사사무소 상가 전문 김호섭 부장은 "다른 지역에 비해 대치동은 소득 수준이 높은 거주자들이 많아 부촌의 이미지가 강하다"며 "건강을 생각한 질 높은 웰빙 관련 음식점을 창업한다면 여기서 관심 받을 수 있을 것 같다"고 전했습니다.

### 대치역 상권 월평균 매출 TOP 5 업종

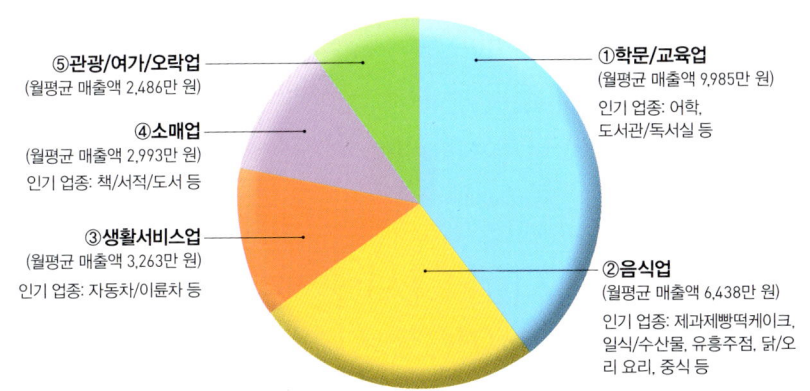

출처: 소상공인시장진흥공단, 대치역 1번 출구에서 도곡역 방면 학원가 상권 2017년 상반기 기준 매출 통계자료(조사일: 2018.03.21)

### 대치역 상권 상가 평균 시세와 승하차 인구

※ 현지 중개사무소를 방문 조사한 것으로 점포 입지에 따라 약간의 시세차가 있을 수 있습니다.
출처: 국토교통부, 서울교통공사

4장 투자 가치가 한눈에 보이는 서울 상권 베스트 40 상세 분석 | 457

# 최고의 입지로 다시 한 번 발전하는
## 잠실새내역(구 신천역) 상권

아시안게임·올림픽으로 성장한 서울 남부 중심 상권
상권 성황→축소→부흥→축소, 20년간 냉온탕 오가는 중
강남권 최고의 입지로 재발전 가능성 높은 상권

잠실새내역(구 신천역) 상권은 1980년 지하철 2호선 신천역이 개통되면서 역세권 상권으로 형성되기 시작했습니다. 이후 1986년 아시안게임, 1988년 올림픽 등 국제 스포츠 행사를 치르며 상권의 기반이 마련됐습니다. 잠실새내역 상권은 국제 행사를 위해 지어진 종합운동장과 잠실주공아파트, 아시아선수촌아파트, 우성아파트 등 대단지 아파트 및 삼전동까지 이어진 주거지역을 기반으로 배후수요가 탄탄합니다. 비슷한 시기 잠실역을 중심으로 롯데호텔, 롯데월드, 롯데백화점 등이 들어서며 잠실새내역 상권의 범위가 더욱 확장되는 계기가 됐습니다. 신천역은 2016년 12월 신천의 순우리말인 '새내'를 사용한 '잠실새내역'으로 개명됐습니다.

　잠실새내역 상권은 1990년대 중후반에는 압구정 로데오거리, 신촌 거리, 방이동 먹거리 골목 등과 함께 서울의 중심 상권으로 부상했습니다. 이에 10~20대 중심의 젊은 층이 주로 찾아 잠실 일대의 대표적인 판매·유흥 상권으로 발돋움했습니다. 또한 삼성동 오피스타운과 잠실역 오피스타운 직장인들까지 유입되며 상권은 더욱 활성화됐습니다.

　기세등등하던 잠실새내역 상권은 2000년대 중반 잠실주공아파트 재건축으로 인해 큰 타격을 받았습니다. 대단지 아파트 배후를 잃어 약 6만여 명이 빠져나갔으며 공사 현장의 난잡함 때문에 오피스 상권의 기능도 상실했습니다. 잠실새내역 상권이 부활한 것은 6년 뒤인 2006년 재건축 아파트

가 입주를 시작하면서부터입니다. 아파트 입주민이 대거 유입되면서 잠실 새내역 상권은 몇 년간의 불황을 끝내고 다시 활발했던 옛 모습을 찾아갔 습니다.

## 올림픽대로변, 먹거리, 새마을 전통시장으로 구분

잠실새내역 상권은 잠실새내역 4번 출구부터 시작하여 종합운동장역 까지 이어져 있어 일자로 쭉 뻗은 모양입니다. 여기에서도 올림픽대로변 상권, 먹거리 상권, 새마을 전통시장 상권 등 크게 3가지 구역으로 나눌 수 있습니다.

올림픽대로변 상권을 보면 종합운동장 사거리부터 자동차, 금융, 보험, 대형 프랜차이즈 패스트푸드가 밀집돼 있어 전형적인 오피스 상권 형태를 갖추고 있습니다. 상권 가운데에 위치한 국내 브랜드인 롯데리아, 외국계 브랜드인 맥도날드는 만남의 장소가 되어 일대는 언제나 유동인구가 풍부합니다.

메인 상권이라고 할 수 있는 먹거리 상권은 안쪽 골목이 대로에 버금갈 만큼 널찍널찍하게 조성돼 있습니다. 시각적으로도 시원시원한 느낌을 주기 때문에 일반적인 먹거리 상권과는 차별되는 특징을 지녔습니다. 또 다른 특징은 오피스 건물과 상가 건물들이 보기 좋게 혼재되어 있다는 점입니다. 먹거리 상권은 잠실새내역 3, 4번 출구와 종합운동장역 9번 출구 사이 백제고분로를 따라 조성돼 있습니다. 일본식 돈가스 전문점, 커피숍, 고깃집, 스크린야구, 복요리 전문점, 치킨 맥주 등 메뉴도 다양합니다. 천주교 잠실성당을 기점으로 종합운동장 방향으로는 젊은이들을 위한 퓨전 메뉴가 많고 잠실새내역 쪽으로는 직장인들을 타깃으로 한 주점, 횟집 등의 점포들이 있습니다.

잠실새내역 먹거리 상권의 추천 업종으로는 입지가 좋은 곳에는 와플 전문점, 아이스크림 등의 간식 매장이 매출 내기에 좋고, 비교적 입지가 떨어진다면 술과 반드시 함께해야 하는 곱창이나 양꼬치 가게 등이 유리해 보입니다.

먹거리 상권 건너편에는 잠실엘스아파트와 잠실트리지움아파트가 입지하며 해당 아파트의 상가 건물을 중심으로 주거지 상권이 형성되어 있습니다. 아파트 단지 규모가 크며 화려한 외형을 자랑합니다.

잠실트리지움 서문에서 길을 건너면 새마을 전통시장 상권을 만나볼 수 있습니다. 불과 100여 미터 북쪽이 먹거리 상권으로 거리가 가깝지만 상권의 분위기는 크게 상반됩니다. 지어진 지 30년이 넘어 보이는 단독주택들 골목 사이사이에 농축산물 등을 취급하며 식당가도 빈대떡, 국밥 등 어르신들에게 어필할 수 있는 메뉴들이 대부분입니다. 새마을 전통시장 상권 내 판매 중인 옷과 과일, 음식 등 모든 상품들이 상당히 저렴해 지역 주민들의 꾸준한 사랑을 받고 있습니다. 올림픽로12길과 마주하는 곳에서 전통시장 상권은 끝납니다.

## 롯데월드·각종 스포츠 행사 유동인구 흡수

잠실새내역의 유동인구는 하루 약 5만 5,000명 정도로 아주 많다고 볼 수는 없습니다. 하지만 상권의 입지가 독특하기 때문에 역 유동인구와 상권 이용인구는 별개로 봐야 합니다. 잠실새내역 상권은 롯데월드, 석촌호수, 잠실주경기장, 야구장 등의 인파를 모두 흡수하는 입지로, 대부분이 잠실새내역 상권까지 도보로 접근 가능한 거리입니다. 더욱이 최근 연 700만 명의 관중이 프로야구를 관람하는 등 프로야구의 인기가 상승세를 타고 있어 경기가 있는 날이면 먹거리 상권 일대는 새벽까지 시끌벅적합니다. 현재 잠실야구장은 LG와 두산, 두 팀이 홈구장으로 쓰고 있어 리그가 있는 3~10월까지 야구장 주변은 항상 인파로 넘칩니다.

또한 롯데월드를 찾은 손님도 잠실새내역 상권을 이용하는 데 크게 주저하지 않습니다. 특히 친구·연인과 롯데월드를 찾은 이들은 롯데월드 근처에 먹거리 상권이 부족한 관계로 롯데월드에서 나온 후 석촌호수길로 돌아 이곳의 맛집을 이용하는 경우가 많습니다.

따라서 잠실운동장이 위치한 종합운동장역의 유동인구 또한 잠실새내역 상권의 주 소비층으로 봐도 무방합니다. 종합운동장역의 유동인구는 하루 2만 8,000명가량입니다. 종합운동장역의 유동인구는 비록 많지 않은 수준이지만 고스란히 잠실새내역 상권의 소비인구로 전환되므로 상권 활성화에 핵심적인 역할을 하고 있습니다.

소상공인시장진흥공단의 잠실새내역 상권 인구분석 자료를 살펴보면 30대 유동인구가 23.2%로 연령별 비율 중 가장 높았고 40대가 21.2%, 20대가 19.8%로 그 뒤를 이었습니다. 요일별 유동인구는 토요일에 17.7%로 가장 많았으며 일요일이 11.5%로 가장 적었습니다.

## 특색 부족으로 낮아진 경쟁력, 신흥 상권 도전 받아 고전

이렇듯 잠실새내역 상권은 탄탄한 배후세대, 다양한 연령, 주변 유동인구 흡입력으로 제2의 전성기를 맞이하는 듯했으나 최근에는 또 다시 상황이 좋지 않습니다. 다른 유명 상권지에 비해 뚜렷한 특색이 없어 한번 방문한 사람들이 이곳을 또 찾게 하는 매력이 부족한 것이 원인이라 할 수 있습니다. 거기에 젊은 층들의 음주 문화가 바뀌고 취업난이 심화되어 소비 패턴이 변했지만 바뀐 트렌드에 적응하는 점포는 크게 눈에 띄지 않습니다. 이런 상황에서 롯데월드몰과 GBC센터 건립으로 주목받는 잠실역과 삼성동 신흥 상권에 강력한 도전을 받고 있는 중입니다.

실제 조사 결과 잠실새내역 상권은 1년 전과 비교해 권리금과 임대료가 하락세에 있는 것으로 나타났습니다. 목이 좋은 1층 점포는 하락세가 없는 편이지만 B급 점포 위주로 하락세가 큰 편입니다. 인근 공인중개사에 따르면 "최근 경기침체와 인근 상권 이동 현상으로 점포 거래가 많이 줄고 권리금 또한 하락한 것이 사실"이라며 "업종에 따라 롯데월드몰 개장 여파가 있을 수 있어 신규 창업 시 반드시 이 점을 염두에 둬야 한다"고 전하고 있습니다.

잠실새내역 인근 업종별 매출은 숙박업의 월평균 매출액이 1억 1,399만 원으로 독보적으로 높았고 음식업종의 월평균 매출액이 5,071만 원으로 신천역 상권 일대 업종 중 두 번째로 높은 매출을 기록했습니다. 다음으로는 소매업의 월평균 매출액이 4,180만 원, 스포츠업의 월평균 매출액이 3,145만 원으로 나타났습니다. 그 외의 업종인 학문·교육업(월평균 매출액 3,118만 원), 생활서비스업(월평균 매출액 3,109만 원), 관광·여가·오락업(월평균 매출액 2,691만 원)은 모두 비슷한 수준으로 조사됐습니다(출처: 소상공인시장진흥공단 2017년 상반기 매출 통계자료).

### 상권이동 현상 주의, 잠재력 있는 잠실새내역 상권

최근 상권의 흐름은 SNS, 지도앱, 먹방 등의 영향으로 발전과 쇠퇴의 현상들이 나타고 있는 상황입니다. 맛집으로 소문난 곳이 여러 개 인접해 있으면 금방 유명 상권이 되어버리곤 합니다. 이렇게 상권이 변화가 급격하다는 것은 창업주에게 큰 리스크가 될 수 있습니다. 더군다나 A급 입지가 아닌 점포에 권리금을 많이 주고 들어온다면 이런 상권이동 현상에 피해자가 될 수도 있습니다. 잠실새내역 상권도 창업 시 이런 점에 많은 주의를 요합니다.

한때 잠실새내역은 제2의 압구정이라 불릴 정도로 유명한 상권이었습니다. 현재 잠실새내역 상권이 약간의 하락 국면을 맞았지만 다른 곳에 비해 입지가 상당히 좋아 상권 하락이 일시적인 현상일 수 있습니다. 상권 자체가 넓어 트렌드가 생기기 시작하면 빠르게 변할 수 있고 여기에 강남역이나 홍대입구역은 가지지 못한 대규모 아파트 단지에서 비롯되는 든든한 소비력까지 뒷받침되고 있어 향후 발전 가능성도 있는 곳입니다.

주변 상인들은 롯데월드몰이 들어오면서 매출이 20~30% 하락했다고는 하는데 이에 반론을 제기하는 사람들도 있습니다. 근본적인 매출 부진은 경기불황이 가장 크고 술 문화도 많이 바뀌면서 예전처럼 새벽까지 술을 마시지 않아 자연스럽게 상권의 매출도 떨어졌다는 견해도 있습니다. 전체적으로 아파트 상권을 배후수요로 하여 어느 정도 안정성은 확보된 상권으로 평가할 수 있을 것으로 전망됩니다.

### 잠실새내역 상권 월평균 매출 TOP 5 업종

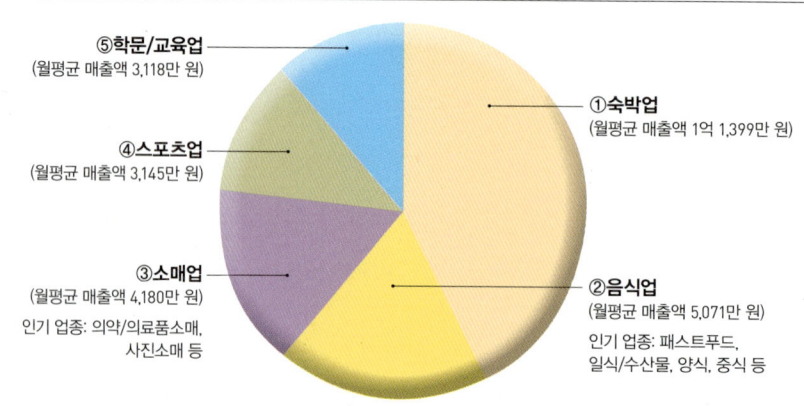

출처: 소상공인시장진흥공단, 신천역(잠실새내역) 상권 2017년 상반기 기준 매출 통계자료(조사일: 2018.03.21)

### 잠실새내역 상권 상가 평균 시세와 승하차 인구

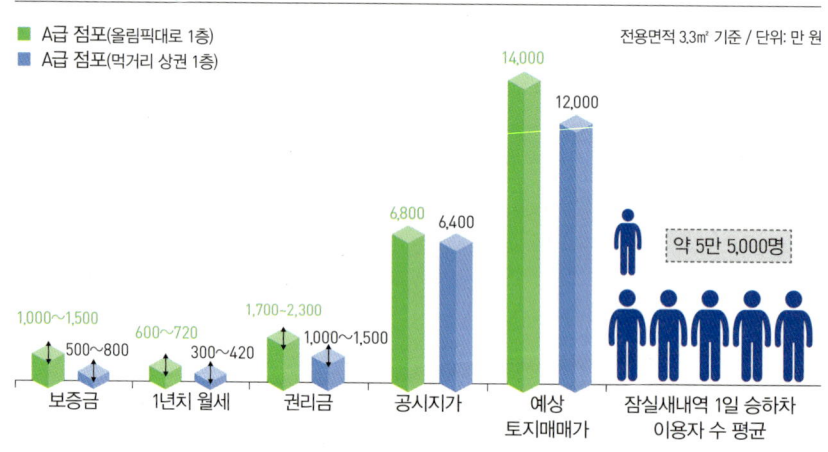

※ 현지 중개사무소를 방문 조사한 것으로 점포 입지에 따라 약간의 시세차가 있을 수 있습니다.
출처: 국토교통부, 서울교통공사

# 손꼽히는 대한민국 부촌
# 압구정 상권

대형 브랜드 안테나숍으로 이루어진 가로수길 상권
생활 수준 최상위 압구정, 상권 부흥 노력 절실
압구정 로데오거리, 과거 명성을 되찾을지 미지수
압구정로변 건축물 높이 규제 완화 예정, 개발 여건 갖춰

압구정은 국내에서 손에 꼽히는 부촌 중 하나로 주민들의 평균 생활수준이 최상위권에 속하는 지역입니다. 원래 압구정이라는 이름은 갈매기와 친하게 논다는 뜻의 '압구'에서 따와 한적한 동네라는 의미로 지어졌으나 강남구가 신설되고 각종 개발이 진행되면서 인구가 급증하고 북적북적한 지역으로 변모했습니다.

　압구정은 북쪽으로 한강이 자리 잡고 있어 강남구의 다른 지역보다 강북과의 접근성이 뛰어납니다. 강남대로, 압구정로와 인접하며 인근 경부고속도로와 올림픽대로 진입이 수월해 도로교통이 좋습니다. 이외에도 종로, 명동, 신촌 등 강북 도심권과 강남 시내, 여의도 등과 바로 연결되는 다양한 버스 노선도 지납니다.

　압구정의 북쪽은 대단지 아파트를 비롯해 주거지가 밀집된 지역입니다. 구·신현대아파트, 한양아파트, 라이프미성아파트 등이 자리 잡고 있고 신구초·중, 압구정초·중·고, 청담중·고 등 강남 8학군에 속하는 다양한 명문 학군도 위치합니다.

## 대형 브랜드 매장이 밀집된 7일 상권 '가로수길'

압구정역 5번 출구에서 대로변을 따라 도보 5~7분 정도 가다 보면 신사동 가로수길 상권에 도달할 수 있습니다. 가로수길에 놓여진 은행나무길을 따라 약 500미터 거리에 커피 전문점과 패션잡화 유명 브랜드들이 입점해 있습니다. 거리상으로는 3호선 신사역 8번 출구가 더 가깝게 위치하고 있으며 가로수길을 사이에 두고 세로수길과 나로수길로 세분화돼 불리고 있습니다.

가로수길 상권은 높은 임대료 때문에 사실상 개인 창업보다는 대부분 기업들의 프랜차이즈 브랜드 안테나숍 매장으로 활용되고 있어 상당한 자본이 있어야 창업이 가능합니다. 패션 매장을 끼고 골목으로 들어가면 나오는 먹자골목은 크고 작은 유명 맛집과 식당이 줄지어 있습니다. 이곳은 이색적인 인테리어와 직장인, 2030 여성들의 취향을 저격하는 아이템들로 평일, 주말 할 것 없이 붐빕니다.

가로수길은 이미 자본을 앞세운 대형 브랜드들로 잠식됐고 건물 하나 전체를 임대하여 사용하는 곳이 많습니다. 가로수길 한복판에는 국내 첫 애플 직영 매장인 '애플스토어(애플 가로수길)'가 2018년 1월 정식 오픈해 현재 영업 중입니다.

가로수길 인근 명가부동산 정재훈 이사는 "현재 매물로 나와 있는 매장의 경우 1층 33제곱미터 규모가 보증금 2억 원, 월세 1,500만 원, 권리금 3억 원 선으로 나와 있다"며 "이곳 상권의 특징은 외부에서 손님들이 끊임없이 찾아오는 7일 상권이라는 점"이라고 말했습니다.

## 인근 갤러리아, 청담 명품거리 등 명품 집결지

　압구정로데오는 1990년대 고급 패션거리가 들어서면서 전성기를 맞았습니다. 전성기를 누리던 압구정로데오는 지하철 접근성이 비교적 좋은 가로수길 상권에 밀려 침체기를 맞기 시작했습니다. 다행히 지난 2012년 압구정로데오 일대 분당선이 개통되면서 지하철을 이용한 접근성은 개선되었습니다. 분당선 역명은 원래 청수나루역으로 개통됐으나 타 상권에 밀리고 있는 로데오 상권을 살리기 위한 지역 주민들의 요청으로 압구정로데오역으로 역명이 변경됐습니다.

　압구정로데오역 5~6번 출구 인근은 압구정 로데오거리 상권이 위치합니다. 대로변 건너편 7번 출구에는 갤러리아백화점이 자리 잡고 있어 언제나 꾸준한 유동인구를 보이고 있습니다.

　지하철 6번 출구에서 나와 대로변을 따라 1~2분 정도 걷다 보면 입구에 랜드마크 상징인 여성 조형물이 나오는데 그곳 골목부터가 압구정 로데오거리 초입입니다. 로데오거리는 명품 플래그쉽 스토어와 함께 의류브랜드 매장, 화장품 가게가 눈에 띄고 일반 로데오거리와 마찬가지로 각종 음식점과 카페도 많습니다.

　2017년 상반기 기준으로 압구정 로데오거리 상권에서 가장 매출이 높은 업종은 학문·교육업(월평균 매출액 1억 206만 원)으로 세부적으로는 어학과 유아교육 관련 학원의 매출이 높았습니다. 그다음은 소매업(월평균 매출액 6,503만 원)과 생활서비스(월평균 매출액 6,248만 원), 음식(월평균 매출액 6,206만 원)이 비슷한 매출을 보였습니다. 이어서 스포츠업의 월평균 매출은 3,289만 원, 관광·여가·오락업의 월평균 매출은 2,676만 원으로 조사

됐습니다(출처: 소상공인시장진흥공단 매출 통계자료).

청담동 명품거리에서부터 갤러리아 명품관까지 대로변은 한류스타거리인 'K-스타로드'가 조성돼 있습니다. 대형 연예기획사의 특정 아이돌들을 형상화한 화려한 아트토이(강남돌, GangnamDoll) 17개가 대로변을 따라 세워져 있어 이를 구경하는 관광객과 유동인구가 간간히 있습니다. 하지만 이와 같은 관광객 유입이 압구정로데오 상권의 매출로는 연결되고 있지 않는 실정입니다.

압구정로데오 상권의 침체가 심화되면서 2017년 말 강남구 지역 상인과 건물주들이 대대적으로 임대료를 감소하기도 했습니다. 임대료 인하로 상권 활성화를 기대했지만 그럼에도 불구하고 여전히 임대료 부담이 높은 수준이기 때문에 문을 닫는 가게가 늘고 있습니다. 대부분의 의류패션 점포들은 권리금이 없고 식당들만 일부 권리금이 붙어 있는 상황입니다.

상권 자체도 여느 상권에나 볼 수 있을 정도로 큰 특색이 없어 유동인구가 가장 많아야 할 금요일 저녁이나 주말에도 거리가 한산합니다. 명성을 유지하고 있는 몇몇 유명 가게는 줄을 서야 할 정도로 여전히 손님들이 북적대지만 이를 제외하면 테이블이 텅 빈 가게들이 대부분을 차지합니다. 인근 대단지 아파트를 배후에 두고 있지만 큰 효과를 보지 못하고 오히려 분당선 개통 이후 소비 세력이 타 상권으로 빠져나가는 중입니다.

## 국내에서 손에 꼽히는 부촌, 압구정역 상권

압구정역 인근은 현대백화점 본점을 비롯해 유명 상점들이 몰려 있어 이용객이 많습니다. 성형외과의 메카라고 할 수 있을 정도로 전국에서 성형외과가 가장 몰려 있으며 특히 압구정역 3, 4번 출구에서 강남을지병원 사거리까지는 골목골목까지 병원이 줄지어 있습니다. 최근에는 해외에서 압구정으로 성형 투어를 올 정도로 외국인 관광객도 많아졌습니다.

압구정역 먹자 상권은 지하철 2번 출구에서 걸어나오다 현대자동차 전시장과 베이징덕 매장 사이에 있는 첫 이면도로인 논현로176길부터 성수대교 남단까지가 가장 발달돼 있습니다. 이곳은 언론에 노출된 맛집과 유명 베이커리 카페가 자리 잡고 있고 저녁시간대보다는 주로 낮에 상권이 활발하게 돌아갑니다.

논현로176길 끄트머리에 위치한 압구정스퀘어 빌딩 근방으로는 연예인을 꿈꾸는 청소년과 20대 초반 청년층을 위한 연기학원, 실용음악학원 등이 밀집돼 있습니다. 또한 5번 출구 인근은 프랜차이즈 뷔페, 패밀리레스토랑 같은 대형 음식점이 자리 잡고 있습니다. 압구정역 먹자 상권 역시 전반적으로 유동인구와 소비층이 인근 타 상권으로 옮겨가면서 일부 가게를 제외하고는 과거에 비해 한산한 모습을 보입니다.

소득 수준이 높은 지역 특성상 대표적인 인기 업종에는 헬스장이나 필라테스, 웨딩숍, 고급 레스토랑 등이 있습니다. 금융 관련 기관도 많아 각종 은행 지점을 포함해 증권사 지점 또한 많이 찾아볼 수 있습니다.

소상공인시장진흥공단의 압구정역 2번 출구부터 강남을지병원앞 교차로 일대의 상권 매출 통계자료를 보면 2017년 상반기 기준으로 학문·교육업(월평균 매출액 1억 3,590만 원)으로 가장 높았고 나머지 업종은 매출이 비교적 떨어집니다. 관광·여가·오락업은 월평균 매출액이 5,406만 원, 생활서비스업은 5,249만 원, 음식업은 4,904만 원, 소매업은 4,654만 원으로 조사됐습니다.

압구정 일대 개발 여건 상황은 좋아졌습니다. 지난 2017년 역사문화미관지구 폐지를 통해 건물 높이 제한이 기존 5층 이하에서 6~7층으로 높아졌고 압구정로(한남대교 남단~청담사거리, 약 3.2킬로미터)변 건축물 높이 규제도 완화될 예정입니다(2018년 상반기 예정). 또 15년 이상 손대지 못했던 노후 건축물을 재정비하며 압구정을 포함한 로데오거리까지 침체돼 있는 상권이 다시 활기를 띨지 기대를 모으고 있습니다.

상권 침체 시점에서는 지자체와 건물주, 점포주가 합심하여 해당 상권만의 독특한 매력을 찾고 이를 소비자에게 어필하는 것이 중요합니다. 압구정 상권의 경우 상가 활성화 정도에 비해 여전히 높은 수준의 임대료 문제를 잘 관리하는 것이 첫 단계일 것입니다. 이후 압구정을 찾을 수밖에 없는 업종 특화 혹은 특성화거리 등을 조성해 타 상권으로 이탈 중인 유동인구를 잡아야 합니다.

점포 거래 전문 점포라인의 이동원 이사는 "메인 상권은 임대가격이 높아 대부분이 안테나 매장으로 사용되고 있는데 메인 상권에서 한 블록이나 두 블록 정도 떨어져 이면도로에 들어가면 비교적 낮은 임대가격을 찾아볼 수 있다"며 "SNS 등 다양한 마케팅으로 손님들이 찾아오게 해야 하며 매출을 끌어올리기 위해서는 시간과 인내가 어느 정도 필요한 상권"이라고 말했습니다. 덧붙여 "마케팅 용도로 SNS를 활용할 때 글의 제목이나 사진, 게시글의 내용을 어떻게 구성할지, 어떤 단어나 문구를 사용해야 작성한 콘텐츠를 더 많은 사람들이 볼 수 있을지에 대한 전략도 잘 짜야 한다"고 조언했습니다.

### 압구정 로데오 상권 월평균 매출 TOP 5 업종

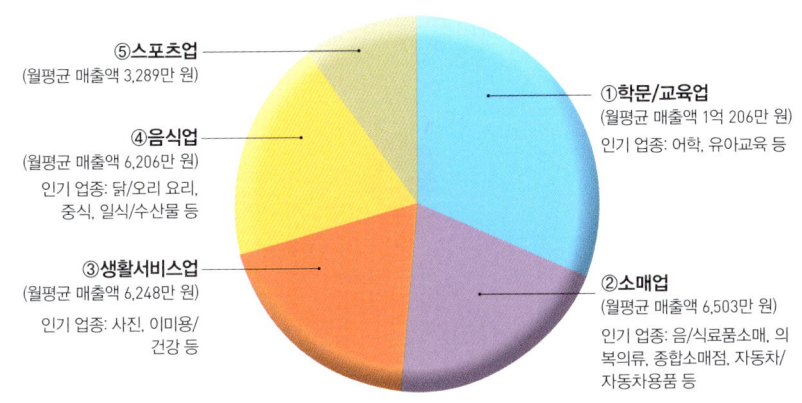

출처: 소상공인시장진흥공단, 압구정 로데오거리 상권 2017년 상반기 기준 매출 통계자료(조사일: 2018.03.22)

### 압구정 상권 상가 평균 시세와 승하차 인구

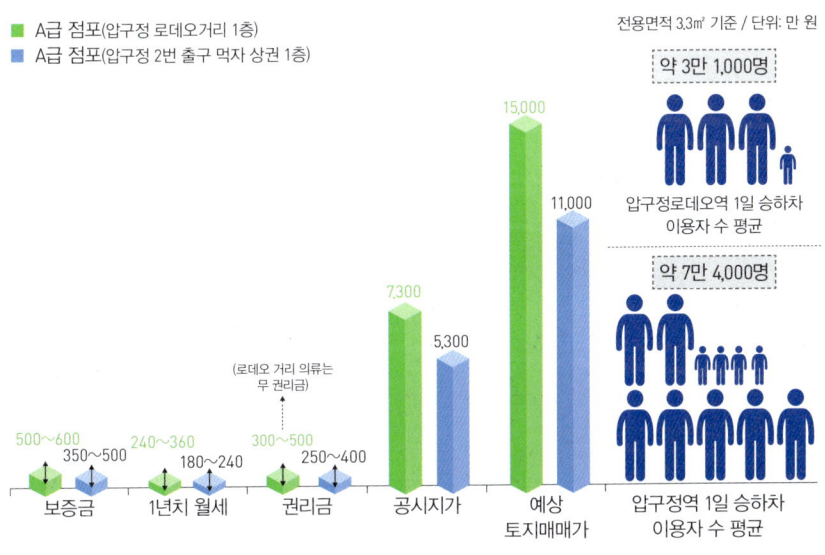

※ 현지 중개사무소를 방문 조사한 것으로 점포 입지에 따라 약간의 시세차가 있을 수 있습니다.
출처: 국토교통부, 한국철도공사, 서울교통공사

## 두터운 소비 세력이 뒷받침하는
## 방배동 상권

방배역 주변, 먹자 상권과 주거지 밀집 상권
창업 시 높은 품질의 웰빙 아이템 유리
먹자 분위기의 방배동 카페골목과 부촌 서래마을 상권
단독주택 공급 주춤, 공동주택 증가로 젊은 세대 유입

방배동은 연예인들과 기업인, 정계 인사들도 많이 사는 부촌으로 알려져 있습니다. 연예인 박명수가 '방배동 살쾡이'라는 호칭으로 활동하는 등 근래 몇 년 사이에 방송과 인터넷을 통해 방배동과 인근 서래마을이 비춰지면서 주목받고 있습니다.

　방배동은 서초구 서쪽 끝에 속한 동으로, 관악구와 서초구의 경계에 위치한 우면산을 등지고 있는 마을이라서 방배方背라는 이름이 붙었습니다. 동네 북쪽에 있는 한강을 등진 모서리란 뜻에서 유래되었다는 이야기도 전해집니다. 또 다른 속설로는 임금이 되지 못한 효령대군이 궁을 등지고 살았던 곳이라 하여 방배동이 되었다고도 합니다.

　방배동 상권은 역세권으로 인한 유동인구보다 배후소비 세력에 의존하는 특징을 가지고 있습니다. 덧붙이자면 방배동은 주거지가 많은 상권이지만 인근에 슈퍼마켓이 손에 꼽을 정도로 적고 대형 마트는 방배역에서 1.7킬로미터 떨어진 홈플러스 남현점이나 3.1킬로미터 떨어진 킴스클럽 강남점을 이용해야 하는 불편함이 있습니다.

　인근에는 우면산, 서리풀공원, 매봉재산, 방배체육공원 등 굵직한 자연 공간이 있습니다. 교육시설로는 방일초, 방배초, 서래초, 방배중, 이수중, 동덕여고, 상문고, 백석예술대가 가깝고 예술의 전당과도 인접해 있습니다. 교통 면에서 방배동은 2호선 방배역과 더불어 7호선 내방역, 4호선 사당역과 가깝습니다. 또한 경부고속도로와 서울 주요 간선도로와의 접근성이 좋습니다.

## 방배역 3번 출구 먹자 상권과 주거지 밀집 상권

방배동 상권은 크게 방배역 상권, 방배동 카페골목, 인근 서래마을로 나눌 수 있습니다. 먼저 방배역 주변 먹자 상권은 3번 출구 이면도로 안 방배아크로타워를 중심으로 펼쳐져 있습니다. 상권의 규모는 그리 큰 편은 아니며 다른 상권에 비해 점포 수도 많은 편이 아닙니다. 방배역 상권 주변은 각종 교육시설과 학원, 병원, 금융기관, 사무실 등이 많아 확실한 소비 세력을 보유하고 있습니다.

방배역 먹자 상권 대로변은 병원, 호프집, 식당, 프랜차이즈 카페 등이 자리 잡고 있으며 이면도로에는 식사와 술을 함께 즐길 수 있는 업종이 인기를 끌고 있습니다. 주변 아파트 및 주택에 거주하는 주민, 백석대학교 학생 등이 주 유동인구로, 특히 인근 오피스를 배후로 30~50대 직장인들의 소비가 높은 편입니다.

평일 낮시간대에는 비교적 한산한 느낌을 주지만 상권을 지탱하는 큰 축인 직장인들과 대학생들의 점심시간이 되면 유동인구가 많아집니다. 점심시간이 끝나면 다시 조용해지며 이런 모습은 방과 후나 퇴근 이후 저녁시간이 되어야 다시 볼 수 있습니다. 늦은 시간까지 소비되는 업종보다는 점심장사와 초저녁 장사를 중심으로 운영할 수 있는 업종이 경쟁력 있습니다.

방배역 먹자 상권에서 만난 한 상인은 "현재 장사가 신통치 않다"며 "다

양한 버스 노선이 지나면서 교통 여건이 좋은 인근 사당역으로 유동인구가 많이 빠지고 있다"고 전했습니다.

방배역 4번 출구 대로변은 3번 출구 대로변과 유사한 모습을 보이지만 이면으로는 고급빌라, 고급아파트 등 강남의 중상류층이 밀집해 있어 탄탄한 소비력을 보여주고 있습니다. 반대편 1번, 2번 출구는 학교가 위치한 상권으로 아파트, 원룸 등 주거지가 형성돼 있고 카페, 학원 등의 업종이 많습니다. 방배역을 기준으로 대로변 상권은 활성화가 잘 되어 있는 반면, 아파트 단지 주변은 전형적인 주거형 상권의 모습을 보입니다.

## 방배동 카페골목과 서래마을

내방역에서 도보로 10여 분대에 도착할 수 있는 방배동 카페골목은 1990년대까지는 인기 있는 상권이었습니다. 카페골목이라 하여 특색 있는 카페들이 모여 있을 거라 생각할 수 있지만 대부분 식당과 술집들이 줄지어 몰려 있어 사실상 먹자골목의 느낌이 강합니다. 방배동 카페골목 직선 약 450미터 상권은 인근 아파트 단지 주민과 중소기업 근로자 등 고정 수요가 탄탄하지만 외부 인구 유입은 그다지 많지 않습니다.

방배동 카페골목에서 수년간 식당을 운영한 주인은 "2~3년 전부터 장사가 조금씩 안 되기 시작해 지금은 상권이 많이 죽었다"며 "카페골목이 예전 같지 않아 어려워져 가게를 내놓은 곳도 많다"고 합니다. 이는 방배역 주변 사정과 유사합니다.

2017년 상반기 기준으로 방배동 카페골목 상권에서는 숙박업(월평균 매출액 1억 6,956만 원)이 독보적으로 매출이 높았습니다. 다음으로 음식업(월평균 매출액 5,325만 원), 소매업(월평균 매출액 4,450만 원), 학문·교육업(월평균 매출액 2,811만 원), 관광·여가·오락업(월평균 매출액 2,698만 원) 순으로 매출이 높았습니다(출처: 소상공인시장진흥공단 매출 통계자료).

카페골목의 메인 상권 평균 시세는 A급 1층 점포 기준 33~40제곱미터가 보증금 3,000만~4,000만 원 선, 월세 200만~250만 원, 권리금 4,000만~5,000만 원 선이며 골목 안쪽 B급 점포는 보증금 2,000만~3,000만 원, 월세 150만~180만 원, 권리금 2,000만~3,000만 원 정도로 형성돼 있습니다.

인근 서래마을은 행정구역상 반포4동부터 방배동에 걸쳐 있는 상권으로 대부분 방배동 하면 "아, 서래마을?" 하고 반문하는 사람이 많을 정도로 서래마을을 방배동으로 생각하는 사람들이 많습니다. 서래마을은 강남의 부촌으로 고급 빌라, 주택들이 밀집돼 있는 한적한 동네였는데 매스컴을 타며 상권이 형성됐습니다. 대한민국의 프랑스인 절반 정도가 서래마을에 거주하고 있으며 서울프랑스학교도 이곳에 위치합니다.

서래마을 카페거리 약 580미터 상권은 프랑스인이 많기 때문인지 프랑스 레스토랑이나 와인바, 고급 음식점, 카페가 많고 일식집도 운영이 잘 되고 있습니다. 다만 이전보다 외부 인구 유입이 많아지면서 생활편의시설이 사라지고 그 자리에 고급 레스토랑, 카페가 생기는 추세로 주민들은 생활에 불편을 겪고 있습니다. 서래마을은 다른 유명 상권에 비해 대중교통 접근성이 좋지 않고 상권 범위가 좁기 때문에 외부 인구만을 위한 업종보다는 인근 주민들도 이용할 수 있는 업종이 유리합니다.

## 방배동 상권, 배후 세력의 소비력 주시

방배동은 상권 자체가 강남의 주요 상권처럼 크지는 않지만 배후세대, 즉 인근 빌라와 아파트를 비롯한 중산층 주거지역이 자리 잡고 있으며 백석예술대학 등이 인근에 위치해 학생 유동인구도 상당한 편입니다. 상권 내 주요 매장들의 매출 수준이 높은데 이는 상권을 지탱하는 배후소비 세력의 잠재력이 그만큼 크기 때문이라고 할 수 있습니다.

배후 세력의 소비력이 탄탄한 만큼 저가 전략보다는 높은 품질과 서비스로 승부하는 것이 유리합니다. 유기농 웰빙 농·수산물 전문점, 애견 센터, 디자인 소품 전문 매장 등 배후 세력의 소비 성향과 소비 특징에 맞는 맞춤형 창업을 하면 성공 가능성이 있습니다. 웰빙 아이템 선정 시 오피스와 주거인구의 조화, 적정 수준의 소득 수준, 다양한 연령층의 공존 등 입지의 조건을 잘 따져봐야 합니다. 실제 이곳에 있는 '총각네 야채가게'가 유기농 음료와 신선한 야채 등을 판매하면서 주민들에게 호응을 얻고 있는 것이 좋은 사례입니다.

서래마을 카페거리 상가는 주택형 상가가 많고 임대료가 높아 실제 수익을 많이 내는 곳은 그리 많지 않아 보입니다. 이곳에서 창업을 한다면 지역 상권에 사정이 밝은 전문가의 조언을 얻어 충분히 파악한 후에 뛰어들어야 합니다.

서래마을에서 부동산 중개를 수년간 해 이곳 사정에 밝은 그랑씨엘공인중개사 이성진 대표는 "그동안은 단독주택이 대부분을 차지했지만 최근은 공동주택들이 많이 들어서고 있어 젊은 세대들이 적잖이 유입되는 추세"라며 "주변 상권에 새롭게 짓는 건축물들이 많은데 수요도 꾸준히 늘고 있다"고 답했습니다. 또한 "내년 시작되는 신반포와 구반포아파트 재건축 사업이 완공되면 새로운 부촌이 형성돼 지금보다 고객층의 소비력이 더욱 커지고 상권의 규모도 더욱 확대될 것으로 기대된다"고 전했습니다.

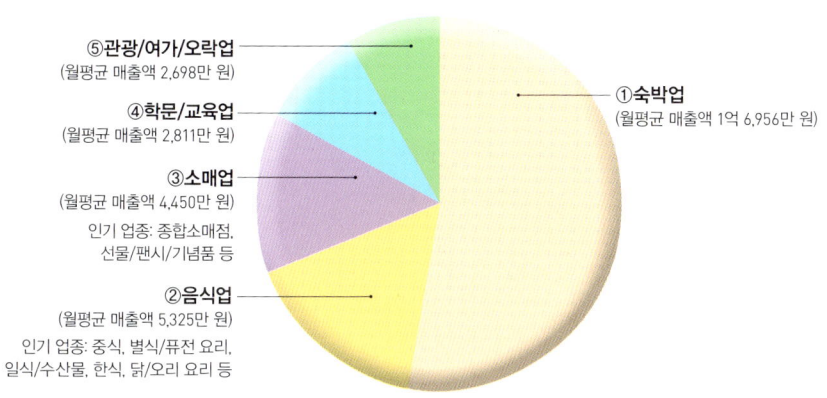

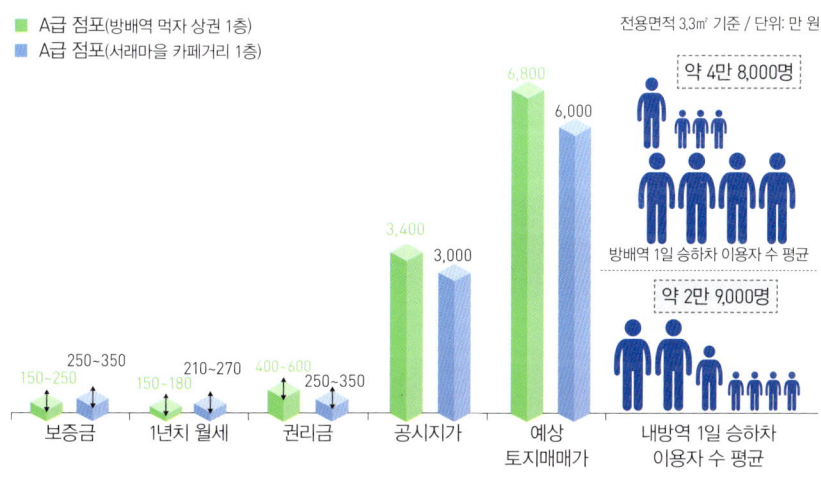

4장 투자 가치가 한눈에 보이는 서울 상권 베스트 40 상세 분석 | 483

## 대형 랜드마크를 보유한
## 잠실역 상권

대단지 아파트, 오피스 등 많은 상주인구와 유동인구
롯데월드타워, 롯데월드 등 대형 랜드마크 위치한 유명 상권
먹자, 유흥, 숙박업소가 즐비한 방이동 먹자골목 주7일 소비 유형
신흥 상권 '송리단길', SNS를 통해 인기 과시 중

잠실은 원래 여의도처럼 한강 본류에 해당하는 강으로 둘러싸인 섬이었습니다. 그러다가 1970년대 강남이 개발되며 강 일부를 매립해 석촌호수를 남기고 현재와 같은 모습으로 자리 잡게 됐습니다. 롯데월드와 롯데월드타워, 잠실종합운동장 등 대형 시설이 많아 유동인구가 많기로 유명한 지역 중 하나이며 집값도 비싼 편으로 부유층이 많이 사는 부촌입니다.

현재 지하철 2호선, 8호선 환승역인 잠실역은 2호선만 다니던 과거에도 송파구, 강동구, 하남시 등 지역과 연결되는 중요한 교통의 요지였습니다. 현재 8호선도 들어서 있어 잠실역의 역할은 더 커졌는데요. 역 주변으로 서울 시내는 물론, 경기도 남양주와 하남, 광주, 안양시 등 다양한 버스 노선도 지나고 있어 언제나 유동인구가 많은 곳이기도 합니다.

잠실역을 사이에 두고는 롯데월드몰, 롯데백화점 등 롯데 계열사 쇼핑매장들과 국내 최초 100층을 넘긴 초고층 롯데월드타워, 롯데월드, 석촌호수 등 대형 랜드마크가 자리 잡고 있습니다. 주말이면 쇼핑과 여가 등을 즐기려는 유동인구와 통행 차량이 많아 교통체증이 심하기 때문에 다소 복잡하다고 느낄 수 있는 상권입니다.

타 지역에서 방문하는 유동인구와 더불어 인근에 주택가와 대규모 아파트 단지가 많아 고정적인 수요도 기대해볼 만합니다. 또한 인근 오피스에 근무하는 직장인 수요 역시 무시 못할 정도로 많습니다.

잠실역 동쪽으로는 올림픽공원, 서쪽으로 탄천, 남쪽으로 석촌호수, 북쪽으로 한강이 위치해 있어 자연에 둘러싸인 쾌적한 입지를 자랑하고 있습니다. 이외에도 인근에는 크고 작은 공원들이 많이 조성돼 있습니다.

### 송파구 대표 먹자·유흥 상권, 방이동 먹자골목

잠실역 상권은 크게 지하상가 상권, 방이동 먹자 상권, 석촌호수 카페거리, 송리단길로 구분할 수 있습니다. 잠실역에 연결된 지하상가 상권은 대단지 아파트 단지와 인접한 5~8번 출구 안에 밀집돼 있습니다. 주 고객층은 아파트에 거주하는 거주민과 오피스 직장인들이며 의류와 화장품, 패션잡화 등 소매업이 주류이고 음식업종은 분식류가 자리 잡고 있습니다.

송파구에서 먹자·유흥 상권을 이야기하면 가장 먼저 떠오르는 곳이 바로 잠실역 상권 중 또 하나의 상권인 '방이동 먹자골목 상권'입니다. 방이동 먹자골목은 1988년 서울올림픽 개최를 계기로 숙박업소들이 들어서면서 모텔촌, 유흥업소가 증가하며 성장했고 현재까지도 여전히 해당 업종이 상권의 많은 비중을 차지하고 있습니다.

잠실역 10번 출구에서 올림픽로를 따라 송파구청을 지나 길을 건너면 방이동 먹자골목 입구에 도달할 수 있는데요. 일반적인 상권들과 달리 상권 외곽이 주택가, 회사, 모텔 등으로 막혀 있어 대부분 다른 입구는 이용하지 않는 편입니다. 또한 내부로 들어가지 않으면 상권이 어떻게 조성돼 있는지 외부에서는 알 수 없는 특징을 지닌 상권입니다.

고기와 같이 술을 판매하는 업종이 주를 이루며 먹자골목의 느낌보다는 유흥 문화가 발달된 상권입니다. 올림픽로를 따라 몽촌토성역 방면으로 더 이동하면 모텔촌이 크게 형성돼 있습니다. 따라서 인근 주거지가 많지만 가족 단위의 유동인구보다는 관공서의 공무원과 금융기관, 오피스 등에 근무하는 직장인 수요가 많으며 구매력은 높은 편이나 집객력은 낮습니다.

점심시간에도 식당가를 위주로 많은 소비가 이루어지지만 상권이 가장 활발하게 돌아가는 시간은 주중 저녁시간대로 호프집, 숙박업소 등이 성황하고 있습니다. 간판이 자주 바뀌는 상권이 아니며, 현재 음식업종은 포화상태를 보이고 있어 입점 시 주의해야 합니다.

2017년 상반기 기준으로 방이동 먹자골목 상권에서 가장 인기가 높은 업종은 생활서비스업(월평균 매출액 1억 3,290만 원)이었습니다. 생활서비스업에 이어서 스포츠업(월평균 매출액 9,288만 원), 숙박업(월평균 매출액 8,315만 원), 음식업(월평균 매출액 8,178만 원), 소매업(월평균 매출액 3,496만 원)으로 나타났습니다. 방이동 먹자골목 내 음식업종 중 유흥주점이 가장 매출이 높았고 중식, 일식·수산물, 한식 메뉴도 높은 매출을 기록하고 있습니다.

과거 이곳 주요 수요층은 50대 이상 중장년층이었습니다. 하지만 최근에는 제2롯데월드를 찾아 타 지역에서 방문하는 젊은 층이 증가하고 있고 약 7,000명의 삼성SDS 직원 등의 영향으로 소비층의 연령대가 조금씩 낮아지는 추세입니다. 현재는 30~40대 유동인구가 가장 왕성한 활동을 보이고 있습니다. 실제로 방이동 먹자골목 연령별 유동인구를 살펴보면 30대가 22.2%, 40대가 20.3%로 가장 높은 비중을 차지하고 있습니다(출처: 소상공인시장진흥공단 2018년 1월 인구분석 통계자료).

방이동 먹자골목 상권은 사방이 막혀 있는 구조로 상권이 더 크게 성장하기에는 힘든 구조입니다. 하지만 인근 잠실역과 몽촌토성역을 비롯해 연장이 예정된 9호선 신방이역이 개통되면 앞으로 더 많은 유동인구가 쉽게 방문이 가능할 것으로 예상됩니다.

방이동 먹자골목에 위치한 쌍용공인중개사사무소 변창수 이사는 "방이동 먹자골목은 타 지역 상권과 비교하면 주변 배후 상권 규모에 비해 점포 수가 많지 않고 몰려 있어 매물이 적지만 장사는 웬만큼은 되는 편이다"라며 "또한 유동인구 통계 흐름을 보면 주말에 증가하는 추세로 대체적으로 7일 상권의 모습을 보인다"고 말했습니다.

## 석촌호수 카페거리, 송리단길 신흥 상권으로 각광

석촌호수 카페거리는 롯데월드몰 맞은편 석촌호수길을 따라 조성돼 있습니다. 아름다운 석촌호수와 가지런히 늘어서 있는 가로수길을 바로 앞에 두고 주상복합과 오피스텔이 자리 잡고 있고 그 건물의 1층에는 고급스러운 카페와 레스토랑 등이 채워지며 상권을 형성하고 있습니다. 석촌호수 서호 방면보다는 동호 방면에 다양한 카페와 레스토랑이 들어서 있는 모습을 볼 수 있습니다.

이곳에 형성된 주상복합과 오피스텔은 임대료가 높은 편으로 카페와 레스토랑 등의 상품 객단가 또한 다소 높은 편입니다. 석촌호수 카페거리를 이용하는 수요층 또한 높은 구매력이 뒷받침되고 있습니다. 주 고객층은 젊은 층부터 50대까지 다양하게 형성돼 있으며 평일보다는 주말에 유동인

구가 훨씬 많습니다. 점심시간대에도 많이 찾는 곳이지만 석촌호수 야경을 즐기기 위해 일부러 저녁시간대에 찾아오는 유동인구도 많은 편입니다.

또한 최근 석촌호수 동호 방면 인근에서 인기를 얻으며 뜨고 있는 상권은 바로 '송리단길 상권'입니다. 송리단길은 경리단길, 망리단길에 이어 송파구의 '송' 자를 따다 붙인 이름으로, 20~30대 젊은 층을 중심으로 인기를 끌고 있습니다.

송리단길은 석촌호수 카페거리 인근 백제고분로41길, 43길, 45길에 위치합니다. 대로면의 뒤쪽 블록에 위치한 송리단길은 2년 전까지만 해도 평범한 주거지역에 불과했습니다. 전혀 주목받는 곳이 아니었던 송리단길은 롯데월드타워 개장으로 인해 유동인구가 대거 늘어나며 상권이 성장하기 시작했습니다. 한창 인기가 많은 타 골목 상권처럼 특색 있는 식당과 분위기 있는 카페가 곳곳에 들어서면서 SNS와 블로그에서 유명세를 타고 있습니다. 새롭게 들어서는 점포들과 함께 기존 미용실과 부동산, 철물점, 중고 가구점 등 오래된 점포들이 함께 어우러져 있어 주택가 상권의 분위기가 강합니다.

송리단길은 상권이 주목받기 시작한 지 얼마 안 됐지만 입소문을 타면서 현재 소형 점포는 매물을 찾기 힘들 정도입니다. 인기가 단기간에 높아지고 있는 데 반해 점포 매물은 귀하기 때문에 후에 임대료가 폭등하는 현상이 나타날 가능성도 있습니다. 송리단길 일대 창업을 염두하고 있는 예비 창업자는 이 점을 유의해서 준비해야 합니다.

송리단길과 같은 신흥 상권의 경우 주 고객층을 잘 분석해서 유망 업종을 선별해내는 안목이 필요합니다. 기존 점포들과 겹치지 않는 콘셉트를 바탕으로 상품(메뉴)과 인테리어를 선보이고 적극적으로 SNS 마케팅을 펼쳐 소비자의 발걸음을 유도해야 합니다.

송리단길 입구에 위치한 주머니공인중개사사무소 임희중 대표는 "송리단길은 사람들이 많이 찾는 석촌호수 인근의 입지적인 이점으로 유명 맛집 셰프들이 선호하는 지역으로 알려지고 있다"며 "최근에는 외국인 전문 식당들로 태국, 일본, 유럽 등의 음식점들이 생겨나고 있는 추세"라고 말했습니다.

### 잠실역 상권 월평균 매출 TOP 5 업종

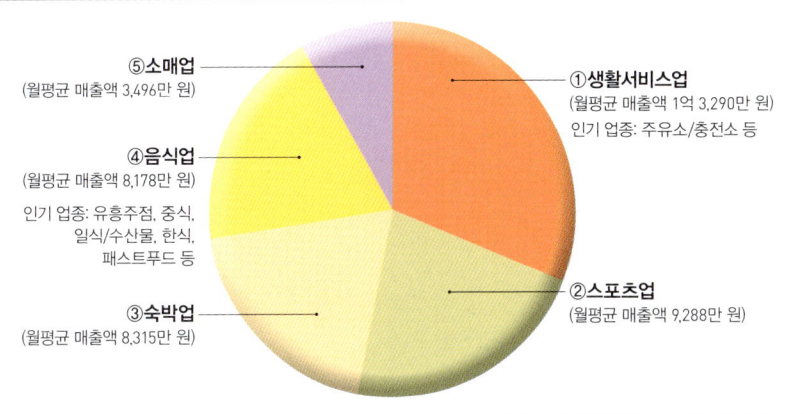

출처: 소상공인시장진흥공단, 방이동 먹자골목 상권 2017년 상반기 기준 매출 통계자료(조사일: 2018.03.22)

### 잠실역 상권 상가 평균 시세와 승하차 인구

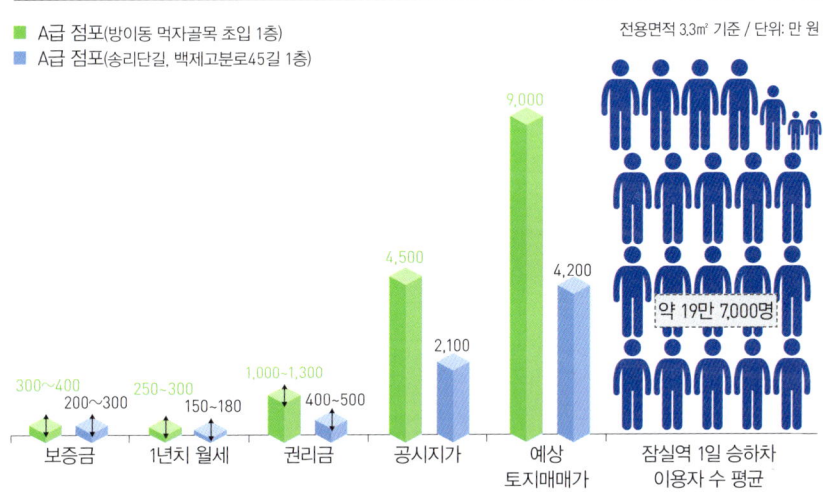

※ 현지 중개사무소를 방문 조사한 것으로 점포 입지에 따라 약간의 시세차가 있을 수 있습니다.
출처: 국토교통부, 서울교통공사

## 다양한 유동인구와 특색 있는 입지
### 천호역 상권

로데오거리, 시장 먹자골목 등, 다양한 성향의 상권 공존
입지마다 특색 있어 개성 파악 후 연령대별 공략 필요
다양하게 형성된 먹자골목, 중저가 외식업이 승산
재개발 사업으로 단기간은 상권 약세, 장기간은 강세 전망

천호역 상권은 강동구를 대표하는 상권 중 하나로 평일과 주말을 가리지 않고 다양한 연령층이 모여드는 상권입니다. 이전에는 곡교리라는 이름으로 불리다가 1963년 성동구로 편입되면서 천호동이라는 이름이 붙었습니다. 천호(千戶) 정도의 가구가 사는 마을이라는 뜻에서 유래했다는 설이 있습니다.

강동구의 단 하나뿐인 환승역은 바로 '천호역'입니다. 지하철 5호선과 8호선의 더블 역세권으로 강동구 교통의 중심이며 수도권 동부 지역의 교통 거점입니다. 예부터 서울 시내에서 광주시, 하남시로 가려면 이곳을 꼭 거쳐야 했으며 남양주시, 구리시 등에서 오는 광역버스도 많습니다. 천호대로와 올림픽로, 양재대로와 같은 큰 도로와도 인접합니다.

천호역은 강동구의 중심지이기 때문에 현대백화점, 이마트, 2001아울렛을 비롯해 많은 대형 상점들이 있으나 집값은 강동구 다른 지역에 비해 낮게 형성돼 있습니다. 인접한 학군은 풍납초, 강동초, 천일중 등이 있으나 학교가 많지 않은 편이고 둔촌동, 상일동, 명일동에 비해 주거 선호도도 낮습니다. 인근에는 풍납근린공원, 광나루한강공원 등 녹지 공간이 자리 잡고 있습니다.

### 다양한 유동인구를 품고 있는 천호역 상권

천호역 인근 상권은 지역 거주민들뿐만 아니라 강동구 내의 고덕동, 성내동, 암사동의 젊은 층이 모이며 송파구 풍납동과 인근 하남시, 광주시에서 놀 거리, 먹을거리를 찾아 방문하는 인파가 많습니다.

큰 규모의 점포들이 주를 이루는 분위기가 건대와 흡사한 느낌을 주지만 20~30대의 모습이 대부분인 건대에 비해 천호는 20대부터 중년층까지 분포돼 있습니다. 거리마다 활력이 넘치고 골목골목에도 사람들이 북적이는 등 많은 유동인구를 볼 수 있습니다. 실제로 천호역 연령별 유동인구를 살펴보면 30대가 21.3%로 가장 많고 60대 이상이 20.2%, 40대가 19.3%, 50대가 19.2%, 20대가 16.2% 순서로 다양하게 분포돼 있는 모습을 볼 수 있습니다(출처: 소상공인시장진흥공단 2018년 1월 인구분석 통계자료).

천호역 일대는 입지마다 특색을 지니고 연령층, 유동인구도 저마다 다른 성향을 띠고 있습니다. 대로변 상권을 중심으로는 직장인들의 유동인구가 많고 이마트 주변에는 주부 및 30대 이상의 연령층이 주를 이룹니다. 핵심 거리인 로데오거리에는 20~30대 유동인구가 가장 많고 2001아울렛에서 천호시장까지 이어진 천호시장 사거리는 인근 한국마사회 강동지사로 인해 40대 이상 중년층의 모습이 많이 보입니다.

천호역 상권은 주택가, 오피스, 번화가 상권의 모든 면모를 갖추고 있으며, 각 입지마다의 개성이 다르므로 이를 잘 파악해 특정 계층을 타깃으로 선정하는 것이 가장 바람직합니다.

## 천호동 로데오거리와 천호시장 사거리

천호역 4번 출구로 나오면 역과 연결돼 있는 현대백화점과 인근 이마트를 찾아볼 수 있습니다. 1990년대 중반 현대백화점과 이마트가 들어서며 천호역 일대는 복합 상권으로 변하며 유동인구가 증가했습니다. 이 대로변은 천호역 인근에서 높은 임대료가 형성돼 있고 은행, 의류 매장 등이 자리 잡고 있습니다. 이마트를 지나 천호대로 대로변을 따라 강동역 방향으로 가다 보면 천호역 메인 상권인 천호동 로데오거리 입구가 나옵니다.

로데오거리는 20대 젊은 층을 타깃으로 한 잡화 매장과 저렴한 금액대

의 가성비 높은 음식점들이 성업 중입니다. 1층은 잡화, 의류, 화장품, 테이크아웃 전문 가게가 포진돼 있고 2층 이상은 주점, 카페, 노래방, 고깃집 등이 위치해 있습니다. 특히 이색 아이템을 접목시킨 퓨전 주점이 젊은 층의 마음을 흔들고 있습니다.

로데오거리에서 직진하면 천호시장 사거리가 나옵니다. 로데오거리가 젊은 층 위주의 번화가인 반면, 이곳은 상대적으로 낙후된 모습을 보이며 시장 주변을 움직이는 유동인구도 40~50대 이상의 중년층과 주부들이 대부분입니다. 먹자골목 분위기의 이곳 상권은 오래전부터 영업을 해온 가게들이 다수 분포돼 있어 골수팬들이 찾는 곳입니다. 천호시장과 2001아울렛 사이에는 천호동 족발골목이 있습니다.

2017년 상반기 기준으로 천호동 로데오거리 일대 상권에서 가장 인기가 높은 업종은 숙박업(월평균 매출액 5,474만 원)이었습니다. 이어서 음식업(월평균 매출액 4,420만 원), 스포츠업(월평균 매출액 3,180만 원), 소매업(월평균 매출액 3,148만 원), 학문·교육업(월평균 매출액 3,062만 원) 순으로 매출이 높았습니다(출처: 소상공인시장진흥공단 매출 통계자료).

천호 1구역 천호시장 일대는 재개발로 인해 2018년 8월부터 새롭게 탈바꿈될 예정입니다. 서울주택도시공사(SH공사)가 재개발 조합과 함께 공동 사업 시행자로 나서면서 사업 속도가 빨라졌습니다. 재개발은 강동구 천호동 일대 3만 8,508제곱미터에 아파트 999가구, 오피스텔 264실, 부대 복리

시설, 판매·업무시설 등을 신축하는 사업입니다. 이로 인해 천호역 상권의 약점이던 텍사스 골목도 변화될 가능성이 있습니다. 현재 천호 4구역과 코오롱아파트, 현대프라자아파트 등도 정비사업 절차를 진행 중입니다.

## 다른 성향들의 상권들이 모여 자리 잡은 상권

천호역 1번 출구 인근에 조성돼 있는 천호 문구완구거리는 천호동을 대표하는 상권은 아니지만 특정 아이템을 선정해 거리가 조성돼 있어 사람들의 호기심을 자극하는 곳입니다. 문구류, 학용품 등을 취급하는 점포들이 길을 따라 늘어서 있으며 업체들과 거래하는 사람들과 키덜트들이 주로 찾습니다. 유동인구는 비교적 적은 편입니다.

3번 출구 인근은 현대백화점을 배후에 둔 대로변 상권으로 20대 학생들과 30대 이후 여성 유동인구가 많은 편입니다. 주변에 사무실, 오피스텔이 밀집돼 있고 약국, 병원, 카페, 편의점 등이 주를 이룹니다.

로데오거리 반대편 6번 출구 인근에서 KB국민은행을 끼고 들어서면 찾을 수 있는 이면 골목에는 주꾸미골목이 있습니다. 이곳은 로데오거리와 연결되는 지하보도가 있어 2개의 상권이 공생하는 모습을 볼 수 있습니다. 골목 양옆에 주꾸미집이 늘어서 있는 이 골목은 지역 주민을 비롯해 입소문을 듣고 찾아오는 방문객 등 유입인구가 다양합니다. 퇴근시간부터 자정까지 유동인구가 가장 많고 점심시간에는 매출이 적어 늦은 오후에 오픈하는 가게가 대부분입니다.

천호역 상권 중 B급 지역 상권으로 분류되는 주꾸미골목 평균 시세는 1층 점포 기준 33~40제곱미터가 보증금 3,000만~4,000만 원 선, 월세 180만~200만 원, 권리금 8,000만~9,000만 원 선이며 골목 안쪽 점포는 보증금 2,000만~3,000만 원, 월세 120만~150만 원, 권리금 3,000만~4,000만 원 정도로 형성돼 있습니다.

## 입지별로 다른 타깃 층을 고려한 아이템 선정 필수

천호역 상권은 동일한 상권 내에서 세부 지역에 따라 집중되는 아이템이 다릅니다. 이는 그만큼 상권을 찾는 연령대, 기호, 취향이 다양하다는 것을 의미합니다. 따라서 명확한 창업 전략과 더불어 입점 예정지에 대한 정확하고 면밀한 분석, 상권 내 유동인구에 대한 객관적인 정보를 가지고 아이템을 선정하는 것이 가장 중요합니다.

천호역과 같은 복합 상권은 상권 내 유동인구 여러 계층 중 하나를 주력 목표로 정하고 이에 맞춘 특화전략을 통해 집중해야 성공률을 높일 수 있습니다. 만약 모든 계층, 모든 인구를 포괄하려 한다면 이도 저도 아닌 이미지로 기억되기 쉬워 주의해야 합니다.

천호동 한자리에서만 15년 동안 부동산 중개를 한 21세기공인중개사 이재종 대표는 "앞으로 재개발되는 천호 1구역은 천호시장, 동서울시장 등 전통시장이 몰려 있는 곳으로 강남권 이동이 편리하고 잠실이 가까워 잠재 가치가 높다"며 "로데오거리 인근도 코오롱상가와 현대프라자가 같이 개발을 앞두고 있어 주민들 생활 환경도 새롭게 변모할 것으로 기대된다"고 말했습니다. 또한 "그동안 이 지역들이 저평가된 것이 사실"이라며 "집

값 부담으로 인근 강남이나 송파 지역에서 이주를 하거나 투자 관련 문의도 꾸준하다"고 전했습니다.

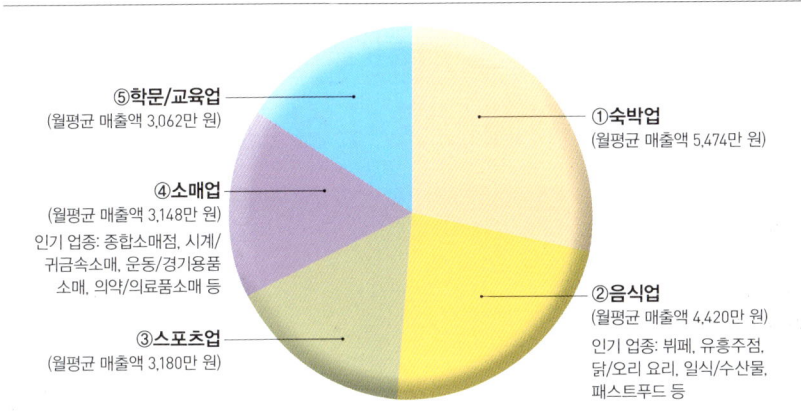

천호역 상권 월평균 매출 TOP 5 업종

①숙박업 (월평균 매출액 5,474만 원)
②음식업 (월평균 매출액 4,420만 원) 인기 업종: 뷔페, 유흥주점, 닭/오리 요리, 일식/수산물, 패스트푸드 등
③스포츠업 (월평균 매출액 3,180만 원)
④소매업 (월평균 매출액 3,148만 원) 인기 업종: 종합소매점, 시계/귀금속소매, 운동/경기용품소매, 의약/의료품소매 등
⑤학문/교육업 (월평균 매출액 3,062만 원)

출처: 소상공인시장진흥공단, 천호동 로데오거리 일대 상권 2017년 상반기 기준 매출 통계자료(조사일: 2018.03.22)

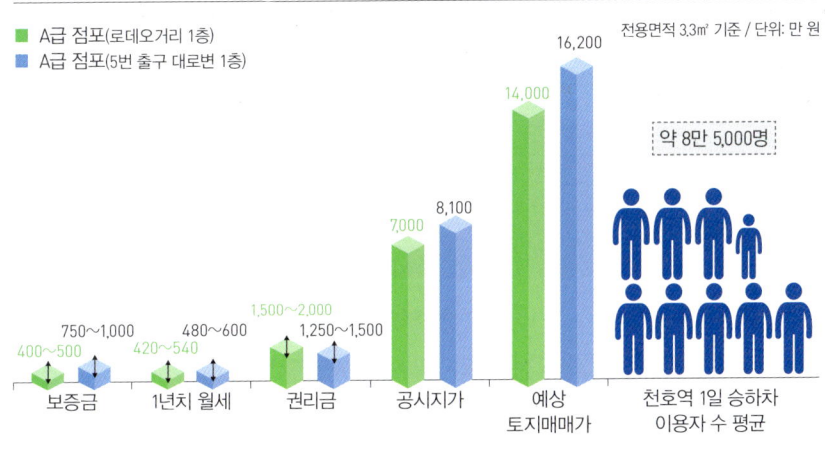

천호역 상권 상가 평균 시세와 승하차 인구

■ A급 점포(로데오거리 1층)
■ A급 점포(5번 출구 대로변 1층)

전용면적 3.3㎡ 기준 / 단위: 만 원

보증금: 400~500 / 750~1,000
1년치 월세: 420~540 / 480~600
권리금: 1,250~1,500 / 1,500~2,000
공시지가: 7,000 / 8,100
예상 토지매매가: 14,000 / 16,200
천호역 1일 승하차 이용자 수 평균: 약 8만 5,000명

※ 현지 중개사무소를 방문 조사한 것으로 점포 입지에 따라 약간의 시세차가 있을 수 있습니다.
출처: 국토교통부, 서울교통공사

## 강남권에 위치한 항아리 상권
## 위례신도시 상권

신도시 내 위례선, 위례신사선 개통 기대감
상권 초기 권리금 없는 곳 많아 창업 시 장기간 보고 진입
삶의 질 높아 친환경 유기농 먹거리 관련 창업 유망
상권 안정화 2년 소요 예상, 향후 튼튼한 상권 전망

신도시는 교통 및 접근성 등 도시개발이 체계적으로 진행되기 때문에 상권 형성도 잘 이루어지고 대부분 지역에서 랜드마크 도시로 자리 잡게 됩니다. 1기 신도시로는 분당, 일산, 중동, 평촌, 산본신도시가 있으며 2기 신도시는 광교, 동탄, 양주, 운정, 위례, 판교, 한강신도시가 대표적입니다.

　위례신도시는 노무현 정부 때 송파신도시라는 이름으로 처음 신도시로 지정됐으나 이런저런 이유로 개발이 미뤄지다가 이명박 정부 때 첫 삽을 떴습니다. 수도권 신도시는 대부분 경기도나 인천에 조성되는 경우가 많은데 위례신도시는 예외적으로 서울시 송파구와 경기도 하남시, 성남시에 걸쳐 지어지고 있습니다. 이 지역은 과거에 육군특수전사령부, 육군학생군사학교, 육군종합행정학교 등 군부대로 이루어졌었고 현재는 모두 다른 지역으로 이전한 상태입니다.

　공급 당시부터 서울 강남권과 뛰어난 접근성으로 많은 주목을 받은 위례신도시는 지난 2013년부터 아파트와 상가 등의 입주가 진행되고 있으며 북부 지역은 아직 조성 중에 있습니다. 완공 시 아파트, 주상복합, 단독주택을 모두 포함해 약 4만 3,000여 세대가 들어설 예정이며 주택형의 경우 전용면적 85제곱미터를 넘는 중대형 비중이 높습니다.

　서울외곽순환고속도로와 분당수서간도시고속화도로 진입이 수월하며 버스 이용 시에는 8호선 장지역 인근이 가장 잘 돼 있습니다. 현재 가장 가

까운 지하철역은 8호선과 분당선의 환승역인 복정역과 5호선 마천역입니다. 그러나 위례신도시 중심에서 30분 이상 걸어가야 도달할 수 있어 거리감이 있는 편입니다. 창곡교차로 인근에 개통이 예정돼 있는 8호선 우남역(2019년 예정)과 신도시 내부를 지나는 경전철 위례선(2021년 예정), 경전철 위례신사선(2024년 예정)이 개통되면 대중교통 이용은 더욱 원활해질 것으로 보입니다.

위례신도시 중심 상권인 트랜짓몰을 둘러싼 휴먼링이 조성돼 있어 보행자 길과 자전거 전용도로가 잘 되어 있고 인근에 장지천, 창곡천 수변공원이 자리 잡고 있어 산책 공간이 많은 점이 장점입니다.

## 위례신도시 중심 상권, 유럽형 스트리트 상가 '트랜짓몰'

위례신도시 상권은 곧 개통될 우남역 인근 근린상가 밀집 상권과 인근 아파트 단지 내 상가, 그리고 트램라인을 따라 조성된 트랜짓몰로 구분할 수 있습니다. 아파트 분양시장에서는 위례신도시가 큰 인기를 누리고 있으나 현재 상권 활성화는 전체적으로 미흡한 편입니다.

우남역 인근 근린상가에는 주로 은행, 병원, 미용실, PC방, 패스트푸드점 등이 입점돼 있고 아파트 단지 내 상가는 부동산, 편의점, 할인마트가 대부분으로 아직 주민들을 위한 편의시설이 부족합니다. 상권이 자리 잡아가는 과정으로 곳곳에는 상가 임대문의가 붙어 있고 임차인을 기다리고 있는 모습입니다. 향후 성남 복정지구 내 공공주택이 공급되면 우남역 상권은 더욱 활성화될 것으로 전망됩니다.

위례신도시의 중심 상권이라고 할 수 있는 트랜짓몰은 위례아이파크 2차 아파트 인근부터 남쪽으로 직선 거리 약 1.2킬로미터 길이에 달하는 유럽형 스트리트 상가를 말합니다. 자동차 진입을 제한하고 보행자 전용 구간으로 구성돼 있어 쾌적하고 안전한 휴식 공간으로 조성됐습니다. 현재 남쪽 방면은 조성 중에 있으며 제일 활발한 상권 구간은 아이파크 인근입니다.

상권 가운데에 조성된 잔디밭을 따라 향후 국내 최초 무가선 트램(위례선)이 들어설 예정입니다. 전선 없이 전동차 내의 배터리로 달리는 무가선이라 전차 소음 문제 없이 상권과 어우러질 것으로 보입니다.

이곳에 들어설 예정인 위례선은 신도시 내부 노면전차 노선으로 복정역, 마천역, 우남역(예정)과 연결되는 12개 역이 조성, 현재 대중교통 이용이 불편한 위례신도시 내 교통 수요에 효율적인 역할을 할 것으로 기대됩니다. 예정된 위례신사선(강남 신사~위례신도시)도 이곳까지 연결될 예정입니다.

트랜짓몰 라인은 대부분 주상복합 상가로 1층과 2층에만 상가가 들어서 있습니다. 카페, 패스트푸드, 호프, 네일숍, 애견숍, 음식점 등이 주를 이룹니다. 트랜짓몰 상권의 장점은 주변 배후 세력이 많다는 것입니다. 인근 아파트를 배후로 10세 미만의 아이가 있는 부모의 유동인구가 많아 어린 자녀와 부모를 대상으로 한 창업 아이템도 유망합니다.

위례신도시 연령별 유동인구를 살펴보면 30대 27.8%, 40대 26.7%로 높은 비중을 차지하고 있고 드물게도 성별 유동인구에서 여성의 비율이 51.4%로 높습니다. 주거인구도 30대가 18.7%, 40대가 21.6%로 높았습니다(출처: 소상공인시장진흥공단 2018년 1월 인구분석 통계자료).

인근 와이즈더샵 후면에 있는 와이즈가든은 골목과 둥그런 광장을 중심으로도 상권이 형성돼 있는데 트랜짓몰과 같은 스트리트 상가이지만 음식점이 주를 이루는 먹자 상권 분위기입니다.

향후 위례선 개통으로 대중교통이 활성화되고 인근 아파트 입주가 완료되면 유동인구가 증가할 것으로 기대를 모으고 있으나, 상권 규모의 한계가 있어 거대 상권으로 성장하기를 기대하는 것은 어려워 보입니다.

## 성장 중인 신도시 상권, 장기적인 관점에서 접근해야

대부분의 창업자들은 신도시 상권 내 점포 선점을 위해서 아파트 입주 시점에 맞춰 점포 입지 물색에 나서는 경우가 많습니다. 하지만 대부분의 신도시는 입주 초기 상권 형성이 미약하고 상권 안정화 단계까지 시간이 필요합니다. 독립적이고 특색 있는 아이템 없이 섣불리 창업에 나섰다가는 큰 성과를 보지 못할 수 있습니다.

우선 상권의 규모나 성향을 파악해야 하는데 위례신도시는 전문 용어로 항아리 상권입니다. 항아리 상권은 일정 수요가 꾸준히 유지되면서 이들 소비층이 외부로 잘 유출되지 않는 곳을 말하며 위례신도시는 대표적인 항아리 상권으로 소비가 상권 내에서 많이 이뤄지는 특징을 보입니다. 또한 항아리 상권은 충성도 높은 고객 특성으로 경기변화에 민감하지 않아 안정적인 매출을 기대할 수 있는 장점이 있습니다. 소비자가 원하는 점포 특징을 잘 살린다면 좋은 입지에서 안정된 운영을 할 수 있습니다.

특색 있는 아이템의 대표적인 사례를 꼽자면 위례서로 대로변에 위치한 친환경 유기농 전문점 생산자 직거래 매장 '우리생협'이 지역 주민들에게 좋은 반응을 얻고 있습니다. 이 매장은 2017년 5월 오픈해 유통마진을 붙이지 않고 물류비의 효율을 높여 소비자에게 착한 가격으로 이용할 수 있도록 하고 있는데요. 소비자는 안전한 먹을거리와 합리적인 가격을 통해 소비를 지속적으로 하고 생산자는 소비 확대를 통해 안정적인 생산을 할 수 있어 선순환 방식의 소비와 생산이 가능합니다.

현재 위례신도시 상권도 입주 초기 상권이 형성되어가는 단계라 업종 선택의 폭이 넓고 대부분 권리금이 없는 상태입니다. 다만 높은 분양가로 인해 보증금, 월세가 비싼 편이며 아직 아파트 입주가 다 이루어지지 않아 현재로서는 소비력이 약하다고 할 수 있습니다.

위례신도시 상권은 기존 신도시들이 겪었던 개발 초기 단계를 밟고 있는 상황입니다. 아직 상권이 튼튼하지 않은 만큼 위험 요소가 많습니다. 만약 위례신도시 상권에 자신 있는 창업자라면 당장 눈앞의 성과보다는 장기임대 계약을 체결해 장기적인 관점에서 뛰어들어야 승산이 있습니다. 초기에 단골 손님을 많이 확보해두는 것이 승패를 좌우할 것으로 보입니다. 상권은 짧게는 2년 이상 돼야 안정화 단계에 접어들기 때문에 장기적인 운영 자금이 준비돼 있어야 합니다.

상업용 부동산 상가 구성MD 컨설팅 전문가인 다원플레이스의 정수철 대표는 "아파트 입주가 일부 끝나고 지금은 근린상가와 오피스텔이 분양 또는 입주 중인 상황"이라며 "앞으로도 상권이 완전히 갖춰지기까지는 약 2년 정도의 시간이 걸릴 것으로 보이며 아파트의 경우 입주 전 최초분양가와 비교하면 현재 3억~4억 정도 프리미엄이 붙었고 상가도 장기적으로 봤을 때 향후 상권이 안정된다면 비슷한 경우가 나타날 것으로 보인다"고 말했습니다.

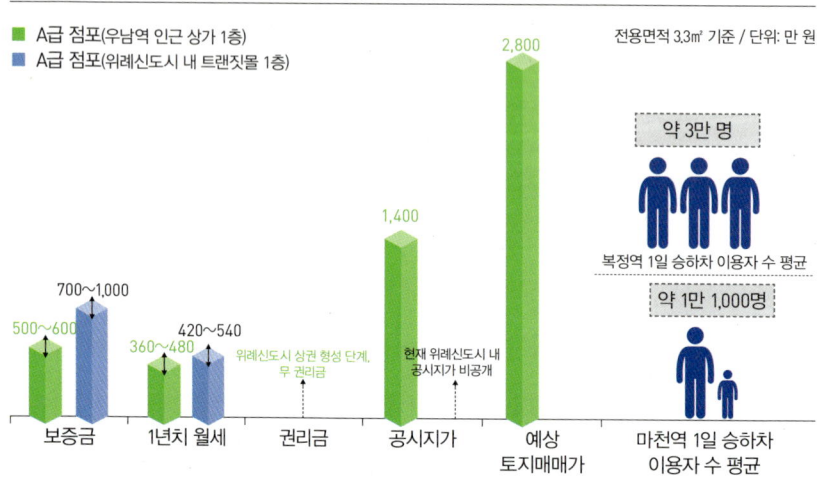

위례신도시 상권 상가 평균 시세와 승하차 인구

※ 현지 중개사무소를 방문 조사한 것으로 점포 입지에 따라 약간의 시세차가 있을 수 있습니다.
출처: 국토교통부, 서울교통공사, 한국철도공사

## 새롭게 떠오르는 복합 오피스 상권
## 문정역 상권

문정동 법조타운 조성으로 상주인구·유동인구 증가
법조타운 오피스 상권 특성상 주말 매출 취약
가든파이브, 이마트, 현대시티몰 등 인근 복합 쇼핑몰 풍부
복합 쇼핑몰 조성 영향, 로데오거리 침체 새로운 발상 필요

서울에서 대표적인 오피스 상권은 여의도, 을지로, 가산 정도입니다. 여기에 새롭게 떠오르고 있는 신흥 오피스 상권으로 문정동이 있습니다. 문정동은 법조타운, 로데오거리와 함께 아파트, 오피스텔이 대거 자리 잡고 있습니다.

　문정이란 이름의 유래는 조선시대로 거슬러 올라갑니다. 병자호란 때 인조가 남한산성으로 피난을 가다가 이곳에서 쉬면서 물을 마셨는데 그 맛이 매우 좋았다고 합니다. 그래서 우물 '정#'에 이 마을에 가장 많이 사는 남평 '문文'씨 성을 앞에 붙여 '문정文#'이라고 불렀습니다.

　문정역 주변에는 크고 작은 공원이 많이 조성돼 있습니다. 지금은 무산된 남부화물기지선(오봉역~도농역 구간) 연장선로 부지를 따라 문정근린공원이 들어서 있고 탄천, 연화근린공원 등 자연 공간이 많습니다. 문정1동 주민센터 뒤 로데오거리 인근에는 약 530년, 높이 20미터, 둘레 4.7미터의 서울시 지정보호수인 느티나무가 있습니다.

　교통망으로는 서울외곽순환고속도로와 동부간선도로, 올림픽대로, 분당수서간도시고속화도로, 용인서울간고속도로 등으로 진입이 수월해 서울 곳곳과 타 지역으로 이동이 용이합니다. 또 2017년 개통된 SRT 수서역이 가깝고 서울 경전철 위례신사선(예정)이 개통되면 앞으로의 교통 편의성은 더욱 좋아질 전망입니다.

## 풍부한 상주인구와 유동인구, 뜨는 문정동 법조타운

문정역 3, 4번 출구 인근은 얼마 전까지 서울에서 드물게 논밭과 비닐하우스가 펼쳐진 농경지 지역이었으나 문정도시개발구역과 동남권 유통단지로 지정되면서 현재는 신도시로 거듭났습니다. 가장 먼저 가든파이브 등 물류단지가 생겨났고 이후에 상업용 건물과 주거용 오피스텔 등이 들어서고 있습니다.

또 구의역 인근에 있던 서울동부지방검찰청과 서울동부지방법원이 이곳으로 이전하면서 법조단지(문정동 법조타운)가 완공을 앞두고 그 모습을 갖춰가고 있습니다. 2017년 9월에는 서울동부지방검찰청 앞에 서울동부구치소(구 성동구치소)가 이전을 완료했고 서울지방경찰청 제3기동단도 이곳에 위치합니다. 문정동 법조타운에는 연면적이 63빌딩 크기에 달하는 지식산업센터 건물도 입주를 진행하고 있습니다.

무엇보다 문정역은 업무시설을 기반으로 탄탄한 수요가 뒷받침돼 있는 상권입니다. 잠실 등 강남권과 인접해 있고 일대에서 빠르게 입주가 진행되고 있는 지식산업센터와 업무단지, 특히 중소기업의 사옥 입주 증가로 직장인 유동인구가 증가 추세에 있습니다. 문정동 법조타운은 하루 약 10만 명 수준의 상주인구와 더불어 법원과 검찰청 방문객 등을 포함한 상당수의 유동인구가 지나갑니다.

문정동 법조타운 연령별 유동인구를 살펴보면 30대 27.1%, 40대 24.2%, 50대 18.0%로 많은 비중을 차지하고 있습니다. 또한 오피스 상권인 만큼 요일별 유동인구는 월요일 14.7%, 화요일 16.7%, 수요일 16.9%, 목요일 16.9% 금요일 17.4%로 주중 유동인구는 꾸준한 유동인구를 보이지만 토요일(10.9%)과 일요일(6.5%)은 급격히 떨어지는 모습을 볼 수 있습니다(출처: 소상공인시장진흥공단 2018년 1월 인구분석 통계자료).

또 법조타운에 위치한 초대형 건물들은 회사에서 저렴하게 운영하는 구내식당이 없다는 것이 특징입니다. 아침 출근시간, 점심 식사시간, 저녁 퇴근시간에는 유동인구가 폭발적으로 늘어납니다. 출근시간대에는 가벼운 식사 대용이나 커피 정도의 소비가 이루어지며 실질적인 소비는 점심시간과 퇴근시간 이후로 볼 수 있습니다.

문정역 4번 출구로 나와 이면 골목 안에 위치한 골목 사거리에 상권이 가장 발달해 있으며 특히 문정역과 연결되는 엠스테이트 상가는 유동인구가 풍부하고 퇴근 후 지나는 유동인구가 많아 높은 임대료를 형성하고 있습니다.

## 옛 명성 잃은 문정 로데오거리 상권

문정역 서쪽과 달리 동쪽 1, 2번 출구 인근은 로데오거리 상권과 함께 주택가가 많습니다. 대부분이 지은 지 오래된 아파트 단지와 단독주택이 많지만 문정동 삼성래미안아파트 등 비교적 최근에 지어진 아파트도 볼 수 있습니다. 문정동 지역 일부는 제2롯데월드가 생기고 항로가 바뀌면서 하루에 항공기 약 40대가 지나는데 한밤중에도 이착륙이 이루어질 때가 있어 항공기 소음으로 인한 주민 피해도 빈번합니다. 문정초, 문덕초, 문정중, 가원중, 문정고 등 학군도 이곳에 몰려 있습니다.

문정역 1번 출구로 나와 대로변을 따라 걸어가다 보면 올림픽훼밀리타운 사거리가 나오는데 사거리 동쪽 방향에 기존 문정역 메인 상권이라고 할 수 있는 문정 로데오거리가 있습니다. 문정 로데오거리는 1990년대 초 브랜드 의류 재고 매장이 들어오면서 뜨기 시작했고 당시 송파구 대표 상권 중 하나로 국내 최대 의류 상설 매장으로 발달했습니다.

현재도 큰 대로변에는 의류 상설할인 매장 등 다양한 옷가게 매장이 나란히 늘어서 있으나 온라인 쇼핑몰이 발달하고 인근 복합 쇼핑몰이 들어서며 현재 그 당시 명성은 찾아보기 어려워졌습니다. 또 인근 가든파이브와 법조타운에 비해 주차 시스템이 불편한 것도 사람들의 발길이 줄어들고 있는 이유입니다.

문정 로데오거리는 다른 지역의 일반적인 로데오거리와는 다른 양상을 보입니다. 여느 상권의 로데오거리에는 대부분 의류, 음식점, 유흥 점포 등 다양한 가게가 들어서 있는 데 반해 문정 로데오거리는 도로변에서 의류 종 외에 다른 업종의 가게를 찾아보기가 쉽지 않습니다. 골목 안으로 들어서야 음식점, PC방 등이 보이고 단독주택, 아파트가 모여 있는 주택가 나옵니다.

현재 문정 로데오거리보다는 2번 출구 이면도로에 문정근린공원을 따라 이어진 곳에 상점가가 더 발달돼 있는 편입니다. 이곳도 한때는 유동인구가 많았으나 대형 마트와 쇼핑몰의 영향으로 다소 침체된 분위기입니다.

문정역 주변에는 고급 식재료를 판매하는 롯데 프리미엄 푸드마켓, 가든파이브의 NC백화점과 가성비를 자랑하는 이마트, 아웃렛 매장인 현대시티몰 등 다양한 유통 매장이 들어서 있습니다. 동네 주민들 입장에서는 편의시설 이용이 좋아졌으나 문정동 상권 전반적으로는 매출 타격이 큰 상황입니다.

소상공인시장진흥공단의 매출 통계자료에 따르면 2017년 상반기 기준으로 문정역에서 매출 정보를 조회할 수 있는 업종은 총 5개 업종입니다. 월평균 매출액이 가장 높은 업종은 소매업(5,458만 원)으로 그중 종합소매점의 매출이 가장 높습니다. 소매업에 이어서 스포츠업(3,844만 원), 음식업(2,994만 원), 생활서비스업(2,150만 원), 학문·교육업(1,140만 원) 순으로 월평균 매출액이 높은 것으로 조사됐습니다.

로데오거리에서 영업 중인 한 공인중개사는 "의류시장의 온라인화가 가속화되고 있는 데 반해 로데오거리는 오프라인 매장이 과도하게 많아 상권이 침체를 겪고 있다"며 "의류점이 일부 빠지고 그 자리에 특색 있는 음식점들이 들어서면 상권이 살아날 것으로 예상된다"고 말했습니다. "다만 높은 권리금을 지불한 임차인들과 건물주들이 음식점이 들어오면 냄새나 소음 문제가 발생해 꺼리는 분위기"라며 "현재 음식점 창업자 대기 수요 문의는 꾸준하게 들어오고 있으나 입점은 진행되지 않고 있는 상황"이라고 전했습니다.

## 오피스 상권의 장·단점 염두에 둬야

문정동 법조타운은 아직 개발 계획이 많이 남아 있는 만큼 상권이 더 성장할 가능성이 있는 지역임은 분명합니다. 오피스 상권은 성수기와 비수기의 구분이 없이 1년 내내 꾸준한 장사가 가능하며 피크타임과 브레이크타임이 일정해 인건비 절약 면에서도 효율적입니다. 또 골목 상권, 대학 상권 등에 비해 비교적 경기를 타지 않고 고정적인 수요층이 확보돼 있어 집객력이 뛰어나다는 장점이 있습니다.

이 장점을 살려 점심시간의 경우 주 고객층인 직장인 20~40대가 이용할 수 있는 편의점, 커피 전문점이나 회전율이 높은 메뉴의 음식점 등이 유리하며 퇴근 이후에 이용할 수 있는 주점, 치킨 전문점 등도 유망합니다. 또 여성 직장인을 타깃으로 한 네일숍, 피부관리숍도 성공 가능성이 있습니다.

그러나 문정동 법조타운도 주5일만 활성화가 되는 오피스 상권의 한계가 있다는 점에 반드시 유의해야 합니다. 대부분의 오피스 상권은 주말에는 유령도시로 변하기 마련입니다. 때문에 공휴일, 휴가철, 주말 등 인근 직장인에 맞춰 유동적으로 운영하는 것이 바람직합니다.

법조우리부동산 고운정 실장은 "현재 기업들의 입주가 70% 이상 완료된 상황으로 상권이 완전히 갖춰지기까지는 3년 정도의 시간이 걸릴 것으로 본다"며 "지리적으로 강남하고 가까워 교통 환경이 좋아 가치가 높으나 인근 성수나 미사, 다산과 비교하면 문정동 오피스랑 상가 분양가 자체가 저렴해 경쟁력이 있다"고 말했습니다. 덧붙여 "정확한 주변 시세 파악을 위해서는 여러 공인중개사 사무실을 방문하는 것이 좋으며 신흥 상권이기 때문에 초보 창업자보다는 경험이 있는 사람들이 유리하다"며 "오피스 상권 특성상 주말 매출은 상당히 취약하다는 점도 꼭 고려해야 한다"고 당부했습니다.

### 문정역 상권 월평균 매출 TOP 5 업종

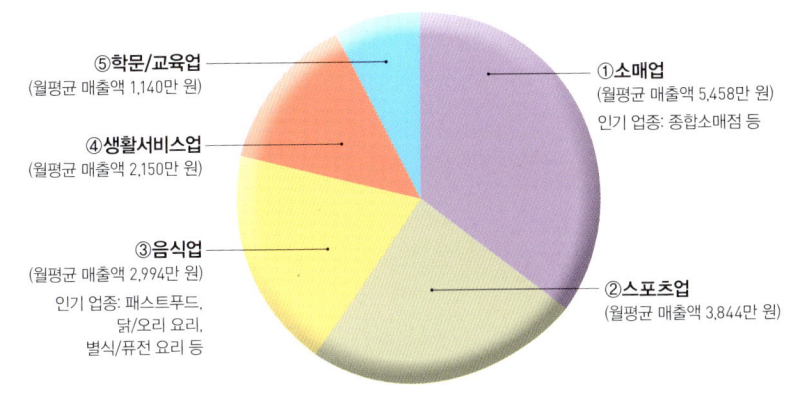

- ⑤ 학문/교육업 (월평균 매출액 1,140만 원)
- ④ 생활서비스업 (월평균 매출액 2,150만 원)
- ③ 음식업 (월평균 매출액 2,994만 원) 인기 업종: 패스트푸드, 닭/오리 요리, 별식/퓨전 요리 등
- ① 소매업 (월평균 매출액 5,458만 원) 인기 업종: 종합소매점 등
- ② 스포츠업 (월평균 매출액 3,844만 원)

출처: 소상공인시장진흥공단, 문정역 상권 2017년 상반기 기준 매출 통계자료(조사일: 2018.03.22)

### 문정역 상권 상가 평균 시세와 승하차 인구

전용면적 3.3㎡ 기준 / 단위: 만 원

- A급 점포(3번 출구 법조타운 1층)
- A급 점포(로데오 1층)
- A급 점포(남성정장거리 1층)

|  |  |
|---|---|
| 보증금 | 350~400 / 200~250 |
| 1년치 월세 | 300~400 / 150~200 |
| 권리금 | 200~250 (법조타운 권리금 삼권 초반이라 진행 중) |
| 공시지가 | 2,700 / 3,600 / 2,700 |
| 예상 토지매매가 | 5,400 / 7,200 / 5,400 |
| 문정역 1일 승하차 이용자 수 평균 | 약 2만 4,000명 |

※ 현지 중개사무소를 방문 조사한 것으로 점포 입지에 따라 약간의 시세차가 있을 수 있습니다.
출처: 국토교통부, 서울교통공사

돈이 돈을 벌게 만드는
## 부자들의 상가투자

**1판 1쇄 발행** | 2018년 5월 10일
**1판 2쇄 발행** | 2020년 10월 30일

지은이 권강수
펴낸이 김기옥

경제경영팀장 모민원 편집 변호이
커뮤니케이션 플래너 박진모
경영지원 고광현, 임민진
제작 김형식

디자인 제이알컴
인쇄·제본 민언프린텍

펴낸곳 한스미디어(한즈미디어(주))
주소 121-839 서울특별시 마포구 양화로 11길 13(서교동, 강원빌딩 5층)
전화 02-707-0337 | 팩스 02-707-0198 | 홈페이지 www.hansmedia.com
출판신고번호 제 313-2003-227호 | 신고일자 2003년 6월 25일

ISBN 979-11-6007-254-9    13320

책값은 뒤표지에 있습니다.
이 책은 저작권법에 따라 보호받는 저작물이므로 무단 전재와 무단 복제를 금합니다.
잘못 만들어진 책은 구입하신 서점에서 교환해 드립니다.